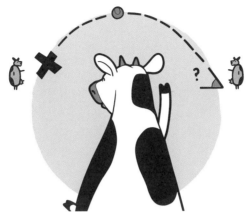

코딩 테스트로 시작하는
파이썬 프로그래밍

다니엘 진가로 저 / 김성원 역

YoungJin.com Y.
영진닷컴

no starch
press

코딩 테스트로 시작하는
파이썬 프로그래밍

ISBN 978-89-314-6601-0

독자님의 의견을 받습니다.
이 책을 구입한 독자님은 영진닷컴의 가장 중요한 비평가이자 조언가입니다. 저희 책의 장점과 문제점이 무엇인지, 어떤 책이 출판되기를 바라는지, 책을 더욱 알차게 꾸밀 수 있는 아이디어가 있으면 팩스나 이메일, 또는 우편으로 연락 주시기 바랍니다. 의견을 주실 때에는 책 제목 및 독자님의 성함과 연락처(전화번호나 이메일)를 꼭 남겨 주시기 바랍니다. 독자님의 의견에 대해 바로 답변을 드리고, 또 독자님의 의견을 다음 책에 충분히 반영하도록 늘 노력하겠습니다.

이메일 | support@youngjin.com

주소 | (우)08507 서울시 금천구 가산디지털1로 128 STX-V타워 4층 401호 (주)영진닷컴 기획1팀
https://www.youngjin.com/

파본이나 잘못된 도서는 구입하신 곳에서 교환해 드립니다.

STAFF

저자 다니엘 진가로 | **번역** 김성원 | **총괄** 김태경 | **진행** 서민지 | **내지 디자인 • 편집** 강민정 | **표지 디자인** 이주은
영업 박준용, 임용수, 김도현 | **마케팅** 이승희, 김근주, 조민영, 김도연, 채승희, 김민지, 임해나, 이다은
제작 황장협 | **인쇄** SJ P&B

To Dad,
for the computer code

and

To Mom,
for the teacher code

· 저자 소개

다니엘 진가로(Daniel Zingaro) 박사는 토론토 대학의 컴퓨터과학 부교수이자 수상 경력이 있는 교육가입니다. 주요 연구분야는 컴퓨터 과학 교육으로, 컴퓨터 과학 관련 사항들을 교육하는 방법(때로는 전공자가 아닐 수도 있음)을 연구합니다. 그는 학습자가 알고리즘과 데이터 구조를 이해하고 사용하는 데 도움이 되는 책인 <Algorithmic Thinking (No Starch Press, 2021)>의 저자입니다.

· 기술 검토자 소개

루크 소작(Luke Sawczak)은 취미로 프로그래머를 병행하는 프리랜서 편집자입니다. 그가 가장 좋아하는 프로젝트에는 산문을 시로 변환하는 변환기, 케이크 조작을 올바른 수로 자르기 위한 시각 보조 도구, 수학교사들을 위해 만든 보글(Boggle) 게임의 숫자 버전이 있습니다. 그는 현재 토론토 외곽에서 프랑스어와 영어를 가르치고 있습니다. 또한 시를 쓰고 피아노를 위한 작곡을 하는데, 할 수만 있다면 생계를 위해 그 일을 계속할 것입니다. https://sawczak.com/에서 그를 만날 수 있습니다.

· 역자 소개

김성원은 1999년부터 안랩 등 여러 회사에 근무하면서 다양한 언어로 엔터프라이즈용 응용애플리케이션 개발에 참여해 왔으며 최근에는 음성인식, NLP 기술에 관심을 가지고 있습니다. 저서로는 <새로 쓰는 자바 웹 프로그래밍>, <쉽게 풀어 쓴 자바 데이터베이스 프로그래밍>, 역서로는 <iPhone 게임 개발자 레퍼런스>, <코딩 인터뷰 퀘스천>, <Node.js 디자인 패턴 바이블> 등이 있습니다.

목차

Chapter 4	반복문: 무한 루프	107

| Chapter 7 | 파일 읽기와 쓰기 | 227 |

| Chapter 8 | 집합(Set)과 딕셔너리(Dictionary)를 사용하여 값 구성하기 | 265 |

| Chapter 9 | 완전 탐색(Complete-Search)으로 알고리즘 디자인하기 | 307 |

감사의 말

진짜요? No Starch Press 사람들과 다시 일해야 한다고요? 바바라-이옌 (Barbara Yien)이 저를 데리러 왔습니다. 빌-폴락(Bill Pollock)은 이 책의 교육학적 접근 방식에 대해, 저를 신뢰했으며, 편집자인 알렉스-프레드 (Alex Freed)는 신중하고 친절하며 감이 좋았습니다.

카피라이터 킴-윔프셋(Kim Wimpsett), 프로덕션 에디터 카시-안드리아스 (Kassie Andreadis), 표지 디자이너 롭-게일(Rob Gale)을 포함한, 이 책의 제작에 참여한 모든 분께 감사드립니다. 전 행운아입니다.

글을 쓸 수 있는 공간을 제공해 준 토론토 대학에 감사드리며, 원고를 주의 깊게 검토한 기술 검토자 루크-소작(Luke Sawczak)에게도 감사드립니다.

이 책에서 사용한 문제와 일반적인 경진대회 프로그램에 기여한 모든 분께 감사를 드립니다. 제 작업을 지원해 주신 DMOJ 관리자들에게, 물심양면 돌봐주신 부모님께도 감사를 드립니다. 부모님은 항상 제게 배움을 멈추지 말라고 했습니다. 책에 더 많은 시간을 할애하고 집필에 필요한 주의사항을 알려준, 제 파트너 도일리(Doyali)에게 감사를 드립니다.

마지막으로, 이 책을 읽고 배우고자 하는 모든 분께 감사를 전하고 싶습니다.

다니엘 진가로

역자의 말

저는 20년 가까이 다양한 언어로 프로그래밍을 해왔습니다. 그래서 처음 이 책을 받았을 때, 목차들을 보고 그다지 흥미롭지 않았습니다. "도움이 될 수 있겠어?"

하지만 어느덧 이 책의 마지막 장의 번역을 마쳤을 때, 적지 않은 즐거움과 만족감으로 얼굴에 미소가 피어올랐습니다.

프로그래밍은 문제를 해결하기 위해 알고리즘을 만들고, 이를 프로그래밍 언어로 코드화하는 것입니다. 많은 문제와 다양한 환경에서의 경험을 통해 프로그래머들은 성장해 갑니다.

이 책은 프로그래밍의 시작점에 있는 사람들에게 잘 시작하는 방법을 보여 주려 합니다. 어떻게 문제를 간접적으로 접해볼 수 있는지, 문제를 풀어가면서 기본적으로 사용할 수 있는 도구가 무엇인지, 최종적으로 어떻게 결과물을 가지고 관점을 늘려갈 수 있는지를 책 전체에서 보여주고 있습니다. 또 최근 가장 각광받고 있는 언어인 Python을 통해, 알고리즘을 만들어 나갈 때 간과할 수 있는 세밀한 부분까지 놓치지 않고 있습니다.

프로그래밍을 시작하는, 혹은 이제 출발하신 분들께 이 책을 권합니다. 이 책이 독자들에게 도움이 될 수 있어 기쁘게 생각합니다.

김성원

Chapter 0

들어가기 전에

우리는 어떤 작업을 하거나 문제를 해결하기 위해 컴퓨터를 사용합니다. 예를 들어, 여러분은 아마도 글이나 문서를 작성하기 위해 워드프로세서를 사용할 것입니다. 또한 엑셀 같은 스프레드시트 프로그램을 사용해 장부를 정리하거나 이미지 편집기를 사용해 사진을 수정해 봤을 것입니다. 요즘에는 컴퓨터 없이 이런 일을 한다는 것을 상상하기 어렵습니다. 오늘날 우리들은 워드프로세서와 스프레드시트, 이미지 편집기와 같은 프로그램들을 통해 많은 작업을 하고 있습니다.

이런 프로그램들은 다양한 작업을 수행할 수 있는 범용적인 도구로 만들어졌습니다. 그렇다고 해도 결국 나의 필요에 딱 들어맞지는 않을 것입니다. 기성 프로그램들이 우리의 필요에 충분하지 않다면 어떻게 해야 할까요?

이 책의 목표는 이미 만들어진 프로그램을 단순히 활용하는 것 이상으로 컴퓨터를 다루는 방법, 즉 자신만의 프로그램을 만드는 방법을 배우는 것입니다. 그렇다고 워드프로세서나 스프레드시트 또는 이미지 편집기를 만들지는 않을 것입니다. 다행스럽게도 이런 커다란 일들은 다른 사람들이 이미 해결해 놓았습니다. 대신 우리는 다른 방법으로는 풀 수 없는 문제들을 해결하기 위한 작은 프로그램들을 만드는 법을 배울 것입니다. 저는 문제를 해결하려는 여러분의 생각이 담긴 명령을 컴퓨터에게 전달하는 방법을 알려 주려고 합니다.

컴퓨터에 명령을 전달하기 위해서는 프로그래밍 언어로 코드를 작성해야 합니다. 프로그래밍 언어는 우리가 작성하는 코드에 대한 규칙을 정의하고, 컴퓨터가 그 코드에 반응하여 무엇을 해야 하는지를 기술합니다.

우리는 파이썬 프로그래밍 언어로 프로그램을 만드는 법을 배울 것입니다. 파이썬을 다루는 것이, 이 책에서 여러분이 얻을 수 있는 구체적인 기술이면서 이력서에 적을 수 있는 사항일 것입니다. 그렇지만 파이썬을 배우는 것에 그치지 않고, 컴퓨터를 사용하여 문제를 해결하는 데 필요한 사고방식도 함께 배우게 될 것입니다. 프로그래밍 언어는 유행을 탈 수 있습니다. 그러나 문제를 해결하는 방식은 그렇지 않습니다. 이 책이 여러분이 사용자(end user)에서 프로그래머로 나아가는 데 도움이 되길 바라며, 프로그래밍으로 무엇을 구현할 수 있을지를 재미있게 탐구하는 데에도 도움이 되길 바랍니다.

온라인 자료

이 책의 예제 코드와 연습문제 실습 자료는 영진닷컴 홈페이지(www.youngjin.com)에서 다운로드할 수 있습니다.

이 책의 대상

이 책은 문제를 해결하기 위해 컴퓨터 프로그램을 작성하는 법을 배우고자 하는 모든 사람들을 대상으로 합니다. 특히 다음 세 가지 유형의 사람들에게 도움이 될 것입니다.

첫 번째로, 파이썬 프로그래밍 언어에 대해 들어본 적이 있고 파이썬으로 코드를 작성하는 방법을 배우려는 사람들입니다. 다음 절에서 여러분의 첫 프로그래밍 언어로 파이썬이 왜 훌륭한 선택인지를 설명할 것입니다. 이 책을 통해 파이썬에 대해 많은 것을 배운 후, 다음 단계로 파이썬에 관한 더욱 심도 있는 책들을 읽을 수 있을 것입니다.

두 번째로, 파이썬에 대해 들어 본 적은 없지만 프로그래밍이 무엇인지를 배우고 싶은 것이라면, 걱정하지 마세요. 이 책은 당신을 위한 것입니다! 이 책은 프로그래밍을 위한 사고 방식을 알려줄 것입니다. 프로그래머는 문제를 관리 가능한 부분으로 나누고, 해당 부분에 대한 솔루션을 코드로 표현하는 특별한 방법을 가지고 있습니다. 입문 수준에서는 프로그래머가 생각하는 방식이 특정 언어와 깊게 연관되어 있지 않기 때문에 어떤 프로그래밍 언어를 사용할지는 중요하지 않습니다.

끝으로, C++, Java, Go 또는 Rust와 같은 다른 프로그래밍 언어를 배우는 데 관심이 있을 수 있습니다. 이 책에서 파이썬 학습의 부산물로 배우는 대부분의 것들은 다른 프로그래밍 언어를 공부할 때도 유용할 것입니다. 또한 파이썬은 그 자체로도 배울 만한 가치가 있습니다. 잠시 후 그 이유를 살펴보겠습니다.

왜 파이썬을 배울까?

수년간 프로그래밍 입문을 가르치면서 파이썬이 첫 번째 프로그래밍 언어로 훌륭한 선택이라는 것을 알게 되었습니다. 다른 언어와 비교할 때 파이썬 코드는 더 구조적이고 읽기 쉽습니다. 일단 익숙해지면, 그 일부가 거의 사람의 언어처럼 읽힌다는 데 동의하게 될 것입니다!

또한 파이썬에는 데이터를 조작하고 저장하는 강력한 도구들을 포함해, 다른 언어에서는 사용할 수 없는 많은 기능들이 있습니다. 우리는 책 전체에서 이러한 기능을 많이 사용할 것입니다.

파이썬은 훌륭한 교육용 언어일 뿐만 아니라 세계에서 가장 수요가 많은 프로그래밍 언어 중 하나이기도 합니다. 많은 프로그래머들이 웹 애플리케이션, 게임, 시각화(visualization), 기계 학습(machine learning) 소프트웨어 등을 만드는 데 파이썬을 사용하고 있습니다.

학습에 적합하면서 전문적인 장점도 가진 언어가 바로 파이썬입니다. 더 이상 바랄 것이 없습니다!

파이썬 설치

파이썬으로 프로그래밍하기 위해서는 먼저 파이썬을 설치해야 합니다. 한번 설치해 보겠습니다.

파이썬에는 Python 2와 Python 3라는 두 가지 주요(major) 버전이 있습니다. 이 책에서는 Python 3를 사용하므로 컴퓨터에 Python 3를 설치해야 합니다.

Python 3는 Python 2에서 크게 변화한 버전이지만, Python 3 버전 내에서도 계속 발전하고 있습니다. Python 3의 첫 번째 버전은 Python 3.0이며, 다음으로 Python 3.1, Python 3.2 등이 출시되었습니다. 이 책의 작성 당시 Python 3의 최신 버전은 Python 3.10.1입니다. Python 3.6 이상이면 이 책의 내용을 충분히 따라 할 수 있지만 가능하다면 최신 버전의 Python을 설치하고 작업하는 것이 좋습니다.

운영체제별로 다음 절차에 따라 파이썬을 설치할 수 있습니다.

• Windows

Windows는 파이썬이 기본적으로 설치되어 있지 않습니다. 설치를 위해 파이썬 공식 사이트 (https://www.python.org/)에서 Downloads를 클릭합니다. 그러면 Windows용 파이썬 최신 버전을 다운로드할 수 있는 옵션이 보입니다. 링크를 클릭하여 파이썬 설치 프로그램을 다운로드한 다음 실행합니다. 설치 프로세스의 첫 화면에서 Add Python 3.x to PATH 또는 Add Python to environment variables를 클릭합니다. 이렇게 하면 파이썬을 훨씬 쉽게 실행할 수 있습니다.(파이썬을 업그레이드하는 경우라면, 이 옵션을 찾기 위해서 Customize installation을 선택해야 할 수 있습니다.)

• macOS

macOS에는 Python 2가 설치되어 있습니다. Python 3를 설치하기 위해 파이썬 공식 사이트 (https://www.python.org/)에서 Downloads를 클릭합니다. 그러면 macOS용 파이썬 최신 버전을 다운로드할 수 있는 옵션이 나타납니다. 링크를 클릭하여 파이썬 설치 프로그램을 다운로드한 다음 실행합니다.

• Linux

Linux에는 Python 3가 설치되어 있지만 Python 3의 최신 버전이 아닐 수 있습니다. 설치 지침은 사용 중인 Linux의 배포판에 따라 다르지만, 선호하는 패키지 관리자를 사용하여 최신 버전의 파이썬을 설치할 수 있을 것입니다.

이 책을 읽는 방법

앉은 자리에서 처음부터 끝까지 이 책을 읽는 것은 여러분에게 거의 도움이 되지 않을 것입니다. 그것은 마치 누군가를 집에 초대해 몇 시간 동안 피아노를 치게 하고 쫓아낸 다음 조명을 낮추고 세레나데를 연주하는 식으로 피아노를 배우려는 것과 같습니다. 그렇게 하는 것은 실습에 기반하여 기술을 습득하는 방법이 아닙니다.

이 책을 읽는 방법에 대한 저의 조언은 다음과 같습니다.

⊘ 쉬어가면서 하세요.

몇몇 개의 세션들을 묶어서 한꺼번에 실습하는 것은 짧은 간격을 두고 실습하는 것에 비해 효과적이지 못합니다. 지칠 때는 잠시 쉬는 것이 좋습니다. 어느 정도 간격으로 휴식을 가져야 하는지는 사람에 따라 다른데, 이는 오직 여러분의 정신과 몸의 상태에 달려 있습니다.

⊘ 잘 이해하고 있는지 점검하세요.

무언가에 대해 읽다 보면 우리가 실제로 이해한 것 이상으로 더 잘 이해하고 있다고 착각할 수 있습니다. 여기에 어떤 자극을 가하면 우리가 '알고 있는 것'과 '알고 있다고 생각하는 것'이 정리됩니다. 이런 이유로 각 장의 주요 요점에 여러분의 생각을 요구하는 객관식 '개념 확인' 문제를 심어 놓았습니다. 이 문제들을 건성으로 지나치지 마세요! 컴퓨터로 아무것도 확인하지 말고, 각각의 질문을 읽고 응답을 체크하세요. 그런 다음 답변과 설명을 읽으세요. 올바른 방향으로 가고 있는지 확인할 수 있는 기회일 것입니다. 오답을 체크하거나 이유가 잘못된 경우 시간을 내어 이해한 내용을 정정한 후 계속 진행하세요. 이때는 자료를 다시 읽거나, 온라인에서 추가적인 설명과 예제를 살펴보는 것도 좋습니다.

⊘ 프로그래밍을 실습하세요.

코드를 머릿속으로 상상하며 읽어가면 주요 개념에 대한 이해를 강화하는 데 도움이 됩니다. 하지만 문제 해결에 능숙한 프로그래머가 되기 위해서는 그 이상의 것이 필요합니다. 책에 나오지 않은 새로운 문제를 파이썬으로 해결하려면 직접 부딪혀 봐야 합니다. 이를 위해 이 책의 각 장은 일련의 실습 항목들로 끝을 맺고 있습니다. 가능한 한 다양한 실습을 통해 연습해 보세요.

프로그래밍하는 방법을 배우는 데에는 시간이 걸립니다. 진행이 느리거나 실수가 많다고 낙심하지 마세요. 또한 온라인에서 종종 접하는 화려한 기교에 겁먹지 말고, 여러분의 학습에 도움이 될 수 있는 사람이나 자원을 주변에 두세요.

프로그래밍 평가(Programming Judges) 사용하기

저는 프로그래밍 평가 사이트의 문제를 중심으로 이 책을 구성했습니다. 프로그래밍 평가 사이트는 전 세계 프로그래머들이 풀 수 있는 프로그래밍 문제들의 저장소 역할을 합니다. 여러분이 문제에 대한 솔루션(파이썬 코드)을 제출하면 사이트에서 해당 코드를 테스트합니다. 코드가 각 테스트 케이스들에 대해 적합한 답을 제시한다면 정답일 가능성이 높습니다. 반면, 코드가 하나 이상의 테스트 케이스에 대해 적합하지 않은 답을 생성한다면 잘못된 솔루션이므로 코드를 수정해야 합니다.

프로그래밍 평가 사이트는 프로그래밍 학습에 특히 유용한 사이트입니다. 제가 그렇게 생각하는 데에는 몇 가지 이유가 있습니다.

⊘ 신속한 피드백

빠르고 정확한 피드백은 프로그래밍 학습 초기 단계에서 매우 중요합니다. 프로그래밍 평가 사이트는 코드를 제출하는 즉시 피드백을 제공합니다.

⊘ 고품질의 문항들

프로그래밍 평가 사이트의 문제는 질이 높은 편입니다. 이 사이트에 있는 많은 문제들이 실제 프로그래밍 경진대회에서 출제된 문제를 기반으로 하고 있습니다. 또한 평가 사이트 관련자나 다른 이들의 학습을 도우려는 사람들이 또 다른 문제를 작성합니다. 이 책에서 학습할 각 문제의 출처는 부록 '문제 크레딧(Problem Credits)'을 참조하세요.

⊘ 많은 양의 문항들

프로그래밍 평가 사이트에는 수백 가지 문제가 있지만 그중 몇 가지만 선택해 이 책에 담았습니다. 더 많은 연습이 필요하다면 저를 믿고 프로그래밍 평가 사이트에서 문제를 더 찾아보세요.

⊘ 커뮤니티 활용

프로그래밍 평가 사이트에서 사용자는 글을 읽고 댓글을 달 수 있습니다. 문제를 해결하기 어려울 때는 다른 사람들이 남긴 힌트를 찾아보세요. 그래도 막힌다면 댓글로 도움을 요청해 보세요. 문제를 성공적으로 해결했다고 해서 학습이 끝난 것은 아닙니다. 많은 프로그래밍 평가 사이트에서 다른 사람이 제출한 코드를 볼 수 있으니 다양한 솔루션을 살펴보며 여러분의 코드와 어떻게 다른지 비교해 보세요.

문제를 해결하는 방법은 항상 여러 가지가 있습니다. 당장은 여러분의 방식이 가장 직관적일 수 있으나, 그 외의 다른 가능성들까지 찾아보는 것이 프로그래밍에 통달하기 위한 중요한 절차 중 하나입니다.

프로그래밍 평가 사이트에 계정 만들기

우리는 책의 전반에 걸쳐 몇 가지 프로그래밍 평가 사이트를 사용할 것입니다. 각 사이트마다 서로 다른 몇몇 문제를 서비스하고 있기 때문입니다. 제가 선택한 모든 문제를 다루려면 여러 프로그래밍 평가 사이트를 활용해야 합니다.

평가 사이트	URL
DMOJ	https://dmoj.ca/
Timus	https://acm.timus.ru/
USACO	http://usaco.org/

프로그래밍 평가 사이트에서 코드를 제출하기에 앞서 각 사이트의 계정을 만들어야 합니다. 사이트 별로 계정을 생성하고 사용하는 방법에 대해 간단히 알아보겠습니다.

• DMOJ

DMOJ는 우리 책에서 가장 자주 사용하는 프로그래밍 평가 사이트입니다. 다른 어떤 곳보다 DMOJ 사이트를 살펴보고 여기서 제공하는 문제를 익히는 데 시간을 할애할 만합니다.

DMOJ에 계정을 만들려면 https://dmoj.ca/에 방문하여 Sign up을 클릭합니다. 등록 페이지가 나타나면 사용자 이름, 비밀번호, 이메일 주소를 입력합니다. 이 페이지에서는 기본 프로그래밍 언어를 설정할 수도 있습니다. 우리는 Python 프로그래밍 언어만을 사용할 것이므로 여기에서 Python 3 를 클릭하는 것이 좋습니다. 그런 다음 Register! 버튼을 클릭해 계정을 생성하세요. 등록이 완료되면, 사용자 이름과 비밀번호를 사용해 DMOJ에 로그인할 수 있습니다.

이 책의 각 문제들은 해당 문제를 게재한 평가 사이트 이름과 이 문제에 액세스하는 데 사용하는 식별 코드를 표시하는 것으로 시작합니다. 예를 들어, 1장에서 다룰 첫 번째 문제는 DMOJ에서 찾을 수 있으며 문제 식별 코드는 dmopc15c7p2입니다. DMOJ에서 이 문제를 찾으려면 Problems(문제) 메뉴를 클릭하고 검색 창(Problem search)에 dmopc15c7p2를 입력한 다음 Go(실행) 버튼을 클릭합니다.

검색 결과로 문제는 정확히 하나가 나와야 합니다. 문제의 제목을 클릭하면 문제에 대한 상세한 내용이 표시됩니다. 문제에 대한 Python 코드를 제출할 준비가 되었다면 여기서 Submit solution 버튼을 클릭합니다. 결과 페이지에서 파이썬 코드를 텍스트 상자에 붙여 넣고 Submit! 버튼을 클릭하면 코드가 평가되어 결과가 표시됩니다.

• Timus

Timus에 계정을 만들려면 https://acm.timus.ru/로 이동하여 Register 버튼을 클릭합니다. 나타난 등록 페이지에서 여러분의 이름, 이메일 주소, 필요한 정보를 입력하고 Register 버튼을 클릭해 계정을 생성합니다. 그런 다음 여러분의 이메일에서 평가 사이트의 아이디가 포함된 Timus의 메시지를 확인합니다. 파이썬 코드를 제출할 때마다 해당 ID가 필요합니다. 지금은 Timus 사이트에서 기본 프로그래밍 언어를 설정할 수 있는 방법이 없어 파이썬 코드를 제출할 때마다 사용 가능한 Python 3 버전을 선택해야 합니다.

우리는 Timus를 6장에서만 사용하므로, 자세한 코드 제출 방법은 해당 문제에서 설명하겠습니다.

• USACO

USACO에 계정을 만들려면 http://usaco.org/로 이동하여 Register for New Account를 클릭합니다. 나타난 등록 페이지에서 사용자 이름, 이메일 주소 등 기타 필요한 정보를 입력한 후 Submit 버튼을 클릭하여 계정을 만듭니다. 그런 다음 여러분의 이메일에서 비밀번호가 포함된 USACO 메시지를 확인합니다. 비밀번호가 있으면 사용자 이름과 해당 비밀번호를 사용하여 USACO에 로그인할 수 있습니다.

지금은 USACO 사이트에서 기본 프로그래밍 언어를 설정할 수 있는 방법이 없어 파이썬 코드를 제출할 때마다 사용 가능한 Python 3 버전을 선택해야 합니다. 또한 코드를 텍스트 상자에 붙여 넣는 대신 파이썬 코드가 포함된 파일을 선택해야 합니다.

7장까지는 USACO를 사용하지 않을 것이므로 여기서는 더 이상 설명하지 않겠습니다.

이 책에 대하여

이 책의 각 장은 프로그래밍 평가 사이트에서 가져온 문제 2~3개로 구성되어 있습니다. 저는 새로운 파이썬 코딩법을 설명하기 전에 먼저 첫 번째 문제를 제시하며 각 장을 시작하려고 합니다. 문제를 해결하는 데 어떤 파이썬 기능이 필요한지 살펴보면서 학습의 동기를 부여하기 위함입니다. 그러니 설명을 읽은 후 문제를 해결하는 방법이 이해가 되지 않더라도 걱정하지 마세요.(아직 문제를 풀지 못한 여러분이야말로 이 책의 가장 핵심적인 독자입니다!) 문제가 무엇을 요구하는지 이해했다면 모든 준비가 끝난 것입니다. 그때부터는 파이썬을 배우면서 함께 문제를 풀어 나갈 것입니다.

각 장의 후속 문제들은 추가적인 기능을 소개하거나 첫 번째 문제에서 배운 내용을 확장하기 위한 것입니다. 후속 문제까지 푼 후에 각 장은 지금까지 배운 내용을 실습하기 위해 여러분이 직접 풀어보는 연습문제로 끝이 납니다.

각 장에서 배울 내용을 요약하면 다음과 같습니다.

1장 시작하기

파이썬으로 문제들을 풀기 전에 배워야 할 몇 가지 기본적인 개념이 있습니다. 1장에서는 파이썬 코드 입문, 문자열과 숫자 다루기, 변수 사용, 입력 읽기 및 출력 쓰기를 포함한 개념을 배웁니다.

2장 조건문

2장에서는 특정 조건이 참인지 거짓인지에 따라 프로그램이 수행할 작업을 결정할 수 있도록 하는 if 문에 대해 알아봅니다.

3장 반복문: 한정 루프

많은 프로그램이 수행할 작업이 남아 있는 한 계속 실행됩니다. 3장에서는 작업이 완료될 때까지 프로그램이 입력들을 처리할 수 있는 for 루프에 대해 알아봅니다.

4장 반복문: 무한 루프

종종 우리는 프로그램이 특정 동작을 몇 번이나 반복해야 하는지 미리 알지 못합니다. for 루프는 이러한 종류의 반복에 적합하지 않습니다. 4장에서는 특정 조건이 참인 동안 코드를 반복할 수 있는 while 루프에 대해 알아봅니다.

5장 리스트를 사용하여 값 구성하기

파이썬의 리스트를 사용하면 하나의 이름을 사용하여 일련의 데이터 목록을 참조할 수 있습니다. 데이터를 리스트로 만들면 파이썬이 제공하는 강력한 리스트 연산(예: 정렬 및 검색)을 사용할 수 있습니다. 5장에서는 리스트에 대한 모든 것을 배웁니다.

6장 함수를 사용한 프로그램 디자인

코드가 많은 큰 프로그램은 잘 정리하지 않으면 다루기가 힘들어질 수 있습니다. 6장에서는 작고 독립적인 일련의 코드들로 구성된 프로그램을 설계하는 데 도움이 되는 함수에 대해 배울 것입니다. 함수를 사용하면 훨씬 더 읽기 쉽고 수정이 용이한 프로그램을 만들 수 있습니다. 여기에서는 함수를 가지고 프로그램을 설계하는 접근 방식 중 하나인 하향식 설계에 대해서도 배울 것입니다.

7장 파일 읽기 및 쓰기

파일은 프로그램에 데이터를 제공하거나 프로그램에서 데이터를 얻을 때 편리합니다. 7장에서는 파일에서 데이터를 읽고 쓰는 방법에 대해 알아봅니다.

8장 집합(Set)과 딕셔너리(Dictionary)를 사용하여 값 구성하기

점점 더 복잡한 문제를 해결하기 시작하면 데이터가 저장되는 방식에 대해 고려하는 것이 매우 중요합니다. 8장에서는 파이썬에서 데이터를 저장하는 두 가지 새로운 방법인 집합(Set)과 딕셔너리(Dictionary)에 대해 배웁니다.

9장 완전 탐색(Complete-Search)으로 알고리즘 디자인하기

프로그래머는 문제를 접했을 때 처음부터 모든 것을 시작하지는 않습니다. 그 대신, 일반적인 해결 방법의 패턴을 사용하여 해결할 수 있는 문제인지를 판단합니다. 9장에서는 광범위한 문제를 해결하는 데 사용할 수 있는 완전 탐색(Complete-Search) 알고리즘에 대해 알아봅니다.

10장 Big O와 프로그램의 효율성(성능)

때때로 우리는 동작은 되지만 너무 느리게 실행되어 실제로 활용하기에는 유용성이 떨어지는 프로그램을 만들어 내기도 합니다. 10장에서는 프로그램의 효율성에 대한 척도와 더욱 효율적인 코드를 작성하는 데 사용할 수 있는 도구에 대해 알아봅니다.

Chapter 1

시작하기

프로그래밍은 문제를 해결하기 위한 코드 작성(코딩)을 수반합니다. 따라서 처음부터 바로 여러분과 함께 문제를 해결하려 합니다. 단계별로 파이썬의 개념을 학습한 후 문제를 해결해 나가는 기존 도서들의 방식과 다르게, 이 책에서는 문제를 풀면서 학습해야 할 개념을 익힐 것입니다.

이 장에서는 두 가지 문제를 풀 것입니다. 한 줄에 있는 단어의 개수를 판단하는 것(워드프로세서의 단어 개수 통계와 같은 기능)과 원뿔의 부피를 계산하는 것입니다. 이러한 문제를 해결하려면 꽤 많은 파이썬 개념을 살펴보아야 합니다. 아마도 여러분은 여기서 소개한 몇몇 내용을, 파이썬 프로그램 설계 시에 어떻게 사용할 수 있는지, 완전히 이해하기 위해 더 자세한 내용이 필요하다고 느낄 수도 있습니다. 걱정하지 마세요. 중요한 개념은 다음 장에서 다시 살펴보면서 더 자세히 설명할 것입니다.

무엇을 할 것인가

서론에서 언급했듯이 파이썬 프로그래밍 언어를 사용하여 여러 경진대회에 출제된 문제들을 풀어볼 것입니다. 경진대회에서 사용된 문제들은 여러 온라인 평가 사이트에서 찾을 수 있습니다. 앞에서의 설명에 따라 파이썬을 설치하고 온라인 평가 사이트에 계정을 만들었다고 가정하겠습니다.

각 문제마다 문제를 해결하기 위한 프로그램을 작성할 것인데, 각 문제는 우리 프로그램이 제공할 입력의 유형과 예상되는 출력(또는 결과) 유형을 정의하고 있습니다. 우리가 작성한 프로그램은 정의에 따라 유효한 입력을 받아 올바른 출력을 생성할 수 있어야 합니다.

일반적으로 입력할 수 있는 경우의 수는 수백만 또는 수십억 개일 것입니다. 이러한 입력을 문제 인스턴스(problem instances)라고 합니다. 예를 들어, 우리가 해결할 첫 번째 문제에서 입력은 hello there 또는 bbaabbb aaabab와 같은 텍스트 라인이고, 우리가 해야 할 일은 입력된 텍스트 라인의 단어 수를 출력하는 것입니다. 프로그래밍에서 가장 강력한 아이디어 중 하나는 적은 양의 범용 코드로 끝없이 많은 문제 인스턴스(입력 케이스)를 해결할 수 있도록 한다는 것입니다. 텍스트 라인에 포함된 단어가 2개든 3개든 50개든 상관없이 우리의 프로그램이 매번 정확히 판단해 낼 것입니다.

프로그램은 세 가지 작업을 수행합니다.

⊘ 입력 읽기(Read input) 해결하려는 문제의 특정 인스턴스를 결정해야 하므로 먼저 제공된 입력을 읽습니다.
⊘ 처리(Process) 올바른 출력을 결정하기 위해 입력을 처리합니다.
⊘ 출력 쓰기(Write output) 문제를 해결한 후 원하는 출력을 생성합니다.

이런 처리 절차의 경계가 항상 명확하지는 않을 수 있습니다. 예를 들어, 출력을 생성하기 위한 추가적인 처리를 해야 할 수도 있습니다. 그러나 크게 이 세 가지 단계를 염두에 두고 진행하는 편이 좋습니다.

여러분은 일상에서 입력–처리–출력 모델을 따르는 프로그램들을 매일 사용하고 있을 것입니다. 계산기 프로그램을 생각해 보세요. 공식을 입력하고(입력), 프로그램이 숫자를 처리하고 나면(처리), 결과가 표시됩니다(출력). 또 다른 예로 웹 검색 엔진을 생각해 볼까요? 검색어를 입력하면(입력), 검색 엔진이 가장 관련성이 높은 결과들을 결정하고(처리), 이를 화면에 표시합니다(출력).

이러한 종류의 프로그램은 입력, 처리 및 출력을 융합하는 대화식 프로그램과 대조적입니다. 예를 들면, 저는 텍스트 편집기를 사용해 이 책을 작성하고 있습니다. 문자를 입력하면 편집기는 바로 문서에 해당 문자를 추가함으로써 응답합니다. 전체 문서가 입력되기까지 기다렸다가 표시하는 것이 아니라 사용자가 글을 입력할 때 이를 대화식으로 표시하는 것입니다. 그러나 우리는 이 책에서 대화식 프로그램을 만들지 않을 것입니다. 그런 프로그램은 이 책의 내용을 모두 습득한 후에 작성해 보세요. 파이썬은 대화식 프로그래밍에 적합한 언어이기 때문에 큰 도움이 될 것입니다.

각 문제에 대한 내용은 이 책뿐만 아니라 온라인 평가 사이트에서도 찾을 수 있습니다. 하지만 책에서는 일관성을 위해 문제의 일부 내용을 다시 썼기 때문에 본문이 그와 일치하지는 않을 것입니다. 그래도 걱정하지 마세요. 제가 쓴 것과 공식적인 문제의 내용은 같은 정보를 전달하고 있습니다.

파이썬 쉘

책의 각 문제와 관련된 프로그램을 작성하여 파일로 저장하기 바랍니다. 하지만 이는 우리가 프로그램을 작성할 줄 안다는 가정이 전제됩니다. 이 책에서 대부분의 경우, 문제를 풀기 전에 몇 가지 새로운 파이썬 기능을 배워야 합니다.

파이썬의 기능을 테스트하는 가장 좋은 방법은 파이썬 쉘(Python shell)을 사용하는 것입니다. 이는 파이썬 코드를 입력하고 ENTER 키를 누르면 실행 결과를 보여주는 대화형 환경입니다. 현재 문제를 풀 수 있을 만큼 개념을 충분히 학습하게 되면 쉘 사용을 중지하고, 텍스트 파일에 코드를 입력하기 시작할 것입니다.

시작하기 위해 바탕화면에 programming이라는 새로운 폴더를 만듭니다. 이 폴더 안에 이 책에서 수행하는 모든 작업을 저장할 것입니다.

이제 programming 폴더로 이동하여 파이썬 쉘을 실행합니다. 파이썬 쉘을 시작하려면 본인의 운영체제에 맞게 다음 단계를 따르세요.

· **Windows**

Windows에서는 다음을 따라 합니다.

1. SHIFT 키를 누른 상태에서 programming 폴더를 마우스 오른쪽 버튼으로 클릭합니다.
2. 결과 메뉴에서 '여기에 PowerShell 창 열기'를 클릭합니다. 해당 항목이 없으면 '여기에 command 창 열기'를 클릭합니다.
3. 결과 창에 '>' 기호로 끝나는 줄이 표시됩니다. 이것은 운영체제 프롬프트이며 명령 입력을 기다리는 것입니다. 여기에 파이썬 코드가 아닌 운영체제 명령을 입력합니다. 명령을 입력한 후에는 ENTER 키를 눌러야 합니다.
4. 여러분은 지금 programming 폴더 내에 있습니다. 여기에 무엇이 있는지 보려면 디렉터리를 의미하는 dir을 입력하면 됩니다.(디렉터리는 폴더의 또 다른 이름입니다.) 아직 programming 폴더 안에 아무 파일도 생성하지 않았으므로 지금은 아무것도 나타나지 않습니다.
5. 이제 python을 입력하면 파이썬 쉘이 시작됩니다.

파이썬 쉘을 시작하면 다음과 같이 출력되어야 합니다.

```
Python 3.10.1 (tags/v3.10.1:2cd268a, Dec 6 2021, 19:10:37)
[MSC v.1929 64 bit (AMD64)] on win32
Type "help", "copyright", "credits" or "license" for more information.
>>>
```

여기서 중요한 점은 파이썬 버전은 적어도 3.6 이상이어야 한다는 것입니다. 3.6 이전 버전, 특히 2.x 버전이거나 파이썬이 전혀 실행되지 않은 경우에는 앞부분의 설명에 따라 최신 버전의 파이썬을 설치하세요.

출력 창의 맨 아래에 파이썬 프롬프트 '>>>'가 표시됩니다. 여기에서 파이썬 코드를 입력합니다. ('>>>' 기호는 직접 입력하지 마세요.) 프로그래밍이 끝나면 CTRL-Z 키를 누른 후 ENTER 키를 눌러 종료할 수 있습니다.

· **macOS**

macOS에서는 다음을 따라 합니다.

1. 터미널을 엽니다. COMMAND-스페이스 바를 누르고 terminal을 입력한 다음 마우스로 결과를 두 번 클릭합니다.

2. 결과 창에 '$' 기호로 끝나는 줄이 표시됩니다. 이것은 운영체제 프롬프트이며 명령 입력을 기다리고 있는 것입니다. 여기에 파이썬 코드가 아닌 운영체제 명령을 입력합니다. 명령을 입력한 후에는 ENTER 키를 누르세요.

3. ls 명령을 입력하여 현재 폴더에 존재하는 항목들의 목록을 출력할 수 있습니다. Desktop이 목록에 나열되어야 합니다.

4. cd Desktop을 입력하여 Desktop 폴더로 이동합니다. cd 명령은 디렉터리 변경(change directory)을 의미하며, 디렉터리는 폴더의 또 다른 이름입니다.

5. cd programming을 입력하여 programming 폴더로 이동합니다.

6. 이제 python3를 입력하여 파이썬 쉘을 시작합니다.(3 없이 python이라고 입력할 수도 있지만, 그렇게 하면 이전 버전인 Python 2가 시작될 수 있습니다. Python 2는 이 책의 코드들과 호환되지 않을 수 있습니다.)

파이썬 쉘을 시작하면 다음과 같이 출력되어야 합니다.

```
Python 3.10.1 (v3.10.1:2cd268a3a9, Dec 6 2021, 14:28:59)
[Clang 13.0.0 (clang-1300.0.29.3)] on Darwin
Type "help", "copyright", "credits" or "license" for more information.
>>>
```

여기서 중요한 점은 파이썬 버전은 적어도 3.6 이상이어야 한다는 것입니다. 3.6 이전 버전, 특히 2.x 버전이거나 파이썬이 전혀 실행되지 않는 경우에는 이 책의 앞부분 설명에 따라 최신 버전의 파이썬을 설치하세요.

출력 창의 맨 아래에 파이썬 프롬프트 '>>>'가 표시됩니다. 여기에서 파이썬 코드를 입력합니다. ('>>>' 기호는 직접 입력하지 마세요.) 프로그래밍이 끝나면 CTRL-D 키를 눌러 종료할 수 있습니다.

· **Linux**

리눅스에서는 다음을 따라 합니다.

1. programming 폴더에서 마우스 오른쪽 버튼을 누릅니다.

2. 결과 메뉴에서 '터미널에서 열기'를 클릭합니다.(명령 창이 더 익숙하고 편한 경우 터미널을 열고 programming 폴더로 이동할 수도 있습니다.)

3. 결과 창에 '$' 기호로 끝나는 줄이 표시됩니다. 이것은 운영체제 프롬프트이며 명령 입력을 기다리는 것입니다. 여기에 파이썬 코드가 아닌 운영체제 명령을 입력합니다. 각각의 명령 입력 후엔 ENTER 키를 누르세요.

4. 여러분은 현재 programming 폴더 내에 있습니다. 폴더 안에 무엇이 있는지 보려면 ls 명령을 입력합니다. 아직 아무런 파일을 생성하지 않았기 때문에 지금은 아무것도 표시되지 않습니다.

5. 이제 python3를 입력하여 파이썬 쉘을 시작합니다.(3 없이 python이라고 입력할 수도 있지만, 그렇게 하면 이전 버전인 Python 2가 시작될 수 있습니다. Python 2는 이 책의 코드들과 호환되지 않을 수 있습니다.)

파이썬 쉘을 시작하면 다음과 같은 내용이 출력됩니다.

```
Python 3.10.1 (main, Dec 21 2021, 18:59:49)
[GCC 7.5.0] on linux
Type "help", "copyright", "credits" or "license" for more information.
>>>
```

여기서 중요한 점은 파이썬 버전은 적어도 3.6 이상이어야 한다는 것입니다. 3.6 이전 버전, 특히 2.x 버전이거나 파이썬이 전혀 실행되지 않는 경우에는 이 책의 앞부분 설명에 따라 최신 버전의 파이썬을 설치하세요.

출력 창의 맨 아래에 파이썬 프롬프트 '>>>'가 표시됩니다. 여기에서 파이썬 코드를 입력합니다. ('>>>' 기호는 직접 입력하지 마세요.) 프로그래밍이 끝나면 CTRL-D 키를 눌러 종료할 수 있습니다.

문제 #1 Word Count(단어 수 세기)

이제 첫 번째 문제를 풀어보겠습니다! 파이썬을 사용하여 단어 수를 세는 프로그램을 작성할 것입니다. 여기서는 사용자의 입력을 읽고, 문제를 해결하기 위해 입력을 처리하고, 결과를 출력하는 방법을 배웁니다. 또한 프로그램에서 텍스트와 숫자를 조작하는 방법과 내장된 파이썬 연산자를 사용하는 방법, 처리 중에 중간 결과를 저장하는 방법도 배울 것입니다.

이 문제는 DMOJ 사이트에 있으며, 식별 코드는 dmopc15c7p2입니다.

- **도전 과제**

제공된 단어의 수를 세어 보세요. 여기서 말하는 단어는 일련의 소문자들입니다. hello 같은 단어 뿐만 아니라 bbaabbb처럼 뜻이 없는 문자의 나열도 마찬가지로 단어로 봅니다.

- **입력**

입력은 소문자와 공백으로 구성된 한 줄의 텍스트입니다. 각 단어 쌍 사이에는 정확히 하나의 공백이 있으며 첫 번째 단어 앞이나 마지막 단어 뒤에는 공백이 없습니다. 한 라인의 최대 길이는 80자입니다.

- **출력**

입력된 라인의 단어 수를 출력합니다.

문자열(Strings)

값(values)은 파이썬 프로그램의 기본 구성요소입니다. 각 값에는 데이터 타입(형)이 있으며, 데이터 타입은 값에 대해 수행할 수 있는 연산을 결정합니다. Word Count 문제에서 우리는 한 줄의 텍스트로 작업을 합니다. 텍스트는 파이썬에서 문자열(string) 값으로 저장되므로 문자열에 대해 배워야 합니다. 그리고 단어 수를 세고 나면 숫자를 출력해야 하므로 숫자(numeric) 값에 대해서도 배워야 합니다. 먼저 문자열을 알아보겠습니다.

- **문자열 표현**

문자열(string)은 텍스트를 저장하거나 조작하는 데 사용되는 파이썬의 데이터 타입입니다. 문자열 값을 만들려면 해당 문자들을 작은따옴표로 감쌉니다. 파이썬 셸에서 다음을 입력합니다.

```
>>> 'hello'
'hello'
>>> 'a bunch of words'
'a bunch of words'
```

파이썬이 사용자가 입력한 각 문자열을 그대로 따라 해서 출력합니다. 그런데 만약 문자열 안에 있는 문자 중 하나가 작은따옴표인 경우에는 어떻게 될까요?

```
>>> 'don't say that'
  File "<stdin>", line 1
    'don't say that'
         ^
SyntaxError: invalid syntax
```

don't라는 단어에 있는 작은따옴표가 문자열의 종료를 방해합니다. 해당 라인의 나머지 부분인 t say that'은 의미가 없으며, 이것이 구문 오류를 발생시킵니다. 구문 오류는 코드 작성 시에 파이썬 규칙을 위반해서 유효한 파이썬 코드가 작성되지 않았다는 것을 의미합니다.

큰따옴표로 문자열을 감싸도 된다는 점을 이용해 이 오류를 바로잡을 수 있습니다.

```
>>> "don't say that"
"don't say that"
```

이 책에서는 기본적으로 문자열을 작은따옴표로 감싸 표기할 것입니다. 다만, 문자열 내에 작은따옴표가 있는 경우에는 문자열을 감싸는 데 큰따옴표를 사용할 것입니다.

• 문자열 연산자

문자열(string)을 사용하여 우리가 세려는 단어들이 담긴 텍스트를 저장할 수 있습니다. 문자열로 단어를 세거나 그 외 다른 작업을 수행하기 위해서는 문자열을 사용하는 방법을 배워야 합니다.

문자열에는 우리가 수행할 수 있는 다양한 연산자가 존재합니다. 연산자들 중 일부는 피연산자 사이에 특수 기호를 사용합니다. 예를 들어, + 연산자는 문자열을 연결할 때 사용합니다.

```
>>> 'hello' + 'there'
'hellothere'
```

앗! 두 단어 사이에 공백이 필요하겠네요. 첫 번째 문자열 끝에 띄어쓰기를 한 칸 추가해 보겠습니다.

```
>>> 'hello ' + 'there'
'hello there'
```

지정된 횟수만큼 문자열을 복사하는 * 연산자도 있습니다.

```
>>> '-' * 30
'------------------------------'
```

입력에 존재하는 30은 정수 값입니다. 이제 곧 정수에 대해 더 많은 이야기를 할 것입니다.

· 문자열의 메서드들

메서드(method)는 값을 나타내는 데이터 타입에 특화된 연산입니다. 문자열에는 많은 메서드가 존재합니다. 예를 들어, 문자열의 문자들을 대문자로 변환하는 upper라는 메서드가 있습니다.

```
>>> 'hello'.upper()
'HELLO'
```

메서드에서 반환되는 정보를 메서드의 반환 값이라고 합니다. 앞의 예에서는 upper가 문자열 'HELLO'를 반환했습니다.

값에 대해 메서드를 수행하는 것을 메서드 호출이라고 합니다. 메서드를 호출하기 위해서는 값과 메서드명 사이에 점(.) 연산자를 배치해야 합니다. 또한 메서드명 뒤에는 괄호가 필요한데, 일부 메서드들에서는 upper를 호출할 때처럼 괄호 안을 비워두게 됩니다.

어떤 메서드들의 경우에는 옵션으로 괄호 안에 정보를 포함시켜 호출할 수도 있으며, 또 다른 메서드들의 경우에는 괄호 안에 반드시 정보를 포함시켜서 호출해야 작동합니다. 이렇게 메서드를 호출할 때 포함하는 정보를 메서드의 인자(method's arguments)라고 합니다.

예를 들어, 문자열 메서드로 strip 메서드가 있습니다. 인자가 없이 호출되는 경우 strip은 문자열에서 처음과 끝의 모든 공백을 제거합니다.

```
>>> '    abc'.strip()
'abc'
>>> '    abc        '.strip()
'abc'
>>> 'abc'.strip()
'abc'
```

문자열을 인자로 하여 호출할 수도 있는데, 그렇게 하면 문자열의 처음과 끝에서 주어진 문자를 제
거합니다.

```
>>> 'abc'.strip('a')
'bc'
>>> 'abca'.strip('a')
'bc'
>>> 'abca'.strip('ac')
'b'
```

한 가지 더, 문자열 메서드인 count에 대해 이야기해 보겠습니다. 이 메서드는 문자열 인자를 전달
하면 해당 인자가 문자열 안에 몇 개나 있는지 알려 줍니다.

```
>>> 'abc'.count('a')
1
>>> 'abc'.count('q')
0
>>> 'aaabcaa'.count('a')
5
>>> 'aaabcaa'.count('ab')
1
```

인자가 겹쳐서 나타나는 경우, 첫 번째로 발견된 것만 카운트됩니다.

```
>>> 'ababa'.count('aba')
1
```

count 메서드는 조금 전에 설명한 다른 메서드들과는 달리 Word Count 문제를 해결하는 데 매우
유용합니다.

'this is a string with a few words'라는 문자열을 생각해 보세요. 각 단어의 끝에는 공백 문자가 존재합니다. 사실, 단어가 몇 개인지 손가락으로 직접 세어 봐야 하는 상황이 닥친다면 여러분은 공백을 기준으로 단어를 구분할 것입니다. 그러니 문자열에서 공백의 수를 계산해 보면 어떨까요? 공백이 몇 개인지 확인하려면 count 메서드에 공백 문자 하나로 구성된 문자열을 전달하면 됩니다.

```
>>> 'this is a string with a few words'.count(' ')
7
```

7이라는 값을 얻었습니다. 문자열 안에 담긴 문자의 개수와 맞아떨어지지 않습니다. 문자열이 8개의 단어로 구성되어 있는 걸 생각해 보면 거의 근접한 숫자이긴 합니다만, 왜 8 대신 7이 나왔을까요?

그 이유는 마지막 단어 뒤에 공백이 없기 때문입니다. 따라서 공백을 세는 방식으로는 마지막 단어를 세지 못하게 됩니다. 이를 해결하기 위해 우리는 숫자를 다루는 방법을 배워야 합니다.

정수 및 부동 소수점 수

수식은 값과 연산자로 구성됩니다. 그럼 이제 숫자 값을 어떻게 작성하고, 또 어떻게 연산자와 결합하는지 살펴보겠습니다.

파이썬에는 숫자를 나타내는 두 가지 데이터 타입이 존재합니다. 정수(소수 부분이 없음)와 부동 소수점 수(소수 부분을 가짐)입니다. 정수(integer) 값은 다음과 같이 소수점이 없는 숫자로 씁니다.

```
>>> 30
30
>>> 7
7
>>> 1000000
1000000
>>> -9
-9
```

값 자체가 매우 간단한 수식입니다.

우리에게 친숙한 사칙 연산을 정수에 적용해 보겠습니다. 덧셈을 위한 +, 뺄셈을 위한 -, 곱셈을 위한 * 연산자를 사용해 더 복잡한 수식을 만들 수 있습니다.

```
>>> 8 + 10
18
>>> 8 - 10
-2
>>> 8 * 10
80
```

연산자 앞뒤의 공백을 잠깐 살펴보세요. 8+10과 8 + 10은 파이썬에서 동일하게 인식되지만, 사람들이 읽기 편한 코드를 작성하고 싶다면 8 + 10으로 쓰는 편이 좋습니다. 적절한 공백은 코드 가독성을 높여 줍니다.

파이썬에는 기호 두 개로 구성된 나눗셈 연산자가 있습니다. // 연산자는 정수의 나눗셈을 수행한 후 결과의 소수점 아래 수는 내림합니다. 즉, 나머지는 버리고 몫만 구하는 연산자입니다.

```
>>> 8 // 2
4
>>> 9 // 5
1
>>> -9 // 5
-2
```

나눗셈의 나머지가 필요하다면 mod 연산자를 사용하세요. mod 연산자의 기호는 '%'입니다. 예를 들어 8을 2로 나누면 나머지가 없습니다.

```
>>> 8 % 2
0
```

8을 3으로 나누면 나머지는 2입니다.

```
>>> 8 % 3
2
```

/ 연산자는 // 연산자와 대조적으로 반올림(또는 올림, 버림)을 수행하지 않습니다.

```
>>> 8 / 2
4.0
```

```
>>> 9 / 5
1.8
>>> -9 / 5
-1.8
```

이 결괏값들은 정수가 아닙니다! 이들은 소수점이 있는 float('부동 소수점 수'의 경우)이라는 데이터 타입에 속합니다.

소수점을 포함해 부동 소수점 값을 작성할 수 있습니다.

```
>>> 12.5 * 2
25.0
```

우선 지금은 정수에 초점을 맞추고 부동 소수점 수는 이 장의 뒷부분에서 Cone Volume(원뿔의 부피) 문제를 풀 때 살펴보겠습니다.

식에서 여러 연산자를 사용할 때, 파이썬은 우선순위 규칙(precedence rules)에 따라 연산자가 적용되는 순서를 결정합니다. 각 연산자에는 우선순위가 있습니다. 수학 시험지를 풀 때와 마찬가지로 파이썬은 곱셈과 나눗셈(높은 우선순위)을 더하기와 빼기(낮은 우선순위)보다 먼저 수행합니다.

```
>>> 50 + 10 * 2
70
```

다시 말하지만, 수학 시험지를 풀 때처럼 괄호 안의 연산이 가장 높은 우선순위를 갖습니다. 이러한 우선순위를 사용하여 사용자가 원하는 순서로 파이썬이 작업하게끔 할 수 있습니다.

```
>>> (50 + 10) * 2
120
```

프로그래머는 기술적으로 필요하지 않은 경우에도 종종 괄호를 추가합니다. 파이썬에는 많은 연산자가 존재하고 이들의 우선순위를 괄호로 구분하지 않으면 오류가 발생하기 쉬운데, 프로그래머들은 일반적으로 코드에서 연산자의 우선순위를 추적하는 것을 귀찮아하기 때문입니다.

문자열에 메서드가 존재했던 것처럼 정수 값과 부동 소수점 값에 사용하는 메서드가 있을까요? 물론 있습니다! 그러나 그것들은 그다지 유용하지 않습니다. 예를 들면, 어떤 정수가 차지하는 메모리의 크기를 구할 수 있는 bit_length 메서드가 있습니다. 정수가 클수록 더 많은 메모리가 필요하다는 것을 알 수 있습니다.

```
>>> (5).bit_length()
3
>>> (100).bit_length()
7
>>> (99999).bit_length()
17
```

이때 정수를 괄호로 둘러싸야 합니다. 그러지 않으면 점 연산자가 소수점과 혼돈되어 구문 오류가 발생합니다.

· 변수(Variables)

이제 문자열과 숫자 값을 작성하는 방법을 알았습니다. 값을 나중에 다시 사용할 수 있도록 어딘가에 저장해 두는 것도 중요합니다. Word Count 문제를 풀 때 문자열을 어딘가에 저장하고 단어의 수를 센다면 편리할 것입니다.

· 할당문(Assignment Statement)

변수는 값을 참조하는 이름이며, 변수를 사용할 때마다 해당 이름이 참조하는 값으로 대체됩니다. 변수가 값을 참조하게 하려면 변수, 등호(=), 수식으로 구성된 할당문을 사용하면 됩니다. 파이썬은 수식을 평가하고 변수가 결과를 참조하도록 합니다.

다음은 할당문의 예입니다.

```
>>> dollars = 250
```

이제 dollars는 사용할 때마다 250으로 대체됩니다.

```
>>> dollars
250
>>> dollars + 10
260
>>> dollars
250
```

변수는 한번에 하나의 값만 참조합니다. 그렇기 때문에 어떤 값을 참조하고 있는 변수가 또 다른 값을 참조하도록 값을 할당하면, 이전 값은 더 이상 참조하지 않고 새로운 값만 참조합니다.

```
>>> dollars = 250
>>> dollars
250
>>> dollars = 300
>>> dollars
300
```

우리는 변수를 원하는 만큼 사용할 수 있습니다. 큰 프로그램은 일반적으로 수백 개의 변수를 사용합니다. 다음은 변수 2개를 사용하는 예입니다.

```
>>> purchase_price1 = 58
>>> purchase_price2 = 9
>>> purchase_price1 + purchase_price2
67
```

여기서는 저장하고 있는 값의 내용을 미리 알고 변수명을 정했습니다. purchase_price1과 purchase _price2는 두 건의 상품 구매 가격과 관련되어 있습니다. 만일 여기서 변수명을 p1과 p2라고 적으면 당장에는 간단해서 좋겠지만 며칠만 지나도 이 변수가 무엇을 나타내는지 기억하지 못할 것입니다. 따라서 변수명을 지을 때는 간단하되, 의미를 알 수 있게 적는 것이 중요합니다.

변수가 문자열을 참조하도록 만들 수도 있습니다.

```
>>> start = 'Monday'
>>> end = 'Friday'
>>> start
'Monday'
>>> end
'Friday'
```

숫자를 참조하는 변수와 마찬가지로 조금 더 복잡한 수식에서 사용할 수도 있습니다.

```
>>> start + '-' + end
'Monday-Friday'
```

파이썬 변수명은 소문자로 시작해야 하며, 변수명에는 추가적인 문자, 단어를 구분하기 위한 언더바(_), 숫자를 포함할 수 있습니다.

• 변수 값 변경

먼저 변수 dollars에 값 250을 할당합니다.

```
>>> dollars = 250
```

dollars가 251을 참조하게 하려면 변수에 1을 더하기만 하면 될까요? 아니요, 그렇게 하면 우리의 의도대로 작동하지 않습니다.

```
>>> dollars + 1
251
```

결과는 251이지만 그 값은 사라지고 어디에도 저장되지 않습니다.

```
>>> dollars
250
```

우리에게 필요한 것은 dollars + 1의 결과를 보존하기 위한 할당문입니다.

```
>>> dollars = dollars + 1
>>> dollars
251
>>> dollars = dollars + 1
>>> dollars
252
```

할당문을 처음 접할 때 사람들이 흔히 저지르는 실수는 할당 기호인 '='를 '같다'라는 의미로 생각하는 것입니다. 하지만 그렇지 않습니다! 할당문은 변수가 수식의 값을 참조하게 하는 명령이지 두 요소가 같다는 의미가 아닙니다.

📠 개념 확인

다음 코드를 실행한 후 y의 값은 무엇일까요?

```
>>> x = 37
>>> y = x + 2
>>> x = 20
```

Ⓐ 39

Ⓑ 22

Ⓒ 35

Ⓓ 20

Ⓔ 18

답 Ⓐ

y에 대한 할당은 한 번만 있으며 y가 값 39를 참조하도록 하고 있습니다. x = 20 할당문은 x가 참조하는 값을 27에서 20으로 변경하지만 이것은 y가 참조하는 값에 영향을 미치지 않습니다.

변수를 사용하여 단어 수 세기

Word Count(단어 수 세기) 문제를 해결하기 위한 지금까지의 진행 상황을 살펴보겠습니다.

- ⊙ 문자열이 무엇인지 배웠습니다. 단어들로 구성된 라인을 문자열을 사용해 저장할 수 있습니다.
- ⊙ 단어들로 구성된 라인에서 공백의 개수를 셀 수 있는 count 메서드를 배웠습니다. 이 메서드는 우리가 원하는 출력 값보다 1 적은 값을 제공합니다.
- ⊙ + 연산자를 사용해 숫자에 1을 더할 수 있는 정수에 대해 배웠습니다.
- ⊙ 변수와 할당문을 배웠으므로 값을 잃지 않고 보존할 수 있습니다.

이 모든 것을 종합하면, 변수가 문자열을 참조하도록 한 다음 단어 수를 계산할 수 있습니다.

```
>>> line = 'this is a string with a few words'
>>> total_words = line.count(' ') + 1
>>> total_words
8
```

사실 여기서는 변수가 반드시 필요하지는 않습니다. line과 total_words가 없어도 다음과 같은 방식으로 단어의 수를 구할 수 있습니다.

```
>>> 'this is a string with a few words'.count(' ') + 1
8
```

하지만 변수로 중간 결과를 저장해 놓으면 코드 가독성을 높일 수 있습니다. 그렇기에 프로그램이 몇 줄을 넘어가면 변수의 사용은 불가피합니다.

입력 읽기

우리가 작성한 코드의 한 가지 문제는 입력해 놓은 특정한 문자열에서만 동작한다는 것입니다. 'this is a string with a few words'에 8개의 단어가 존재한다고 알려 주지만 그 외엔 아무것도 할 수 없습니다. 다른 문자열에 얼마나 많은 단어가 있는지 알고 싶다면 현재 문자열을 새로운 문자열로 바꿔야 합니다. 하지만 Word Count 문제를 해결하기 위해서는 프로그램에 입력으로 제공된 모든 문자열에 대해 동작하는 프로그램이 필요합니다.

입력 라인을 읽으려면 input 함수를 사용합니다. 함수는 메서드와 유사합니다. 필요한 몇몇 인자를 전달하여 호출하면 우리에게 결괏값을 반환합니다. 메서드와 함수의 한 가지 차이점은 함수는 점 연산자를 사용하지 않는다는 것입니다. 함수에 전달되는 모든 정보는 인자를 통해 전달됩니다.

다음은 input 함수를 호출하고 어떤 입력을 타이핑하는 예입니다.

```
>>> input()
testing
'testing'
```

input 함수를 호출하고 ENTER 키를 누르면 >>> 프롬프트를 돌려받지 못하게 됩니다. 그때 파이썬은 여러분이 무엇인가를 입력하고 ENTER 키를 누르길 기다립니다. 무엇을 입력하고 ENTER 키를 누르면 input 함수는 여러분이 입력한 문자열을 반환합니다. 늘 그렇듯 입력된 문자열은 어딘가에 저장해야만 소실되지 않습니다. 입력한 내용을 할당문으로 저장해 보겠습니다.

```
>>> result = input()
testing
>>> result
'testing'
>>> result.upper()
'TESTING'
```

input에 의해 반환된 값에 대해 upper 메서드를 사용한 점을 주의하세요. 이것은 input 함수가 문자열을 반환하고 upper가 문자열 메서드이기 때문에 가능합니다.

출력 쓰기

파이썬 쉘에서 수식을 입력하면 값이 표시되는 것을 보았습니다.

```
>>> 'abc'
'abc'
>>> 'abc'.upper()
'ABC'
>>> 45 + 9
54
```

이것은 파이썬이 제공하는 기능일 뿐입니다. 수식을 입력하면 해당 값을 보고 싶어 할 것이라고 가정하는 것입니다. 그러나 파이썬 쉘 외부에서 파이썬 프로그램을 실행할 때는 이러한 기능을 기대할 수 없으며, 그렇기 때문에 무언가를 출력하고 싶을 때마다 명시적으로 print 함수를 사용해야 합니다. print 함수는 쉘에서도 동작합니다.

```
>>> print('abc')
abc
>>> print('abc'.upper())
ABC
>>> print(45 + 9)
54
```

print 함수에 의해 출력된 문자열에는 따옴표가 없습니다. 다행입니다! 어쨌든 프로그램이 사용자와 의사소통할 때 따옴표를 표시하고 싶지는 않을 것입니다.

print 함수의 좋은 기능 중 하나는, 원하는 만큼 인자를 제공할 수 있고 이들을 모두 공백으로 구분하여 출력한다는 것입니다.

```
>>> print('abc', 45 + 9)
abc 54
```

문제 풀기: 완전한 파이썬 프로그램

이제 완전한 파이썬 프로그램을 작성해서 Word Count 문제를 해결할 준비가 되었습니다. 파이썬 쉘을 종료하면 운영체제 명령 프롬프트로 돌아갑니다.

• 텍스트 편집기 실행

이제 텍스트 편집기를 사용하여 코드를 작성할 것입니다. 운영체제에 따라 다음 단계를 수행합니다.

〈Windows〉

Windows에서는 기본 텍스트 편집기인 메모장을 사용합니다. 현재 명령 프롬프트가 programming 폴더 안이 아닐 경우, 운영체제 명령 프롬프트에서 programming 폴더로 이동합니다. 그런 다음 notepad word_count.py를 입력하고 ENTER 키를 누릅니다. word_count.py 파일이 존재하지 않기 때문에 메모장이 새로운 word_count.py 파일을 만들 것인지를 묻습니다. 예(Yes)를 클릭하고 나면 파이썬 프로그램을 입력할 준비가 됩니다.

〈macOS〉

macOS에서는 원하는 텍스트 편집기를 사용할 수 있습니다. macOS에 이미 설치되어 있는 텍스트 편집기는 TextEdit입니다. 현재 명령 프롬프트가 programming 폴더 안이 아닐 경우, 운영체제 명령 프롬프트에서 programming 폴더로 이동합니다. 그런 다음 아래 두 명령을 입력하고 ENTER 키를 누릅니다.

```
$ touch word_count.py
$ open -a TextEdit word_count.py
```

touch 명령은 텍스트 편집기에서 열 파일을 만드는 것입니다. 이제 파이썬 프로그램을 작성할 준비가 되었습니다.

〈Linux〉

Linux에서는 원하는 텍스트 편집기를 사용할 수 있습니다. 이미 설치되어 있을 가능성이 있는 편집기는 gedit입니다. 현재 명령 프롬프트가 programming 폴더 안이 아닐 경우, 운영체제 명령 프롬프트에서 programming 폴더로 이동합니다. 그런 다음 gedit word_count.py를 입력하고 ENTER 키를 누릅니다. 이제 파이썬 프로그램을 작성할 준비가 되었습니다.

• 프로그램(Program)

텍스트 편집기가 실행되면 파이썬 프로그램의 코드를 입력할 수 있습니다.

코드 1-1: Word Count 풀이

```
① line = input()
② total_words = line.count(' ') + 1
③ print(total_words)
```

코드를 입력할 때 원문자 ①, ②, ③은 입력하지 마세요. 그것들은 이 책에서 우리가 코드를 살펴보기 위한 표시일 뿐, 코드의 일부가 아닙니다.

입력에서 텍스트를 가져와 변수에 할당하는 것으로 시작합니다①. 그러면 count 메서드를 사용할 수 있는 문자열을 얻을 수 있습니다.

문자열에 존재하는 마지막 단어를 포함시키기 위해 공백의 개수에 1을 더하고, 그 결괏값을 참조하기 위해 변수 total_words를 사용합니다②. 마지막으로 할 일은 total_words가 참조하는 값을 출력하는 것입니다③.

코드 입력이 끝나면 파일을 저장합니다.

• 프로그램 실행

프로그램을 실행하기 위해 운영체제의 명령 프롬프트에서 python 명령을 사용합니다. 앞에서 살펴보았듯이 그냥 python 명령을 실행하면 파이썬 셸이 실행됩니다. 이번에는 그러는 대신 파이썬이 word_count.py 프로그램을 실행하도록 하고 싶습니다. 그러려면 programming 폴더로 이동한 후 python word_count.py를 입력하면 됩니다.(python 명령을 입력하면 된다고 말했지만, 여러분의 환경에 따라 필요할 경우 python 명령 대신 python3 명령을 사용하세요. 이번뿐만 아니라 이 책 전체에서 말입니다.)

프로그램은 이제 입력 프롬프트에서 여러분이 무언가를 입력하길 기다릴 것입니다. 몇 개의 단어를 입력한 후 ENTER 키를 누르면 프로그램이 올바르게 작동하는 것을 볼 수 있습니다. 예를 들어, 다음 텍스트 라인을 입력해 보세요.

```
this is my first python program
```

그러면 프로그램 결과로 6이 출력되는 것을 볼 수 있습니다.

만약 파이썬 오류가 표시되면 코드를 정확하게 입력했는지 다시 한번 확인하세요. 코드 작성에는 신중함이 필요합니다. 괄호나 작은따옴표가 누락된 경우에도 오류가 발생합니다.

프로그램을 실행할 때까지 시간이 걸리더라도 좌절하지 마세요. 처음으로 프로그램을 실행하기 위해서는 많은 작업이 필요합니다. 프로그램을 파일에 입력하고, 해당 프로그램을 실행하기 위해 파이썬을 호출하고, 잘못된 프로그램으로 인한 오류를 수정해야 합니다. 그러나 프로그램이 아무리 복잡하더라도 프로그램을 실행하는 절차는 변하지 않기 때문에, 이러한 과정에 들인 시간은 책의 나머지 부분을 학습하는 동안에도 가치가 있을 것입니다.

• 평가 사이트에 제출

축하합니다! 컴퓨터를 사용해 첫 번째 파이썬 프로그램을 실행한 것이 만족스러웠기를 바랍니다. 그런데 이 프로그램이 올바른지는 어떻게 알 수 있을까요? 이 프로그램은 입력 가능한 모든 문자열에 대해 작동할까요? 몇 가지 문자열을 더 테스트해 볼 수 있지만, 코드의 정확성에 대해 확신을 얻을 수 있는 더 좋은 방법은 작성한 코드를 온라인 평가 사이트에 제출하는 것입니다. 평가 사이트에서 자동으로 우리 코드에 대해 많은 테스트를 실행하고 우리가 테스트를 통과했는지 또는 뭔가 잘못되었는지 알려 줄 것입니다.

DMOJ 사이트(https://dmoj.ca/)로 이동하여 로그인합니다.(DMOJ 계정이 없는 경우, 이 책의 앞부분 설명에 따라 계정을 만드세요.) Problems(문제)를 클릭하고 Word Count 문제의 식별 코드인 dmopc15c7p2를 검색합니다. 검색 결과를 클릭하여 문제를 불러 옵니다. 문제의 명칭은 Word Count가 아닌 Not a Wall of Text로 되어 있을 것입니다.

제목을 클릭해서 들어가면 문제 작성자가 작성한 문제가 텍스트로 표시됩니다. 우측의 Submit solution 버튼을 클릭하고 코드를 텍스트 영역에 붙여 넣습니다. 프로그래밍 언어로 Python 3를 선택해야 합니다. 끝으로 Submit 버튼을 클릭합니다.

DMOJ는 코드에 대한 테스트를 실행하고 결과를 보여 줍니다. 각 테스트 케이스에 대해 상태 코드가 표시됩니다. AC는 여러분이 각 테스트에서 바라는 결과로, 수락됨을 의미합니다. 다른 코드로는 오답을 의미하는 WA, 시간 제한 초과를 의미하는 TLE가 있습니다. WA나 TLE가 표시된다면 붙여넣은 코드가 텍스트 편집기의 코드와 정확히 일치하는지 다시 한번 확인하세요.

모든 테스트 케이스가 수락되었다고 가정하면 점수(Final score)가 100/100이고 포인트가 3점(만점)인 것을 확인할 수 있습니다.

이번 Word Count 문제를 푸는 데 사용한 접근 방식을 따라 이 책의 모든 문제를 풀 것입니다. 먼저 파이썬 쉘을 사용해서 새로운 파이썬 기능을 학습한 다음, 문제를 해결하기 위한 프로그램을 작성하고, 자체 테스트 케이스로 프로그램을 테스트할 것입니다. 최종적으로 코드를 평가 사이트에 제출합니다. 여기서 테스트 케이스가 실패하면 코드를 다시 살펴보고 수정합니다.

문제 #2 Cone Volume(원뿔의 부피)

Word Count에서는 입력에서 문자열을 읽어야 했지만 이 문제에서는 입력에서 정수를 읽어야 합니다. 그러려면 문자열을 정수로 만드는 추가적인 단계가 필요하고, 파이썬에서의 수학 계산에 대해서도 배워야 합니다.

이 문제는 DMOJ 사이트에 있으며, 식별 코드는 dmopc14c5p1입니다.

· 도전 과제

직원뿔의 부피를 계산합니다.

· 입력

입력은 두 줄의 텍스트로 구성됩니다. 첫 번째 라인은 원뿔의 반지름인 정수 r이고, 두 번째 라인은 원뿔의 높이인 정수 h입니다. r과 h는 모두 1과 100 사이의 값입니다.(다시 말해, r과 h의 최솟값은 1이고 최댓값은 100입니다.)

· 출력

반지름이 r이고 높이가 h인 직원뿔의 부피를 출력합니다. 부피를 계산하는 공식은 $(\pi r^2 h)/3$입니다.

파이썬 수학

반지름과 높이를 각각 나타내는 변수 r과 h가 있다고 가정해 보겠습니다.

```
>>> r = 4
>>> h = 6
```

이제 $(\pi r^2 h)/3$을 계산하려 합니다. 공식에 반지름 4와 높이 6을 대입하면 $(\pi * 4^2 * 6) / 3$입니다. 여기에 π 대신 3.14159를 넣어 계산기로 계산하면 100.531이라는 결과를 보여 줍니다. 이것을 파이썬에서는 어떻게 할 수 있을까요?

· PI 값 사용하기

π 값을 사용하기 위한 적절한 변수를 사용하겠습니다. 다음은 매우 정확한 원주율 값을 PI에 할당하는 할당문입니다.

```
PI = 3.141592653589793
```

PI 값은 원주율 값이므로 코드에서 변경하면 안 됩니다. 그렇기 때문에 이것은 변수가 아닌 상수(constant)입니다. 일정한 값으로 유지되는 데이터인 상수를 나타낼 때는 PI처럼 대문자를 사용하는 것이 파이썬의 규칙입니다.

· 지수

공식 $(πr^2h)/3$에서 아직 이야기하지 않은 부분은 r^2을 수행하는 방법입니다. r^2은 r * r과 같기 때문에 지수 대신 곱셈을 사용할 수 있습니다.

```
>>> r
4
>>> r * r
16
```

하지만 곱셈보다는 지수를 직접 사용하는 것이 더 명시적입니다. 코드를 작성할 때는 가능한 한 명확하게 코드를 작성하는 편이 좋습니다. 게다가 언젠가 큰 지수를 계산해야 할 수도 있는데, 지수가 클수록 곱셈으로 다루기 어렵습니다. 그러니 지수 연산을 할 때는 파이썬의 지수 연산자인 **을 사용하세요.

```
>>> r ** 2
16
```

직원뿔의 부피를 구하는 완전한 수식은 다음과 같습니다.

```
>>> (PI * r ** 2 * h) / 3
100.53096491487338
```

훌륭합니다. 앞서 계산기로 계산한 값(100.531)과 거의 같습니다.

여기에서 부동 소수점 수가 나왔습니다. 이 장의 '정수 및 부동 소수점 수'에서 언급했듯이 나눗셈 연산자인 /는 결과를 부동 소수점 수로 반환합니다.

문자열과 정수 간의 변환

끝으로 반지름과 높이를 입력에서 읽어 와서 그 값으로 원뿔의 부피를 계산해 보겠습니다.

```
>>> r = input()
4
>>> h = input()
6
```

input 함수는 사용자가 정수를 입력하더라도 항상 문자열을 반환합니다.

```
>>> r
'4'
>>> h
'6'
```

작은따옴표는 이러한 값들이 문자열임을 나타냅니다. 문자열은 수학 계산을 하는 데 사용할 수 없습니다. 따라서 문자열을 사용해 계산을 시도하면 오류가 발생합니다.

```
>>> (PI * r ** 2 * h) / 3
Traceback (most recent call last):
  File "<stdin>", line 1, in <module>
TypeError: unsupported operand type(s) for ** or pow(): 'str' and 'int'
```

잘못된 타입의 값을 사용하면 TypeError가 발생합니다. 파이썬은 r이 참조하는 문자열과 정수 2 사이의 지수 연산을 허용하지 않습니다. ** 연산자는 순수한 수학 연산자이므로 문자열과 함께 사용할 이유가 전혀 없습니다.

파이썬의 int 함수를 사용하여 문자열을 정수로 변환할 수 있습니다.

```
>>> r
'4'
>>> h
'6'
>>> r = int(r)
>>> h = int(h)
>>> r
4
```

```
>>> h
6
```

이제 r과 h에 담긴 값을 사용해 공식에 적용할 수 있습니다.

```
>>> (PI * r ** 2 * h) / 3
100.53096491487338
```

정수를 나타내는 문자열이 있으면 거기에 int 함수를 사용해 문자열을 정수로 변환할 수 있습니다. 이때 앞뒤 공백은 처리할 수 있지만 숫자를 나타내지 않는 문자는 처리할 수 없습니다.

```
>>> int(' 12 ')
12
>>> int('12x')
Traceback (most recent call last):
  File "<stdin>", line 1, in <module>
ValueError: invalid literal for int() with base 10: '12x'
```

입력에 의해 반환된 문자열을 정수로 변환할 때 두 단계로 나누어 수행할 수도 있습니다. 먼저 입력의 반환 값을 변수에 할당한 다음, 해당 값을 정수로 변환하는 것입니다.

```
>>> num = input()
82
>>> num = int(num)
>>> num
82
```

또는 다음과 같이 input과 int 함수의 호출을 결합할 수도 있습니다.

```
>>> num = int(input())
82
>>> num
82
```

여기서 int 함수에 전달된 인자는 input 함수에서 반환된 문자열입니다. 입력받은 문자열을 int 함수를 통해 정수로 변환합니다.

반대로 정수를 문자열로 변환해야 할 경우에는 str 함수를 사용할 수 있습니다.

```
>>> num = 82
>>> 'my number is ' + num
Traceback (most recent call last):
  File "<stdin>", line 1, in <module>
TypeError: can only concatenate str (not "int") to str
>>> str(num)
'82'
>>> 'my number is ' + str(num)
'my number is 82'
```

정수는 문자열과 연결할 수 없습니다. str 함수를 사용하면 정수 82를 문자열 '82'로 변환해 다른 문자열과 연결할 수 있습니다.

문제 풀기

이제 Cone Volume 문제를 풀 준비가 되었습니다.

cone_volume.py라는 텍스트 파일을 만들고 코드 1-2를 입력합니다.

코드 1-2: Cone Volume 풀이

```
① PI = 3.141592653589793


② radius = int(input())
③ height = int(input())

④ volume = (PI * radius ** 2 * height) / 3

⑤ print(volume)
```

빈 줄을 삽입하여 코드를 논리적인 부분들로 구분하였습니다.

파이썬은 빈 줄을 무시하기 때문에 이것이 코드 실행에 어떤 영향을 미치지는 않습니다. 그러나 이렇게 빈 줄을 삽입하면 코드의 가독성을 높일 수 있습니다. 즉, 사람이 코드를 읽고 구분하기 쉽게 만들 수 있다는 뜻입니다.

이 코드에서는 수학 공식에 쓰인 단일 문자인 r 대신 radius, h 대신 height를 변수명으로 사용했습니다. 또한 부피 공식을 의미하는 변수명으로 volume을 사용했습니다. 코드를 작성할 때 이처럼 값의 의미를 나타내는 변수명을 사용하면 더 많은 정보를 전달할 수 있습니다.

우리는 PI라는 변수가 원주율의 근사값을 참조하게 만들며① 코드를 시작합니다. 그런 다음 입력에서 반지름②과 높이③를 읽어와 문자열에서 정수로 변환합니다. 부피④를 계산하기 위해 직원뿔의 부피 공식을 사용하고, 마지막으로 부피를 출력합니다⑤.

cone_volume.py 파일을 저장합니다.

명령 창에서 python cone_volume.py를 입력해 프로그램을 실행한 다음 반지름 값과 높이 값을 입력합니다. 계산기를 사용하여 프로그램이 올바른 출력을 생성하는지 확인하세요!

반지름이나 높이에 대해 쓰레기(garbage) 값을 입력하면 어떻게 될까요? 예를 들어, 프로그램을 실행하고 다음 값을 입력해 보세요.

```
xyz
```

그러면 오류가 발생합니다.

```
Traceback (most recent call last):
  File "cone_volume.py", line 3, in <module>
    radius = int(input())
ValueError: invalid literal for int() with base 10: 'xyz'
```

확실히 사용자 친화적이지 않습니다. 그러나 프로그래밍을 배우는 목적으로 우리는 이런 면에 대해 고려하지 않을 것입니다. 평가 사이트의 모든 테스트 케이스는 문제의 입력 사양을 벗어나지 않는 값을 입력한다고 전제하므로, 잘못된 입력을 어떻게 처리할지에 대해서는 걱정할 필요가 없습니다.

평가 사이트에 대해 말하자면, 우리는 이 문제에 올바른 코드를 작성했기 때문에 DMOJ 사이트에서 3점을 더 획득할 수 있습니다. 작업을 제출하세요!

요약

　이로써 우리의 여정이 시작되었습니다! 첫 장에서는 파이썬 코드를 작성해 두 문제를 풀었습니다. 그러면서 값, 타입, 문자열, 정수, 변수, 할당문, 입력 및 출력을 포함한 프로그래밍에 관한 기본 개념을 배웠습니다.

　다음 연습문제 중 몇 가지를 수행하며 이번 장에서 학습한 내용을 실습해 보세요. 연습문제를 통해 1장에서 배운 개념을 확실히 익힌 후에는 2장으로 넘어가세요. 2장에서는 프로그램이 결정을 내리는 방법에 관해 배우고, 더 이상 위에서 아래로만 실행되는 프로그램을 작성하지 않을 것입니다. 그러한 내용을 기반으로 특정 문제들을 더욱 유연하게 해결하는 데 필요한 작업을 수행할 수 있습니다.

각 장은 여러분이 직접 시도해 볼 수 있는 연습문제를 제시하는 것으로 마무리됩니다. 가능한 한 많은 연습문제를 접하는 것이 실력 향상에 도움이 될 것입니다. 어떤 문제는 푸는 데 시간이 오래 걸릴 수도 있고, 그 과정에서 반복되는 파이썬 오류로 인해 지칠 수도 있습니다. 하지만 모든 기술이 그렇듯 학습에는 집중적인 연습이 필요합니다. 연습문제를 풀 때는 몇 가지 예를 손으로 먼저 풀어 보세요. 그러면 문제가 무엇을 요구하고 프로그램이 무엇을 해야 하는지 알 수 있습니다. 만약 그러지 않고 무작정 코드를 작성한다면 생각을 정리하지 못한 채로 프로그램을 작성해야 하는 어려움을 겪을 수 있습니다.

코드가 동작하지 않으면 다음과 같이 질문하고 스스로 답을 찾아보세요. 정확하게 원하는 동작이 무엇인가? 오류의 원인이 될 가능성이 있는 코드의 행은 어디인가? 시도해 볼 수 있는 다른 접근 방식, 어쩌면 더 간단한 접근 방식이 있는가?

연습문제를 포함해 이 책의 모든 실습 자료는 영진닷컴 홈페이지에서 다운받을 수 있습니다. 선택한 문제를 직접 풀어보기 전까지는 해당 자료를 확인하지 마세요. 아니면 두세 개의 솔루션을 눈으로만 보고 이해한 다음 잠시 쉬었다가 처음부터 직접 해결해 보세요. 문제를 해결하는 방법은 여러 가지가 있습니다. 그렇기 때문에 제대로 동작하는 여러분의 솔루션이 제 코드와 다르다고 해서 둘 중 하나가 틀린 것은 아닙니다. 오히려 여러분의 코드를 제 코드와 비교할 수 있는 좋은 기회이고, 아마도 그 과정에서 서로 대체할 수 있는 기술을 배워 나가게 될 것입니다.

1 DMOJ 문제 (wc16c1j1) A Spooky Season

2 DMOJ 문제 (wc15c2j1) A New Hope

3 DMOJ 문제 (ccc13j1) Next in Line

4 DMOJ 문제 (wc17c1j2) How's the Weather? ⓘ 변환 방향에 유의하세요!

5 DMOJ 문제 (wc18c3j1) An Honest Day's Work

힌트 병 뚜껑의 수와 병 뚜껑에 필요한 총 페인트는 어떻게 결정할 수 있을까요?

참고 Word Count는 DMOPC '15 4월 경진대회에 출제된 문제이며, Cone Volume은 DMOPC '14 3월 경진대회에 출제된 문제입니다.

Chapter 2

조건문

우리가 매일 사용하는 대부분의 프로그램은 실행 중 일어나는 일에 따라 다르게 동작합니다. 예를 들어, 워드프로세서가 작업을 저장할 것인지 묻고 우리의 응답에 따라 결정을 내립니다. '예'라고 대답하면 작업을 저장하고, '아니요'라고 대답하면 작업을 저장하지 않습니다. 2장에서는 프로그램이 결정을 내리도록 하는 if 문에 대해 배웁니다.

이번 장에서는 농구 경기의 결과를 판단하는 문제와 주어진 전화번호가 텔레마케터의 전화번호인지를 판단하는 문제를 풀 것입니다.

📄 문제 #3 Winning Team(누가 이길까?)

이 문제에서는 농구 경기의 결과에 따라 메시지를 출력해야 합니다. 이를 위해 우리는 if 문에 대한 모든 것을 배우고, 프로그램에서 참과 거짓 값을 저장 및 조작하는 방법을 학습할 것입니다.

이 문제는 DMOJ 사이트에 있으며, 식별 코드는 ccc19j1입니다.

• 도전 과제

농구에서는 점수를 얻는 방법은 총 3가지로, 3점 슛과 2점 슛, 1점 자유투가 있습니다.

사과 팀과 바나나 팀의 농구 경기를 보면서 각 팀의 3점, 2점, 1점 성공 횟수를 기록했습니다. 게임에서 사과 팀이 이겼는지, 바나나 팀이 이겼는지, 아니면 두 팀이 비겼는지 표시하세요.

• 입력

6줄의 입력이 있습니다. 앞의 세 라인은 사과 팀에 대한 점수를 제공하고, 뒤의 세 라인은 바나나 팀의 점수를 제공합니다.

- ⊘ 첫 번째 라인은 사과 팀의 3점 슛 성공 횟수를 나타냅니다.
- ⊘ 두 번째 라인은 사과 팀의 2점 슛 성공 횟수를 나타냅니다.
- ⊘ 세 번째 라인은 사과 팀의 1점 자유투 성공 횟수를 나타냅니다.
- ⊘ 네 번째 라인은 바나나 팀의 3점 슛 성공 횟수를 나타냅니다.
- ⊘ 다섯 번째 라인은 바나나 팀의 2점 슛 성공 횟수를 나타냅니다.
- ⊘ 여섯 번째 라인은 사과 팀의 1점 자유투 성공 횟수를 나타냅니다.

각 숫자는 0에서 100 사이의 정수입니다.

- **출력**

  출력은 문자 한 개입니다.

  - ⊘ **(사과 팀이 이길 경우 A)** 사과 팀이 바나나 팀보다 더 많은 점수를 얻은 경우 A를 출력합니다.
  - ⊘ **(바나나 팀이 이길 경우 B)** 바나나 팀이 사과 팀보다 더 많은 점수를 얻은 경우 B를 출력합니다.
  - ⊘ **(동점인 경우 T)** 사과 팀과 바나나 팀의 점수가 같으면 T를 출력합니다.

조건부 실행

1장에서 배운 것을 활용하면 여기에서 설명을 간단하게 줄일 수 있습니다. input과 int 함수를 사용해 입력에서 6개의 정수를 각각 읽을 수 있고, 변수를 사용해 입력된 값들을 보관할 수 있습니다. 또한 3점 슛 성공 횟수에 3을, 2점 슛 성공횟수에 2를 곱할 수 있고, print 함수로 A나 B 또는 T라는 문자를 출력할 수 있습니다.

우리가 아직 배우지 못한 것은 프로그램에서 게임의 결과를 판단하는 방법입니다. 두 가지 테스트 케이스를 통해 이것이 필요한 이유를 설명하겠습니다.

먼저, 사과 팀의 각 슛별 개수와 바나나 팀의 각 슛별 개수를 나타낸 경우를 생각해 보세요.

```
5
1
3
1
1
1
```

사과 팀의 득점은 5 * 3 + 1 * 2 + 3 = 20점이며, 바나나 팀은 1 * 3 + 1 * 2 + 1 = 6점입니다. 사과 팀이 게임에서 이겼으니 출력은 다음과 같습니다.

```
A
```

그 다음으로, 사과 팀과 바나나 팀의 점수가 뒤바뀐 경우를 생각해 보세요.

```
1
1
1
5
1
3
```

이번에는 바나나 팀이 게임에서 이겼기 때문에 출력은 다음과 같습니다.

```
B
```

우리가 만들 프로그램은 사과 팀의 총 점수와 바나나 팀의 총 점수를 비교할 수 있어야 하며, 그 비교 결과를 바탕으로 출력 A, B 또는 T를 선택할 수 있어야 합니다.

파이썬의 if 문을 사용하여 이러한 종류의 결정을 내릴 수 있습니다. 조건은 결과로 True(참) 또는 False(거짓)를 나타내는 표현식이고, if 문은 이러한 조건을 사용하여 수행할 작업을 결정합니다. 즉, if 문은 조건에 따라 프로그램이 다르게 실행되는 조건부 실행을 초래합니다.

그럼 이제 True 또는 False 값을 나타낼 수 있는 새로운 타입과 이 타입의 표현식을 작성하는 방법을 배우고, 이러한 표현식을 사용하여 if 문을 작성하겠습니다.

Boolean 타입

값을 파이썬의 type 함수에 전달하면 값의 타입(형)을 알려 줍니다.

```
>>> type(14)
<class 'int'>
>>> type(9.5)
<class 'float'>
>>> type('hello')
<class 'str'>
>>> type(12 + 15)
<class 'int'>
```

아직 본 적 없는 파이썬 데이터 타입 중 Boolean(불)이라는 타입이 있습니다. 수십억 개의 값을 갖는 문자열이나 정수, 부동 소수점 수와는 달리 Boolean 타입에는 True 또는 False라는 두 가지 불

값만이 존재합니다.

```
>>> True
True
>>> False
False
>>> type(True)
<class 'bool'>
>>> type(False)
<class 'bool'>
```

이러한 불 값으로 무엇을 할 수 있을까요? 숫자를 다룰 때 +나 - 같은 수학 연산자를 사용해 값을 더 복잡한 수식으로 결합했던 것처럼, 이제 우리에게는 Boolean 값으로 동작하는 새로운 일련의 연산자들이 필요합니다.

관계 연산자

'5는 2보다 큰가?', '4는 1보다 작은가?'

파이썬의 관계 연산자를 사용해 이와 같은 비교를 수행할 수 있습니다. 값을 비교한 결과는 True 또는 False이므로 Boolean 표현식을 작성하는 데 사용됩니다.

〉 연산자는 '~보다 크다'를 의미하는 연산자입니다. 이는 두 개의 피연산자를 비교하여 첫 번째 피연산자가 두 번째보다 크면 True를 반환하고, 그렇지 않으면 False를 반환합니다.

```
>>> 5 > 2
True
>>> 9 > 10
False
```

이와 유사하게 '~보다 작다'를 의미하는 〈 연산자가 있습니다.

```
>>> 4 < 1
False
>>> -2 < 0
True
```

'~보다 크거나 같다'를 나타낼 때는 >= 연산자를, '~보다 작거나 같다'를 나타낼 때는 <= 연산자를
사용합니다.

```
>>> 4 >= 2
True
>>> 4 >= 4
True
>>> 4 >= 5
False
>>> 8 <= 6
False
```

'같다'를 판단하기 위해서는 == 연산자를 사용합니다. 등호가 한 개가 아니라 두 개입니다. 등호 한
개는 할당문에서만 쓴다는 것을 기억하세요. =는 동일함을 판단하는 것과 아무런 관련이 없습니다.

```
>>> 5 == 5
True
>>> 15 == 10
False
```

'같지 않다'를 판단하기 위해서는 != 연산자를 사용합니다. 피연산자들이 같지 않으면 True를 반환
하고, 같으면 False를 반환합니다.

```
>>> 5 != 5
False
>>> 15 != 10
True
```

실제 프로그램에서는 우리가 미리 알고 있는 값을 가진 수식을 판단하지 않습니다. 가령 15와 10
을 비교하기 위해 파이썬을 사용하지는 않는다는 말입니다. 일반적으로 이러한 종류의 표현식에서는
변수를 사용합니다. 예를 들어, number != 10은 number가 참조하는 값에 따라 결괏값이 달라지는
표현식입니다.

관계 연산자는 문자열에서도 동작합니다. '같다'를 확인할 때 대소문자 구분은 중요합니다.

```
>>> 'hello' == 'hello'
True
```

```
>>> 'Hello' == 'hello'
False
```

문자열을 비교할 때는 알파벳순으로 더 앞서는 문자열이 더 작은 문자열로 판단됩니다.

```
>>> 'brave' < 'cave'
True
>>> 'cave' < 'cavern'
True
>>> 'orange' < 'apple'
False
```

그러나 소문자와 대문자가 모두 관련되어 있을 경우에는 상황이 좀 복잡할 수 있습니다.

```
>>> 'apple' < 'Banana'
False
```

이상하지 않나요? 이것은 문자가 컴퓨터 내부적으로 저장되는 방식과 관련이 있습니다. 일반적으로 대문자는 소문자보다 알파벳순으로 먼저 옵니다. 즉, 대문자가 더 작습니다. 그럼 다음 경우도 한번 보겠습니다.

```
>>> '10' < '4'
True
```

만약 숫자 비교였다면 결과는 False였을 것입니다. 그러나 문자열은 왼쪽에서부터 문자 하나씩 비교합니다. 즉, 여기서 파이썬은 '1'과 '4'를 비교한 결과 '1'이 더 작기 때문에 < 연산자가 True를 반환합니다. 변수가 여러분이 생각하는 타입의 값을 담고 있는지 항상 주의해서 살펴봐야 합니다!

문자열에서는 동작하지만 숫자에서는 동작하지 않는 관계 연산자가 있습니다. in이라는 연산자입니다. 이 연산자는 첫 번째 문자열이 두 번째 문자열에서 한 번 이상 나타나면 True를 반환하고 그렇지 않으면 False를 반환합니다.

```
>>> 'ppl' in 'apple'
True
>>> 'ale' in 'apple'
False
```

다음 코드의 출력은 무엇일까요?

```
a = 3
b = (a != 3)
print(b)
```

Ⓐ   True
Ⓑ   False
Ⓒ   3
Ⓓ   구문 오류가 발생합니다.

답 Ⓑ

표현식 a != 3은 False입니다. 그러므로 변수 b는 False 값을 참조하게 됩니다.

if 문

이제 파이썬 if 문의 여러 가지 유형을 살펴보겠습니다.

• if 문 단독

apple_total과 banana_total에 각 팀의 최종 점수가 들어 있고, apple_total이 banana_total 보다 클 때 A를 출력하길 원한다고 가정해 보겠습니다. 이를 수행하는 방법은 다음과 같습니다.

```
>>> apple_total = 20
>>> banana_total = 6
>>> if apple_total > banana_total:
...     print('A')
...
A
```

파이썬은 예상대로 A를 출력합니다.

if 문은 if 키워드로 시작합니다. 키워드는 파이썬에서 특별한 의미를 가진 단어(예약어)이며, 변수 명으로 사용할 수 없습니다. if라는 키워드 다음에는 Boolean 표현식과 콜론, 그리고 하나 이상의 들여쓰기 문장이 나옵니다. if 문 아래에 들여쓰기된 문장을 종종 if 문 블록이라고 합니다. Boolean 표현식이 True이면 블록이 실행되고 Boolean 표현식이 False이면 건너뜁니다.

프롬프트가 〉〉〉에서 ...으로 바뀌는 것을 유의해서 보세요. 이것은 우리가 if 문 블록 안에 있으므로 코드를 들여 써야 한다는 사실을 상기시킵니다. 들여쓰기를 할 때는 2칸 또는 4칸 들여 씁니다. 이 책에서는 4칸 들여쓰기를 선택했으므로 스페이스 바를 네 번 누릅니다. 일부 파이썬 프로그래머는 TAB 키를 눌러 들여쓰기를 하지만 이 책에서는 스페이스 바만 사용할 것입니다.

print('A')를 입력하고 ENTER 키를 누르면 또 다른 ... 프롬프트가 표시됩니다. 이 if 문에 더 이상 넣을 것이 없으므로 다시 ENTER 키를 눌러 이 프롬프트를 닫고 〉〉〉 프롬프트로 돌아갑니다. ENTER 키를 추가로 누르는 것은 파이썬 쉘의 특징입니다. 파일에 파이썬 프로그램을 작성할 때는 이런 빈 줄이 필요하지 않습니다.

if 문의 블록에 두 개의 명령문을 넣는 예를 살펴보겠습니다.

```
>>> apple_total = 20
>>> banana_total = 6
>>> if apple_total > banana_total:
...     print('A')
...     print('Apples win!')
...
A
Apples win!
```

두 개의 print 호출이 모두 실행되어 두 줄의 출력이 생성됩니다.

Boolean 표현식이 False인 또 다른 if 문을 작성해 보겠습니다.

```
>>> apple_total = 6
>>> banana_total = 20
>>> if apple_total > banana_total:
...     print('A')
...
```

이번에는 print 함수가 호출되지 않습니다. apple_total 〉 banana_total이 False이므로 if 문의 블록을 건너뜁니다.

· if와 elif

3개의 if 문을 사용해 사과 팀이 이기면 A, 바나나 팀이 이기면 B, 동점이면 T를 출력합니다.

```
>>> apple_total = 6
>>> banana_total = 6
>>> if apple_total > banana_total:
...     print('A')
...
>>> if banana_total > apple_total:
...     print('B')
...
>>> if apple_total == banana_total:
...     print('T')
...
T
```

처음 두 if 문의 Boolean 표현식이 False이기 때문에 두 if 문의 블록은 건너뜁니다. 그러나 세 번째 if 문의 블록이 실행되어 T가 출력됩니다.

이처럼 조건을 각각 다른 if 문에 적어 차례로 사용하면 if 문들은 서로 독립적인 관계에 있습니다. 즉, 각 if 문의 Boolean 표현식은 이전 if 문의 Boolean 표현식이 True 또는 False인지와 상관없이 개별적으로 평가됩니다.

우리는 주어진 모든 apple_total 및 banana_total 값에 대해 하나의 if 문만 실행되게 하려고 합니다. 예를 들어, apple_total 〉 banana_total이 True이면 첫 번째 if 문이 실행되지만 나머지 두 개는 실행되지 않게 말입니다. 이처럼 한 블록의 코드만 실행할 수 있음을 명확하게 나타내는 작성 방법이 있습니다. 이를 작성하는 방법은 다음과 같습니다.

```
① >>> if apple_total > banana_total:
...     print('A')
② ... elif banana_total > apple_total:
...     print('B')
③ ... elif apple_total == banana_total:
...     print('T')
...
T
```

이것은 이제 세 개의 개별적인 if 문이 아닌 하나의 if 문입니다. 프롬프트에서 ENTER 키를 누르는 대신 elif 라인을 입력하세요.

이 if 문을 실행하기 위해 파이썬은 첫 번째 Boolean 표현식①의 평가를 시작합니다. True이면 A

가 출력되고 나머지 elif는 건너뜁니다. False이면 파이썬은 계속해서 두 번째 Boolean 표현식②을 평가합니다. True이면 B가 출력되고 나머지 elif는 건너뜁니다.

두 번째 Boolean 표현식도 False이면 파이썬은 이제 세 번째 Boolean 표현식③을 평가합니다. True이면 T가 출력됩니다.

키워드 elif는 'else-if'를 나타냅니다. 이것은 if 문에서 'else' 이전에 아무것도 실행되지 않은 경우에만 elif 표현식이 평가된다는 것을 나타냅니다.

elif를 사용한 이 코드는 세 개의 개별 if 문을 사용한 이전 코드와 동일합니다. 만약 여러 Boolean 표현식으로 하나 이상의 블록을 실행할 수 있게 하려면, elif 블록이 있는 단일 if 문이 아니라 세 개의 개별 if 문을 사용해야 합니다.

· **if와 else**

if 문의 모든 Boolean 표현식이 False인 경우 else 키워드를 사용하여 코드를 실행할 수 있습니다. 다음은 그 예입니다.

```
>>> if apple_total > banana_total:
...     print('A')
... elif banana_total > apple_total:
...     print('B')
... else:
...     print('T')
...
T
```

파이썬은 Boolean 표현식을 위에서 아래로 평가합니다. 그중 하나라도 True이면 파이썬은 연결된 블록을 실행하고 if 문의 나머지 부분을 건너뜁니다. 이와 달리 모든 Boolean 표현식이 False인 경우에 파이썬은 else 블록을 실행합니다.

이 코드에는 apple_total == banana_total이라는 Boolean 표현식이 존재하지 않음에 유의해야 합니다. if 문의 else 블록이 실행되는 유일한 경우는 apple_total > banana_total이 False이고 banana_total > apple_total이 False인 경우, 즉 두 값이 동일한 경우입니다.

각각 독립적인 if 문을 사용해야 할까요? 아니면 elif나 else를 가진 if 문으로 작성해야 할까요? 그것은 여러분이 무엇을 선호하는가에 달려있습니다. 하나의 코드 블록으로 작성하려면 elif 체인을 사용하세요. else를 사용하면 코드를 더 명확하게 만드는 데 도움이 될 수 있으며, 나머지 모든 경우를 나타내는 Boolean 표현식을 만들 필요가 없습니다.

if 문의 정확한 스타일을 정하는 것보다 훨씬 더 중요한 것은 올바른 로직을 작성하는 것입니다!

 개념 확인

다음 코드가 실행된 후 x의 값은 무엇일까요?

```python
x = 5
if x > 2:
    x = -3
if x > 1:
    x = 1
else:
    x = 3
```

ⓐ -3
ⓑ 1
ⓒ 2
ⓓ 3
ⓔ 5

답 ⓓ

x > 2가 True이므로 첫 번째 if 문의 블록이 실행됩니다. 할당문 x = -3은 x가 -3을 참조하도록 합니다. 이제 두 번째 if 문입니다. 여기서 x > 1은 False이므로 else 블록이 실행되고 x = 3은 x가 3을 참조하도록 합니다.

if x > 1을 elif x > 1로 변경하고 프로그램의 동작이 어떻게 변경되는지 관찰해 보세요!

 개념 확인

다음 두 코드가 정확히 동일한 작업을 실행하나요? (temperature는 이미 어떤 숫자를 참조하고 있다고 가정합니다.)

코드 스니펫 1

```python
if temperature > 0:
    print('warm')
elif temperature == 0:
    print('zero')
else:
    print('cold')
```

코드 스니펫 2

```
if temperature > 0:
    print('warm')
elif temperature == 0:
    print('zero')
print('cold')
```

Ⓐ 예.

Ⓑ 아니요.

답 Ⓑ
코드 스니펫 2는 print('cold')가 들여쓰기되지 않았기 때문에 if 문과 상관없이 항상 출력의 마지막에 cold를 출력합니다!

문제 풀기

Winning Team 문제를 해결할 시간입니다. 이 책에서는 일반적으로 전체 코드를 제시한 후 논의를 합니다. 그러나 이번 장에서의 솔루션은 1장의 솔루션보다 길기 때문에, 전체를 제시하기 전에 코드를 세 부분으로 나누겠습니다.

먼저 input을 읽어야 합니다. 두 팀이 존재하고 각 팀마다 세 가지 정보가 있기 때문에 이를 위해서는 6번의 input 호출이 필요합니다.

```
apple_three = int(input())
apple_two = int(input())
apple_one = int(input())

banana_three = int(input())
banana_two = int(input())
banana_one = int(input())
```

둘째, 사과 팀과 바나나 팀이 득점한 점수를 결정해야 합니다 각 팀에 대해 3점, 2점, 1점 플레이 점수를 더합니다. 다음과 같이 할 수 있습니다.

```
apple_total = apple_three * 3 + apple_two * 2 + apple_one
banana_total = banana_three * 3 + banana_two * 2 + banana_one
```

셋째, 출력을 만듭니다. 사과 팀이 이기면 A를 출력하고, 바나나 팀이 이기면 B를 출력합니다. 그렇지 않으면 동점이라는 것이므로 T를 출력합니다. 이를 위해 다음과 같이 if 문을 사용합니다.

```
if apple_total > banana_total:
    print('A')
elif banana_total > apple_total:
    print('B')
else:
    print('T')
```

이것이 우리에게 필요한 코드의 전부입니다. 전체 솔루션은 코드 2-1을 참조하세요.

코드 2-1: Winning Team 풀이

```
apple_three = int(input())
apple_two = int(input())
apple_one = int(input())

banana_three = int(input())
banana_two = int(input())
banana_one = int(input())

apple_total = apple_three * 3 + apple_two * 2 + apple_one
banana_total = banana_three * 3 + banana_two * 2 + banana_one

if apple_total > banana_total:
    print('A')
elif banana_total > apple_total:
    print('B')
else:
    print('T')
```

우리의 코드를 평가 사이트에 제출하면 모든 테스트 케이스에서 통과한 것을 볼 수 있을 것입니다.

다음과 같이 변형된 코드로 Winning Team 문제를 해결할 수 있을까요?

```python
apple_three = int(input())
apple_two = int(input())
apple_one = int(input())

banana_three = int(input())
banana_two = int(input())
banana_one = int(input())

apple_total = apple_three * 3 + apple_two * 2 + apple_one
banana_total = banana_three * 3 + banana_two * 2 + banana_one

if apple_total < banana_total:
    print('B')
elif apple_total > banana_total:
    print('A')
else:
    print('T')
```

Ⓐ 예.
Ⓑ 아니요.

답 Ⓐ

코드에서 평가 연산의 순서는 다르지만 코드는 여전히 잘 동작합니다. 사과 팀이 지면 B를 출력하고, 사과 팀이 이기면 A를 출력합니다. 그렇지 않으면 동점이라는 것이므로 T를 출력합니다.

다음으로 넘어가기 전에 2장 마지막 페이지의 연습문제 1을 먼저 풀어 볼 것을 권합니다.

문제 #4 Telemarketers(텔레마케터)

종종 우리는 지금까지 본 것보다 더 복잡한 Boolean 표현식을 만들어야 합니다. 우리는 이 문제를 푸는 데 도움이 될 수 있는 몇 가지 Boolean 연산자에 대해 배울 것입니다.

이 문제는 TMOJ 사이트에 있으며, 식별 코드는 ccc18j1입니다.

- **도전 과제**

이 문제에서는 전화번호가 네 자리라고 가정합니다. 다음 세 가지 조건을 모두 충족하는 4자리 숫자는 텔레마케터의 전화번호입니다.

- ⊘ 첫 번째 숫자는 8 또는 9입니다.
- ⊘ 네 번째 숫자는 8 또는 9입니다.
- ⊘ 두 번째와 세 번째 숫자는 동일합니다.

예를 들어, 네 자리 숫자가 8119인 전화번호는 텔레마케터의 전화번호입니다.

전화번호가 텔레마케터의 것인지 확인하고 전화를 받을지 아니면 무시할지를 알려 주어야 합니다.

- **입력**

한 라인에 숫자 하나씩, 총 네 자리 숫자를 제공하는 4줄의 입력이 있습니다. 각 자리의 숫자는 0에서 9 사이의 정수입니다.

- **출력**

전화번호가 텔레마케터의 번호라면 ignore가 출력되고, 그렇지 않으면 answer가 출력됩니다.

Boolean 연산자들

텔레마케터가 소유한 전화번호라는 것을 어떻게 판단할까요? 텔레마케터의 번호는 첫 번째 숫자가 8 또는 9이어야 하고, 네 번째 숫자도 8 또는 9이어야 합니다. 그리고 두 번째와 세 번째 숫자는 같아야 합니다. 이러한 로직은 파이썬의 Boolean 연산자 'or'와 'and'로 코드화할 수 있습니다.

- **or 연산자**

or 연산자는 두 개의 Boolean 표현식을 피연산자로 사용합니다. 하나 이상의 피연산자가 True이면 True를 반환하고, 그렇지 않으면 False를 반환합니다.

```
>>> True or True
True
>>> True or False
True
>>> False or True
True
>>> False or False
False
```

or 연산의 결과가 False일 수 있는 유일한 방법은 두 피연산자가 모두 False인 경우입니다. 숫자가 8인지 9인지를 판단하기 위해 or 연산자를 사용할 수 있습니다.

```
>>> digit = 8
>>> digit == 8 or digit == 9
True
>>> digit = 3
>>> digit == 8 or digit == 9
False
```

1장의 '정수 및 부동 소수점 수'에서 파이썬은 연산자 우선순위를 사용해 연산자가 적용되는 순서를 결정한다는 것을 배웠습니다. or의 우선순위는 관계 연산자의 우선순위보다 낮습니다. 즉 피연산자 주위에 괄호가 많이 필요하지 않습니다. 예를 들어, digit == 8 or digit == 9에서 두 피연산자는 digit == 8과 digit == 9입니다. 이것은 (digit == 8) or (digit == 9)로 작성한 것과 동일합니다.

영어로 'if the digit is 8 or 9'이라고 말하면 우리는 무슨 뜻인지 알지만 파이썬은 그렇지 않습니다.

```
>>> digit = 3
>>> if digit == 8 or 9:
...     print('yes!')
...
yes!
```

두 번째 피연산자를 digit == 9가 아닌 9로 잘못 작성했음에 유의해야 합니다. 코드를 실행하면 파이썬은 yes!를 출력합니다. 그러나 digit은 3을 참조하고 있기 때문에 이는 우리가 원하는 결과가 아닙니다. 이러한 결과가 나오는 이유는 파이썬은 0이 아닌 숫자를 True로 간주하기 때문입니다.

즉, 9가 True로 간주되면서 or 표현식 전체를 True로 만듭니다. 사람이 일상에서 사용하는 자연어를 파이썬으로 번역할 때 이러한 종류의 실수를 피하기 위해 Boolean 표현식을 신중하게 다시 확인해야 합니다.

· **and 연산자**

and 연산자는 두 피연산자가 모두 True면 True를 반환하고, 그렇지 않으면 False를 반환합니다.

```
>>> True and True
True
>>> True and False
False
>>> False and True
False
>>> False and False
False
```

and 연산자에서 True를 얻는 유일한 방법은 두 피연산자가 모두 True인 경우입니다. and의 우선순위는 or보다 높습니다. 이것이 중요한 이유는 다음을 살펴보면 알 수 있습니다.

```
>>> True or True and False
True
```

파이썬은 and를 먼저 연산하기 때문에 앞의 표현식을 다음과 같이 해석합니다.

```
>>> True or (True and False)
True
```

결과는 True입니다. or의 첫 번째 피연산자가 True이기 때문에 결과가 True인 것입니다. 괄호의 위치를 바꿔 or가 먼저 작동하게 할 수도 있습니다.

```
>>> (True or True) and False
False
```

and의 두 번째 피연산자가 False이기 때문에 결과는 False입니다.

· not 연산자

또 다른 중요한 Boolean 연산자는 not입니다. 두 개의 피연산자를 취하는 or나 and와는 다르게 not은 하나의 피연산자를 취합니다. 피연산자가 True이면 False를, False이면 True를 반환합니다.

```
>>> not True
False
>>> not False
True
```

not의 연산자 우선순위는 or와 and보다 높습니다.

개념 확인

다음은 한 표현식에 괄호가 다양하게 있는 예시들입니다. 이들 중 True로 평가되는 표현식은 무엇일까요?

Ⓐ   not True and False
Ⓑ   (not True) and False
Ⓒ   not (True and False)
Ⓓ   위에 해당 사항이 없음.

답 Ⓒ
C의 표현식에서 'True and False'의 결과는 False입니다. not 연산자가 그것을 True로 만듭니다.

개념 확인

'not a or b'라는 표현식이 있다고 가정하겠습니다. 다음 중 이 표현식을 False로 만드는 것은 무엇일까요?

Ⓐ   a False, b False
Ⓑ   a False, b True
Ⓒ   a True, b False
Ⓓ   a True, b True
Ⓔ   답이 하나 이상입니다.

답 Ⓒ
a가 True이면 not a는 False입니다. 이때 b도 False이면 or 연산자의 두 피연산자가 모두 False이므로 전체 표현식의 결과는 False가 됩니다.

문제 풀기

Boolean 연산자를 이해했다면 Telemarketers 문제를 해결할 준비가 된 것입니다. 이 문제에 대한 우리의 솔루션은 코드 2-2입니다.

```
코드 2-2: Telemarketers 풀이

num1 = int(input())
num2 = int(input())
num3 = int(input())
num4 = int(input())


① if ((num1 == 8 or num1 == 9) and
        (num4 == 8 or num4 == 9) and
        (num2 == num3)):
    print('ignore')
else:
    print('answer')
```

Winning Team 문제에서와 같이, 입력을 읽어서 정수로 변환하는 것으로 시작합니다.

if 문의 최상위 문장의 구조는 and 연산자로 연결된 세 개의 표현식으로 되어 있습니다①. 전체 표현식이 True가 되려면 각각의 표현식이 모두 True여야 합니다. 첫 번째 숫자와 네 번째 숫자는 8 또는 9이고, 두 번째와 세 번째 숫자는 같아야 합니다. 이 세 가지 조건이 모두 충족되면 텔레마케터의 전화번호이기 때문에 ignore를 출력합니다. 그렇지 않으면 텔레마케터의 전화번호가 아니기 때문에 answer를 출력합니다.

Boolean 표현식을 세 줄로 나눴습니다. 그러려면 이 코드에서처럼 전체 표현식을 괄호로 감싸주어야 합니다. 만약 이때 전체 표현식을 감싸는 괄호가 없으면 구문 오류가 발생합니다. 표현식이 다음 줄에 계속된다는 것을 파이썬이 알 수 없기 때문입니다.

파이썬 스타일 가이드에서는 한 줄이 79자를 넘지 않도록 권장하고 있습니다. 이 코드에서 전체 Boolean 표현식을 어떻게든 76자 내에 구겨 넣을 수 있지만 3줄로 분리하는 것이 좋습니다. 그래야 코드가 더욱 명확하고 각 줄의 조건이 자체적으로 True가 되어야 한다는 것을 강조할 수 있습니다.

이 문제의 해법에는 여러 가지 방법이 있습니다. 조금 더 살펴보기 위해 몇 가지 대안에 대해 이야기해 보겠습니다.

우리 코드는 전화번호가 텔레마케터의 것인지를 판단하기 위해 Boolean 표현식을 사용합니다. 이전 방법과 다르게 우리는 텔레마케터의 전화번호가 아닌 경우를 감지하는 코드를 작성할 수도 있습니다. 전화번호가 텔레마케터의 것이 아니면 answer를 출력하고, 그렇지 않으면 ignore를 출력합니다.

첫 번째 숫자가 8도 아니고 9도 아니면 전화번호는 텔레마케터의 것이 아닙니다. 네 번째 숫자가 8 도 아니고 9도 아닌 경우나 두 번째와 세 번째 숫자가 같지 않은 경우도 마찬가지입니다. 이 표현식 중 하나라도 True이면 텔레마케터의 번호가 아닙니다.

이러한 로직을 코드로 나타낸 것이 코드 2-3입니다.

코드 2-3: Telemarketers 또 다른 풀이

```python
num1 = int(input())
num2 = int(input())
num3 = int(input())
num4 = int(input())

if ((num1 != 8 and num1 != 9) or
        (num4 != 8 and num4 != 9) or
        (num2 != num3)):
    print('answer')
else:
    print('ignore')
```

!=, or, and 연산자를 모두 맞추기는 쉽지 않습니다! 예를 들어, 모든 == 연산자를 != 연산자로, or 연산자를 and 연산자로, and 연산자를 or 연산자로 변경해야 합니다.

다른 접근 방식은 not 연산자를 사용하여 '이것은 텔레마케터의 전화번호입니다.'라는 표현식 전체 를 한번에 부정하는 것입니다. 코드 2-4를 참조하세요.

코드 2-4: not 연산자를 사용한 Telemarketers 풀이

```python
num1 = int(input())
num2 = int(input())
num3 = int(input())
num4 = int(input())

if not ((num1 == 8 or num1 == 9) and
        (num4 == 8 or num4 == 9) and
        (num2 == num3)):
    print('answer')
else:
    print('ignore')
```

지금까지 살펴본 해결 방법 중 어떤 방법이 가장 직관적인 것 같나요? if 문의 로직을 구조화하는

방법은 여러 가지가 있으며, 그중 본인이 가장 이해하기 쉬운 방법을 사용해야 합니다. 저한테는 코드 2-2가 가장 자연스럽게 느껴지지만 여러분은 다를 수도 있습니다!

자신에게 맞는 방법을 선택하여 평가 사이트에 제출하세요. 그리고 모든 테스트 케이스가 통과되었음을 확인하는 걸 잊지 마세요.

주석

우리는 항상 프로그램을 가능한 한 명확하게 만들기 위해 노력해야 합니다. 그렇게 하면 프로그래밍할 때 오류가 발생하는 것을 방지하거나 오류 발생 시 코드를 쉽게 수정할 수 있습니다. 의미 있는 변수명, 연산자 주위의 공백, 프로그램을 논리적인 단위로 구분하기 위한 빈 줄, 간결한 if 문의 로직 등 이러한 모든 관행이 우리가 작성하는 코드의 품질을 향상시킬 수 있습니다. 또 다른 좋은 습관은 코드에 주석을 다는 것입니다.

주석은 # 문자로 시작해서 그 라인의 끝까지 계속됩니다. 파이썬은 주석을 무시하므로 우리 프로그램이 하는 일에는 영향을 미치지 않습니다. 문제를 풀어가는 자신의 논리와 설계를 본인이나 다른 사람들에게 상기시키기 위한 주석을 추가하세요. 주석을 달 때는 코드를 읽는 사람들이 파이썬을 이미 알고 있다고 가정하고, 코드가 수행하는 작업을 단순히 다시 설명하는 주석은 피하는 편이 좋습니다. 다음은 불필요한 주석이 존재하는 코드입니다.

```
>>> x = 5
>>> x = x + 1 # 1씩 증가
```

이 주석은 이미 우리가 할당문에 대해 알고 있는 것 외에 아무런 추가적인 사항이 없습니다.

다음 코드는 코드 2-2에 주석을 추가한 버전입니다.

코드 2-5: 주석이 추가된 Telemarketers 풀이

```
① # ccc18j1, Telemarketers

num1 = int(input())
num2 = int(input())
num3 = int(input())
num4 = int(input())
```

```
② # Telemarketer 번호: 첫 번째 자리는 8 또는 9, 네 번째 자리는 8 또는 9,
  # 두 번째 자리와 세 번째 자리의 수는 같음
  if ((num1 == 8 or num1 == 9) and
        (num4 == 8 or num4 == 9) and
        (num2 == num3)):
      print('ignore')
  else:
      print('answer')
```

우리는 세 줄의 주석을 추가했습니다. 맨 위에 있는 하나는① 문제의 식별 코드와 이름을 알리고, if 문 앞의 두 번째는② 텔레마케터 전화번호를 탐지하는 규칙을 알려 주고 있습니다.

주석을 지나치게 많이 달지 마세요. 가능하다면 주석이 필요하지 않게끔 코드를 작성하는 게 좋습니다. 단, 까다로운 코드나 특정 방식으로 특정 작업을 선택한 이유를 문서화하는 경우에는 적절한 위치에 주석을 추가하세요. 그러면 나중에 다시 들이게 될 시간과 고생을 줄일 수 있습니다.

입력 및 출력 리다이렉션

평가 사이트에 파이썬 코드를 제출하면 코드가 올바른지 확인하기 위한 많은 테스트 케이스가 실행됩니다. 누군가가 새로운 코드가 올라오기를 기다렸다가 미친 듯이 키보드를 두드려 테스트 케이스를 실행하고 있는 걸까요?

그럴 리가요! 모두 자동화되어 있습니다. 키보드에서 테스트 케이스를 입력하는 사람은 없습니다. 그렇다면 우리 코드가 input을 호출해 키보드로부터 입력을 기다리는 경우에 평가 사이트는 우리의 코드를 어떻게 테스트할까요?

사실, input이 반드시 키보드에서 입력을 읽어와야 하는 것은 아닙니다. input 함수는 표준 입력(standard input)이라고 부르는 입력 소스로부터 읽어오는데, 이 표준 입력의 디폴트(기본값)가 키보드일 뿐입니다.

키보드 대신 파일을 가리키도록 표준 입력을 변경할 수 있습니다. 이 기술을 리다이렉션(redirection)이라 하며, 평가 사이트는 리다이렉션으로 우리의 코드에 입력을 제공합니다.

우리는 직접 입력의 리다이렉션을 시도할 수 있습니다. 텍스트 한 줄 또는 몇 개의 정수처럼 입력이 작은 프로그램의 경우에는 입력을 리다이렉션하는 데 들인 노력에 비해 얻는 것이 거의 없습니다. 그러나 테스트 케이스가 수십 또는 수백 라인이 될 수 있는 프로그램의 경우, 입력 리다이렉션을 사용하면 작업을 훨씬 쉽게 테스트할 수 있습니다. 또한 동일한 테스트 케이스를 반복해서 입력하는 대신 파일에 저장한 다음 원하는 만큼 여러 번 프로그램을 실행할 수 있습니다.

　Telemarketers 문제에서 입력 리다이렉션을 시도해 보겠습니다. 프로그래밍 폴더로 이동하여 telemarketers_input.txt라는 새 파일을 만들고 해당 파일에 다음과 같이 입력합니다.

```
8
1
1
9
```

　Telemarketers 문제에서 한 라인당 하나의 정수만 제공해야 한다고 정의하고 있기 때문에 각 라인마다 정수 하나씩 작성했습니다.

　파일을 저장합니다. 이제 입력 리다이렉션을 사용해 프로그램을 실행하려면 python telemarketers.py 〈 telemarketers_input.txt를 입력하세요. 키보드에서 테스트 케이스를 입력한 것처럼 프로그램이 ignore를 출력해야 합니다.

　〈 기호는 입력을 제공하는 데 키보드가 아닌 파일을 사용하도록 운영체제에 지시합니다. 〈 기호 뒤에는 입력을 가진 파일의 이름이 옵니다.

　다른 테스트 케이스를 제공하려면 telemarketers_input.txt 파일을 수정한 후 프로그램을 다시 실행하세요.

　이 책에서는 필요하지 않지만 출력 위치를 변경할 수도 있습니다. print 함수는 디폴트가 화면인 표준 출력(standard output)으로 출력합니다. 〉 기호 다음에 파일 이름이 오는 출력 리다이렉션을 사용하여 화면 대신 파일을 참조하도록 표준 출력을 변경할 수도 있습니다.

　출력 리다이렉션을 사용하기 위해 python telemarketers.py 〉 telemarketers_output.txt를 입력하여 프로그램을 실행합니다. 4개의 정보를 입력하면 운영체제 프롬프트로 돌아가야 합니다.

　또 telemarketers 프로그램에서 어떤 결과도 화면에서 볼 수 없어야 합니다! 이는 우리가 telemarketers_output.txt 파일로 출력을 리다이렉션했기 때문입니다. 텍스트 편집기에서 telemarketers_output.txt를 열었을 때 해당 파일에 출력이 표시되어야 합니다.

　출력 리다이렉션은 유의해서 사용해야 합니다. 이미 존재하는 파일 이름을 사용하는 경우 이전의 파일을 덮어씁니다! 항상 의도한 파일 이름을 사용하고 있는지 반복해서 확인하세요.

요약

이 장에서 우리는 if 문을 사용해 프로그램이 수행하는 작업을 지시하는 방법에 대해 배웠습니다. if 문의 핵심 요소는 True 또는 False 값을 가지는 Boolean 표현식입니다. Boolean 표현식을 작성하는 데 ==, >= 등의 관계 연산자나 and, or 등의 Boolean 연산자를 사용합니다.

True와 False에 따라 무엇을 할지 결정하면 프로그램이 더 유연해지고 당면한 상황에 잘 적응할 수 있습니다. 그러나 우리 프로그램은 여전히 소량의 입력 및 출력을 처리하는 것으로 제한되어 있습니다. 다시 말해, input 및 print를 개별적으로 호출하여 필요한 모든 것을 할 수 있었습니다. 다음 장에서는 루프에 대해 배우기 시작합니다. 루프를 사용하면 원하는 만큼의 입력과 출력을 처리할 수 있도록 코드를 반복할 수 있습니다.

100개의 값으로 작업하고 싶나요? 1,000개는 어떤가요? 거기에 더해, 간략한 파이썬 코드로 그러한 작업을 수행하고 싶나요? 다음 장을 학습해야 할 수 있는 이런 질문들이 조금 이르다는 것은 알고 있습니다. 왜냐하면, 여러분에게는 아직 이 장의 연습문제들이 남아 있기 때문입니다. 다음 장을 기대하세요!

다음은 시도해 볼 만한 몇 가지 연습문제입니다.

1 DMOJ 문제   (ccc06j1) Canadian Calorie Counting

2 DMOJ 문제   (ccc15j1) Special Day

3 DMOJ 문제   (ccc15j2) Happy or Sad

4 DMOJ 문제   (dmopc16c1p0) C.C. and Cheese-kun

5 DMOJ 문제   (ccc07j1) Who is in the Middle

참고   Winning Team은 2019년 캐나다 컴퓨팅 경진대회 Junior 레벨에 출제된 문제이며, Telemarketers는 2018년 캐나다 컴퓨팅 경진대회 Junior 레벨에 출제된 문제입니다.

Chapter 3

반복문: 한정 루프

컴퓨터는 프로세스를 계속해서 반복할 때 비로소 빛을 발합니다. 10번, 100번 또는 10억 번 수행이라 해도 요구하는 바를 정확히 수행합니다. 3장에서는 프로그램의 일부를 반복 실행하도록 컴퓨터에 지시하는 명령문인 루프(loops)에 대해 배웁니다.

이번 장에서는 루프를 사용해 세 가지 문제를 풀 것입니다. 컵 아래에 있는 공의 위치 추적하기, 점유된 주차 공간 수 계산하기, 휴대전화 요금제에서 사용 가능한 데이터량 확인하기 문제입니다.

📄 문제 #5 Three Cups(야바위)

이 문제에서는 컵이 움직이는 동안 컵 아래에 있는 공의 위치를 추적합니다. 컵은 여러 번 움직일 수 있기 때문에 각각의 움직임에 대한 코드를 별도로 작성할 수는 없을 것입니다. 대신 각 이동에 대한 코드를 더욱 쉽게 실행할 수 있는 for 루프에 대해 알아보고, 그것으로 문제를 풀어 보겠습니다.

이 문제는 DMOJ 사이트에 있으며, 식별 코드는 coci06c5p1입니다.

· 도전 과제

야바위꾼 앞에 불투명한 컵 3개가 나란히 있습니다. 하나는 왼쪽(위치 1)에 있고, 하나는 가운데(위치 2), 나머지 하나는 오른쪽(위치 3)에 있습니다. 그리고 공은 가장 왼쪽에 있는 컵 아래에 있습니다. 야바위꾼이 컵의 위치를 교환할 때 공의 위치를 추적하는 것이 이번 과제입니다.

야바위꾼이 컵의 위치를 교환하는 데는 3가지 유형이 있습니다.

⊙ A 왼쪽 컵과 가운데 컵을 교환합니다.
⊙ B 가운데 컵과 오른쪽 컵을 교환합니다.
⊙ C 왼쪽 컵과 오른쪽 컵을 교환합니다.

예를 들어, 공이 왼쪽 컵 아래에 있을 때 야바위꾼의 첫 번째 위치 교환 유형이 A이면 왼쪽 컵과 가운데 컵을 바꿉니다. 공이 왼쪽 컵 아래에 있기 때문에 이 교환은 공을 중앙으로 이동시킵니다. 그러나 이와 달리 첫 번째 위치 교환 유형이 B일 때는 공의 위치가 변경되지 않습니다. 가운데 컵과 오른쪽 컵의 위치만 바뀌고 왼쪽 컵은 그대로 유지되기 때문입니다.

- **입력**

  입력은 한 줄이며, 최대 50자까지 입력할 수 있습니다. 각 문자는 야바위꾼이 수행하는 위치 교환 유형(A, B, C)을 나타냅니다.

- **출력**

  공의 최종 위치를 출력합니다.

  - ⊘ 1 공이 왼쪽 컵 아래 있을 경우
  - ⊘ 2 공이 가운데 컵 아래 있을 경우
  - ⊘ 3 공이 오른쪽 컵 아래 있을 경우

왜 루프인가?

다음 테스트 케이스를 생각해 보세요.

```
ACBA
```

여기에는 4번의 위치 교환이 있습니다. 공의 최종 위치를 결정하려면 각각을 수행해야 합니다.

첫 번째 위치 교환 A로 왼쪽 컵과 가운데 컵을 바꿉니다. 공이 왼쪽에서 시작하기 때문에 이 교환을 통해 공이 중앙으로 이동합니다. 두 번째 위치 교환 C로 왼쪽 컵과 오른쪽 컵을 바꿉니다. 이때 공은 가운데에 있기 때문에 공의 위치에 영향을 미치지 않습니다. 이어서 세 번째 위치 교환 B로 가운데 컵과 오른쪽 컵을 바꾸면 공이 중앙에서 오른쪽으로 이동합니다. 마지막으로 네 번째 위치 교환 A로 왼쪽 컵과 가운데 컵을 바꾸지만 공의 위치에 영향을 미치지 않습니다. 따라서 공의 최종적인 위치는 오른쪽이므로 올바른 출력은 3입니다.

우리는 각 위치 교환에 따라 공이 이동하는지 판단하고, 이동할 경우 공의 위치를 알맞게 변경해야 합니다. 조건에 따라 결정을 내리는 방법은 이미 2장에서 배워 알고 있습니다.

예를 들면, 다음과 같을 것입니다.

```python
if swap_type == 'A' and ball_location == 1:
    ball_location = 2
```

우리는 공이 움직이는 각각의 경우에 대해 elif를 추가할 수 있습니다. 위치 교환 유형이 A이면서 공의 위치가 가운데일 경우, 위치 교환 유형이 B이면서 공의 위치가 오른쪽인 경우 등처럼 말입니다. 이와 같은 커다란 if 문으로 각각의 위치 교환 유형을 처리할 수는 있지만 이는 Three Cups 문제를 해결하는 데 적합하지 않습니다. 왜냐하면 이 문제에서 위치 교환에 대한 모든 경우의 수는 50개이기 때문입니다. 동일한 코드를 50번 복사해서 붙여 넣고 싶지는 않을 것입니다. 오타가 있을 때마다 해당 오타를 50번이나 고쳐야 한다고 생각해 보세요. 또는 갑자기 최대 백만 번의 위치 교환이 있는 테스트 케이스를 만난다면 지금까지 우리가 학습한 내용으로는 해결할 수 없을 것입니다. 각각의 위치 교환에 대해 동일한 로직을 수행하며 위치 교환을 진행하기 위해 루프가 필요한 시점입니다.

for 루프

파이썬의 for 문은 for 루프를 생성합니다. for 루프를 사용하면 시퀀스(연속된) 요소들을 각각 처리할 수 있습니다. 지금까지 본 유일한 시퀀스 타입은 문자열입니다. 진행하면서 for 루프가 동작하는 다른 시퀀스 타입들도 배울 것입니다. 다음은 for 루프의 첫 번째 예입니다.

```
>>> secret_word = 'olive'
>>> for char in secret_word:
...     print('Letter: ' + char)
...
Letter: o
Letter: l
Letter: i
Letter: v
Letter: e
```

for 키워드 다음에 루프 내에서 사용할 변수의 이름을 씁니다. 루프 변수는 루프가 진행됨에 따라 다른 요소를 참조하는 변수입니다. 문자열의 for 루프에서 루프 변수는 문자열의 각 문자를 참조합니다.

변수가 문자열의 문자를 참조한다는 것을 알리기 위해 변수명을 char로 하였습니다. 이처럼 문맥에 맞는 변수명을 사용하면 의미를 더욱 명확하게 나타낼 수 있습니다. 예를 들어, Three Cups 문제에서는 swap_type이라는 이름을 사용하여 위치 교환 유형을 참조한다는 것을 강조할 수 있습니다.

변수명 뒤에 키워드 in이 있고 반복하려는 문자열이 있습니다. 이 예에서는 secret_word가 참조하는 문자열인 'olive'를 반복합니다.

if 문의 if, elif, else 라인과 마찬가지로 for 라인은 콜론(:)으로 끝납니다. 또한 if 문과 마찬가지로 for 문도 하나 이상의 문장으로 구성된 들여쓰기 블록을 가집니다.

들여쓰기된 문장의 실행을 루프의 반복이라고 합니다. 다음은 반복 시 루프가 수행하는 작업들에 대한 설명입니다.

- ⊘ 첫 번째 반복에서 파이썬은 char 변수가 'o'를 참조하도록 설정합니다. 그런 다음 print 호출로만 구성된 루프 블록을 실행합니다. char는 'o'를 참조하므로 출력은 Letter: o입니다.

- ⊘ 두 번째 반복에서 파이썬은 char 변수가 'olive'의 두 번째 문자인 'l'을 참조하도록 설정합니다. 그런 다음 print를 호출하여 Letter: l을 출력합니다.

- ⊘ 'olive'의 'i', 'v', 'e'도 마찬가지로 동일한 과정이 반복됩니다.

- ⊘ 그런 다음 루프가 종료됩니다. 루프 다음에 코드가 없으므로 프로그램의 실행이 끝납니다.

루프 뒤에 추가 코드가 있으면 해당 코드로 실행이 계속됩니다. for 루프의 블록에 코드 문장들을 넣을 수 있습니다. 다음은 그 예입니다.

```
>>> secret_word = 'olive'
>>> for char in secret_word:
...     print('Letter: ' + char)
...     print('*')
...
Letter: o
*
Letter: l
*
Letter: i
*
Letter: v
*
Letter: e
*
```

이제 루프의 각 반복에서 실행되는 두 개의 문장이 있습니다. 하나는 문자열의 현재 문자를 출력하고 하나는 * 문자를 출력합니다.

for 루프는 시퀀스 내의 요소를 반복하므로 시퀀스의 길이는 반복 횟수를 알려 줍니다. len 함수는 문자열을 받아 길이를 반환합니다.

```
>>> len('olive')
5
```

따라서 'olive'에 대한 for 루프는 5번의 반복으로 구성됩니다.

```
>>> secret_word = 'olive'
① >>> print(len(secret_word), 'iterations, coming right up!')
>>> for char in secret_word:
...     print('Letter: ' + char)
...
5 iterations, coming right up!
Letter: o
Letter: l
Letter: i
Letter: v
Letter: e
```

출력할 문자열을 연결하기 위해 + 연산자를 사용하려면 문자열의 길이인 숫자값을 명시적으로 문자열로 형 변환해야 하기 때문에 print 함수에 인자로 전달해 호출하였습니다①.

for 루프는 반복 횟수가 미리 결정되어 있다는 전제가 있으므로 한정 루프라고 합니다. 이와 달리 프로그램이 실행될 때 발생하는 변화에 따라 반복되는 무한 루프도 있습니다. 다음 장에서 그것들을 살펴볼 것입니다.

> **개념 확인**
>
> 다음 코드의 출력은 무엇일까요?
>
> ```
> s = 'garage'
> total = 0
>
> for char in s:
>     total = total + s.count(char)
>
> print(total)
> ```

- Ⓐ 6
- Ⓑ 10
- Ⓒ 12
- Ⓓ 36

답 Ⓑ
'garage'의 각 문자에 대한 빈도수를 total에 더합니다. 'garage'는 'g' 2개, 'a' 2개, 'r' 1개, 'e' 1개로 구성된 문자열이므로 출력은 2 + 2 + 1 + 2 + 2 + 1 = 10입니다.

중첩(Nesting)

for 루프의 블록에는 하나 이상의 문장이 존재할 수 있습니다. 함수 호출이나 할당문 같은 한 줄짜리 문장이 포함될 수도 있고, if 문이나 또 다른 루프 같은 여러 줄의 문장이 포함될 수도 있습니다.

for 루프 내부의 if 문의 예부터 시작하겠습니다. 문자열에서 대문자만 출력하려고 한다고 가정합니다. 문자열의 메서드 중에는 문자가 대문자인지 확인할 수 있는 isupper 메서드가 있습니다.

```
>>> 'q'.isupper()
False
>>> 'Q'.isupper()
True
```

if 문에서 isupper 메서드를 사용하여 for 루프의 각 반복에서 일어나는 일을 제어할 수 있습니다.

```
>>> title = 'The Escape'
>>> for char in title:
...     if char.isupper():
...         print(char)
...
T
E
```

여기서 들여쓰기에 주의하세요. for 루프 블록에 속하기 위해 한 단계의 들여쓰기가 필요합니다. 그리고 for 문 안에 중첩된 if 문 블록에 속하기 위해서는 그보다 한 단계 더 추가적인 들여쓰기가 필요합니다.

첫 번째 반복에서 char는 'T'를 참조합니다. 'T'는 대문자이므로 isupper 메서드는 True를 반환하고 if 문 블록이 실행됩니다. 그 결과 T가 출력됩니다. 두 번째 반복에서 char는 'h'를 참조합니다. 이 번에는 isupper 메서드가 False를 반환하므로 if 문의 블록이 실행되지 않습니다. 전반적으로 for 루프는 문자열 내의 각 문자들을 반복하지만 중첩된 if 문은 문자열 시작 부분의 'T'와 'Escape' 시작 부분의 'E', 이렇게 두 번만 실행됩니다.

for 루프 안에 for 루프를 중첩할 수 있을까요? 당연히 할 수 있습니다! 다음은 for 루프 중첩 예시 입니다.

```
>>> letters = 'ABC'
>>> digits = '123'
>>> for letter in letters:
...     for digit in digits:
...         print(letter + digit)
...
A1
A2
A3
B1
B2
B3
C1
C2
C3
```

이 코드는 letters 변수에 담긴 문자열의 각 문자에 digits 변수에 담긴 문자열의 각 문자를 차례로 붙인 두 자리 문자열들을 생성합니다.

외부 루프(for letter in letters:)의 첫 번째 반복에서 letter는 'A'를 참조합니다. 이 반복에서 내 부 루프(for digit in digits:)가 완전히 실행됩니다. 내부 루프가 실행되는 내내 letter는 'A'를 참조 하고 있습니다. 내부 루프의 첫 번째 반복에서 digit이 1을 참조해 A1이 출력되고, 두 번째 반복에서 는 digit이 2를 참조해 A2가 출력됩니다. 내부 루프의 세 번째이자 마지막 반복에서 digit이 3을 참 조해 A3이 출력됩니다.

아직 끝나지 않았습니다! 외부 루프를 이제 한 번 돌았을 뿐입니다. 외부 루프의 두 번째 반복에서 letter는 'B'를 참조합니다. 이제 내부 루프의 세 번의 반복이 다시 실행됩니다. 이번에는 letter가 'B' 를 참조하고 있으므로 B1, B2, B3을 출력합니다. 외부 루프의 마지막이자 세 번째 반복에서 letter가 'C'를 참조하여 내부 루프로 C1, C2, C3을 출력합니다.

다음 코드의 출력은 무엇일까요?

```
title = 'The Escape'
total = 0

for char1 in title:
    for char2 in title:
        total = total + 1

print(total)
```

Ⓐ 10

Ⓑ 20

Ⓒ 100

Ⓓ 두 중첩 루프가 title 변수를 함께 사용할 수 없기 때문에 구문 오류가 발생합니다.

답 Ⓒ

total은 0에서 시작하여 내부 루프가 반복될 때마다 1씩 증가합니다. 'The Escape'의 길이는 10입니다. 따라서 외부 루프에는 10번의 반복이 존재합니다. 이러한 각 반복에 대해 내부 루프에는 10개의 반복이 존재합니다. 따라서 내부 루프는 10 * 10 = 100번 반복하게 됩니다.

문제 풀기

Three Cups 문제로 돌아가겠습니다. 필요한 구조는 각 위치 교환을 순서대로 실행할 for 루프와 공이 어디에 있는지 추적하기 위한 중첩된 if 문입니다.

```
for swap_type in swaps:
    # 공의 위치를 추적하기 위한 많은 경우를 가지는 if 문
```

위치 교환 유형 세 가지(A, B, C)와 공의 위치 세 가지(1, 2, 3)가 있습니다. 그러므로 3 * 3 = 9개의 Boolean 표현식을 사용해 if 문(if 다음에 elif 8개)을 작성해야 한다는 생각이 들 것입니다. 하지만 실제로는 6개의 Boolean 표현식만이 필요합니다. 왜냐하면 9개 중 3개는 공을 이동시키지 않기 때문입니다. 공이 오른쪽에 있는데 위치 교환 유형이 A인 경우, 공이 왼쪽에 있는데 위치 교환 유형이 B인 경우, 공이 가운데에 있는데 위치 교환 유형이 C인 경우에는 공이 이동하지 않습니다.

코드 3-1은 Three Cups 문제를 해결하기 위한 코드입니다.

```
코드 3-1: Three Cups 풀이

swaps = input()

ball_location = 1

①for swap_type in swaps:
  ②if swap_type == 'A' and ball_location == 1:
      ③ball_location = 2
    elif swap_type == 'A' and ball_location == 2:
        ball_location = 1
    elif swap_type == 'B' and ball_location == 2:
        ball_location = 3
    elif swap_type == 'B' and ball_location == 3:
        ball_location = 2
    elif swap_type == 'C' and ball_location == 1:
        ball_location = 3
    elif swap_type == 'C' and ball_location == 3:
        ball_location = 1

print(ball_location)
```

위치 교환을 기록한 문자열을 swaps 변수에 할당하기 위해 input을 사용했습니다. for 루프①는 swaps에 담긴 문자열을 반복합니다. 각 위치 교환은 중첩된 if 문②에 의해 처리됩니다. if 및 elif 분기는 각각 지정된 유형의 위치 교환과 공의 위치에서 발생하는 일을 판단하고 그에 따라 공의 위치를 변경합니다.

예를 들어, 위치 교환 유형이 A이고 공이 위치 1에 있으면②, 공의 위치는 2로 이동합니다③.

이것은 여러 elif 문(하나의 커다란 if 문)을 사용하는지, 아니면 여러 if 문을 사용하는지에 따라 결과가 달라지는 코드의 예입니다. elif를 if로 변경하면 코드가 더 이상 정확하지 않게 됩니다.

코드 3-2는 잘못된 코드를 보여 줍니다.

```
코드 3-2 Three Cups 잘못된 풀이

# 잘못된 코드입니다.

swaps = input()
```

```
ball_location = 1

for swap_type in swaps:
  ①if swap_type == 'A' and ball_location == 1:
        ball_location = 2
  ②if swap_type == 'A' and ball_location == 2:
        ball_location = 1
    if swap_type == 'B' and ball_location == 2:
        ball_location = 3
    if swap_type == 'B' and ball_location == 3:
        ball_location = 2
    if swap_type == 'C' and ball_location == 1:
        ball_location = 3
    if swap_type == 'C' and ball_location == 3:
        ball_location = 1

print(ball_location)
```

코드가 올바르지 않다는 것은 적어도 하나의 테스트 케이스에 실패한다는 것입니다. 이 코드가 오답을 출력하는 테스트 케이스를 찾을 수 있겠나요?

다음은 그러한 사례 중 하나입니다.

```
A
```

컵 위치를 한 번 교환할 때 공은 최대 한 번만 움직일 수 있습니다. 그러나 파이썬은 사용자가 작성한 코드의 내용과는 상관없이 코드를 실행한 결과만 검토합니다. 이 경우 위치 교환이 한 번만 있으므로 공은 최대 한 번 움직여야 합니다. for 루프의 첫 번째이자 유일한 반복에서 파이썬은 표현식①을 확인합니다. 표현식이 참이므로 파이썬은 ball_location을 2로 설정합니다. 그런 다음 파이썬은 표현식②을 확인합니다. 방금 ball_location을 2로 변경했기 때문에 이 표현식은 True가 됩니다! 따라서 파이썬은 ball_location을 1로 설정합니다. 이러한 잘못된 과정으로 인해, 프로그램이 2를 출력해야 하는 상황에서 1이 출력됩니다.

이것은 로직 오류의 일례입니다. 로직 오류는 프로그램이 잘못된 로직에 따라 잘못된 답을 생성하는 오류이며, 이를 칭하는 일반적인 용어가 버그입니다. 그리고 프로그래머가 버그를 수정하기 위해 코드를 작성하는 것을 디버깅이라고 합니다.

흔히 프로그램이 잘못되었을 때 간단한 테스트 케이스만 있으면 증명할 수 있습니다. 코드의 문제가 있는 부분을 찾으려고 할 때는 큰 테스트 케이스로 시작하지 마세요. 그런 테스트 케이스의 결과는 수작업으로 확인하기 어렵고, 우리가 거의 알지 못하는 복잡한 실행 경로를 가지게 됩니다. 대조적으로, 작은 테스트 케이스는 우리 프로그램이 많은 동작을 하지 않아도 됩니다. 작은 테스트 케이스가 잘못되었을 때는 원인을 찾기까지 오랜 시간이 걸리지 않습니다. 간단하면서 목적이 명확한 테스트 케이스를 생각해 내기는 쉽지 않으며, 이는 꾸준한 연습을 통해 연마할 수 있는 기술입니다.

올바른 코드를 평가 사이트에 제출하고 나서 학습을 계속 진행하세요. 다음 문제로 넘어가기 전에 3장 마지막 페이지의 연습문제 1과 2를 먼저 풀어 볼 것을 권합니다.

문제 #6 Occupied Spaces(주차 공간)

우리는 문자열의 문자를 반복하는 방법을 알고 있습니다. 그러나 때때로 거기에 저장된 문자뿐만 아니라 현재 문자열의 위치가 어디인지 알아야 합니다. 이 문제가 바로 그런 경우입니다.

이 문제는 DMOJ 사이트에 있으며, 식별 코드는 ccc18j2입니다.

· 도전 과제

여러분은 n개의 주차 공간이 있는 주차장을 관리합니다. 어제 여러분은 각 주차 공간의 점유 여부를 기록하고 오늘도 기록했습니다. 어제와 오늘 양일 모두 점유된 주차 공간의 수를 표시하세요.

· 입력

입력은 총 3줄이며, 각 라인은 다음과 같습니다.

- ⊘ 첫 번째 라인에는 주차 공간의 수 n이 있습니다. n은 1에서 100 사이 정수입니다.
- ⊘ 두 번째 라인에는 어제의 주차 공간 정보가 포함되어 있습니다. 여기에는 각 주차 공간별로 한 문자씩, 총 n개의 문자로 이루어진 문자열이 있습니다. 'C'는 주차 공간에 차가 있음을 나타내고 '.'은 빈 것을 나타냅니다. 예를 들어, 'CC.'은 처음 두 개의 주차 공간은 점유되어 있고 세 번째는 비어 있음을 의미합니다.
- ⊘ 세 번째 라인에는 두 번째 라인과 동일한 형식으로 오늘의 주차 공간 정보가 포함되어 있습니다.

· 출력

어제와 오늘 양일 모두 점유된 주차 공간의 수를 출력합니다.

새로운 종류의 루프

우리는 최대 100개의 주차 공간을 가질 수 있으므로 코드의 어딘가에 루프가 존재할 것입니다. Three Cups 문제를 풀 때 익힌 for 루프를 이용해 다음과 같이 주차 공간 정보를 반복할 수 있습니다.

```
>>> yesterday = 'CC.'
>>> for parking_space in yesterday:
...     print('The space is ' + parking_space)
...
The space is C
The space is C
The space is .
```

이는 어제 각 주차 공간이 점유되었는지를 알려 줍니다. 그러나 최종 출력을 위해서는 오늘도 각 공간이 점유되어 있는지 여부를 알아야 합니다.

다음 테스트 케이스를 생각해 보세요.

```
3
CC.
.C.
```

어제 첫 주차 공간이 차 있었습니다. 그 주차 공간이 오늘도 차 있나요? 이에 대한 답을 얻으려면 오늘에 해당하는 문자열을 살펴보아야 합니다. 오늘은 '.'(비어 있음)입니다. 따라서 이 주차 공간은 양일 모두 점유되어 있지는 않았습니다.

두 번째 주차 공간은 어떤가요? 어제도 차 있었고, 오늘도 차 있습니다. 따라서 이곳은 이틀 동안 점유된 주차 공간입니다. 이것이 유일하게 어제 오늘 양일 모두에 걸쳐 점유된 주차 공간이기 때문에 이 테스트 케이스에서 출력은 1이어야 합니다.

단순히 한 문자열의 문자들을 반복하는 것은 다른 문자열의 동일한 위치의 문자를 찾는 데 도움이 되지 않습니다. 하지만 첫 번째 주차 공간에 있는지, 두 번째 주차 공간에 있는지 등 문자열의 위치를 추적할 수 있다면 각 문자열에서 해당 위치의 문자를 조회할 수 있습니다. 우리가 지금까지 배운 for 루프는 이것을 위한 것이 아니었습니다. 이를 위해서는 인덱싱을 사용하는 새로운 유형의 for 루프를 사용해야 합니다.

인덱싱

문자열을 구성하는 각 문자에는 해당 위치를 나타내는 인덱스가 있습니다. 첫 번째 문자는 인덱스 0에 있고, 두 번째 문자는 인덱스 1에 있는 식입니다. 자연어에서는 순서를 1부터 세기 시작하는 경우가 많습니다. 예를 들어, 평소에 'hello의 0번 위치에 있는 문자는 h입니다.'라고 말하는 사람은 없습니다. 그러나 파이썬을 포함한 대부분의 프로그래밍 언어는 0부터 시작합니다.

인덱싱을 사용할 때는 문자열 뒤에 대괄호로 묶인 인덱스가 따라옵니다. 다음은 인덱싱의 몇 가지 예입니다.

```
>>> word = 'splore'
>>> word[0]
's'
>>> word[3]
'o'
>>> word[5]
'e'
```

필요하다면, 변수를 인덱스로 사용할 수 있습니다.

```
>>> where = 2
>>> word[where]
'l'
>>> word[where + 2]
'r'
```

비어 있지 않은 문자열의 가장 마지막 인덱스는 문자열 길이에서 1을 뺀 값입니다.(빈 문자열에는 유효한 인덱스가 존재하지 않습니다.) 예를 들어 'splore'는 길이가 6이므로 인덱스 5가 가장 높은 인덱스입니다. 더 큰 값을 사용하면 다음과 같은 오류가 발생합니다.

```
>>> word[len(word)]
Traceback (most recent call last):
  File "<stdin>", line 1, in <module>
IndexError: string index out of range
>>> word[len(word) - 1]
'e'
```

문자열 오른쪽에서 두 번째 문자에 접근하려면 어떻게 해야 할까요? 문자열 길이에서 2를 빼면 될 것입니다.

```
>>> word[len(word) - 2]
'r'
```

그러나 이보다 더 쉬운 방법이 있습니다. 파이썬은 문자 접근을 위한 또 다른 옵션으로 음수 인덱스를 지원합니다. 인덱스 −1은 맨 오른쪽 문자이고 인덱스 −2는 오른쪽에서 두 번째 문자입니다.

```
>>> word[-2]
'r'
>>> word[-1]
'e'
>>> word[-5]
'p'
>>> word[-6]
's'
>>> word[-7]
Traceback (most recent call last):
  File "<stdin>", line 1, in <module>
IndexError: string index out of range
```

우리의 계획은 인덱싱을 사용해서 어제와 오늘의 주차 정보에 해당하는 위치 정보를 획득하는 것입니다. 각 문자열의 인덱스 0을 사용하여 첫 번째 주차 공간에 대한 정보에 접근하고, 인덱스 1을 사용하여 두 번째 주차 공간에 대한 정보에 접근하는 식입니다. 이 계획을 실행하기 위해서는 새로운 종류의 for 루프를 학습해야 합니다.

개념 확인

다음 코드의 출력은 무엇일까요?

```
s = 'abcde'
t = s[0] + s[-5] + s[len(s) - 5]

print(t)
```

범위(Range) 기반 for 루프

파이썬의 range 함수는 정수의 범위를 생성합니다. 이 범위를 사용해 루프를 제어할 수 있습니다. 문자열의 문자들을 반복하는 대신 범위 기반 for 루프는 정수들을 반복합니다. range에 인자 하나를 제공하면, 0에서부터 그 인자보다 1 작은 수까지의 범위에 있는 모든 정수를 얻게 됩니다.

```
>>> for num in range(5):
...     print(num)
...
0
1
2
3
4
```

5가 출력되지 않는 것에 유의하세요.

range 함수에 두 개의 인자를 제공하면, 첫 번째 인자에서 시작하여 두 번째 인자보다 1 작은 수까지 범위의 정수들을 얻게 됩니다.

```
>>> for num in range(3, 7):
...     print(num)
...
3
4
5
6
```

range 함수에 세 번째 인자를 전달하면 수의 증가 단위를 변경할 수 있습니다. 디폴트(기본값)는 단계별로 1씩 증가하는 것입니다. 몇 가지 다른 크기의 단계들을 시험해 보겠습니다.

```
>>> for num in range(0, 10, 2):
...     print(num)
...
0
2
4
6
8
>>> for num in range(0, 10, 3):
...     print(num)
...
0
3
6
9
```

거꾸로 계산할 수도 있지만, 다음 예시처럼 계산할 수는 없습니다.

```
>>> for num in range(6, 2):
...     print(num)
...
```

인자를 두 개만 제공한 경우에는 단계 크기가 디폴트인 1로 적용되기 때문에 제대로 작동하지 않습니다. 단계 크기가 −1이면 한 번에 하나씩 작은 수로 이동할 수 있습니다.

```
>>> for num in range(6, 2, -1):
...     print(num)
...
6
5
4
3
```

그리고 6에서 0으로 카운트다운하려면 0을 포함하기 위해 두 번째 인자가 −1이어야 합니다.

```
>>> for num in range(6, -1, -1):
...     print(num)
...
6
5
4
3
2
1
0
```

루프 없이 범위 내의 정수들을 한 번에 확인해야 할 때도 있습니다. 하지만 안타깝게도 range 함수는 결과는 숫자들을 직접 반환하지 않습니다.

```
>>> range(3, 7)
range(3, 7)
```

우리가 원하는 결과는 list 함수에 range 함수의 결과를 전달하여 얻을 수 있습니다.

```
>>> list(range(3, 7))
[3, 4, 5, 6]
```

range를 인자로 호출하면 list 함수는 범위 내 정수들의 목록을 생성합니다. list에 대한 자세한 내용은 나중에 배우겠습니다. 당장은 list가 범위를 디버깅하는 데 도움이 된다고만 알아 두면 됩니다.

개념 확인

다음 루프는 얼마나 많은 반복을 수행할까요?

```
for i in range(10, 20):
    # 필요한 코드를 여기에 작성
```

Ⓐ 9
Ⓑ 10
Ⓒ 11
Ⓓ 20

범위 기반 for 루프를 통한 인덱스 사용

다음과 같이 어제와 오늘의 주차 공간 정보를 제공하는 문자열이 있다고 생각해 보세요.

```
>>> yesterday = 'CC.'
>>> today = '.C.'
```

인덱스가 주어지면 해당 인덱스에 대한 어제와 오늘의 주차 정보를 획득할 수 있습니다.

```
>>> yesterday[0]
'C'
>>> today[0]
'.'
```

범위 기반 for 루프에서 범위 내 정수들을 인덱스로 사용하여 해당 인덱스의 문자를 처리할 수 있습니다. 우리는 변수 yesterday와 today에 담긴 문자열의 길이가 같다는 것을 알고 있습니다. 하지만 그 길이는 1에서 100 사이가 될 수 있으므로 range(3)이라고 작성할 수는 없습니다. 0, 1, 2, …과 같은 인덱스를 문자열 길이에서 1을 뺀 값까지 반복하고자 합니다. 이것은 두 문자열 중 하나의 길이를 range 함수에 인자로 전달하여 수행할 수 있습니다.

```
>>> for index in range(len(yesterday)):
...     print(yesterday[index], today[index])
...
...
C .
C C
. .
```

루프의 변수를 index라고 했습니다. 이 변수는 주로 i(index의 첫 문자) 또는 ind라는 이름으로 사용됩니다. 지금부터는 루프 변수를 i라는 이름으로 사용하겠습니다.

이 루프의 변수가 'C', '.' 값을 획득하기 위한 정수로 된 인덱스라는 것을 잊지 마세요.

문제 풀기

범위 기반 for 루프를 사용하여 Occupied Spaces 문제를 풀 준비가 되었습니다. 우리의 전략은 문자열의 시작에서 끝까지 각 인덱스를 반복하는 것입니다. 어제의 정보와 오늘의 정보 모두에서 각 인덱스에 어떤 문자가 있는지 확인할 수 있습니다. 중첩된 if 문을 사용해 양일 모두 주차 공간이 점유되었는지 여부를 확인합니다.

코드 3-3은 문제 해결을 위한 솔루션입니다.

```
코드 3-3: Occupied Spaces 풀이
n = int(input())
yesterday = input()
today = input()

① occupied = 0

② for i in range(len(yesterday)):
    ③ if yesterday[i] == 'C' and today[i] == 'C':
        ④ occupied = occupied + 1

print(occupied)
```

프로그램은 세 줄의 입력을 읽는 것으로 시작합니다. n은 주차 공간의 수를 나타내며, yesterday와 today는 각각 어제와 오늘의 주차 공간 정보를 나타냅니다.

우리는 주차 공간 수 n을 얻은 후 사용하지 않았습니다. 이는 문자열의 길이를 알려 주는 데 사용할 수 있지만 실제 시나리오에서는 이런 정보가 제공되지 않는 경우가 많기 때문에 무시하기로 했습니다.

occupied 변수를 사용하여 어제와 오늘 모두 점유된 주차 공간의 수를 셉니다. occupied는 0에서 시작합니다①.

이제 yesterday와 today의 유효한 인덱스들을 반복하는 범위 기반 for 루프②에 도달합니다.

각 인덱스에 대해, 어제와 오늘 모두 주차 공간이 점유되었는지 확인합니다③. 점유되었다면 occupied 변수의 값을 1 증가시켜 이 주차 공간을 합계에 포함시킵니다④.

범위 기반 for 루프가 종료되면 우리는 모든 주차 공간을 확인한 것입니다. 어제와 오늘 모두 점유된 총 주차 공간 수는 occupied 변수를 통해 얻을 수 있습니다. 남은 것은 그 합계를 출력하는 것뿐입니다.

문제를 해결했습니다. 이제 코드를 평가 사이트에 제출할 시간입니다.

for 루프는 입력으로부터 일련의 연속된 데이터를 받아 처리하는 데 유용하다는 것을 보았습니다. 또한 데이터 자체를 읽는 데에도 유용할 수 있습니다. 이 문제에서는 여러 줄에 걸쳐 있는 데이터를 다루는데, for 루프를 사용해 모든 라인을 읽을 수 있도록 할 것입니다.

이 문제는 DMOJ 사이트에 있으며, 식별 코드는 coci16c1p1입니다.

• 도전 과제

페로는 한 달에 데이터를 x MB(메가바이트) 제공하는 휴대전화 공급자의 데이터 요금제를 사용하고 있습니다. 특정 달에 사용하지 않은 데이터는 다음 달로 이월됩니다. 예를 들어, x가 10이고 페로가 어떤 달에 4MB만 사용했다면 나머지 6MB는 그 다음 달로 이월됩니다.(다음 달에는 10 + 6 = 16MB 사용 가능)

페로가 처음 n개월 동안 사용한 데이터량이 메가바이트 단위로 주어집니다. 우리가 해야 할 일은 다음 달에 페로가 사용할 수 있는 데이터량을 계산하는 것입니다.

• 입력

입력은 다음과 같은 라인들로 구성됩니다.

- ⊘ 페로에게 매월 주어지는 데이터량 x를 포함한 라인으로, x는 1에서 100 사이 정수입니다.
- ⊘ 페로가 데이터 요금제를 사용한 개월 수 n을 포함한 라인으로, n은 1에서 100 사이 정수입니다.
- ⊘ 데이터 요금제 사용 기간 동안 페로가 사용한 데이터량을 월별로 한 줄씩 제공하는 총 n개의 라인입니다. 각 숫자는 최소 0이며 사용 가능한 메가바이트 수를 초과하지 않습니다.(예를 들어, x가 10이고 페로가 현재 30MB를 사용할 수 있는 경우 다음 숫자는 30입니다.)

• 출력

페로가 다음 달에 사용할 수 있는 메가바이트 수를 출력합니다.

입력을 읽기 위한 루프

지금까지의 모든 문제에서 우리는 입력에서 읽을 라인의 수를 정확히 알고 있었습니다. 예를 들어,

Three Cups 문제에서는 한 줄을 읽었고, Occupied Spaces 문제에서는 세 줄을 읽었습니다. 지금 Data Plan 문제에서는 두 번째 라인에서 읽는 숫자에 따라 입력 라인 수가 달라지기 때문에 총 몇 줄을 읽을지 미리 알 수 없습니다.

먼저 첫 번째 입력 라인을 읽습니다.

```
monthly_mb = int(input())
```

(의미를 나타내기 위해 x 대신 monthly_mb라는 변수명을 사용했습니다.)

그리고 두 번째 라인을 읽습니다.

```
n = int(input())
```

그러나 루프 없이는 더 이상 읽을 수가 없습니다. 범위 기반 for 루프는 여기에 매우 적합합니다. 정확히 n번 반복하는 데 사용할 수 있기 때문입니다.

```
for i in range(n):
    # 해당 월 처리
```

문제 풀기

문제를 해결하기 위한 전략은 이전 달에서 이월된 메가바이트 수를 추적하는 것입니다. 이전 달에서 그 다음 달로 이월된 데이터량을 '잔여량'이라고 부르겠습니다.

다음의 경우를 생각해 보세요.

```
10
3
4
12
1
```

이 경우 페로는 매월 10MB의 데이터를 제공받으며 3개월 동안 사용한 데이터를 처리해야 합니다.

첫 달에 페로는 10MB를 제공받고 4MB를 사용했으므로 잔여량은 6MB입니다. 두 번째 달에 페로는 10MB를 추가로 제공받으므로 총 16MB를 사용할 수 있습니다. 두 번째 달에 12MB를 사용하므로 이월되는 잔여량은 16 − 12 = 4MB입니다. 세 번째 달에 페로는 10MB를 추가로 제공받으므로 이제 총 14MB를 사용할 수 있습니다. 세 번째 달에 1MB를 사용했으므로 이월되는 잔여량은 14 − 1 = 13MB입니다.

이제 페로가 다음 달(네 번째 달)에 사용할 수 있는 데이터량을 알아내야 합니다. 세 번째 달에서 이월된 13MB가 있고 데이터 요금제로 10MB 제공받으므로 총 13 + 10 = 23MB를 사용할 수 있습니다.

이 설명을 기반으로 코드를 작성할 때 마지막 달에 제공되는 10MB를 잊지 마세요. 실수로 이것을 더하지 않으면 23MB가 아니라 13MB로 잘못 출력되므로 유의해야 합니다. 잔여량에만 집중하다가 다음 달로 이월되는 메가바이트를 구하는 중이라고 혼동하기 쉽습니다. 우리가 구해야 하는 것은 잔여량이 아니라 다음 달에 사용 가능한 총 메가바이트 수라는 사실을 잊지 마세요.

그럼 코드 3-4를 보겠습니다.

```
코드 3-4: Data Plan 풀이
monthly_mb = int(input())
n = int(input())

excess = 0

① for i in range(n):
      used = int(input())
    ② excess = excess + monthly_mb − used

③ print(excess + monthly_mb)
```

excess 변수는 0에서 시작합니다. 범위 기반 for 루프를 반복할 때마다 한 달에 주어진 메가바이트 수와 그 달에 사용된 메가바이트 수를 고려하여 잔여량을 할당합니다.

범위 기반 for 루프는 n번, 즉 페로가 데이터 요금제를 사용한 달만큼 반복됩니다①. i가 취하는 값 (0, 1, 2, …)은 중요하지 않습니다. 왜냐하면 우리가 처리할 달이 몇 월인지는 신경쓸 필요가 없기 때문입니다. 따라서 프로그램의 어디에서도 i의 값을 사용하고 있지 않습니다. i를 언더바(_)로 대체하면 변수 값에 '상관없음' 상태를 명시적으로 나타낼 수 있지만 다른 예시와의 일관성을 위해 그대로 두겠습니다.

범위 기반 for 루프에서 이번 달에 사용된 메가바이트 수를 읽습니다. 그런 다음 잔여량 메가바이트 수를 업데이트합니다②. 이것은 이번 달에 제공받는 기본 데이터량에 잔여량을 더하고, 거기에서 이번 달에 사용한 데이터량을 뺀 것입니다.

n개월 후 잔여량과 매월 제공받는 기본 데이터량을 더해 다음 달에 사용할 수 있는 메가바이트 수를 출력합니다③.

문제를 해결하는 방법은 여러 가지입니다. 프로그래밍을 할 때에는 창의적이어야 하고, 사람들이 제시하는 다양한 해결 전략을 관찰하는 것을 즐겨야 합니다. 한 가지 방법으로 문제를 해결했다고 해서 학습이 끝난 것이 아닙니다. Google 검색을 통해 다른 사람들은 어떻게 해결했는지 배울 수도 있습니다. 또한 DMOJ와 같은 일부 온라인 평가 사이트는 문제를 해결하면 다른 사람들이 제출한 제출물을 볼 수 있습니다. 모든 케이스를 통과한 제출물을 볼 때는 여러분과 어떤 식으로 다른 전략을 사용했는지 살펴보고, 일부 테스트 케이스에 실패한 제출물을 볼 때는 해당 코드의 문제를 찾아보세요. 다른 사람의 코드를 읽는 것은 프로그래밍 기술을 향상시키는 좋은 방법입니다!

Data Plan 문제를 해결하는 다른 방법을 생각해 볼 수 있습니다.

힌트는 전체 기간 동안 주어진 총 메가바이트를 먼저 계산하고, 거기에서 페로가 월마다 사용한 데이터량을 빼는 것입니다. 계속하기 전에 이 방법을 어떻게 구현할 수 있을지 생각해 보겠습니다.

다음 달에 제공되는 기본 데이터량을 포함하여 페로에게 제공되는 총 메가바이트 수는 x * (n + 1)입니다. 참고로 여기서 x는 매월 제공되는 기본 데이터량입니다. 다음 달에 사용할 수 있는 메가바이트 수를 결정하기 위해 총계에서 시작하여 페로가 월마다 사용한 양을 뺍니다.

이 전략을 구현한 것이 코드 3-5입니다.

코드 3-5: Data Plan 또 다른 풀이

```python
monthly_mb = int(input())
n = int(input())


total_mb = monthly_mb * (n + 1)


for i in range(n):
    used = int(input())
    total_mb = total_mb - used


print(total_mb)
```

가장 선호하는 해결 방법을 선택하여 평가 사이트에 제출하세요. 어떤 사람에게는 직관적인 것이 다른 사람에게는 난해할 수 있습니다. 설명이나 코드를 읽고도 이해하지 못한다고 해서 여러분이 어리석은 것은 아닙니다. 단지, 현재 생각과 더 밀접하게 일치하는 다른 표현이 필요할 뿐이죠. 나중에 다시 검토하기 위해 어려운 예제에 설명을 표시해 두는 것도 좋은 방법입니다. 더 많은 경험이 쌓이고 나면 이것들이 놀라울 정도로 유용할 수 있습니다.

요약

이 장에서는 for 루프에 대해 배웠습니다. 표준 for 루프는 연속된 문자들을 반복하고, 범위 기반 for 루프는 일정 범위 내 정수들을 반복합니다. 우리가 해결한 각 문제는 많은 입력을 처리해야 했기 때문에 만약 루프가 없었다면 다루기 어려웠을 것입니다.

for 루프는 지정된 횟수만큼 코드를 반복해야 할 때 유용한 루프입니다. 파이썬에는 다른 유형의 루프가 있는데, 다음 장에서 그것을 사용하는 방법을 배울 것입니다. for 루프가 할 수 없는 것은 무엇일까요? 좋은 질문입니다! 당장 할 수 있는 대답은, 연습문제를 통해 for 루프의 사용을 더 많이 연습하는 것이 앞으로 배울 루프에 대비하는 훌륭한 방법이라는 것입니다.

다음은 시도해 볼 만한 몇 가지 연습문제입니다.

1 DMOJ 문제 (wc17c3j3) Uncrackable

2 DMOJ 문제 (coci18c3p1) Magnus

3 DMOJ 문제 (ccc11s1) English or French

4 DMOJ 문제 (ccc11s2) Multiple Choice

5 DMOJ 문제 (coci12c5p1) Ljestvica

6 DMOJ 문제 (coci13c3p1) Rijeci

7 DMOJ 문제 (coci18c4p1) Elder

참고 Three Cups는 2006년/2007년 크로아티아 인포메틱스 공개 경진대회 5에 출제된 문제이며, Occupied Spaces는 2018년 캐나다 컴퓨팅 경진대회 Junior 레벨에 출제된 문제입니다. Data Plan은 2016년/2017년 크로아티아 인포메틱스 공개 경진대회 1에 출제되었습니다.

Chapter 4

반복문: 무한 루프

이전 장에서 배운 for 루프와 범위 기반 for 루프는 문자열이나 일정 범위의 인덱스를 반복할 때 편리합니다. 하지만 문자열이 아니거나 인덱스가 고정된 패턴을 따르지 않을 때는 어떻게 해야 할까요? 그럴 때는 4장의 주제이기도 한 while 루프를 사용합니다. while 루프는 for 루프보다 더 일반적이며, for 루프가 처리할 수 없는 상황을 처리할 수 있습니다.

이번 장에서는 for 루프로는 풀기 힘든 세 가지 문제를 풀 것입니다. 슬롯머신을 플레이할 수 있는 횟수 결정하기, 사용자가 중지할 때까지 노래 재생목록 구성하기, 지정된 형식의 메시지를 만들거나 파싱하기 문제입니다.

문제 #8 Slot Machines(슬롯머신)

돈이 다 떨어지기 전에 슬롯머신을 몇 번이나 재생할 수 있을까요?

간단해 보이지만 이것은 시작 금액뿐만 아니라 플레이한 슬롯머신의 상금 패턴에 따라 달라지는 까다로운 질문입니다. 이 상황에서는 for 루프가 아닌 while 루프가 필요하다는 것을 알 수 있습니다.

이 문제는 DMOJ 사이트에 있으며, 식별 코드는 ccc00s1입니다.

• 도전 과제

마르타는 카지노에 가서 n개의 칩을 교환했습니다. 카지노에는 3개의 슬롯머신이 있고, 칩이 다 떨어질 때까지 슬롯머신을 순서대로 플레이합니다. 예를 들어, 첫 번째 슬롯머신을 플레이하고, 두 번째 슬롯머신을 플레이한 다음, 세 번째 슬롯머신을 플레이합니다. 그리고 다시 첫 번째 슬롯머신으로 돌아가 플레이하고 두 번째 슬롯머신을 플레이하는 식입니다. 각 플레이 비용은 칩 1개입니다.

슬롯머신은 다음 규칙에 따라 동작합니다.

⊘ 첫 번째 슬롯머신에서 35번 플레이할 때마다 칩 30개를 얻게 됩니다.

⊘ 두 번째 슬롯머신에서 100번 플레이할 때마다 칩 60개를 얻게 됩니다.

⊘ 세 번째 슬롯머신에서 10번 플레이할 때마다 칩 9개를 얻게 됩니다.

⊘ 그 외에는 플레이에 어떤 상금도 없습니다.

더 이상 남은 칩이 없을 때까지 마르타가 슬롯머신을 플레이한 횟수를 계산하세요.

- **입력**

입력은 4줄로 구성됩니다.

- ◎ 첫 번째 라인은 마르타가 카지노에 가져온 칩의 개수 n입니다. n은 1에서 1,000 사이 정수입니다.
- ◎ 두 번째 라인은 첫 번째 슬롯머신이 마지막으로 상금을 지불한 이후로 플레이된 횟수입니다. 이 횟수는 마르타가 슬롯머신에 도착하기 전에 일어난 횟수로, 마르타의 플레이는 이 숫자에 이어 진행됩니다. 예를 들어, 첫 번째 슬롯머신이 마지막으로 상금을 지불하고 난 후 34번 플레이되었다고 가정합니다. 그런 다음 마르타가 첫 플레이를 하면 이때 칩 30개를 얻게 됩니다.
- ◎ 세 번째 라인은 두 번째 슬롯머신이 마지막으로 상금을 지불한 이후 플레이된 횟수입니다.
- ◎ 네 번째 라인은 세 번째 슬롯머신이 마지막으로 상금을 지불한 이후 플레이된 횟수입니다.

- **출력**

다음 문장을 출력하세요. 여기서 x는 마르타가 남은 칩이 없을 때까지 플레이한 횟수입니다.

```
Martha plays x times before going broke.
```

테스트 케이스 탐구

문제를 명확히 이해했는지 확인하기 위해 다음과 같은 샘플 케이스를 생각해 보겠습니다.

```
7
28
0
8
```

마르타의 플레이를 주의 깊게 좇으려면 여섯 가지 정보를 추적해야 합니다. 여기에는 테이블 형태의 데이터 구조가 적합합니다. 플레이할 때마다 여섯 가지 정보가 어떻게 되는지 추적할 수 있기 때문입니다. 다음은 이 테이블의 열(columns)들입니다.

- ◎ Plays 마르타가 슬롯머신을 플레이한 수
- ◎ Chips 마르타가 가지고 있는 칩의 수
- ◎ Next play 마르타가 다음에 플레이할 슬롯머신

- ⊘ First plays 첫 번째 슬롯머신이 마지막 지불 이후 플레이된 횟수
- ⊘ Second plays 두 번째 슬롯머신이 마지막 지불 이후로 플레이된 횟수
- ⊘ Third plays 세 번째 슬롯머신이 마지막 지불 후 플레이된 횟수

마르타는 슬롯머신을 전혀 플레이하지 않은 상태에서 7개의 칩을 가지고 있습니다. 첫 번째 슬롯머신부터 플레이할 것입니다. 마르타가 플레이를 시작하기 전에 첫 번째 슬롯머신은 마지막으로 상금이 지불된 이후 28번 플레이되었으며, 두 번째 슬롯머신은 마지막 지불 이후 0번, 세 번째 슬롯머신은 마지막 지불 이후 8번 플레이되었습니다. 이 상태를 테이블로 표시하면 다음과 같습니다.

Plays	Chips	Next play	First plays	Second plays	Third plays
0	7	first	28	0	8

마르타는 첫 번째 슬롯머신을 플레이하며 시작합니다. 플레이 비용은 칩 한 개입니다. 이때 첫 번째 슬롯머신은 마지막 지불 이후 29번째로 플레이됩니다. 35번째 플레이가 아니기 때문에 슬롯머신은 마르타에게 아무것도 지불하지 않습니다. 마르타가 다음으로 플레이할 머신은 두 번째 머신입니다. 다음은 이 상태를 표현한 테이블입니다.

Plays	Chips	Next play	First plays	Second plays	Third plays
1	6	second	29	0	8

마르타가 두 번째 슬롯머신을 플레이하는 데 한 개의 칩이 소요됩니다. 이 머신은 마지막 지불 이후로 처음 플레이됩니다. 이번 플레이는 100번째 플레이가 아니기 때문에 슬롯머신은 마르타에게 아무것도 지불하지 않습니다. 마르타가 다음으로 플레이할 머신은 세 번째 머신입니다. 다음은 이 상태를 표현한 테이블입니다.

Plays	Chips	Next play	First plays	Second plays	Third plays
2	5	third	29	1	8

마르타가 세 번째 슬롯머신을 플레이하는 데 한 개의 칩이 소요됩니다. 이 머신의 마지막 지불 이후 9번째 플레이기 때문에 슬롯머신은 마르타에게 아무것도 지불하지 않습니다. 마르타가 다음으로 플레이할 머신은 첫 번째 머신입니다. 다음은 이 상태를 표현한 테이블입니다.

Plays	Chips	Next play	First plays	Second plays	Third plays
3	4	fisrt	29	1	9

이제 마르타는 첫 번째 슬롯머신을 플레이합니다.

Plays	Chips	Next play	First plays	Second plays	Third plays
4	3	second	30	1	9

그런 다음 마르타는 두 번째 슬롯머신을 플레이합니다.

Plays	Chips	Next play	First plays	Second plays	Third plays
5	2	third	30	2	9

이제 마르타는 칩을 거의 다 썼습니다! 그러나 그녀에게 좋은 소식이 있습니다. 그녀가 다음에 세 번째 슬롯머신을 10번째로 플레이하게 된다는 것입니다. 세 번째 슬롯머신은 마지막 지불 이후로 9번째 플레이되었습니다. 따라서 다음 플레이는 마르타에게 9개의 칩을 제공하는 10번째 플레이입니다. 마르타는 2개의 칩을 보유한 상태에서 이 슬롯머신을 플레이하기 위해 1개의 칩을 지불합니다. 그런 다음 9개의 칩을 받으므로 이 플레이 후에는 2 − 1 + 9 = 10개의 칩을 가지게 됩니다.

Plays	Chips	Next play	First plays	Second plays	Third plays
6	10	first	30	2	0

세 번째 슬롯머신은 마지막 지불 이후로 한 번도 플레이되지 않은 상태로 바뀌었습니다.

지금까지 6번의 플레이를 하였습니다. 추적을 더 해보자면, 마르타는 이후로 10번 더 플레이를 하지만 다시는 칩을 받지 못합니다. 그러므로 6 + 10 = 16번의 플레이 후 모든 칩을 소진하게 됩니다.

루프의 제약사항

3장에서 우리는 for 루프에 대해 배웠습니다. 표준 for 루프는 문자열과 같이 일련의 연속된 것들을 반복합니다. 하지만 슬롯머신 문제에는 문자열이 없습니다.

범위 기반 for 루프는 일정 범위의 정수들을 가지고 지정된 횟수만큼 반복할 수 있습니다. 그러나 슬롯머신에 대해서는 몇 번이나 반복해야 할까요? 열 번? 오십 번? 알 수 있기는 할까요? 그것은 마르타가 가진 칩들이 소진되기 전까지 플레이한 횟수에 달려 있습니다.

슬롯머신 문제에는 문자열이 없고 몇 번의 반복이 필요한지 미리 알 수 없습니다. 우리가 아는 루프가 for 루프가 전부라면, 아마 이 문제를 풀 수 없을 것입니다.

이제 파이썬이 제공하는 가장 일반적인 반복 구조인 while 루프로 들어가 보겠습니다. 문자열이나 정수 시퀀스와 아무런 상관없이 while 루프를 작성할 수 있습니다. 이 추가적인 유연성에 대한 대가로 우리는 루프를 작성할 때 더욱 더 주의하고 많은 책임을 져야 합니다. 이게 무슨 말인지 차차 알아보겠습니다.

while 루프

while 루프를 작성하기 위해 파이썬의 while 문을 사용합니다. while 루프는 Boolean 표현식으로 제어됩니다. Boolean 표현식이 True일 때마다 파이썬은 while 루프를 한 번씩 반복합니다. 표현식이 True인 동안 파이썬은 while 루프의 반복을 실행하다가 표현식이 False가 되면 반복을 멈춥니다. 만약 Boolean 표현식이 처음부터 False이면 루프는 단 한 번도 실행되지 않습니다.

while 루프는 무한 루프입니다. 반복 횟수를 미리 알 수 없습니다.

• while 루프 사용하기

다음 while 루프의 예부터 살펴보겠습니다.

```
① >>> num = 0
② >>> while num < 5:
   ...     print(num)
③ ...     num = num + 1
   ...
   0
   1
   2
   3
   4
```

3장에서 배운 for 루프에서는 루프 변수가 생성되기 때문에 루프 전에 따로 변수를 생성하기 위한 할당문을 사용할 필요가 없었습니다. 그러나 while 루프는 그런 식으로 할 수 없습니다. while 루프에서 값을 반복할 변수가 필요하면 해당 변수를 직접 만들어야 합니다. 그래서 위 코드에서는 루프 이전에 num이 0을 참조하도록 할당합니다①.

while 루프 자체는 Boolean 표현식 num < 5에 의해 제어됩니다②. 현재 num은 0을 참조하므로 표현식은 True입니다. 따라서 0을 출력한 다음, num을 1 증가시키는 루프 블록을 실행합니다③.

루프의 맨 위로 돌아가 num < 5을 다시 평가합니다. num은 1을 참조하므로 표현식은 True입니다. 따라서 루프 블록을 다시 실행하여 1을 출력한 다음, num을 2로 증가시킵니다.

이제 루프의 맨 위로 돌아가면 num < 5가 여전히 True일까요? num이 2이기 때문에 True입니다. 그러므로 루프 블록을 다시 실행하여 2를 출력하고 num을 3으로 증가시킵니다.

이런 식으로 루프 블록을 두 번 더 반복합니다. 한 번은 num이 3을 참조할 때이고, 또 한 번은 num이 4를 참조할 때입니다. num이 5를 참조할 때 num < 5 표현식이 False가 되어 루프를 종료합니다.

num을 증가시킨다는 것③은 매우 중요합니다. for 루프는 루프 변수를 자동으로 단계화하지만 while 루프에서는 이러한 것을 기대할 수 없습니다. 루프가 끝날 수 있도록 변수가 종료에 점점 더 가까워지게끔 우리가 직접 업데이트해야 합니다. num 값을 증가시키는 것을 잊으면 다음과 같이 됩니다.

```
>>> num = 0
>>> while num < 5:
...     print(num)
...
0
0
0
0
0
0
0
0
... 영원히 계속됩니다.
```

컴퓨터에서 이 코드를 실행하면 화면이 0으로 채워져서 강제로 프로그램을 종료해야 합니다. 프로그램을 종료하려면 CTRL-C 키를 누르거나 파이썬 창을 닫으면 됩니다.

문제는 num < 5가 영원히 True로 유지되는 것입니다. 무엇도 그 표현식을 False로 만들지 못해 루프가 계속해서 반복됩니다. 이처럼 루프가 종료되지 않는 상황을 무한 루프라고 합니다. 실수로 무한 루프를 만들게 되기는 너무도 쉽습니다. 동일한 값이 반복되거나 프로그램이 전혀 수행되지 않는 것처럼 보인다면 무한 루프에 갇힌 것일 수 있습니다. while 루프의 Boolean 표현식을 주의 깊게 확인하고 루프 블록 내에서 종료 조건을 향해 값을 변경하고 있는지 확인하세요.

num 변수로 원하는 것은 무엇이든지 할 수 있습니다. 다음은 num을 3씩 증가시키며 수를 세는 while 루프입니다.

```
>>> num = 0
>>> while num < 10:
...     print(num)
...     num = num + 3
...
0
3
6
9
```

다음은 4에서 0까지 카운트다운하는 while 루프입니다.

```
>>> num = 4
① >>> while num >= 0:
...     print(num)
...     num = num - 1
...
4
3
2
1
0
```

여기서는 〉가 아닌 〉=를 사용했습니다①. 이런 식으로 num 변수가 4에서 0까지를 참조하는 동안 while 루프를 실행할 수 있습니다.

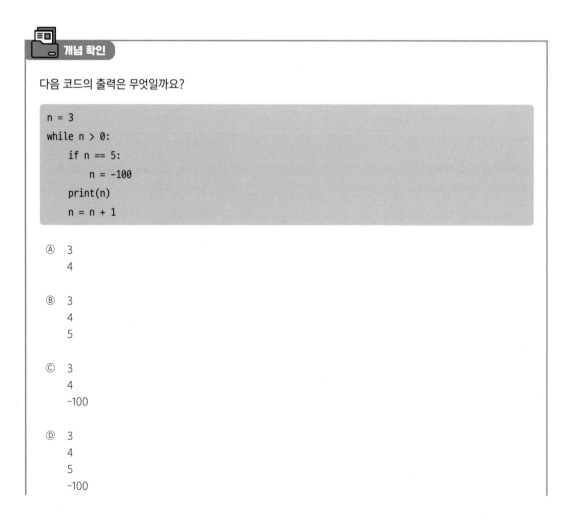

개념 확인

다음 코드의 출력은 무엇일까요?

```
n = 3
while n > 0:
    if n == 5:
        n = -100
    print(n)
    n = n + 1
```

Ⓐ 3
    4

Ⓑ 3
    4
    5

Ⓒ 3
    4
    -100

Ⓓ 3
    4
    5
    -100

while 루프의 Boolean 표현식은 각각의 반복이 시작될 때만 확인됩니다. 반복 블록 내 어느 시점에 False가 되더라도 블록 안에 남은 문장들을 모두 실행합니다.

루프 이전에 n에 3을 할당합니다. 3이 0보다 크므로 루프의 반복 블록이 실행됩니다. if 문의 표현식은 False이기 때문에 if 문 블록은 건너뛰고 3을 출력한 후 n을 4로 설정합니다. 4가 0보다 크므로 루프의 또 다른 반복 블록이 실행됩니다. 이 반복 블록은 4를 출력하고 n을 5로 설정합니다. 이번에는 n을 −100으로 설정하는 if 문 블록이 실행됩니다. 다음으로 −100이 출력되고 n은 −99로 설정됩니다. 이제 n > 0이 False가 되어 while 루프가 멈춥니다.

 개념 확인

다음 코드의 출력은 무엇일까요?

```
x = 6
while x > 4:
    x = x - 1
    print(x)
```

Ⓐ 6
5

Ⓑ 6
5
4

Ⓒ 5
4

Ⓓ 5
4
3

Ⓔ 6
5
4
3

답 ⓒ
보통 while 루프 블록에서 무언가를 수행한 다음에 루프 변수를 업데이트하는 경우가 많지만, 이 코드의 루프 블록에서는 변수 x를 감소시킨 후에 변수를 출력합니다. 6이 4보다 크기 때문에 루프 블록이 실행되어 x에 5를 할당하고 5를 출력합니다. 다음으로 5가 4보다 크기 때문에 x에 4를 할당하고 4를 출력합니다. 4는 4보다 크지 않으므로 이때 루프가 종료됩니다.

• 중첩 루프

for 루프 내부에 또 다른 for 루프를 중첩할 수 있었던 것처럼 while 루프 내부에 또 다른 루프를 중첩할 수 있습니다. 3장의 '중첩'에서 우리는 외부 루프의 다음 반복이 시작되기 전에 내부의 for 루프가 모든 반복을 완료한다는 것을 알았습니다.

while 루프에서도 마찬가지입니다. 다음은 그 예입니다.

```
>>> i = 0
>>> while i < 3:
...     j = 8
...     while j < 11:
...         print(i, j)
...         j = j + 1
...     i = i + 1
...
0 8
0 9
0 10
1 8
1 9
1 10
2 8
2 9
2 10
```

외부 루프 변수 i의 값이 한 번 변경될 때, 내부 루프 변수 j는 세 번 변경되며 출력됩니다.

개념 확인

다음 중첩 루프는 총 몇 줄을 출력할까요?

```
x = 0
y = 1
while x < 3:
    while y < 3:
        print(x, y)
        y = y + 1
    x = x + 1
```

Ⓐ 2
Ⓑ 3
Ⓒ 6
Ⓓ 8
Ⓔ 9

답 Ⓐ

외부 루프의 Boolean 표현식 x < 3이 True이므로 외부 루프의 루프 블록을 실행합니다. 그러면 내부 루프의 루프 블록이 두 번 실행됩니다. y가 1일 때, y가 2일 때 각각 한 줄을 출력합니다. 즉, 첫 외부 루프 블록의 실행에 두 번의 출력이 생성됩니다.

그러나 코드 어디에서도 y 값을 초기화하지 않고 있습니다! 따라서 y < 3 조건은 다시 True가 되지 않으며, 이로 인해 내부 루프 블록이 더 이상 실행되지 않습니다.

이처럼 내부 루프의 루프 변수 초기화를 깜빡하는 것은 사람들이 중첩된 while 루프를 다룰 때 흔히 저지르는 실수입니다.

• Boolean 연산자 추가

Slot Machines 문제를 해결하기 위해 우리는 마르타가 칩을 가지고 있는 동안만 루프가 반복되기를 바랍니다. 이것은 다음과 같을 것입니다.

```
while chips >= 1:
```

이 문제는 간단한 Boolean 표현식으로도 충분합니다. 그러나 if 문과 마찬가지로 while 뒤에 오는 Boolean 표현식에는 관계 연산자나 Boolean 연산자가 포함될 수 있습니다.

```
>>> x = 4
>>> y = 10
>>> while x <= 10 and y <= 13:
...     print(x, y)
...     x = x + 1
...     y = y + 1
...
4 10
5 11
6 12
7 13
```

while 루프는 Boolean 표현식 x <= 10 and y <= 13에 의해 제어됩니다. 모든 and 연산자와 마찬가지로 전체 표현식이 True가 되려면 두 피연산자가 모두 True가 되어야 합니다. x가 8을 참조하고 y가 14를 참조하면 피연산자 y <= 13이 False이기 때문에 루프가 종료됩니다.

문제 풀기

Slot Machines 문제를 풀 때 반복 횟수를 미리 예측할 수 없기 때문에 for 루프가 아닌 while 루프가 필요하다는 것을 알 수 있습니다. 루프의 각 반복은 해당 시점의 슬롯머신을 플레이합니다. 루프가 종료되면 마르타에게 남은 칩은 없으며, 마르타가 플레이한 횟수를 출력합니다.

각 반복에서 수행해야 하는 작업은 다음과 같습니다.

- ⊘ 마르타의 칩을 하나 줄입니다.(슬롯머신을 한 번 플레이하는 데 칩 1개가 소요되기 때문입니다.)
- ⊘ 마르타가 현재 첫 번째 슬롯머신에 있으면 첫 번째 머신을 플레이합니다. 여기에는 이 머신이 플레이된 횟수를 증가시키는 것 또한 포함됩니다. 이것이 35번째 플레이라면 마르타에게 상금 칩을 지불하고 이 머신이 플레이된 횟수를 0으로 재설정합니다.
- ⊘ 마르타가 현재 두 번째 슬롯머신에 있으면 두 번째 머신을 플레이합니다.(첫 번째 머신을 플레이한 방법과 유사합니다.)
- ⊘ 마르타가 현재 세 번째 슬롯머신에 있으면 세 번째 머신을 플레이합니다.(첫 번째 머신을 플레이한 방법과 유사합니다.)
- ⊘ 마르타의 플레이 횟수를 늘립니다.(방금 플레이했기 때문입니다.)
- ⊘ 다음 머신으로 이동합니다. 마르타가 첫 번째 머신을 플레이했다면 두 번째 머신으로 이동할 것이고, 두 번째 머신을 플레이했다면 세 번째로 이동할 것입니다. 그리고 세 번째 머신을 플레이했다면 첫 번째로 돌아갈 것입니다.

이제 프로그램이 점점 길어지고 있습니다. 방금 한 것처럼 로직을 요약하는 건 복잡성을 제어하고 올바른 코드를 작성하는 데 유용한 기술입니다. 이 아웃라인을 사용하여 로직을 따르면서 잊은 것이 없는지 확인할 수 있습니다.

코드 4-1은 위 아웃라인을 토대로 작성한 코드입니다.

```
코드 4-1: Slot Machines 풀이
chips = int(input())
first = int(input())
second = int(input())
third = int(input())

plays = 0
① machine = 0

② while chips >= 1:
```

```
③ chips = chips - 1

④ if machine == 0:
       first = first + 1
   ⑤ if first == 35:
          first = 0
          chips = chips + 30
   elif machine == 1:
       second = second + 1
       if second == 100:
           second = 0
           chips = chips + 60
   elif machine == 2:
       third = third + 1
       if third == 10:
           third = 0
           chips = chips + 9

⑥ plays = plays + 1
⑦ machine = machine + 1
⑧ if machine == 3:
       machine = 0

print('Martha plays', plays, 'times before going broke.')
```

chips 변수는 마르타의 칩의 수를 추적합니다.

first, second, third 변수는 각각 첫 번째, 두 번째, 세 번째 슬롯머신의 마지막 지불 이후 플레이 횟수를 추적합니다.

machine 변수는 마르타가 다음에 플레이할 슬롯머신을 나타냅니다. 첫 번째 슬롯머신은 숫자 0, 두 번째 슬롯머신은 숫자 1, 세 번째 슬롯머신은 숫자 2로 표시됩니다. 따라서 machine 변수가 0을 참조하면 첫 번째 슬롯머신이 다음에 플레이됨을 의미합니다①.

0, 1, 2 대신 1, 2, 3을 사용하여 슬롯머신을 참조할 수도 있습니다. 또는 'first', 'second', 'third' 와 같은 문자열을 사용할 수도 있습니다. 그러나 항목들의 번호를 매길 때 0부터 시작하는 것이 프로그래밍의 관례이므로 여기에서는 이를 따르겠습니다.

이 프로그램의 마지막 변수는 마르타가 플레이한 슬롯머신의 플레이 수를 추적하는 plays입니다. 마르타가 칩을 모두 소진하면 이것을 출력할 것입니다.

프로그램의 대부분은 마르타에게 칩이 하나라도 있는 한 반복되는 while 루프로 구성됩니다②.

루프의 각 반복은 하나의 슬롯머신을 플레이합니다. 따라서 우리가 가장 먼저 하는 일은 마르타의 칩을 1개 줄이는 것입니다③. 다음으로 슬롯머신을 플레이합니다.

마르타는 지금 어느 슬롯머신에 있나요? 0 아니면 1? 또는 2? 이를 알기 위해 if 문이 필요합니다.

먼저 슬롯머신 0에 있는지 확인합니다④. 슬롯머신 0에 있는 게 맞다면 이 슬롯머신이 상금을 지불한 이후로 플레이된 횟수를 추적하는 변수인 first를 1 더 늘립니다. 그리고 이때 마르타가 상금을 받아야 하는지 여부를 결정하기 위해 이 머신이 상금을 마지막으로 지불한 이후 35번째 플레이인지 확인합니다⑤. 그렇다면 이 머신의 플레이를 0으로 재설정하고 마르타가 가진 칩 수에 30을 더합니다.

여기에는 여러 수준의 중첩이 존재하기 때문에 코드의 로직이 올바른지 확인하는 데 시간이 꽤 걸립니다. 첫 번째 머신을 플레이할 때마다 플레이 횟수가 하나씩 증가하지만 35번째 플레이일 때만 상금을 지불합니다. 이것이 우리가 내부 if 문을 가지고 있는 이유입니다⑤.

첫 번째 슬롯머신과 마찬가지로 두 번째 슬롯머신과 세 번째 슬롯머신을 처리합니다. 유일한 차이점은 각 슬롯머신이 마르타에게 상금을 지불하기 위한 플레이 횟수와 지불하는 상금의 양이 다르다는 것입니다.

슬롯머신을 플레이한 후 마르타의 플레이 횟수를 1 더 늘립니다⑥. 이제 남은 것은 루프의 다음 반복이 있는 경우 올바른 머신을 플레이하도록 다음 머신으로 이동하는 것입니다.

다음 머신으로 이동하기 위해 머신을 1 더 증가시킵니다⑦. 머신 0에 있으면 머신 1로 이동하고, 머신 1에 있으면 머신 2로 이동합니다. 그리고 머신 2에 있으면 머신 3으로 이동…

머신 3? 머신 3은 없습니다! 방금 머신 2를 플레이했다면 0에서 다시 시작해야 합니다. 그렇게 하기 위해 추가적인 검사가 필요합니다. 머신 3으로 이동하려고 했다면⑧ 방금 전에 머신 2를 플레이했다는 것이므로 다음 머신을 0으로 재설정합니다.

루프가 종료되면 마르타에게 남은 칩이 없다는 것을 알 수 있습니다. 마지막 단계로 마르타의 플레이 횟수를 포함해서 필요한 문장을 출력합니다.

이 코드에는 많은 작업이 있습니다. 마르타에게 남은 칩이 없을 때 중지하고, 현재 머신을 추적하고, 적절한 경우 마르타에게 상금을 지불하고, 마르타의 플레이 수를 계산합니다. 지금 이 코드를 평가 사이트에 제출할 수도 있지만, 다른 방식으로 코드를 작성할 수 있는지도 한번 생각해 보세요. 루프의 맨 아래가 아닌 맨 위에서 plays 변수를 1 더 늘리면 어떻게 되나요? 루프의 상단 또는 하단에서 칩을 줄이는 것이 중요한가요? first, second, third를 수정하는 대신 마르타가 각 슬롯머신을 플레이한 횟수를 추적하기 위한 새로운 변수를 사용해 볼까요? 방금 언급된 작업의 변형들을 테스트해 볼 것을 권장합니다. 변경했는데 코드가 더 이상 테스트를 통과하지 못하면, 좋습니다! 이제 그러한 변경 사항으로 인해 원치 않는 동작이 발생한 이유를 알아볼 새로운 기회가 생긴 것입니다.

다음 두 절에서는 코드를 더욱 세분화합니다. % 연산자를 사용해서 필요한 변수의 수를 줄이고 f-string(문자열 포매팅)에 대해 학습하여 문자열 작성 방법을 간소화할 것입니다.

Mod 연산자

1장의 '정수 및 부동 소수점'에서 정수 나눗셈의 나머지를 계산하는 % 연산자(mod 연산자)를 소개했습니다. 예를 들어 16을 5로 나누면 나머지는 1입니다.

```
>>> 16 % 5
1
```

15 나누기 5는 나머지가 0입니다. 15는 5로 정확히 나누어떨어지기 때문입니다.

```
>>> 15 % 5
0
```

두 번째 피연산자는 %가 반환할 수 있는 값의 범위를 나타냅니다. 반환 가능한 값의 범위는 0부터 두 번째 피연산자보다 1 작은 값까지입니다. 예를 들어, 두 번째 피연산자가 3이면 % 연산자가 반환할 수 있는 값은 0, 1, 2 중 하나입니다. 또한 첫 번째 피연산자를 1씩 늘려가면 가능한 모든 반환 값을 순환하게 됩니다. 다음은 그 예입니다.

```
>>> 0 % 3
0
>>> 1 % 3
1
>>> 2 % 3
2
>>> 3 % 3
0
>>> 4 % 3
1
>>> 5 % 3
2
```

```
>>> 6 % 3
0
>>> 7 % 3
1
```

반환 값의 패턴이 0, 1, 2, 0, 1, 2, …으로 반복됨에 유의하세요.

이 동작은 지정된 수까지 계산한 다음 다시 0으로 순환하는 경우에 유용합니다. 슬롯머신을 플레이할 때 필요한 동작은 바로 다음과 같습니다. 슬롯머신을 0, 1, 2, 0, 1, 2, 0, 1, … 순서대로 플레이하는 것입니다.(슬롯머신을 가리킬 때 다른 값이 아닌 0, 1, 2를 사용한 또 다른 이유입니다.)

plays 변수가 마르타가 플레이한 수를 참조한다고 가정하면 플레이할 다음 머신을 결정할 때 % 연산자를 사용할 수 있습니다. 예를 들어, 마르타가 어떤 슬롯머신을 플레이했을 때 그 다음으로 플레이할 머신이 무엇인지 알고 싶어한다고 가정해 보겠습니다.

다음과 같이 % 연산자를 사용하면 마르타가 1번 플레이하고 나서 그 다음 플레이에서는 슬롯머신 1을 플레이할 것이라는 것을 알 수 있습니다.

```
>>> plays = 1
>>> plays % 3
1
```

마르타가 지금까지 6번 플레이했다면 마르타는 슬롯머신 0, 1, 2, 0, 1, 2를 플레이한 것입니다. 그녀가 플레이할 다음 슬롯머신은 0번 머신입니다. 마르타가 세 개의 머신을 두 번씩 플레이했으므로 % 연산자는 0을 반환합니다.

```
>>> plays = 6
>>> plays % 3
0
```

마지막 예로 마르타가 지금까지 11번 플레이했다고 가정해 보겠습니다.

일단 그녀는 9번의 플레이로 0, 1, 2, 0, 1, 2, 0, 1, 2이라는 3번의 사이클을 완전히 플레이합니다. 그리고 그리고 두 번 더 플레이하고 나면 이제 슬롯머신 2를 플레이할 차례가 됩니다.

```
>>> plays = 11
>>> plays % 3
2
```

machine 변수를 명시적으로 유지하지 않고도 다음 번에 플레이할 슬롯머신을 알아낼 수 있습니다.

또한 % 연산자를 사용하여 현재 슬롯머신의 다음 플레이가 마르타에게 상금을 지불하는지 여부를 결정하는 로직을 단순화할 수 있습니다. 첫 번째 슬롯머신을 생각해 보세요. 코드 4-1에서는 슬롯머신이 지불된 이후의 플레이 횟수를 계산했습니다. 그 숫자가 35이면 마르타에게 상금을 지불하고 플레이 횟수를 0으로 재설정합니다. 그러나 % 연산자를 사용하면 플레이 횟수를 재설정할 필요가 없습니다. 첫 번째 슬롯머신이 35번의 배수인지 확인하고 그렇다면 마르타에게 상금을 지불하면 됩니다. % 연산자를 사용해 숫자를 35로 나누고 나머지를 반환받았을 때 그 값이 0이면 해당 숫자는 35의 배수입니다.

```
>>> first = 35
>>> first % 35
0
>>> first = 48
>>> first % 35
13
>>> first = 70
>>> first % 35
0
>>> first = 175
>>> first % 35
0
```

마르타에게 상금을 지불할지 여부를 결정하기 위해 first % 35 == 0을 확인합니다.

다음 코드는 % 연산자를 사용하도록 코드 4-1을 업데이트한 것입니다.

코드 4-2: % 연산자를 사용한 Slot Machines 풀이

```
chips = int(input())
first = int(input())
second = int(input())
third = int(input())


plays = 0


while chips >= 1:
  ①machine = plays % 3
    chips = chips - 1
```

```
        if machine == 0:
            first = first + 1
        ②if first % 35 == 0:
                chips = chips + 30
        elif machine == 1:
            second = second + 1
            if second % 100 == 0:
                chips = chips + 60
        elif machine == 2:
            third = third + 1
            if third % 10 == 0:
                chips = chips + 9

        plays = plays + 1

print('Martha plays', plays, 'times before going broke.')
```

이 절에서는 % 연산자를 두 가지 부분에 사용했습니다. 플레이 횟수를 기반으로 현재 머신을 결정
하고①, 마르타가 플레이에서 보상을 받는지 여부를 결정하는 것입니다(예시 ②).

% 연산자를 나눗셈의 나머지를 반환으로만 사용하는 것은 유연성이 결여된 생각입니다. 0, 1, 2,
0, 1, 2, …처럼 어떤 사이클을 가진 계산이 필요할 때마다 % 연산자로 코드를 단순화시킬 수는 없는
지 생각해 보세요.

F-String(문자열 포매팅)

Slot Machines 문제 풀이에서 마지막으로 수행하는 작업은 다음과 같이 필요한 문장을 출력하는
것입니다.

```
print('Martha plays', plays, 'times before going broke.')
```

출력의 형식으로 첫 번째 문자열에 이어 플레이 횟수를 출력한 후, 뒤쪽에 새로운 문자열을 붙여야
합니다. 또한 플레이 횟수를 문자열로 변환하지 않아도 되도록 여러 인자를 사용하여 print를 호출합
니다. 결과 문자열을 출력하지 않고 저장하려는 경우에는 다음과 같이 str 변환이 필요합니다.

```
>>> plays = 6
>>> result = 'Martha plays ' + str(plays) + ' times before going broke.'
>>> result
'Martha plays 6 times before going broke.'
```

이렇게 간단한 문장이라면 문자열과 정수를 함께 붙이는 것도 좋지만, 문장이 복잡한 경우에는 그렇지 않습니다. 하나가 아닌 세 개의 정수를 포함하려고 할 때의 모습은 다음과 같습니다.

```
>>> num1 = 7
>>> num2 = 82
>>> num3 = 11
>>> 'We have ' + str(num1) + ', ' + str(num2) + ', and ' + str(num3) + '.'
'We have 7, 82, and 11.'
```

이러한 모든 따옴표, 더하기, 공백 기호를 일일이 추적하기가 쉽지 않습니다.

문자열과 숫자로 구성된 문자열을 만드는 가장 유연한 방법은 f-string(문자열 포매팅)을 사용하는 것입니다. 다음은 f-string을 사용한 이전 예제의 모습입니다.

```
>>> num1 = 7
>>> num2 = 82
>>> num3 = 11
>>> f'We have {num1}, {num2}, and {num3}.'
'We have 7, 82, and 11.'
```

문자열을 여는 따옴표 앞에 있는 f를 기억하세요. f는 포맷(format)을 나타냅니다. f-string 내부에 중괄호로 표현식을 배치할 수 있습니다. 문자열이 만들어질 때 각 표현식은 해당 값으로 대체되고 문자열 안에 삽입됩니다. 결과는 새로운 다른 데이터 타입이 아니라 그저 일반적인 문자열입니다.

```
>>> type(f'hello')
<class 'str'>
>>> type(f'{num1} days')
<class 'str'>
```

중괄호 안의 표현식은 단순한 변수명보다 더 복잡할 수 있습니다.

```
>>> f'The sum is {num1 + num2 + num3}'
'The sum is 100'
```

우리는 슬롯머신의 마지막 라인에 다음과 같이 f-string을 사용할 수 있습니다.

```
print(f'Martha plays {plays} times before going broke.')
```

이렇게 간단한 문자열 형식을 가진 내용조차도 f-string을 사용하면 명확성이 더해집니다. 작은 조각들을 이어 문자열을 만드는 것은 이제 그만두세요.

참고로 f-string 기능은 파이썬 3.6 버전부터 추가되었습니다.(이 버전은 여전히 최신 버전 중 하나로 인식됩니다.) 3.6 이전 버전에서 f-string을 사용하면 구문 오류가 발생합니다.

f-string을 사용하는 경우에는 코드를 제출하는 평가 사이트가 파이썬 3.6 이상을 사용해서 제출된 코드를 테스트하는지를 확인해야 합니다.

다음으로 넘어가기 전에 4장 마지막 페이지의 연습문제 1을 먼저 풀어 볼 것을 권합니다.

문제 #9 Song Playlist(노래 재생목록)

종종 우리는 얼마나 많은 입력이 제공될지 미리 알지 못합니다. Song Playlist 문제를 풀다 보면 이러한 경우에 while 루프가 필요하다는 것을 알게 될 것입니다.

이 문제는 DMOJ 사이트에 있으며, 식별 코드는 ccc08j2입니다.

• 도전 과제

각각 A, B, C, D, E라는 노래 5곡이 있습니다.

좋아하는 이 노래들로 재생목록을 만들어 앱에서 관리하고 있습니다. 처음에 노래는 A, B, C, D, E 순서로 재생되며, 앱에는 4개의 버튼이 있습니다.

⊘ 버튼 1

재생목록의 첫 번째 곡을 재생목록의 끝으로 이동시킵니다. 예를 들어, 재생목록이 A, B, C, D, E일 때 이 버튼을 누르면 재생목록의 순서는 B, C, D, E, A가 됩니다.

⊘ 버튼 2

재생목록의 마지막 곡을 재생목록의 시작 부분으로 이동시킵니다. 예를 들어, 재생목록이 A, B, C, D, E일 때 이 버튼을 누르면 E, A, B, C, D로 변경됩니다.

⊘ 버튼 3

재생목록의 처음 두 곡의 위치를 바꿉니다. 예를 들어, 재생목록이 A, B, C, D, E일 때 이 버튼을 누르면 B, A, C, D, E로 변경됩니다.

⊘ 버튼 4

재생목록을 재생합니다!

사용자가 어떤 버튼을 눌렀는지 알려 주고, 사용자가 버튼 4를 누르면 재생목록의 노래 순서를 출력하세요.

· **입력**

입력은 한 쌍의 라인들로 구성되는데, 첫 번째 라인은 버튼 번호(1, 2, 3, 4)를 제공하고 두 번째 라인은 사용자가 해당 버튼을 누른 횟수(1에서 10까지)를 제공합니다. 즉, 첫 번째 라인은 버튼 번호, 두 번째 라인은 그 버튼을 누른 횟수, 그리고 세 번째 라인은 버튼 번호, 네 번째 라인은 그 버튼을 누른 횟수와 같은 식입니다. 입력은 아래 두 줄로 끝납니다.

```
4
1
```

이것은 사용자가 버튼 4를 한 번 누른 것을 의미합니다.

· **출력**

버튼을 모두 누른 후 재생목록의 노래 순서를 출력합니다. 재생목록은 한 줄로 출력되어야 하며, 그 안에는 각 노래를 구분하는 공백이 있어야 합니다.

문자열 자르기(String Slicing)

 Song Playlist 문제를 해결하기 위한 대략적인 계획은 버튼 4를 누르지 않는 한 계속 진행되는 while 루프를 사용하는 것입니다. 반복할 때마다 두 줄의 입력을 읽고 처리합니다. 이는 다음과 같은 구조를 가집니다.

```
① button = 0

while button != 4:
    # 버튼 읽기
    # 눌린 횟수 읽기
    # 버튼이 눌린 횟수 처리
```

 while 루프 전에 button 변수를 생성하고 숫자 0을 참조하도록 합니다①. 이것이 없으면 button 변수를 알지 못해서 while 루프의 Boolean 표현식에서 NamedError가 발생합니다. 4 이외의 숫자는 루프의 첫 번째 반복을 시작하는 데 사용됩니다.

 이 루프 내에서 for 루프를 사용하여 버튼을 누르는 행위를 처리합니다. 버튼을 누른 각각의 행위마다 if 문을 사용하여 어떤 버튼이 눌렸는지 확인합니다. if 문에는 4개의 버튼에 대한 문장, 즉 들여쓰기된 4줄의 문장 블록이 필요합니다.

 각 버튼을 처리하는 방법에 대해 이야기해 보겠습니다. 버튼 1은 재생목록의 첫 번째 노래를 재생목록의 끝으로 이동시킵니다. 재생목록의 노래 수가 적기 때문에 인덱스를 사용해 문자열의 각 문자를 연결할 수 있습니다. 문자열의 첫 번째 문자는 인덱스 1이 아니라 0에 있다는 것을 기억하세요. 다음과 같이 문자열 끝에 해당 문자를 넣을 수 있습니다.

```
>>> songs = 'ABCDE'
>>> songs = songs[1] + songs[2] + songs[3] + songs[4] + songs[0]
>>> songs
'BCDEA'
```

 이러한 방법은 상당히 번거로울 뿐만 아니라 노래가 정확히 5개 있을 때만 사용 가능합니다. 문자열 자르기를 사용하면 더욱 일반적이고 오류가 적은 코드를 작성할 수 있습니다.

 문자열 자르기는 문자열의 부분 문자열을 참조할 수 있게 해주는 파이썬의 기능입니다.(사실, 이 책의 뒷부분에서 볼 수 있겠지만 모든 시퀀스에서 작동합니다.) 문자열을 자르는 데는 두 개의 인덱스가 필요합니다. 하나는 시작하려는 위치의 인덱스이며, 하나는 끝낼 위치의 오른쪽에 있는 인덱스입니다. 예를 들어, 4와 8을 사용하면 인덱스 4,5,6,7에 있는 문자들을 가져옵니다. 문자열 자르기는 두 인덱스 사이에 콜론을 넣고 나서 대괄호로 감싸는 식으로 작성합니다.

```
>>> s = 'abcdefghijk'
>>> s[4:8]
'efgh'
```

문자열 자르기 자체는 s가 참조하고 있는 값을 변경하지 않습니다. 다만, 할당문을 사용하여 s이 잘린 문자열을 참조하도록 바꿀 수 있습니다.

```
>>> s
'abcdefghijk'
>>> s = s[4:8]
>>> s
'efgh'
```

여기에서 off-by-one 오류를 범하기 쉽습니다. [4:8]에서 인덱스 8의 문자가 포함되어 있다고 생각할 수 있지만 range(4, 8)이 8을 포함하지 않는 것처럼 인덱스 8이 포함되지 않습니다. 직관적이지 않다고 느껴질 수도 있겠지만, 어쨌든 이는 범위(range)와 자르기(slice) 모두에서 일관되게 적용되는 표현입니다.

문자열 자르기를 수행할 때 콜론은 반드시 포함해야 하지만, 시작 인덱스와 끝 인덱스는 선택사항입니다. 시작 인덱스를 생략하면 파이썬은 인덱스 0에서 자르기를 시작합니다.

```
>>> s = 'abcdefghijk'
>>> s[:4]
'abcd'
```

끝 인덱스를 생략하면 파이썬은 문자열이 끝날 때까지 자르기를 수행합니다.

```
>>> s[4:]
'efghijk'
```

만일 두 인덱스를 모두 빼면 어떨까요? 그러면 전체 문자열로 구성된 문자열이 제공됩니다.

```
>>> s[:]
'abcdefghijk'
```

또한 자르기에 음수 인덱스를 사용할 수도 있습니다. 다음은 그 예입니다.

```
>>> s[-4:]
'hijk'
```

시작 인덱스는 오른쪽에서 네 번째 문자인 'h'를 가리키고, 끝 인덱스는 생략했습니다. 따라서 우리는 자르기를 통해 'h'부터 문자열의 끝까지를 얻게 됩니다.

인덱싱과 달리 자르기는 인덱스 오류를 생성하지 않습니다. 문자열에 존재하지 않는 인덱스를 사용하는 경우, 파이썬은 문자열의 시작 부분이나 끝 부분을 찾아 알맞게 자르기를 수행합니다.

```
>>> s[8:20]
'ijk'
>>> s[-50:2]
'ab'
```

우리는 버튼 1, 2, 3의 동작을 구현하기 위해 문자열 자르기를 사용할 것입니다.
버튼 1의 동작 코드는 다음과 같습니다.

```
>>> songs = 'ABCDE'
>>> songs = songs[1:] + songs[0]
>>> songs
'BCDEA'
```

자르기는 인덱스 0에 있는 문자를 제외한 문자열 전체를 제공합니다.(이 코드는 문자열의 길이와는 상관없이 비어 있지 않은 모든 문자열에서 동작합니다.) 누락된 문자를 추가하면 첫 번째 노래가 재생 목록의 끝으로 이동하게 됩니다. 다른 버튼의 자르기도 비슷합니다. 다른 버튼들에 대한 코드는 이후에 보게 될 것입니다.

다음 코드의 출력은 무엇일까요?

```
game = 'Lost Vikings'

print(game[2:-6])
```

Ⓐ   st V
Ⓑ   ost V
Ⓒ   iking
Ⓓ   st Vi
Ⓔ   Viking

답 Ⓐ

'Lost Vikings'의 인덱스 2 문자는 's'이며, 인덱스 −6 문자는 'i'입니다. 인덱스 2로 시작해 인덱스 −6의 왼쪽까지 포함하기 때문에 'st V'를 얻습니다.

다음 중 어떤 비밀번호를 입력해야 루프를 빠져나올 수 있을까요?

```
valid = False

while not valid:
    s = input()
    valid = len(s) == 5 and s[:2] == 'xy'
```

Ⓐ   xyz
Ⓑ   xyabc
Ⓒ   abcxy
Ⓓ   하나 이상의 비밀번호가 우리를 루프에서 벗어나게 합니다.
Ⓔ   루프에서 벗어날 수 있는 비밀번호가 존재하지 않습니다.

답 Ⓑ

not valid는 루프를 종료시키는 표현식입니다. 그렇기 때문에 while 루프는 not valid가 False일 때, 즉 valid가 True일 때 종료됩니다. 주어진 암호 중 길이가 5이고 처음 두 문자가 'xy'인 암호는 xyabc밖에 없습니다. 따라서 이것이 valid를 True로 설정하고 루프를 종료하는 유일한 암호입니다.

문제 풀기

처리할 버튼 동작이 남아 있는 동안 while 루프를 반복하는 방법과 문자열 자르기로 문자열을 조작하는 방법을 연습했습니다. 따라서 이제 Song Playlist 문제를 해결할 준비가 되었습니다. 전체 솔루션은 코드 4-3을 참조하세요.

```
코드 4-3: Song Playlist 풀이

songs = 'ABCDE'

button = 0

① while button != 4:
    button = int(input())
    presses = int(input())
    ② for i in range(presses):
        if button == 1:
            ③ songs = songs[1:] + songs[0]
        elif button == 2:
            ④ songs = songs[-1] + songs[:-1]
        elif button == 3:
            ⑤ songs = songs[1] + songs[0] + songs[2:]

⑥ output = ''
for song in songs:
    output = output + song + ' '

⑦ print(output[:-1])
```

사용자가 버튼 4를 누르지 않는 한 while 루프는 계속됩니다①. while 루프를 반복할 때마다 우리는 버튼 번호를 읽고, 그런 다음 이 버튼을 누른 횟수를 읽습니다.

이제 외부 while 루프 안에 중첩 루프를 만들어 버튼을 누른 횟수만큼 반복합니다. 사용할 루프의 유형을 모두 기억해 두세요. 여기서 범위 기반 for 루프는 우리가 지정한 횟수만큼 반복하는 가장 쉬운 방법이며, 최선의 선택입니다②.

범위 기반 for 루프 내부의 동작은 사용자가 어떤 버튼을 눌렀는지에 따라 다릅니다. 따라서 if 문을 사용하여 버튼 번호를 확인하고, 그에 맞게 재생목록을 수정합니다. 버튼 1을 누르면 문자열 자르기를 사용하여 첫 번째 노래를 재생목록의 맨 뒤로 이동시킵니다③. 버튼 2를 누르면 문자열 자르기를 사용하여 마지막 노래를 재생목록의 제일 앞으로 이동시킵니다④. 버튼 2의 동작을 수행하기 위해서 문자열의 오른쪽 끝에 있는 문자로 시작한 다음, 문자열 자르기를 사용해 마지막 문자를 제외한 모든 문자들을 추가합니다. 버튼 3을 누르면 처음 두 곡의 위치가 바뀌도록 재생목록을 수정해야 합니다. 인덱스 1에 있는 문자, 인덱스 0에 있는 문자, 인덱스 2부터 나머지 모든 문자를 이어 새로운 문자열을 만듭니다⑤.

일단 while 루프를 벗어나면, 재생목록의 각 곡들 사이에 공백을 추가한 후 출력해야 합니다. 현재는 공백이 존재하지 않기 때문에 songs를 그대로 출력할 수 없습니다. 적절히 공백을 추가한 문자열을 만들어야 합니다. 그러려면 빈 문자열을 참조하는 변수⑥와 for 루프를 사용해서 songs의 각 곡과 공백을 연결해야 합니다. 한 가지 까다로운 점은 이렇게 하면 제일 마지막 곡에도 공백을 추가하게 되는데, 이는 우리가 원하는 결과가 아니라는 것입니다. 따라서 마지막 공백 문자를 제거하기 위해 문자열 자르기를 한 번 더 사용합니다⑦.

이제 평가 사이트에 코드를 제출할 준비가 되었습니다.

다음으로 넘어가기 전에 4장 마지막 페이지의 연습문제 3을 먼저 풀어 볼 것을 권합니다.

</> 문제 #10 Secret Sentence(비밀 문장)

문자열이 있고 입력이 몇 개 제공되는지 알고 있더라도 여전히 while 루프가 필요한 경우가 있습니다. 이 문제는 DMOJ 사이트에 있으며, 식별 코드는 coci08c3p2입니다.

· 도전 과제

루카는 수업 시간에 비밀 문장을 쓰고 있었습니다. 그는 선생님이 그것을 읽을 수 없도록 원래의 문장을 쓰는 대신 어떤 인코딩을 해서 작성합니다.

문장의 각 모음(a, e, i ,o, u) 뒤에 문자 p와 해당 모음을 다시 추가합니다. 예를 들면, I like you라는 문장을 쓰는 대신 ipi lipikepe yopoupu라고 씁니다.

선생님이 루카가 인코딩한 문장을 습득했습니다. 선생님을 도와 루카의 원문을 알아내세요.

· 입력

입력은 루카의 규칙으로 인코딩된 한 줄의 텍스트입니다. 문자열은 소문자와 공백으로 구성되며, 각 단어 사이에 정확히 하나의 공백이 있습니다. 한 문장의 최대 길이는 100자입니다.

· 출력

루카가 보내려 했던 원문을 출력합니다.

for 루프의 또 다른 제약사항

3장에서 for 루프를 사용하여 문자열을 처리하는 방법을 배웠습니다. for 루프는 문자열을 처음부터 끝까지 한 번에 한 문자씩 진행합니다. 대부분의 경우에는 이것이 우리가 원하는 것이므로 문제가 되지 않습니다. 예를 들어, Three Cups 문제에서는 각 위치 교환을 왼쪽에서 오른쪽으로 봐야 했기 때문에 문자열을 처리하는 데 for 루프를 사용했습니다.

다른 경우에는 범위가 매우 제한적이어서 범위 기반 for 루프가 더 적절할 수 있습니다. 범위 기반 for 루프를 사용하면 문자가 아니라 인덱스를 사용할 수 있습니다. 또한 선택한 단계의 크기로 시퀀스를 건너뛸 수 있습니다. 예를 들어, 다음과 같이 범위 기반 for 루프를 사용해 문자열의 세 번째 문자마다 접근할 수 있습니다.

```
>>> s = 'zephyr'
>>> for i in range(0, len(s), 3):
...     print(s[i])
...
z
h
```

또한 범위 기반 for 루프를 사용해서 왼쪽에서 오른쪽으로가 아닌 오른쪽에서 왼쪽으로 문자열을 처리할 수 있습니다.

```
>>> for i in range(len(s) - 1, -1, -1):
...     print(s[i])
...
r
y
h
p
e
z
```

이 모든 것은 우리가 각 반복에서 고정된 양만큼 단계를 밟기 원한다는 가정이 필요합니다.

오른쪽으로 한 글자씩 이동하고 싶을 때도 있고, 세 글자씩 이동하고 싶을 때도 있다면 어떨까요? 이것은 결코 억지스러운 가정이 아닙니다. 사실, 그렇게 할 수 있다면 Secret Sentence 문제를 해결하는 올바른 방향으로 가고 있는 것입니다.

그 이유를 알아보기 위해 다음 테스트 케이스를 살펴보겠습니다.

```
ipi lipikepe yopoupu
```

문자를 복사해서 루카의 원래 문장을 재구성한다고 생각해 보세요. 인코딩된 문장의 첫 번째 문자는 모음입니다. 이는 루카가 보내고자 하는 원문의 첫 글자이기도 합니다. 루카가 문장을 인코딩하는 방법을 떠올려 보면 다음 두 문자가 p와 i일 것임을 알 수 있습니다. 이 p와 i는 루카의 원문에 포함되지 않으므로 건너뛰어야 합니다. 즉, 인덱스 0을 처리한 후 바로 인덱스 3으로 넘어가려고 합니다.

인덱스 3은 공백 문자입니다. 모음이 아니므로 이 문자를 그대로 루카가 보내려는 원문으로 복사한 다음 인덱스 4로 이동합니다. 인덱스 4의 문자는 l로, 모음이 아닙니다. 따라서 이것도 원문으로 복사한 후 인덱스 5로 이동합니다. 인덱스 5는 모음이므로 이것을 복사한 후에는 인덱스 8로 넘어가야 합니다.

여기까지 단계의 크기는 얼마일까요? 때때로 세 칸을 이동하지만 항상 그렇지는 않습니다. 또한 한 칸씩 이동할 때도 있지만 이것도 항상 그런 것은 아닙니다. 3과 1이 섞여 있습니다. for 루프는 이러한 종류의 처리를 위해 설계되지 않았습니다.

while 루프를 사용하면 사전에 정의된 단계의 크기에 제약받지 않고 원하는 대로 문자열을 건너뛸 수 있습니다.

인덱스를 통한 while 루프

문자열 인덱스를 반복하는 while 루프를 작성하는 것은 다른 종류의 while 루프를 작성하는 것과 다르지 않습니다. 문자열의 길이만 있으면 됩니다. 다음은 문자열의 각 문자를 왼쪽에서 오른쪽으로 반복하는 방법입니다.

```
>>> s = 'zephyr'
>>> i = 0
① >>> while i < len(s):
...     print('We have ' + s[i])
...     i = i + 1
...
We have z
We have e
We have p
We have h
We have y
We have r
```

변수 i를 사용하면 문자열의 각 문자에 접근할 수 있습니다. 0에서 시작해 반복할 때마다 1씩 증가합니다.

루프의 Boolean 표현식①에서 문자열의 길이에 도달하지 않은 동안 계속 반복하기 위해 〈를 사용했습니다. 만약 〈 대신 〈=를 사용하면 다음과 같이 IndexError가 발생합니다.

```
>>> i = 0
>>> while i <= len(s):
...     print('We have ' + s[i])
...     i = i + 1
...
We have z
We have e
We have p
We have h
We have y
We have r
Traceback (most recent call last):
  File "<stdin>", line 2, in <module>
IndexError: string index out of range
```

문자열의 길이가 6이기 때문에 s[6]은 유효한 인덱스가 아닙니다. 루프의 반복 블록에서 유효하지 않은 인덱스인 s[6]에 접근하려 했기 때문에 이 오류가 발생합니다.

한 번에 한 문자씩이 아니라 세 문자씩 건너뛰면서 문자열을 반복하고 싶은가요? 물론 그래도 괜찮습니다. 변수 i에 1 대신 3만큼 더하기만 하면 됩니다.

```
>>> i = 0
>>> while i < len(s):
...     print('We have ' + s[i])
...     i = i + 3
...
We have z
We have h
```

또한 왼쪽에서 오른쪽이 아니라 오른쪽에서 왼쪽으로 이동할 수도 있습니다. i 값을 0 대신 len(s) − 1에서 시작해 값을 줄여 나가면 됩니다. 이때 루프의 Boolean 표현식을 변경하여 문자열의 끝이 아니라 시작 부분을 감지해야 합니다. 각 문자를 반복하면서 오른쪽에서 왼쪽으로 이동하는 방법은 다음과 같습니다.

```
>>> i = len(s) - 1
>>> while i >= 0:
...     print('We have ' + s[i])
...     i = i - 1
...
We have r
We have y
We have h
We have p
We have e
We have z
```

문자열에 대한 while 루프의 마지막 테스트 케이스는 어떤 기준을 만족하는 첫 번째 인덱스에서 중지하는 것입니다.

그것을 수행할 전략은 확인할 문자가 남아 있고 아직 기준을 충족하지 못했을 때 Boolean 연산자를 사용해 계속 진행하는 것입니다. 예를 들어, 문자열에서 첫 번째 'y'의 인덱스를 찾는 방법은 다음과 같습니다.

```
>>> i = 0
>>> while i < len(s) and s[i] != 'y':
...     i = i + 1
...
>>> print(i)
4
```

문자열에 'y'가 없고 변수 i가 문자열 길이와 같을 때 루프가 중지됩니다.

```
>>> s = 'breeze'
>>> i = 0
>>> while i < len(s) and s[i] != 'y':
...     i = i + 1
...
>>> print(i)
6
```

i가 6을 참조한다면 첫 번째 피연산자인 i < len(s)가 False이므로 루프가 종료됩니다. 여러분은 여기서 인덱스 6이 문자열에서 유효한 인덱스가 아닌데 어떻게 and의 두 번째 피연산자가 오류를 일으

키지 않는지 궁금할 것입니다. 그 이유는 Boolean 연산자가 단축 평가 값(short-circuiting evaluation)을 사용하기 때문입니다. 이것은 연산자의 결과가 이미 결정된 경우에는 나머지 피연산자에 대한 평가를 중지한다는 의미입니다.

and 연산자의 첫 번째 피연산자가 False이면 두 번째 피연산자가 무엇이든 관계없이 False를 반환합니다. 따라서, 파이썬은 두 번째 피연산자를 평가하지 않습니다. 마찬가지로 or 연산자는 첫 번째 피연산자가 True이면 True를 반환하므로 이때 파이썬은 or의 두 번째 피연산자를 평가하지 않습니다.

문제 풀기

이제 문자열을 문자 단위로 읽을 때 while 루프를 사용하는 방법을 알았습니다.

Secret Sentence 문제에서는 문자가 모음인지 아닌지에 따라 다른 작업을 수행해야 합니다. 모음이라면 해당 문자를 복사한 후 3칸 다음으로 이동해야 합니다. 이는 해당 모음에 붙는 p와 그 뒤에 반복되는 모음을 건너뛰기 위한 작업입니다. 그리고 만약 모음이 아니라면 해당 문자를 복사하고 바로 다음 문자로 1칸 이동해야 합니다.

다시 말해, 항상 현재 문자를 복사해야 하지만 현재 문자가 모음인지 아닌지에 따라 3칸씩 또는 1칸씩 이동해야 한다는 것입니다. while 루프 내에서 if 문을 사용하여 각 문자가 모음인지 아닌지를 판단할 수 있습니다.

코드 4-4는 Secret Sentence 문제를 해결하는 전체 코드입니다.

```
코드 4-4: Secret Sentence 풀이

sentence = input()

① result = ''
   i = 0

② while i < len(sentence):
      result = result + sentence[i]
   ③ if sentence[i] in 'aeiou':
         i = i + 3
      else:
         i = i + 1
```

```
print(result)
```

result 변수①는 한 번에 한 문자씩 원래 문장을 작성하는 데 사용됩니다.

while 루프의 Boolean 표현식은 문자열의 끝에 도달할 때까지 반복하기 위한 Boolean 표현식입니다②. 해당 루프에서 먼저 현재 문자를 result의 끝에 붙여 넣습니다. 그런 다음, 현재 문자가 모음인지 확인합니다③. 2장의 '관계 연산자'에서 in 연산자를 사용해 두 번째 문자열에 첫 번째 문자열이 존재하는지 확인할 수 있음을 배웠습니다. 현재 문자가 모음 문자들의 시퀀스에서 발견되면 세 문자 다음으로 이동하고, 그렇지 않은 경우 바로 다음 문자로 이동합니다.

루프가 종료되면 전체 인코딩된 문자열을 순차적으로 살펴보면서 알맞은 문자들을 result에 복사합니다. 마지막으로 해야 할 일은 이 변수를 출력하는 것입니다.

평가 사이트에 코드를 제출할 준비가 끝났습니다. 훌륭합니다!

break와 continue

이 절에서는 파이썬이 루프에서 지원하는 두 가지 키워드인 break와 continue를 소개하겠습니다. 제 경험에 의하면, 이러한 키워드를 소개하고 나면 학습자들이 루프의 명확성을 해칠 정도로 이것들을 과도하게 사용하는 경향이 있습니다. 그렇기 때문에 여기서만 잠깐 설명하고 이 책의 다른 지면에서는 break와 continue를 사용하지 않을 것입니다.

· break

break 키워드는 조건 없이 루프를 즉시 종료시킵니다.

우리는 앞에서 Song Playlist 문제를 해결할 때 사용자가 버튼 4를 누르기 전까지 반복되는 while 루프를 사용했습니다. 그런데 break를 사용해서도 이 문제를 해결할 수 있습니다. 코드 4-5를 참고하세요.

코드 4-5: break를 사용한 Song Playlist 풀이

```
songs = 'ABCDE'
```

```
①while True:
    button = int(input())
  ②if button == 4:
      ③break
    presses = int(input())
    for i in range(presses):
        if button == 1:
            songs = songs[1:] + songs[0]
        elif button == 2:
            songs = songs[-1] + songs[:-1]
        elif button == 3:
            songs = songs[1] + songs[0] + songs[2:]

output = ''
for song in songs:
    output = output + song + ' '

print(output[:-1])
```

루프의 Boolean 표현식이 이상해 보입니다①. True는 항상 참이므로 언뜻 보기에는 이 루프가 종료되지 않을 것처럼 보입니다.(이것이 break의 단점입니다. 루프의 Boolean 표현식으로는 루프의 종료되기 위해 어떤 조건이 만족되어야 하는지 알 수 없습니다.) 이 코드에서는 if 문의 표현식으로 버튼 4가 눌렸는지 확인하고②, 눌린 경우 if 문 블록에 있는 break 문장에 의해 루프가 중단됩니다③.

break를 사용하는 예를 하나 더 보겠습니다. 이번 장의 '인덱스를 사용한 while 루프'에서는 문자열에서 첫 번째 'y'의 인덱스를 찾는 코드를 작성했습니다. 여기에 break를 사용하면 다음과 같습니다.

```
>>> s = 'zephyr'
>>> i = 0
>>> while i < len(s):
...     if s[i] == 'y':
...         break
...     i = i + 1
...
>>> print(i)
4
```

다시 말하지만, 루프의 Boolean 표현식은 루프가 항상 문자열의 끝까지 실행되리라는 오해를 유발할 수 있습니다. 하지만 자세히 보면 코드 안에 break가 존재하고, 이것이 종료에 영향을 미친다는 것을 알 수 있습니다.

break는 외부 루프가 아닌 자신의 루프만을 종료합니다. 다음은 그 예입니다.

```
>>> i = 0
>>> while i < 3:
...     j = 10
...     while j <= 50:
...         print(j)
...         if j == 30:
①...             break
...         j = j + 10
...     i = i + 1
...
10
20
30
10
20
30
10
20
30
```

break가 j 루프를 어떻게 중단시키는지 살펴보세요①. 이 break는 if 문의 조건에 따라 j 루프를 중단시키지만 i 루프에는 영향을 미치지 않습니다. i 루프는 break가 있든 없든 세 번 반복됩니다.

· continue

continue 키워드는 반복 블록 내 코드를 더 이상 실행하지 않고 현재의 반복 블록을 종료합니다. break와 달리 루프가 완전히 끝나는 것은 아닙니다. 루프 조건이 True이면 추가적인 루프의 반복이 실행됩니다.

다음은 각 모음과 해당 인덱스를 출력하는 예입니다.

```
>>> s = 'zephyr'
>>> i = 0
>>> while i < len(s):
①...     if not s[i] in 'aeiou':
...          i = i + 1
②...         continue
③...     print(s[i], i)
...      i = i + 1
...
e 1
```

현재 문자가 모음이 아니면 출력하지 않을 것입니다①. 따라서 변수 i를 1만큼 증가시켜 이 문자를 지나가게 한 다음, continue②를 사용하여 현재 반복 블록을 종료합니다. if 문 블록 바깥에 도달하면③ 해당 문자가 모음이라는 것이므로, 이때는 해당 문자를 출력하고 변수 i를 1만큼 증가시켜 다음 문자로 이동합니다.

continue 키워드는 우리가 원하지 않는 반복 블록 내의 코드로부터 벗어날 수 있는 방법을 제공하는 것처럼 보입니다. '어? 모음이 아니네, 여기서 나가야겠다!'라고 생각되기 때문에 상당히 매력적입니다. 그러나 if 문을 사용해도 이와 동일한 동작을 수행할 수 있고, if 문을 사용함으로써 로직이 더 명확해지는 경우가 많습니다.

```
>>> s = 'zephyr'
>>> i = 0
>>> while i < len(s):
...     if s[i] in 'aeiou':
...         print(s[i], i)
...     i = i + 1
...
e 1
```

continue는 현재 문자가 모음이 아닐 때 반복을 건너뛰지만, if 문은 모음일 때 이를 처리합니다.

요약

이 장에서 소개된 문제의 일관적인 특징은 루프가 얼마나 반복될지 알 수 없다는 것입니다.

- ⊘ Slot Machines 문제

  반복 횟수는 처음 주어진 칩의 수와 슬롯머신이 지불하는 상금의 칩의 수에 달려있습니다.

- ⊘ Song Playlist 문제

  반복 횟수는 얼마나 많은 버튼이 눌렸는지에 따라 다릅니다.

- ⊘ Secret Sentence 문제

  반복 횟수와 각 반복에서 수행할 작업은 문자열에서 모음이 있는 위치에 따라 다릅니다.

반복 횟수를 알 수 없는 경우 필요한 만큼 실행되는 while 루프로 전환합니다. while 루프를 사용하면 for 루프를 사용하는 코드보다 오류가 발생하기 쉽지만, for 루프가 가진 제약에서 벗어나 더욱 유연한 코드를 작성할 수 있습니다.

다음 장에서는 많은 양의 숫자 또는 문자열 데이터를 저장할 수 있는 리스트에 대해 배웁니다. 리스트를 사용할 때 우리가 데이터를 어떻게 처리할 것 같나요? 그렇습니다. 루프! 리스트를 사용해 문제를 해결할 때도 루프를 많이 사용하게 됩니다. 그러니 다음 장으로 넘어가기 전에 루프 기술을 더 연마하기 위해 다음 연습문제를 해결해 보세요.

이제 for 루프, 범위 기반 for 루프, while 루프라는 세 가지 유형의 루프를 마음대로 사용할 수 있습니다. 루프로 문제를 해결할 때 고려해야 할 것들 중 한 가지는 먼저 어떤 루프를 사용해야 하는지를 파악하는 것입니다. 각 문제에 가장 적합한 유형의 루프를 활용해 다음 연습문제들을 해결해 보세요.

1 DMOJ 문제 (ccc20j2) Epidemiology

2 DMOJ 문제 (coci08c1p2) Ptice

3 DMOJ 문제 (ccc02j2) AmeriCanadian

4 DMOJ 문제 (ecoo13r1p1) Take a Number

5 DMOJ 문제 (ecoo15r1p1) When You Eat Your Smarties

6 DMOJ 문제 (ccc19j3) Cold Compress

> 참고 Slot Machines은 2000년 캐나다 컴퓨팅 경진대회 Junior/Senior 레벨에 출제된 문제이며, Song Playlist는 2008년 캐나다 컴퓨팅 경진대회 Junior 레벨에 출제된 문제입니다. Secret Sentence는 2008년/2009년 크로아티아 인포메틱스 공개 경진대회 3에 출제되었습니다.

Chapter 5

리스트를 사용하여
값 구성하기

어떤 문자열에서 문자열을 구성하고 있는 일련의 문자들을 처리할 수 있음을 보았습니다. 5장에서는 정수 및 부동 소수점과 같은 서로 다른 유형의 일련의 값들로 작업을 하는 데 도움이 되는 리스트에 대해 배웁니다. 또한 리스트 내에 리스트를 중첩할 수 있어 데이터 그리드로 활용할 수도 있습니다.

이번 장에서는 리스트를 사용해 세 가지 문제를 풀 것입니다. 여러 마을들의 집합에서 가장 작은 이웃 마을 찾기, 수학여행을 위한 충분한 금액이 모였는지 판단하기, 빵집에서 제공하는 보너스 빵의 수 계산하기 문제입니다.

문제 #11 Village Neighborhood(이웃 마을)

이 문제에서 우리는 일련의 마을들 중에서 크기가 가장 작은 이웃 마을을 찾습니다. 이를 위해 모든 이웃 마을의 크기를 저장할 것입니다. 그런데 만약 마을이 100개 가량 있다면 각 마을마다 서로 다른 변수명을 지어 사용하는 것은 힘든 일일 것입니다. 이럴 때 리스트를 사용하면 이러한 별도의 변수들을 하나의 컬렉션으로 모을 수 있습니다. 이 문제를 풀기 위해 리스트가 무엇인지 배우며 리스트를 수정, 검색 및 정렬하는 파이썬의 강력한 리스트 연산자들에 대해서 알아보겠습니다.

이 문제는 DMOJ 사이트에 있으며, 식별 코드는 ccc18s1입니다.

• 도전 과제

직선 도로 위에 n개의 마을이 각기 다르게 위치해 있습니다. 각 마을은 도로에서의 위치를 나타내는 정수로 표시됩니다.

한 마을의 왼쪽 이웃은 그 마을 다음으로 작은 위치에 있는 마을이고, 오른쪽 이웃은 그 마을 다음으로 큰 위치에 있는 마을입니다. 한 마을의 크기는 그 마을과 왼쪽 이웃 마을 사이에 있는 공간 절반, 그리고 그 마을과 오른쪽 이웃 마을 사이에 있는 공간 절반으로 구성됩니다. 예를 들어, 위치 10에 기준이 되는 마을이 있다고 가정해 보겠습니다. 이때 그 마을의 왼쪽 이웃이 위치 6에 있고 오른쪽 이웃이 위치 15에 있다면, 기준 마을의 크기는 위치 8(6과 10 사이의 중간)부터 위치 12.5(10과 15 사이의 중간) 사이의 간격입니다.

맨 왼쪽과 맨 오른쪽 마을에는 이웃이 하나뿐이므로 이웃의 정의가 의미가 없습니다. 그러므로 이 문제에서 두 마을은 무시하겠습니다. 마을의 크기는 해당 마을의 경계 지점, 즉 가장 오른쪽에서 가장 왼쪽의 위치를 뺀 값으로 계산됩니다. 예를 들어, 8에서 12.5 사이의 크기는 12.5 - 8 = 4.5입니다.

가장 작은 마을의 크기를 구하세요.

- **입력**

   입력은 다음 라인들로 구성됩니다.

   ⊘ 마을의 수 n을 포함하는 라인으로, n은 3에서 100 사이의 정수입니다.

   ⊘ 한 줄에 하나씩 각 마을의 위치를 나타내는 총 n개의 라인입니다. 마을의 위치는 −1,000,000,000에서 1,000,000,000 사이의 정수이며, 각 마을의 위치가 왼쪽에서 오른쪽순으로 입력될 필요는 없습니다. 마을들은 이 n개의 라인 중 어디에나 있을 수 있습니다.

- **출력**

   가장 작은 마을의 크기를 출력합니다. 소수점 첫째 자리 숫자까지 포함하세요.

왜 리스트인가?

   첫 번째 입력 n에 따라 n개의 정수(각 마을의 위치를 나타내는 정수)를 읽어야 합니다. 이러한 경우는 3장에서 Data Plan 문제를 풀 때 이미 한번 다루었습니다. 3장에서 범위 기반 for 루프를 사용해 정확히 n번 반복했던 것처럼 여기서도 그렇게 할 것입니다.

   그러나 Data Plan 문제와 Village Neighborhood 문제는 한 가지 중요한 차이점이 있습니다. Data Plan에서는 정수를 읽어 사용한 후 다시는 참조하지 않았습니다. 그 값을 저장해 둘 필요가 없었기 때문입니다. 하지만 Village Neighborhood 문제에서는 각 정수를 한 번 참조하는 것만으로는 충분하지 않습니다. 마을의 크기는 왼쪽과 오른쪽 이웃 마을의 위치에 따라 달라지므로 이웃들의 정보를 모르고는 마을의 크기를 계산할 수 없습니다. 따라서 이 문제를 풀려면 모든 마을의 위치를 저장하여 나중에 다시 사용할 수 있게 해야 합니다.

   모든 마을의 위치를 저장해야 하는 이유에 대한 예로 다음의 테스트 케이스를 참고하세요.

```
6
20
50
4
19
15
1
```

여기에는 6개의 마을이 있습니다. 마을의 크기를 계산하려면 해당 마을의 왼쪽과 오른쪽 이웃 마을의 위치가 필요합니다.

첫 번째 입력된 마을은 위치 20에 있습니다. 해당 마을의 크기는 얼마일까요? 이 질문에 답하려면 왼쪽과 오른쪽 이웃 마을을 찾기 위해 먼저 모든 마을의 위치를 알아야 합니다. 모든 마을의 위치를 스캔해 보면, 이 마을의 왼쪽 이웃은 19에 있고 오른쪽 이웃은 50에 있음을 알 수 있습니다. 따라서 위치 20에 있는 마을의 크기는 (20 - 19) / 2 + (50 - 20) / 2 = 15.5 입니다.

두 번째 입력된 마을은 위치 50에 있습니다. 해당 마을의 크기는 얼마일까요? 다시 말하지만, 우리가 마을의 크기를 알아내기 위해서는 모든 마을의 위치를 살펴봐야 합니다. 이 마을은 가장 오른쪽에 있으므로 이 마을의 크기는 무시합니다.

세 번째 입력된 마을은 위치 4에 있습니다. 왼쪽 이웃 마을은 1에 있고 오른쪽 이웃 마을은 15에 있으므로, 이 마을의 크기는 (4 - 1) / 2 + (15 - 4) / 2 = 7입니다.

네 번째 입력된 마을은 위치 19에 있습니다. 왼쪽 이웃 마을은 15에 있고 오른쪽 이웃 마을은 20에 있으므로, 이 마을의 크기는 (19 - 15) / 2 + (20 - 19) / 2 = 2.5입니다.

우리가 마지막으로 생각해 볼 마을은 위치 15에 있습니다. 이 마을의 크기를 계산해 보면 7.5라는 답을 얻을 수 있습니다.

지금까지 계산한 모든 마을의 크기를 비교하면 이 테스트 케이스에서의 최솟값, 즉 정답이 2.5임을 알 수 있습니다.

여기서 각 마을의 이웃 마을을 찾을 수 있도록 모든 마을의 위치를 저장할 방법이 필요합니다. 문자열은 정수가 아닌 문자를 저장하기 때문에 도움이 되지 않습니다. 이럴 때 파이썬의 리스트가 해결사로 나섭니다!

리스트

리스트는 일련의 값을 저장하는 파이썬의 데이터 타입입니다.(종종 리스트의 값들을 elements라는 변수로 참조하는 것을 보게 될 것입니다.) 리스트의 범위를 정하기 위해 대괄호로 열고 닫습니다.

문자열에는 문자만 저장할 수 있지만, 리스트에는 모든 타입의 값을 저장할 수 있습니다. 다음 정수 리스트는 앞선 테스트 케이스에서의 마을 위치들을 보관합니다.

```
>>> [20, 50, 4, 19, 15, 1]
[20, 50, 4, 19, 15, 1]
```

다음은 문자열들의 리스트입니다.

```
>>> ['one', 'two', 'hello']
['one', 'two', 'hello']
```

서로 다른 타입의 값을 가진 리스트도 만들 수 있습니다.

```
>>> ['hello', 50, 365.25]
['hello', 50, 365.25]
```

문자열에 대해 배운 거의 모든 내용이 리스트에도 동일하게 적용됩니다. 예를 들어, 리스트의 연결을 위해 + 연산자를 지원하고, 복제를 위해 * 연산자를 지원합니다.

```
>>> [1, 2, 3] + [4, 5, 6]
[1, 2, 3, 4, 5, 6]
>>> [1, 2, 3] * 4
[1, 2, 3, 1, 2, 3, 1, 2, 3, 1, 2, 3]
```

값이 리스트에 있는지 여부를 알려 주는 in 연산자도 있습니다.

```
>>> 'one' in ['one', 'two', 'hello']
True
>>> 'n' in ['one', 'two', 'three']
False
```

그리고 len 함수는 리스트의 길이를 알려 줍니다.

```
>>> len(['one', 'two', 'hello'])
3
```

리스트는 시퀀스 타입이기 때문에 리스트가 가진 값들을 for 루프로 반복할 수 있습니다.

```
>>> for value in [20, 50, 4, 19, 15, 1]:
...     print(value)
...
20
50
```

```
4
19
15
1
```

변수가 문자열, 정수 및 부동 소수점을 참조하게 하는 것처럼 리스트를 참조하게 할 수도 있습니다. 두 개의 변수가 리스트를 참조하게 한 다음, 이들을 연결하여 새로운 리스트를 생성해 보겠습니다.

```
>>> lst1 = [1, 2, 3]
>>> lst2 = [4, 5, 6]
>>> lst1 + lst2
[1, 2, 3, 4, 5, 6]
```

연결된 리스트를 만들기만 하고, 그것을 다시 사용할 수 있도록 저장하지는 않았습니다.

```
>>> lst1
[1, 2, 3]
>>> lst2
[4, 5, 6]
```

연결된 리스트를 변수가 참조하게 하려면 다음과 같이 할당문을 사용해야 합니다.

```
>>> lst3 = lst1 + lst2
>>> lst3
[1, 2, 3, 4, 5, 6]
```

lst, lst1, lst2와 같은 변수명은 리스트에 담긴 값들의 의미를 나타낼 필요가 없을 경우 사용할 수 있습니다.

그러나 list 자체를 변수명으로 사용하지는 마세요. list는 다른 시퀀스 타입의 값들을 리스트로 변환할 때 사용하는 예약어입니다.

```
>>> list('abcde')
['a', 'b', 'c', 'd', 'e']
```

list라는 이름의 변수를 만들면 이 중요한 동작을 사용할 수 없게 됩니다. 이는 list 함수를 사용할 수 있을 것이라고 예상하고 있는 독자들을 혼란스럽게 할 수 있습니다.

마지막으로 리스트는 인덱싱 및 슬라이싱을 지원합니다. 인덱싱은 단일 값을 반환하고 슬라이싱은 리스트를 반환합니다.

```
>>> lst = [50, 30, 81, 40]
>>> lst[1]
30
>>> lst[-2]
81
>>> lst[1:3]
[30, 81]
```

문자열 리스트가 있는 경우에는 인덱싱을 두 번 수행해서 하나의 문자에 접근할 수 있습니다. 먼저 문자열을 선택한 다음 문자를 선택합니다.

```
>>> lst = ['one', 'two', 'hello']
>>> lst[2]
'hello'
>>> lst[2][1]
'e'
```

개념 확인

다음 코드는 total 변수에 무엇을 저장할까요?

```
lst = [숫자들로 구성된 리스트]
total = 0
i = 1

while i <= len(lst):
    total = total + i
    i = i + 1
```

Ⓐ 리스트의 합계
Ⓑ 첫 번째 값을 포함하지 않은 리스트의 합계
Ⓒ 첫 번째 값과 마지막 값을 포함하지 않은 리스트의 합계
Ⓓ 이 코드는 리스트의 유효하지 않은 인덱스에 접근하기 때문에 오류가 발생합니다.
Ⓔ 위에 해당 사항이 없음.

리스트의 가변성(Mutability)

문자열은 불변적(immutable)이기 때문에 한 번 생성하고 나면 더 이상 수정할 수 없습니다. 앞서 문자열을 연결하는 것이 문자열을 변경하는 것처럼 보였지만 실제로는 그렇지 않습니다. 그 행위는 이미 존재하는 문자열을 수정하는 것이 아니라 새로운 문자열을 생성하는 것입니다.

반면, 리스트는 가변적(mutable)이기 때문에 수정할 수 있습니다.

인덱싱을 사용하여 이 차이를 관찰할 수 있습니다. 문자열 내의 문자를 변경하려고 하면 오류가 발생합니다.

```
>>> s = 'hello'
>>> s[0] = 'j'
Traceback (most recent call last):
  File "<stdin>", line 1, in <module>
TypeError: 'str' object does not support item assignment
```

오류 메시지에 따르면 문자열은 항목 할당을 지원하지 않습니다. 이는 문자를 변경할 수 없음을 의미합니다.

그러나 리스트는 가변적이기 때문에 값을 변경할 수 있습니다.

```
>>> lst = ['h', 'e', 'l', 'l', 'o']
>>> lst
['h', 'e', 'l', 'l', 'o']
>>> lst[0] = 'j'
>>> lst
['j', 'e', 'l', 'l', 'o']
>>> lst[2] = 'x'
>>> lst
['j', 'e', 'x', 'l', 'o']
```

할당문에 대한 정확한 이해가 없으면 가변성은 원하지 않는 동작으로 이어질 수 있습니다. 다음은 그 예입니다.

```
>>> x = [1, 2, 3, 4, 5]
① >>> y = x
>>> x[0] = 99
>>> x
[99, 2, 3, 4, 5]
```

여기까지는 놀랍지 않습니다. 하지만 다음은 경우에 따라 혼란스러울 수 있습니다.

```
>>> y
[99, 2, 3, 4, 5]
```

어떻게 y에 99가 들어갔을까요?

y에 x를 할당할 때① y는 x와 동일한 리스트를 참조하도록 설정됩니다. 할당문은 리스트를 복사하지 않습니다. 리스트는 하나뿐이며, 이를 참조하는 두 개의 변수명(또는 별칭)이 존재하는 것입니다. 따라서 해당 리스트를 변경하면 x로 참조하든 y로 참조하든 상관없이 변경된 내용을 볼 수 있습니다.

가변성은 리스트의 값으로 수행하는 작업의 결과를 바로 반영하기 때문에 유용합니다. 값을 변경하려면 바로 변경하면 됩니다. 가변성이 없으면 값을 변경할 수 없습니다. 물론 값을 제외하고 이전 리스트와 동일한 새로운 리스트를 만드는 식으로 변경할 수는 있겠지만, 이는 상당히 복잡하고 불편한 방식입니다.

리스트를 참조하는 다른 이름이 아닌, 리스트 자체의 복사본이 필요한 경우에는 슬라이싱을 사용하면 됩니다. 시작 인덱스와 종료 인덱스를 모두 생략하면 전체 리스트가 복사됩니다.

```
>>> x = [1, 2, 3, 4, 5]
>>> y = x[:]
>>> x[0] = 99
>>> x
[99, 2, 3, 4, 5]
>>> y
[1, 2, 3, 4, 5]
```

리스트 x가 변경될 때 리스트 y는 변경되지 않음을 볼 수 있습니다. 이들은 서로 별개의 리스트입니다.

다음 코드의 출력은 무엇일까요?

```
lst = ['abc', 'def', 'ghi']
lst[1] = 'wxyz'

print(len(lst))
```

Ⓐ 3
Ⓑ 9
Ⓒ 10
Ⓓ 4
Ⓔ 오류가 발생합니다.

답 Ⓐ

리스트는 가변성이 있기 때문에 값을 변경할 수 있습니다. 그러나 인덱스 1의 값을 더 긴 문자열로 변경해도 리스트에 세 개의 값이 있다는 사실은 달라지지 않습니다.

메서드 학습하기

문자열과 마찬가지로 리스트에는 유용한 메서드가 많이 있습니다. 다음 절에서 그중 일부를 살펴보 겠습니다. 그 전에 먼저 여러분이 직접 메서드를 학습할 수 있는 방법을 보여드리겠습니다.

파이썬의 dir 함수를 사용하여 특정 데이터 타입에 대한 메서드 목록을 얻을 수 있습니다. 값을 인 자로 사용하여 dir을 호출하면 해당 값의 타입에 대한 메서드를 얻을 수 있습니다.

다음은 문자열 값을 인자로 사용하여 dir을 호출할 때 얻는 것입니다.

```
>>> dir('')
['__add__', '__class__', '__contains__', '__delattr__',
<실제 창에는 언더바가 있는 메서드명이 이보다 더 많이 나타납니다.>
'capitalize', 'casefold', 'center', 'count', 'encode',
'endswith', 'expandtabs', 'find', 'format',
'format_map', 'index', 'isalnum', 'isalpha', 'isascii',
'isdecimal', 'isdigit', 'isidentifier', 'islower',
```

```
'isnumeric', 'isprintable', 'isspace', 'istitle',
'isupper', 'join', 'ljust', 'lower', 'lstrip',
'maketrans', 'partition', 'replace', 'rfind', 'rindex',
'rjust', 'rpartition', 'rsplit', 'rstrip', 'split',
'splitlines', 'startswith', 'strip', 'swapcase', 'title',
'translate', 'upper', 'zfill']
```

임의의 문자열 값을 가지고 호출합니다. 빈 문자열을 입력하는 것이 가장 빠릅니다.

언더바가 있는 맨 위의 메서드명들은 무시하세요. 이 메서드명들은 파이썬의 내부 사용을 위한 것이며, 일반적으로 프로그래머들에게는 중요하지 않습니다. 나머지 메서드명들은 호출할 수 있는 문자열 메서드들입니다.

메서드 사용법을 알아보려면 해당 메서드명를 인자로 사용하여 help 함수를 호출하면 됩니다. 다음은 문자열의 count 메서드의 도움말입니다.

```
>>> help('.count)
Help on built-in function count:

count(...) method of builtins.str instance
  ①S.count(sub[, start[, end]]) -> int

    Return the number of non-overlapping occurrences of
    substring sub in string S[start:end].  Optional
    arguments start and end are interpreted as in
    slice notation.
```

출력된 도움말은 메서드를 호출하는 방법을 알려 줍니다①.

대괄호는 선택적인(optional) 인자를 가리킵니다. 문자열의 특정 구간 내에서 문자열 sub가 발생한 횟수를 세려면 start, end를 사용해야 합니다.

현재 작업에 사용할 수 있는 메서드가 있는지 확인하고 싶을 때 메서드 목록을 찾아보는 것은 매우 유용한 방법입니다. 또는 이미 알고 사용했더라도 도움말을 보면 그동안 알지 못했던 기능을 알게 될 수도 있습니다.

리스트에 대해 사용 가능한 메서드들을 확인하려면 dir([ ])을 호출하고, 각 메서드를 어떻게 사용하는지 알아보려면 help([ ].xxx)를 호출하세요. 여기서 xxx는 메서드의 이름입니다.

개념 확인

다음은 문자열의 center 메서드에 대한 도움말입니다.

```
>>> help('').center)
Help on built-in function center:

center(width, fillchar=' ', /) method of builtins.str instance
    Return a centered string of length width.

    Padding is done using the specified fill character
    (default is a space).
```

다음 코드로 생성된 문자열은 무엇일까요?

```
'cave'.center(8, 'x')
```

Ⓐ 'xxcavexx'
Ⓑ ' cave '
Ⓒ 'xxxxcavexxxx'
Ⓓ '   cave   '

답 Ⓐ

너비 8과 'x'라는 fillchar를 인자로 제공하여 center 함수를 호출합니다.(인자를 하나만 제공했다면 fillchar로 공백이 사용되었을 것입니다.) 결과 문자열의 길이는 8입니다. 문자열 'cave'에는 4개의 문자가 있으므로 길이가 8이 되기 위해서는 4개의 문자가 더 필요합니다. 따라서 파이썬은 문자열을 중앙에 두기 위해 시작 부분에 두 개의 문자를 추가하고 끝 부분에 두 개의 문자를 추가합니다.

리스트의 메서드들

이제 Village Neighborhood 문제와 관련지어 생각해 볼 시간입니다. 리스트에서 문제를 해결하는 데 도움이 되는 두 가지 작업을 생각해 볼 수 있습니다.

첫째, 리스트에 항목을 추가하기. 마을 위치가 없는 상태에서 시작해 입력으로부터 한 번에 하나씩 읽습니다. 따라서 우리는 이러한 위치를 리스트에 추가하여 리스트를 증가시킬 방법이 필요합니다. 처음에는 리스트에 아무것도 없다가, 마을 하나의 위치가 더해지고, 또 더해지는 식입니다.

둘째, 리스트 정렬하기. 마을 위치를 읽은 후에는 가장 작은 마을을 찾아야 합니다. 그러려면 우선 각 마을의 위치와 왼쪽과 오른쪽 이웃 마을까지의 거리를 살펴봐야 합니다. 마을 위치는 순서에 관계없이 입력될 수 있기 때문에 일반적으로 특정 마을의 위치를 찾기가 쉽지 않습니다. 이 장의 '왜 리스트인가?' 절에서 했던 작업을 다시 한번 생각해 보세요. 각 마을들의 이웃을 찾기 위해 리스트 전체를 검사해야 했습니다. 만약 위치 순서대로 마을을 정렬하면 훨씬 쉬울 것입니다. 정렬하고 나면 이웃이 어디에 있는지 정확히 알 수 있습니다. 그들은 각 마을의 바로 왼쪽과 오른쪽에 있을 것입니다.

예를 들어, 다음은 읽는 순서대로 나열된 각 마을의 위치입니다.

```
20 50 4 19 15
```

위치가 뒤섞여 있습니다! 실제로는 다음과 같은 순서대로 존재할 것입니다.

```
1 4 15 19 20 50
```

위치 4에 있는 마을의 이웃을 찾고 있나요? 4의 왼쪽과 오른쪽을 보세요. 1과 15입니다. 그렇다면 15에 위치한 마을의 이웃은 어디에 있을까요? 간단합니다. 위치 15의 바로 왼쪽과 오른쪽에 있는 4와 19입니다. 더 이상 여기저기를 검사할 필요가 없습니다. 코드를 단순화하기 위해 이처럼 마을 위치 리스트를 정렬할 것입니다.

append 메서드를 사용해 리스트에 항목을 추가하고, sort 메서드를 이용해 리스트를 정렬할 수 있습니다. 우리는 이 두 가지 메서드와 리스트 작업을 계속하기 위해 유용한 몇 가지 다른 메서드를 알아본 다음 Village Neighborhood 문제를 해결하기 위해 돌아올 것입니다.

· 리스트에 항목 추가하기

append 메서드는 리스트에 항목을 추가합니다. 이미 있는 값들의 끝에 새로운 값을 추가하는 것입니다. 다음은 비어 있는 리스트에 세 개의 마을 위치를 추가하는 과정입니다.

```
>>> positions = []
>>> positions.append(20)
>>> positions
[20]
>>> positions.append(50)
>>> positions
[20, 50]
>>> positions.append(4)
>>> positions
[20, 50, 4]
```

할당문을 사용하지 않고 append를 사용하고 있음에 주목하세요. append 메서드는 리스트를 반환하지 않으며, 기존 리스트를 수정합니다.

리스트를 변경하는 메서드와 할당문을 사용하는 것은 프로그래머들이 종종 겪는 실수입니다. 그런 식으로 코드를 잘못 작성하면 다음과 같이 리스트가 손실됩니다.

```
>>> positions
[20, 50, 4]
>>> positions = positions.append(19)
>>> positions
```

positions에 아무것도 없게 됩니다. 기술적으로 positions는 이제 None 값을 참조하며, print를 통해 그것을 확인할 수 있습니다.

```
>>> print(positions)
None
```

None은 사용 가능한 정보가 없음을 나타내는 데 사용됩니다. 여기에서는 전혀 예상하지 못한 일입니다. 우리는 4개의 마을에 대한 위치를 원했지만 잘못된 할당문으로 인해 리스트를 잃어버렸습니다.

리스트가 사라지거나 None 값과 관련된 오류 메시지가 표시되는 경우에는 리스트를 수정하는 메서드와 할당문을 함께 사용하고 있지는 않은지 확인해 보세요.

extend 메서드는 append 메서드와 관련이 있습니다. 단일 값이 아니라 어떤 리스트를 기존 리스트의 끝에 연결하고 싶을 때 extend를 사용합니다.

다음은 extend 메서드를 사용하는 예입니다.

```
>>> lst1 = [1, 2, 3]
>>> lst2 = [4, 5, 6]
>>> lst1.extend(lst2)
>>> lst1
[1, 2, 3, 4, 5, 6]
>>> lst2
[4, 5, 6]
```

리스트의 끝이 아니라 다른 위치에 삽입하려는 경우에는 insert 메서드를 사용합니다. 인덱스와 값을 인자로 하여 해당 인덱스에 값을 삽입할 수 있습니다.

```
>>> lst = [10, 20, 30, 40]
>>> lst.insert(1, 99)
>>> lst
[10, 99, 20, 30, 40]
```

• **리스트 정렬**

sort 메서드는 값을 순서대로 나열하여 리스트를 정렬합니다. 인자 없이 호출하면 오름차순으로 정렬됩니다.

```
>>> positions = [20, 50, 4, 19, 15, 1]
>>> positions.sort()
>>> positions
[1, 4, 15, 19, 20, 50]
```

reverse 인자를 True 값으로 하여 호출하면 내림차순으로 정렬됩니다.

```
>>> positions.sort(reverse=True)
>>> positions
[50, 20, 19, 15, 4, 1]
```

방금 사용한 구문(reverse=True)은 새롭습니다. 지금까지 메서드와 함수를 호출한 방식을 기반으로 생각해 보면 True 자체만 인자로 넘기는 것으로 예상되겠지만, 아닙니다. sort는 reverse =True가 인자여야 합니다. 그 이유는 6장에서 설명할 것입니다.

• **리스트에서 항목 제거하기**

pop 메서드는 인덱스로 값을 제거합니다. 인자가 제공되지 않으면 pop은 가장 오른쪽 값을 제거하여 반환합니다.

```
>>> lst = [50, 30, 81, 40]
>>> lst.pop()
40
```

제거할 값의 인덱스를 pop 메서드에 인자로 전달할 수 있습니다.

여기서는 인덱스 0의 값을 제거하고 반환합니다.

```
>>> lst.pop(0)
50
```

pop은 append나 sort 같은 메서드와 달리 무언가를 반환하므로, pop의 반환 값을 변수에 할당해놓는 것이 좋습니다.

```
>>> lst
[30, 81]
>>> value = lst.pop()
>>> value
81
>>> lst
[30]
```

remove 메서드는 인덱스가 아니라 값으로 제거합니다. 제거할 값을 전달하면 리스트에서 가장 왼쪽에 있는 해당 값을 제거합니다. 만약 값이 없으면 remove는 오류를 생성합니다. 다음 코드에서는 리스트 안에 50이라는 값이 두 번 있으므로 remove(50)을 두 번까지 실행할 때는 오류가 발생하지 않습니다.

```
>>> lst = [50, 30, 81, 40, 50]
>>> lst.remove(50)
>>> lst
[30, 81, 40, 50]
>>> lst.remove(50)
>>> lst
[30, 81, 40]
>>> lst.remove(50)
Traceback (most recent call last):
  File "<stdin>", line 1, in <module>
ValueError: list.remove(x): x not in list
```

다음 코드가 실행된 후 lst의 값은 무엇일까요?

```
lst = [2, 4, 6, 8]
lst.remove(4)
lst.pop(2)
```

Ⓐ [2, 4]

Ⓑ [6, 8]

Ⓒ [2, 6]

Ⓓ [2, 8]

Ⓔ 오류가 발생합니다.

답 Ⓒ

remove 호출은 값 4를 제거하고 [2, 6, 8]이 남습니다. 이제 pop 호출은 인덱스 2의 값인 8을 제거합니다. 그러면 최종적으로 list에는 [2, 6]이 남습니다.

문제 풀기

마을 위치를 성공적으로 읽고 정렬했다고 가정해 보겠습니다. 그 시점에서 우리가 가진 리스트는 다음과 같이 보일 것입니다.

```
>>> positions = [1, 4, 15, 19, 20, 50]
>>> positions
[1, 4, 15, 19, 20, 50]
```

가장 작은 마을의 크기를 찾기 위해 인덱스 1에 있는 마을의 크기를 계산하는 것으로 시작합니다. 인덱스 0에서 시작하지 않는다는 점에 유의하세요. 처음 문제 설명에서 인덱스 0에 있는 마을이 가장 왼쪽에 있으면 무시할 수 있다고 설명했습니다. 다음과 같이 크기를 계산할 수 있습니다.

```
>>> left = (positions[1] - positions[0]) / 2
>>> right = (positions[2] - positions[1]) / 2
>>> min_size = left + right
>>> min_size
7.0
```

left 변수는 마을의 왼쪽 부분의 크기를 저장하고 right는 오른쪽 부분의 크기를 저장합니다. 그런 다음 마을의 전체 크기를 얻기 위해 그것들을 더합니다. 결과적으로 위치 4 마을의 크기로 7.0이라는 값을 얻게 됩니다.

이렇게 얻은 값으로 비교할 것입니다. 크기가 더 작은 마을이 있을지는 어떻게 알 수 있을까요? 루프를 사용해 다른 마을들도 처리할 수 있습니다. 지금까지 가장 작은 크기보다 더 작은 이웃을 찾으면 기존의 가장 작은 크기를 새로운 작은 크기로 업데이트하겠습니다.

코드 5-1은 문제 해결 코드입니다.

```
코드 5-1: Village Neighborhood 풀이
n = int(input())

① positions = []

② for i in range(n):
    ③ positions.append(int(input()))

④ positions.sort()

⑤ left = (positions[1] - positions[0]) / 2
  right = (positions[2] - positions[1]) / 2
  min_size = left + right

⑥ for i in range(2, n - 1):
    left = (positions[i] - positions[i - 1]) / 2
    right = (positions[i + 1] - positions[i]) / 2
    size = left + right
    ⑦ if size < min_size:
        min_size = size

print(min_size)
```

사용자 입력에서 마을의 수인 n을 읽는 것으로 시작합니다. 빈 리스트를 참조하는 positions도 설정합니다①.

첫 번째 범위 기반 for 루프②의 각 반복에서 한 마을의 위치를 읽고 이를 positions 리스트에 추가합니다. 이를 위해 input으로 읽은 마을의 위치를 int를 사용해 정수로 변환한 후, 그것을 append

메서드에 인자로 전달하여 positions 리스트에 추가합니다③. 이 positions.append(int(input()))
이라는 코드 한 줄은 다음 세 줄과 같은 동작을 합니다.

```
position = input()
position = int(position)
positions.append(position)
```

마을의 위치를 모두 읽은 후 오름차순으로 정렬합니다④. 그런 다음 인덱스 1에 있는 마을의 크기
를 계산하고 min_size를 사용해 저장합니다⑤.

다음으로, 두 번째 루프⑥를 통해 다른 마을들의 크기를 계산하는 반복을 수행합니다. 이 루프는
인덱스 2의 마을에서 시작하여 인덱스 n−2에서 끝납니다.(인덱스 n−1의 마을은 가장 오른쪽에 있는
마을이기 때문에 고려하지 않습니다.) 따라서 range의 첫 번째 인자에 2를 사용하고 두 번째 인자에
n−1을 사용합니다.

루프 내에서 우리는 첫 번째 마을에서 했던 것과 똑같이 현재 마을의 크기를 계산합니다. 지금까지
찾은 가장 작은 이웃의 크기는 min_size로 참조됩니다.

방금 계산한 마을이 지금까지 min_size에 저장한 크기보다 작은가요? 이를 확인하기 위해 if 문⑦
을 사용합니다. 방금 계산한 마을이 min_size보다 작으면 min_size를 방금 계산한 마을의 크기로
업데이트합니다. 계산한 마을의 크기가 min_size보다 작지 않다면 가장 작은 마을의 크기를 변경하
지 않기 때문에 아무것도 변하지 않습니다.

모든 마을을 계산한 결과, min_size에 담긴 크기는 가장 작은 마을의 크기여야 합니다. 따라서 최
종적으로 min_size의 값을 출력합니다.

이 문제의 설명에서 '출력'은 정확히 소수점 한 자리 숫자까지 포함한다고 했습니다. 가장 작은 크기
가 6.25 또는 8.33333라면 어떻게 될까요? 이런 경우에 대비한 처리가 필요하지 않을까요?

아니요, 그럴 필요가 없습니다. 계산에 따라 우리가 얻을 수 있는 마을 크기의 숫자는 3.0(소수점 뒤
0.0 포함)이나 3.5(소수점 뒤 0.5 포함)와 같은 숫자입니다. 이유는 다음과 같습니다. 마을의 왼쪽 크
기를 계산할 때 두 정수끼리의 뺄셈 결과로 나온 정수를 2로 나눕니다. 짝수를 2로 나누는 경우에는
숫자의 소수점 첫 자릿수가 0.0(나머지가 없음)이 되고, 홀수를 2로 나누는 경우에는 0.5가 됩니다. 마
을의 오른쪽 부분도 마찬가지로 크기가 0.0 또는 0.5로 끝납니다. 그렇기 때문에 전체 크기를 구하기
위해 왼쪽과 오른쪽 부분을 합하면 0.0 또는 0.5로 끝나는 숫자를 얻게 됩니다.

코드의 중복 방지: 추가적인 두 가지 솔루션

실망스럽게도 '마을의 크기를 계산'하는 코드가 범위 기반 for 루프의 밖과 안에 중복되어 존재하고 있습니다. 일반적으로 이렇게 반복되는 코드는 코드 디자인을 개선할 수 있다는 신호입니다.

반복되는 코드는 유지 관리해야 하는 코드의 양을 늘립니다. 또한 반복되는 코드에 결함이 있을 경우 코드의 문제를 수정하기 어렵게 만들기 때문에 코드의 중복은 가능한 한 피하는 편이 좋습니다. 여기에서 중복된 코드는 3줄뿐이라 괜찮은 것처럼 보이지만, 이를 방지하는 두 가지 방법에 대해 이야기해 보겠습니다. 이것은 다른 유사한 문제에 적용할 수 있는 일반적인 접근 방식입니다.

· 큰 값으로 초기화하기

루프 전에 마을의 크기를 계산하는 이유는 루프 블록 내에서 마을의 크기를 비교할 기준점이 없기 때문입니다. min_size 값 없이 루프에 들어가면 min_size를 현재 마을의 크기와 비교하려고 할 때 오류가 발생합니다.

min_size를 0.0으로 설정하면 루프는 더 작은 크기를 찾지 못하고 테스트 케이스와 관계없이 0.0을 출력하는 오류를 범하게 됩니다. 0.0을 초깃값으로 사용하여 버그를 만들게 되는 것입니다!

하지만 적어도 모든 마을이 가질 수 있는 가장 큰 크기만큼 큰 값을 사용한다면 가능할 것입니다. 루프의 첫 번째 반복에서 나오는 값보다 클 수 있도록 거대한 수로 초기화하면 이 값은 절대 결과로 출력되지 않을 것입니다.

문제의 입력 설명 부분에서 마을의 위치는 -1,000,000,000에서 1,000,000,000까지 분포된다고 했습니다. 그렇다면 우리가 가질 수 있는 가장 큰 마을은 왼쪽 이웃이 -1,000,000,000에 있고 오른쪽 이웃이 1,000,000,000에 있는 마을입니다. 이 마을의 크기는 1,000,000,000입니다. 따라서 1,000,000,000.0 이상의 크기로 min_size를 초기화할 수 있습니다. 이 대안을 적용한 방식은 코드 5-2에 있습니다.

코드 5-2: 큰 값을 사용한 Village Neighborhood 풀이

```
n = int(input())

positions = []

for i in range(n):
    positions.append(int(input()))

positions.sort()
```

```
min_size = 1000000000.0

① for i in range(1, n - 1):
      left = (positions[i] - positions[i - 1]) / 2
      right = (positions[i + 1] - positions[i]) / 2
      size = left + right
      if size < min_size:
          min_size = size

print(min_size)
```

주의하세요! 이제 인덱스 2가 아니라 1에서 크기 계산을 시작해야 합니다①. 그렇지 않으면 인덱스 1에 위치한 마을의 크기를 빠뜨리게 됩니다.

· 크기 리스트 만들기

코드가 중복되지 않도록 하는 또 다른 방법은 각 동네의 크기를 리스트에 저장하는 것입니다. 파이썬에는 일련의 값들에서 최솟값을 반환하는 min 함수가 기본적으로 제공됩니다.(또한 일련의 값들에서 최댓값을 반환하는 max 함수도 있습니다.)

```
>>> min('qwerty')
'e'
>>> min([15.5, 7.0, 2.5, 7.5])
2.5
```

마을의 크기 리스트에서 min 함수를 사용한 솔루션은 코드 5-3을 참조하세요.

코드 5-3: min 함수를 사용한 Village Neighborhood 풀이

```
n = int(input())

positions = []

for i in range(n):
    positions.append(int(input()))

positions.sort()
```

```
sizes = []

for i in range(1, n - 1):
    left = (positions[i] - positions[i - 1]) / 2
    right = (positions[i + 1] - positions[i]) / 2
    size = left + right
    sizes.append(size)

min_size = min(sizes)
print(min_size)
```

지금까지의 솔루션들 중에 마음에 드는 것을 평가 사이트에 자유롭게 제출하세요!

다음으로 넘어가기 전에 5장 마지막 페이지의 연습문제 1을 먼저 풀어 볼 것을 권합니다.

📋 문제 #12 School Trip(수학여행)

한 줄에 여러 개의 정수 또는 부동 소수점 수를 입력해야 하는 많은 문제들이 존재합니다. 우리는 지금까지 이러한 문제들을 피해 왔지만 언제든지 만날 수 있습니다! 이제 이러한 종류의 문제에서 입력을 처리하기 위해 리스트를 사용하는 방법을 배워 보겠습니다.

이 문제는 DMOJ 사이트에 있으며, 식별 코드는 ecoo17r1p1입니다.

• 도전 과제

학생들은 학년 말에 수학여행을 가고 싶지만 그러기 위해서는 비용을 지불해야 합니다. 수학여행에 드는 돈을 모으기 위해 브런치 프로그램을 준비했습니다. 브런치에 참가하려면 1학년은 $12, 2학년은 $10, 3학년은 $7, 4학년은 $5를 내야 합니다.

브런치를 통해 모인 돈 중 50%는 수학여행 비용으로 사용할 수 있습니다.(나머지 50%는 브런치 비용으로 사용합니다.)

우리는 수학여행 비용, 연간 학생 비율, 총 학생 수를 알 수 있습니다. 학생들이 돈을 더 모아야 하는지를 판단하세요.

- **입력**

  입력은 각각 3줄로 된 테스트 케이스 10개(총 30줄)로 구성됩니다. 다음은 각 테스트 케이스에 대한 설명입니다.

  - ⊘ 첫 번째 라인에는 수학여행 비용($)이 포함되어 있습니다. 비용은 50에서 50,000 사이의 정수입니다.
  - ⊘ 두 번째 라인에는 1학년부터 4학년까지의 학년별 브런치 참여 학생 비율을 나타내는 숫자 4개가 포함되며, 이는 공백으로 구분됩니다. 각 숫자는 0과 1 사이의 부동소수점 수이고 합계는 1(100%)입니다.
  - ⊘ 세 번째 라인은 브런치에 참석하는 학생 수 n을 포함합니다. n은 4에서 2,000 사이의 정수입니다.

- **출력**

  각 테스트 케이스에 대해 학생들이 수학여행을 위해 돈을 더 마련해야 한다면 YES를 출력하고, 그렇지 않으면 NO를 출력합니다.

- **발견한 사실**

  50명의 학생이 있고 그중 10%(0.1의 비율)가 4학년에 있다고 가정합니다. 그러면 50 * 0.1 = 5명의 학생이 4학년임을 계산할 수 있습니다.

  이번에는 50명의 학생이 있는데, 그중 15%(0.15의 비율)가 4학년이라고 가정합니다. 이를 곱하면 4학년은 50 * 0.15 = 7.5명의 학생이 됩니다.

  7.5명의 학생이 있다는 것은 말이 안 됩니다. 이 책의 문제 설명에서는 그런 경우에 어떻게 해야 할지 따로 언급하지 않았지만, 이 문제의 원문에는 내림하라고 명시되어 있습니다. 원문의 내용에 따라 여기서는 7로 내림합니다. 이로 인해 1학년, 2학년, 3학년, 4학년 학생의 합계가 총 학생의 수와 일치하지 않을 수 있습니다. 반영되지 않은 인원은 학생 수가 가장 많은 학년에 추가합니다. 정확히 한 학년만이 학생 수가 가장 많다는 것은 보장됩니다.(여러 학년 사이에 동률은 없습니다.)

  우선 이 발견을 무시하고 문제를 해결한 후 발견한 사실을 통합해 완전한 솔루션을 제공할 것입니다.

문자열 분할 및 리스트 결합

각 테스트 케이스의 두 번째 라인은 다음과 같이 네 개의 비율로 구성됩니다.

```
0.2 0.08 0.4 0.32
```

이후 처리를 위해 문자열에서 이 네 개의 숫자를 추출할 방법이 필요합니다. 먼저 문자열을 리스트로 분할하는 문자열의 split 메서드에 대해 알아보겠습니다. 그리고 또 다른 방법으로 리스트를 단일 문자열로 만들 수 있는 문자열의 join 메서드에 대해서도 배울 것입니다.

- **문자열을 리스트로 분할하기**

input 함수는 사용자가 무엇을 입력하든 상관없이 문자열을 반환한다는 것을 기억하세요. 입력을 정수로 이해해야 하는 경우에는 문자열을 정수로 변환해야 하고, 입력을 부동 소수점 수로 이해해야 하는 경우에는 문자열을 부동 소수점 수로 변환해야 합니다. 그렇다면 만약 입력이 4개의 부동 소수점 수로 해석되어야 한다면? 이럴 경우에는 부동 소수점 수로 변환하기 전에 먼저 4개의 개별적인 문자열로 나누는 것이 좋습니다!

문자열의 split 메서드는 문자열을 리스트로 분할합니다. 기본적으로 split은 공백을 기준으로 문자열을 분할하며, 이것이 바로 4개의 float형 값에 필요한 기능입니다.

```
>>> s = '0.2 0.08 0.4 0.32'
>>> s.split()
['0.2', '0.08', '0.4', '0.32']
```

split 메서드는 문자열 리스트를 반환합니다. 이후 각 문자열에 독립적으로 접근할 수 있습니다. 다음은 split이 반환하는 리스트를 저장한 후 해당 값 중 두 개의 값에 접근하는 코드입니다.

```
>>> proportions = s.split()
>>> proportions
['0.2', '0.08', '0.4', '0.32']
>>> proportions[1]
'0.08'
>>> proportions[2]
'0.4'
```

실무에서의 데이터는 공백으로 구분되지 않고 쉼표로 구분되는 경우가 많습니다. split의 기준 기호를 무엇으로 사용할지 알려 주는 인자를 사용해 이를 쉽게 처리할 수 있습니다.

```
>>> info = 'Toronto,Ontario,Canada'
>>> info.split(',')
['Toronto', 'Ontario', 'Canada']
```

· **리스트를 하나의 문자열로 결합하기**

다른 관점으로, 하나의 문자열에서 리스트를 만드는 게 아니라 리스트에서 하나의 문자열을 만들려고 할 때 문자열의 join 메서드를 사용할 수 있습니다. join 메서드 호출 시에 사용된 문자열은 리스트의 값들을 사이의 구분 기호로 사용됩니다. 다음은 두 가지 예입니다.

```
>>> lst = ['Toronto', 'Ontario', 'Canada']
>>> ','.join(lst)
'Toronto,Ontario,Canada'
>>> '**'.join(lst)
'Toronto**Ontario**Canada'
```

기술적으로, join은 리스트뿐만 아니라 임의의 연속된 값을 결합할 수 있습니다. 다음은 문자열에서 문자들을 결합하는 예입니다.

```
>>> '*'.join('abcd')
'a*b*c*d'
```

리스트 값 변경

4개의 조각으로 구성된 문자열에 split을 사용하면 문자열들의 리스트가 표시됩니다.

```
>>> s = '0.2 0.08 0.4 0.32'
>>> proportions = s.split()
>>> proportions
['0.2', '0.08', '0.4', '0.32']
```

1장 '문자열과 정수 간의 변환'에서 숫자로 보이는 문자열은 숫자 계산에서 사용할 수 없다는 것을 배웠습니다. 그래서 우리는 이 문자열 리스트를 부동 소수점 수 리스트로 변환해야 합니다. 다음과 같이 float 함수를 사용하여 문자열을 부동 소수점 수로 변환할 수 있습니다.

```
>>> float('45.6')
45.6
```

이것은 단지 한 개의 부동 소수점 값입니다. 전체 문자열 리스트를 부동 소수점 수 리스트로 변환하려면 어떻게 해야 할까요? 다음과 같이 루프를 사용해 작업을 수행하는 방법은 그럴 듯하게 보입니다.

```
>>> for value in proportions:
...     value = float(value)
```

이는 리스트의 각 값을 통과해서 부동 소수점 수로 변환한다는 로직입니다.

안타깝지만 효과가 없습니다. 리스트는 여전히 문자열을 참조합니다.

```
>>> proportions
['0.2', '0.08', '0.4', '0.32']
```

무엇이 문제일까요? float 함수가 실행되지 않는 것일까요? 변환 후 값의 유형을 보면 float 함수가 제대로 동작하고 있음을 알 수 있습니다.

```
>>> for value in proportions:
...     value = float(value)
...     type(value)
...
<class 'float'>
<class 'float'>
<class 'float'>
<class 'float'>
```

네 개의 수 모두 float 타입입니다! 그러나 리스트에는 아직도 문자열로 남아 있습니다.

여기서 문제는 리스트의 해당 값이 변경되지 않는다는 것입니다. 변수가 참조하는 값은 변경했지만 리스트는 여전히 이전의 문자열 값을 참조하고 있습니다. 리스트가 참조하는 값을 변경하려면 리스트의 해당 인덱스에 새로운 값을 할당해야 합니다. 방법은 다음과 같습니다.

```
>>> proportions
['0.2', '0.08', '0.4', '0.32']
>>> for i in range(len(proportions)):
...     proportions[i] = float(proportions[i])
...
>>> proportions
[0.2, 0.08, 0.4, 0.32]
```

범위 기반 for 루프는 각 인덱스를 순환하면서 할당문으로 해당 인덱스가 참조하는 값을 변경합니다.

나머지 문제들 풀기

이제 앞서 '발견한 사실'에서 살펴본 문제를 제외한 나머지 문제들을 해결할 준비가 되었습니다.

코드가 수행해야 할 작업들을 강조하기 위해 테스트 케이스로 시작하겠습니다. 그런 다음 코드 자체로 이동합니다.

• 테스트 케이스 탐구

이 문제에 대한 입력은 10개의 테스트 케이스로 구성되어 있지만, 여기서는 먼저 하나만 입력해 보겠습니다. 키보드에서 이 테스트 케이스를 입력하면 정답이 표시됩니다. 그러나 프로그램은 다음 테스트 케이스를 기다리기 때문에 거기서 종료되지 않습니다. 이 테스트 케이스를 입력 리다이렉션을 사용해 실행하면 답이 다시 표시되면서 EOFError가 발생합니다. EOF는 '파일의 끝'을 의미하며, EOFError는 프로그램이 사용 가능한 것보다 더 많은 입력을 읽어오려고 해서 발생하는 오류입니다. 일단 코드가 하나의 테스트 케이스에 대해 작동하면, 다른 케이스에도 잘 동작하는지 확인하기 위해 몇몇 케이스를 더 입력해 볼 수 있습니다. 물론 10개의 테스트 케이스가 입력되면 프로그램은 실행을 완료해야 합니다.

다음은 여러분과 함께 추적해 볼 테스트 케이스입니다.

```
504
0.2 0.08 0.4 0.32
125
```

수학여행 비용은 $504이고 브런치에 참석하는 학생은 125명입니다.

브런치에서 모금한 금액을 확인하기 위해 각 학년의 학생들이 모금한 금액을 계산합니다. 1학년은 125 * 0.2 = 25명의 학생이 있고 각각 $12를 지불합니다. 따라서 1학년 학생들은 25 * 12 = $300를 모금했습니다. 2학년, 3학년, 4학년 학생들이 모은 돈도 유사하게 계산할 수 있습니다. 이 작업에 대해서는 표 5-1을 참조하세요.

표 5-1 School Trip 예

학년	학생 수	1인당 비용	모금액
1학년	25	12	300
2학년	10	10	100
3학년	50	7	350
4학년	40	5	200

각 학년의 학생들이 모금한 금액은 '해당 학년의 학생 수'에 '해당 학년의 1인당 비용'을 곱하여 계산됩니다. 표의 가장 오른쪽 열을 참조하세요. 모든 학생이 모은 총 금액은 이 제일 오른쪽 열의 네 개의 숫자를 더하여 구할 수 있습니다. 예시에서는 300 + 100 + 350 + 200 = $950가 됩니다. 그중 50%만 수학여행에 쓸 수 있으므로 950 / 2 = $475가 수학여행에 사용할 수 있는 금액입니다. 수학여행 비용인 $504을 지불하기에는 충분하지 않습니다. 따라서 더 많은 돈을 모아야 하기 때문에 올바른 출력은 YES입니다.

• 코드

다음 솔루션의 일부는 주어진 전체 학생의 수에 비율을 곱하여 해당 학년의 학생의 수를 알맞게 계산합니다. 방금 수행한 테스트 케이스처럼 모든 입력을 알맞게 처리합니다. 코드 5-4를 참조하세요.

코드 5-4: School Trip 풀이(미완)

```
① YEAR_COSTS = [12, 10, 7, 5]


② for dataset in range(10):
      trip_cost = int(input())
   ③ proportions = input().split()
      num_students = int(input())

   ④ for i in range(len(proportions)):
         proportions[i] = float(proportions[i])

   ⑤ students_per_year = []

      for proportion in proportions:
         ⑥ students = int(num_students * proportion)
         students_per_year.append(students)

      total_raised = 0

   ⑦ for i in range(len(students_per_year)):
         total_raised = total_raised + students_per_year[i] * YEAR_COSTS[i]

   ⑧ if total_raised / 2 < trip_cost:
         print('YES')
      else:
         print('NO')
```

시작을 위해, 변수 YEAR_COSTS를 사용하여 학년별로 브런치에 참석할 때 내야 하는 비용들의 리스트를 참조합니다. 1학년, 2학년, 3학년, 4학년 학생들의 비용이 담겨 있습니다①. 각 학년의 학생 수를 구한 후 거기에 이 값을 곱하여 모금된 금액을 결정합니다. 비용은 절대 변경되지 않으므로 이 변수가 참조하는 값은 변경하지 않습니다. 파이썬에서 이러한 '상수'형 변수는 변수명을 대문자로 쓰는 것이 규칙입니다.

입력에는 10개의 테스트 케이스가 포함되어 있으므로 각 테스트 케이스에 대해 한 번씩 10번을 반복합니다②. 모든 로직을 10번 반복할 것이기 때문에 나머지 프로그램은 루프 안에 있습니다.

각 테스트 케이스별로 세 줄의 입력을 읽습니다. 두 번째 라인은 4개의 비율을 가진 라인이므로 split을 사용해서 4개의 문자열 리스트로 분할합니다③. 범위 기반 for 루프를 사용하여 각 문자열을 부동 소수점 수로 변환합니다④.

이 비율을 사용해서 할 다음 작업은 각 학년의 학생 수를 결정하는 것입니다. 처음에는 빈 리스트로 시작합니다⑤. 그 다음 각 전체 학생 수에 해당 학년의 비율을 곱하여⑥ 리스트에 추가합니다. ⑥에서 학생 수가 정수여야 하므로 int 함수를 사용하고 있음에 유의하세요. int 함수는 부동 소수점 값이 전달되면 0을 향해 반올림, 즉 버림하여 소수 부분을 제거합니다.

이제 모금된 금액을 계산하는 데 필요한 두 개의 리스트를 가지게 되었습니다. students_per_year에는 다음과 같은 각 학년의 학생 수 리스트가 있습니다.

```
[25, 10, 50, 40]
```

그리고 YEAR_COSTS에는 각 학년 학생들의 브런치 참석 비용이 있습니다.

```
[12, 10, 7, 5]
```

두 리스트의 인덱스 0에 있는 값은 1학년 학생에 대한 정보를 제공하고, 인덱스 1의 값은 2학년 학생에 대한 정보를 제공하는 식입니다. 두 리스트의 값은 동시에 사용되면서 단독으로 사용될 때보다 더 많은 정보를 제공하기 때문에 병렬 리스트(parallel lists)라고 합니다. 우리는 이 두 리스트를 사용하여 각 학년별 학생 수에 학생 1인당 비용을 곱하고 이 결과를 모두 더함으로써 모금된 총 금액을 계산합니다⑦.

수학여행을 위한 충분한 자금이 모였을까요? 판단을 위해 if 문을 사용합니다⑧.

브런치로 모은 돈의 절반은 수학여행에 쓸 수 있습니다. 그 금액이 수학여행 비용보다 적으면 돈을 더 모아야 하고(YES), 그렇지 않으면 더 모을 필요가 없습니다(NO).

지금까지 작성한 코드는 매우 일반적입니다. 4학년까지 학생이 있다는 단서는 ①에 있습니다. 구성 학년을 달리하여 이와 유사한 문제를 풀려고 한다면 이 라인을 수정하면 됩니다.(그리고 그에 맞게 학년별 구성 비율을 입력하세요.) 이것이 리스트의 힘입니다. 이러한 기능은 우리가 해결 중인 문제의 변경 사항을 수용할 수 있는 유연한 코드를 작성하는 데 큰 도움이 됩니다.

앞서 발견한 내용의 처리

이제 현재 프로그램이 일부 테스트 케이스에 대해 잘못 작동하는 이유와 이를 수정하는 데 사용할 파이썬의 기능을 살펴보겠습니다.

· 테스트 케이스 탐구

다음은 현재 코드에서 잘못 수행되는 테스트 케이스입니다.

```
50
0.7 0.1 0.1 0.1
9
```

이번에는 수학여행 비용이 $50이고 브런치에 참석하는 학생은 9명입니다. 1학년의 학생 수에 대해 현재 프로그램은 9 * 0.7 = 6.3을 계산한 다음 6으로 내림합니다. 내림한다는 사실이 이 테스트 케이스에 주의해야 하는 원인입니다.

현재 프로그램이 4개 학년에 수행할 작업은 표 5-2를 참조하세요.

표 5-2 현재 프로그램이 잘못된 답을 얻는 School Trip의 테스트 케이스

학년	학생 수	1인당 비용	모금액
1학년	6	12	72
2학년	0	10	0
3학년	0	7	0
4학년	0	5	0

1학년을 제외한 각 학년은 9 * 0.1 = 0.9가 되어 내림으로 학생 수가 0이 됩니다. 따라서 모금한 금액은 $72입니다. $72의 절반인 $36를 사용할 수 있으므로 수학여행에 필요한 $50에는 턱없이 부족합니다. 현재 프로그램은 YES를 출력하며, 이는 돈을 더 모아야 한다는 것입니다.

그런데 이상합니다. 6명의 학생이 아니라 9명의 학생이 있어야 합니다! 내림으로 인해 3명이 사라

졌습니다. 문제 원문의 설명에 의하면 이러한 수는 가장 많은 학생이 있는 학년에 추가해야 한다고 되어 있는데, 이 경우는 1학년입니다. 그렇게 하면 실제로 9 * 12 = $108를 모금하게 됩니다. $108의 절반은 $54이므로 실제로는 수학여행 비용 $50를 위해 더 이상 더 모금할 필요가 없습니다! 올바른 출력은 NO입니다.

• 추가적인 리스트 연산

프로그램을 고치기 위해서는 두 가지 작업을 해야 합니다. 내림으로 몇 명의 학생이 빠졌는지 알아내고, 그 학생들을 가장 많은 학생이 있는 학년에 더해야 합니다.

〈리스트 합계〉

내림으로 잃은 학생 수를 결정하기 위해서는 students_per_year 리스트에 있는 각 학년별 학생 수를 더한 다음 총 학생 수에서 빼면 됩니다. 파이썬의 sum 함수는 리스트를 받아서 값들의 합을 반환합니다.

```
>>> students_per_year = [6, 0, 0, 0]
>>> sum(students_per_year)
6
>>> students_per_year = [25, 10, 50, 40]
>>> sum(students_per_year)
125
```

• 최댓값의 인덱스 찾기

파이썬의 max 함수는 일련의 값들을 취하여 그중 최댓값을 반환합니다.

```
>>> students_per_year = [6, 0, 0, 0]
>>> max(students_per_year)
6
>>> students_per_year = [25, 10, 50, 40]
>>> max(students_per_year)
50
```

최댓값이 얼마인지가 아니라 최댓값의 인덱스를 구해야 해당 인덱스의 학생 수를 늘릴 수 있습니다. 최댓값이 주어지면 index 메서드를 사용하여 해당 값의 인덱스를 찾을 수 있습니다. index는 전달된 값이 존재하는 가장 왼쪽 인덱스를 반환합니다. 만약 리스트에 해당 값이 없으면 오류를 생성합니다.

```
>>> students_per_year = [6, 0, 0, 0]
>>> students_per_year.index(6)
0
>>> students_per_year.index(0)
1
>>> students_per_year.index(50)
Traceback (most recent call last):
  File "<stdin>", line 1, in <module>
ValueError: 50 is not in list
```

우리는 리스트에 있는 값을 검색하는 것이므로, 오류가 발생하는 경우에 대해 걱정할 필요가 없습니다.

문제 풀기

끝났습니다! 이제 유효한 모든 테스트 케이스를 처리하기 위해 부분적으로 완성되었던 문제 해결 코드를 갱신할 수 있습니다. 새로운 프로그램은 코드 5-5를 참조하세요.

코드 5-5: School Trip 풀이

```
YEAR_COSTS = [12, 10, 7, 5]


for dataset in range(10):
    trip_cost = int(input())
    proportions = input().split()
    num_students = int(input())

    for i in range(len(proportions)):
        proportions[i] = float(proportions[i])

    students_per_year = []

    for proportion in proportions:
        students = int(num_students * proportion)
        students_per_year.append(students)
```

```
① counted = sum(students_per_year)
  uncounted = num_students - counted
  most = max(students_per_year)
  where = students_per_year.index(most)
② students_per_year[where] = students_per_year[where] + uncounted

  total_raised = 0

  for i in range(len(students_per_year)):
      total_raised = total_raised + students_per_year[i] * YEAR_COSTS[i]

  if total_raised / 2 < trip_cost:
      print('YES')
  else:
      print('NO')
```

새로운 부분은 ①에서부터 다섯 줄입니다. sum 함수를 사용해 지금까지 계산한 학생 수를 얻은 후 총 학생 수에서 이를 빼서 계산되지 않은 학생 수를 구합니다. 그런 다음 max 함수와 index 함수를 사용하여 계산되지 않은 학생들을 추가해야 하는 학년을 찾습니다. 마지막으로 계산되지 않은 학생의 수를 해당 학년에 더합니다②.(숫자에 0을 추가해도 해당 숫자는 변경되지 않으므로 계산되지 않은 경우가 0일 때를 따로 고려할 필요가 없습니다. 이 경우에도 이 코드는 안전합니다.)

이것이 이 문제의 전부입니다. 평가 사이트에 코드를 제출하세요! 그리고 돌아와서 더 일반적인 리스트의 구조를 살펴보겠습니다. 다음으로 넘어가기 전에 5장 마지막 페이지의 연습문제 5를 먼저 풀어 볼 것을 권합니다.

📟 문제 #13 Baker Bonus(매출 보너스)

이 문제에서는 리스트가 2차원 데이터로 작업하는 데 어떻게 도움이 되는지 알아보겠습니다.

이러한 종류의 데이터는 실제 프로그램에서 자주 발생합니다. 예를 들어 스프레드시트 형식의 데이터는 행과 열로 구성됩니다. 지금 우리가 배우려는 기술은 이런 식으로 구성된 데이터를 처리하는 데 사용할 수 있습니다.

이 문제는 DMOJ 사이트에 있으며, 식별 코드는 ecoo17r3p1입니다.

- **도전 과제**

브리에 베이커리는 여러 가맹점 있으며, 각 가맹점은 소비자에게 구운 제품을 판매합니다. 13년 동안 사업의 이정표에 도달한 브리에 베이커리는 매출에 따라 보너스를 수여하는 행사를 할 것입니다. 보너스는 일일 매출과 가맹점당 매출에 따라 다릅니다. 보너스 지급 방식은 다음과 같습니다.

    ⊘ 모든 가맹점의 총 매출이 13의 배수인 날에는 매출을 13으로 나눈 몫이 보너스로 주어집니다. 예를 들어, 전체 가맹점이 빵을 26개 판매한 날에는 26 / 13 = 2 보너스가 합계에 추가됩니다.

    ⊘ 하루의 총 매출이 13의 배수인 모든 가맹점에 대해 13으로 나눈 몫이 보너스로 주어집니다. 예를 들어, 빵 39개를 판매한 가맹점은 39 / 13 = 3의 보너스가 합계에 추가됩니다.

지급된 보너스의 총계를 구하세요.

- **입력**

입력은 10개의 테스트 케이스로 구성됩니다. 각 테스트 케이스에는 다음과 같은 라인들이 포함되어 있습니다.

    ⊘ 가맹점의 수 f와 영업일수 d가 공백으로 구분된 라인으로, f는 4에서 130 사이의 정수이고 d는 2에서 4,745 사이의 정수입니다.

    ⊘ 한 라인당 영업일 하루의 정보로 구성된 총 d개의 라인입니다. 각 라인에는 공백으로 구분된 f개의 정수가 있으며, 각 정수는 가맹점별 매출을 나타냅니다. d개의 라인 중 첫 번째 라인은 첫째 날의 가맹점별 매출을 제공하고, 두 번째 라인은 둘째 날의 가맹점별 매출을 제공하는 식입니다. 각 정수는 1에서 13,000 사이의 수입니다.

- **출력**

각 테스트 케이스에 대해 부여된 총 보너스의 수를 출력하세요.

테이블 표현하기

이 문제에 대한 데이터는 테이블로 시각화할 수 있습니다. 예제로 시작해서, 테이블을 리스트로 나타내는 방법을 살펴보겠습니다.

- **테스트 케이스 탐구하기**

총 영업일수가 d일이고 가맹점이 f개 있는 경우에 d개의 행과 f개의 열이 있는 테이블로 데이터를 배치할 수 있습니다. 다음은 간단한 예입니다.

```
6 4
1 13 2 1 1 8
2 12 10 5 11 4
39 6 13 52 3 3
15 8 6 2 7 14
```

이 테스트 케이스에 해당하는 테이블은 표 5-3과 같습니다.

표 5-3 Baker Bonus의 테이블

영업일 \ 가맹점	0	1	2	3	4	5
0	1	13	2	1	1	8
1	2	12	10	5	11	4
2	39	6	13	52	3	3
3	15	8	6	2	7	14

데이터를 리스트에 바로 저장하는 방식과 일치하도록 행(rows)과 열(columns)을 0부터 시작하여 번호를 매겼습니다.

이 테스트 케이스에서는 얼마나 많은 보너스가 제공되었을까요? 먼저 영업일에 해당하는 테이블의 행(rows)을 살펴보겠습니다. 0번 행의 판매 합계는 1 + 13 + 2 + 1 + 1 + 8 = 26입니다. 26은 13 의 배수이므로 이 행은 26 / 13 = 2개의 보너스를 제공합니다. 1행의 합은 44이며, 이는 13의 배수가 아니므로 보너스가 없습니다. 2행의 합은 116이므로 보너스가 없습니다. 3행의 합은 52이므로 52 / 13 = 4개의 보너스를 받습니다.

이제 가맹점에 해당하는 열(columns)을 살펴보겠습니다. 0열의 판매 합계는 1 + 2 + 39 + 15 = 57입니다. 13의 배수가 아니므로 보너스가 없습니다. 실제로 보너스를 제공하는 유일한 열은 1열입니다. 합이 39여서 39 / 13 = 3개의 보너스를 받습니다.

부여된 총 보너스의 수는 2 + 4 + 3 = 9입니다. 따라서 9가 이 테스트 케이스의 출력 값입니다.

- **중첩 리스트**

지금까지 정수, 부동 소수점 및 문자열 리스트를 보았습니다. 중첩 리스트라고 하는 리스트 안의 리스트를 만들 수도 있습니다. 리스트의 각 값 자체가 리스트인 경우입니다. 중첩 리스트를 참조하기 위해 grid 또는 table과 같은 변수명을 사용하는 것이 일반적입니다. 다음은 표 5-3에 해당하는 파이썬 리스트입니다.

```
>>> grid = [[ 1, 13,  2,  1,  1,  8],
...         [ 2, 12, 10,  5, 11,  4],
...         [39,  6, 13, 52,  3,  3],
...         [15,  8,  6,  2,  7, 14]]
```

리스트의 각 값인 리스트는 하나의 행에 해당합니다. 한 번 인덱싱을 하면 그 값이 리스트인 행을 얻습니다.

```
>>> grid[0]
[1, 13, 2, 1, 1, 8]
>>> grid[2]
[39, 6, 13, 52, 3, 3]
```

두 번 인덱싱을 하면 단일 값을 얻습니다. 1행 2열의 값은 다음과 같이 표현합니다.

```
>>> grid[1][2]
10
```

각 열이 여러 리스트에 분산되어 있기 때문에 열에 대한 작업은 행에 대한 작업보다 약간 까다롭습니다. 열에 접근하려면 각 행에서 하나하나의 값을 모아야 합니다. 열을 나타내는 새로운 리스트를 하나씩 추가해 가는 루프로 이를 수행할 수 있습니다. 다음은 1열을 획득하는 예입니다.

```
>>> column = []
>>> for i in range(len(grid)):
①...     column.append(grid[i][1])
...
>>> column
[13, 12, 6, 8]
```

첫 번째 인덱스(행)는 계속 변하지만 두 번째 인덱스(열)는 변하지 않는 점에 유의하세요①. 이것은 동일한 열의 인덱스를 가진 각각의 값을 선택하기 위함입니다. 행과 열을 합산하는 것은 어떨까요? 행을 합산하는 데에 sum 함수를 사용할 수 있습니다. 0행의 합은 다음과 같습니다.

```
>>> sum(grid[0])
26
```

아니면 다음과 같이 루프를 사용할 수도 있습니다.

```
>>> total = 0
>>> for value in grid[0]:
...     total = total + value
...
>>> total
26
```

sum을 사용하는 것이 더 쉬운 방법이므로 이것을 사용하겠습니다.

열을 합산하는 방법으로는 열에 대한 리스트를 만들고 이에 대해 sum을 사용하거나 새로운 리스트를 만들지 않고 직접 계산하는 방법이 있습니다. 1열에 대한 후자의 접근 방식은 다음과 같습니다.

```
>>> total = 0
>>> for i in range(len(grid)):
...     total = total + grid[i][1]
...
>>> total
39
```

개념 확인

다음 코드의 출력은 무엇일까요?

```
lst = [[1, 1],
       [2, 3, 4]]
x = 0

for i in range(len(lst)):
    for j in range(len(lst[0])):
        x = x + lst[i][j]

print(x)
```

(A) 2

(B) 7

(C) 11

(D) 잘못된 인덱스를 사용하여 오류가 발생합니다.

답 (B)

lst의 길이가 2이기 때문에 변수 i는 값 0과 1을 통과합니다. 그리고 lst[0]의 길이가 2이기 때문에 변수 j도 값 0과 1을 통과합니다. 따라서 합산되는 리스트의 값은 각 인덱스가 0 또는 1인 값입니다. 특히, 여기에는 lst[1][2]의 4가 포함되지 않습니다.

 개념 확인

다음 코드에는 두 개의 print 호출이 있습니다. 출력은 무엇일까요?

```
lst = [[5, 10], [15, 20]]
x = lst[0]
x[0] = 99
print(lst)

lst = [[5, 10], [15, 20]]
y = lst[0]
y = y + [99]
print(lst)
```

(A) [[99, 10], [15, 20]]
    [[5, 10], [15, 20]]

(B) [[99, 10], [15, 20]]
    [[5, 10, 99], [15, 20]]

(C) [[5, 10], [15, 20]]
    [[5, 10], [15, 20]]

(D) [[5, 10], [15, 20]]
    [[5, 10, 99], [15, 20]]

답 (A)

x는 lst의 첫 번째 행을 나타냅니다. lst[0]을 참조하는 또 다른 방법입니다. 따라서, x[0] = 99를 수행하면 해당 변경 사항이 lst를 통해 리스트에도 적용됩니다.

다음으로 y도 lst의 첫 번째 행을 참조합니다. 그러나 우리는 y가 참조하는 리스트가 아닌 변수 y에 새로운 값을 할당합니다. 99가 추가된 것은 lst가 아닌 y가 참조하는 새로운 리스트입니다.

문제 풀기

코드 5-6은 Baker Bonus 문제를 해결하기 위한 코드입니다.

코드 5-6: Baker Bonus 풀이

```
for dataset in range(10):
  ① lst = input().split()
    franchisees = int(lst[0])
    days = int(lst[1])

    grid = []

  ② for i in range(days):
        row = input().split()
      ③ for j in range(franchisees):
            row[j] = int(row[j])
      ④ grid.append(row)

    bonuses = 0

  ⑤ for row in grid:
      ⑥ total = sum(row)
        if total % 13 == 0:
            bonuses = bonuses + total // 13

  ⑦ for col_index in range(franchisees):
        total = 0
      ⑧ for row_index in range(days):
            total = total + grid[row_index][col_index]
        if total % 13 == 0:
            bonuses = bonuses + total // 13

    print(bonuses)
```

School Trip 문제와 마찬가지로 입력에 10개의 테스트 케이스가 포함되어 있으므로 모든 코드를 10번 반복하는 루프 내에 넣습니다.

각 테스트 케이스에서 입력의 첫 번째 라인을 읽고 split을 호출하여 리스트로 분할합니다①. 이 리스트에는 가맹점 수와 영업일수라는 두 가지 값이 포함되어 있는데, 이를 정수로 변환하고 적절한 이름의 변수에 할당합니다.

grid 변수는 빈 리스트로 시작해 궁극적으로는 행들의 리스트를 참조합니다. 각 행은 주어진 날짜의 모든 가맹점의 매출을 담은 리스트입니다.

각 영업일을 한 번씩 반복하기 위해 범위 기반 for 루프를 사용합니다②. 그런 다음 입력에서 행을 읽고 split을 호출해 개별 매출 값 리스트로 분할합니다. 이 값은 현재 문자열이므로 중첩 루프를 사용하여 모두 정수로 변환합니다③. 그런 다음, 만들어진 리스트(행)를 grid에 추가합니다④.

입력을 읽고 그리드에 저장했습니다. 이제 보너스 수를 추가할 때입니다. 첫 번째는 행의 보너스에 대한 것, 그리고 두 번째는 열의 보너스에 대한 것, 이렇게 두 단계로 이뤄집니다.

열별로 보너스를 계산하기 위해 grid에 대해 for 루프를 사용합니다⑤. 여느 리스트에 대한 for 루프와 마찬가지로 한 번에 하나의 값을 제공합니다. 여기서 각 값은 리스트이며 각 반복에서 서로 다른 리스트를 참조합니다. sum 함수는 모든 숫자 리스트에서 동작하기 때문에 현재 행의 값들을 더하는 데 사용합니다⑥. 합계가 13으로 나누어떨어지면 보너스 수를 더합니다.

행들을 처리하는 것과 같이 리스트의 열들을 반복할 수는 없습니다. 열을 반복할 때는 인덱스를 통해 반복해야 합니다. 범위 기반 for 루프를 사용해 열들의 인덱스로 이를 수행합니다⑦.

현재의 열을 합산하는 데 바로 sum을 사용할 수 없기 때문에 중첩 루프가 필요합니다. 중첩 루프는 각 행을 지나면서⑧ 지정한 열의 각 값들을 더합니다. 그런 다음 해당 합계가 13으로 나누어 떨어지는지 확인하고 그렇다면 보너스를 추가합니다.

총 보너스 수를 출력하고 마칩니다.

답안지를 제출할 시간입니다! 코드를 제출하면 모든 테스트 케이스를 통과하는 것을 볼 수 있을 것입니다.

요약

이 장에서 우리는 숫자 리스트, 문자열 리스트, 리스트의 리스트처럼 우리가 선택한 유형의 컬렉션으로 작업할 수 있는 리스트에 대해 알아보았습니다. 파이썬은 이 장에서 우리가 문제를 푸는 데 필요한 모든 것을 지원합니다. 또한 리스트를 정렬하면 리스트의 값을 훨씬 더 쉽게 처리할 수 있는 이유에 대해서도 배웠습니다.

문자열과 달리 리스트는 가변적이므로 내용을 쉽게 변경할 수 있습니다. 이렇게 하면 리스트를 더 쉽게 조작할 수 있지만, 리스트를 수정할 때는 주의해야 합니다.

우리는 많은 줄의 코드로 구성된 프로그램을 작성할 수 있는 단계에 이르렀습니다. if 문과 루프를 사용하여 프로그램이 수행할 작업을 지시할 수 있습니다. 또한 문자열과 리스트를 사용하여 정보를 저장하고 조작할 수도 있습니다.

이제 조금 더 복잡한 문제를 해결하기 위한 프로그램을 작성할 수 있습니다. 이러한 프로그램은 설계하고 이해하기가 어려울 수 있지만, 다행히도 복잡성을 제어하기 위해 프로그램을 구성하는 데 사용할 수 있는 도구가 있습니다. 다음 장에서 해당 도구에 대해 배울 것입니다. 이 장의 연습문제들을 풀어보면 더 많은 양의 코드를 작성하는 데 어려움이 있다는 것을 더 잘 이해할 수 있을 것입니다. 그때가 되면, 다음 장으로 넘어갈 준비가 된 것입니다!

⚙ 연습문제

다음은 시도해 볼 만한 몇 가지 연습문제입니다.

1 DMOJ 문제 (ccc07j3) Deal or No Deal Calculator

2 DMOJ 문제 (coci17c1p1) Cezar

3 DMOJ 문제 (coci18c2p1) Preokret

4 DMOJ 문제 (ccc00s2) Babbling Brooks ① 파이썬 round 함수를 확인하세요.

5 DMOJ 문제 (ecoo18r1p1) Willow's Wild Ride

6 DMOJ 문제 (ecoo19r1p1) Free Shirts

7 DMOJ 문제 (dmopc14c7p2) Tides

8 DMOJ 문제 (wac3p3) Wesley Plays DDR

9 DMOJ 문제 (ecoo18r1p2) Rue's Rings

① f-string을 사용할 경우, '{'와 '}' 기호 자체를 포함할 수 있는 방법이 필요합니다. f-string에서는 '{{'를 사용하여 '{'를 포함할 수 있으며 '}}'를 사용하여 '}'를 문자열에 포함할 수 있습니다.

10 DMOJ 문제 (coci19c5p1) Emacs

11 DMOJ 문제 (coci20c2p1) Crtanje

① −100에서 100까지의 행을 지원해야 합니다. 그런데 파이썬 리스트의 인덱스는 0에서 시작하는데, 어떻게 마이너스 인덱스를 지원할 수 있을까요? 이때 사용하는 트릭이 있습니다. 인덱스 $x + 100$을 사용하는 것입니다. 그러면 행 번호가 −100과 100 사이가 아닌 0과 200 사이가 됩니다. 또 하나 고려해야 할 점은 문자열 사용 시 ' \ ' 문자를 원할 경우 ' \ ' 대신 ' \ \ '를 사용해야 한다는 것입니다.

12 DMOJ 문제 (dmopc19c5p2) Charlie's Crazy Conquest

① 이 문제는 인덱스와 게임 규칙에 주의해야 합니다!

> 참고 Village Neighborhood는 2018년 캐나다 컴퓨팅 경진대회 Senior 레벨에 출제된 문제이며, School Trip
> 은 2017년 온타리오 컴퓨팅 교육 기구의 프로그래밍 경진대회 1라운드에 출제된 문제입니다. Baker Bonus
> 는 2017년 온타리오 컴퓨팅 교육 기구의 프로그래밍 경진대회 3라운드에 출제되었습니다.

Chapter 6

함수를 사용한
프로그램 디자인

큰 프로그램을 만들 때는 코드를 전체 목표에 기여하는 작은 논리적 블록들로 구성하는 것이 중요합니다. 그렇게 하면 다른 블록의 동작에 신경쓰지 않고 각 블록에 집중해 생각할 수 있습니다. 그런 다음 블록을 결합해 전체 코드를 작성합니다. 이러한 작은 논리적 블록들을 함수라고 합니다.

이번 장에서는 함수를 사용해 두 가지 문제를 풀 것입니다. 2인용 카드 게임에서 점수 계산하기, 액션 피규어 상자를 잘 정리할 수 있는지 결정하기 문제입니다.

문제 #14 Card Game(카드 게임)

이 문제에서는 2인용 카드 게임을 구현합니다. 이 문제에 대해 생각해 보면, 동일한 로직이 여러 번 발생한다는 것을 알게 될 것입니다. 그러한 코드의 중복을 피하고 명확성을 높이기 위해서 중복되는 코드를 파이썬 함수로 묶는 방법을 배울 것입니다.

이 문제는 DMOJ 사이트에 있으며, 식별 코드는 ccc99s1입니다.

• 도전 과제

A와 B 두 사람이 카드 게임을 하고 있습니다.(이 문제를 이해하기 위해 기존 카드나 카드 게임 방법에 대해 알 필요는 없습니다.)

게임은 52장의 카드 데크에서 시작됩니다. 데크에 남은 카드가 없을 때까지 데크에서 플레이어 A, 플레이어 B, 플레이어 A, 플레이어 B 순서대로 카드를 꺼냅니다.

데크에는 13종류의 카드가 있습니다. 2(two), 3(three), 4(four), 5(five), 6(six), 7(seven), 8(eight), 9(nine), 10(ten), 잭(jack), 퀸(queen), 킹(king), 그리고 에이스(ace)입니다. 데크에는 이런 유형의 카드가 각각 4장씩 있습니다. 예를 들어, 2(two)가 4장, 3(three)가 4장, 에이스(ace)가 4장 존재합니다.(따라서 13가지 유형 * 유형당 4장으로, 데크에 총 52장의 카드가 있는 것입니다.)

높은 카드는 잭(jack), 퀸(queen), 킹(king), 그리고 에이스(ace)입니다. 플레이어가 높은 카드를 받으면 점수를 얻을 수 있으며, 점수를 매기는 규칙은 다음과 같습니다.

- ⊘ 플레이어가 잭(jack)을 가져간 후 데크에 최소한 1장의 카드가 남아 있고 데크의 다음 카드가 높은 카드가 아닌 경우 플레이어는 1점을 얻습니다.

- ⊘ 플레이어가 퀸(queen)을 가져간 후 데크에 최소한 2장의 카드가 남아 있고 데크의 다음 2장의 카드 중 어느 것도 높은 카드가 아닌 경우 플레이어는 2점을 얻습니다.

- 플레이어가 킹(king)을 가져간 후 데크에 최소한 3장의 카드가 남아 있고 데크의 다음 3장의 카드 중 높은 카드가 없으면 플레이어는 3점을 얻습니다.
- 플레이어가 에이스(ace)를 가져가간 후 데크에 최소한 4장의 카드가 남아 있고 데크의 다음 4장의 카드 중 높은 카드가 없으면 플레이어는 4점을 얻습니다.

플레이어가 득점할 때마다 정보를 출력하고, 게임이 끝날 때 각 플레이어의 총점을 출력하세요.

· 입력

입력은 총 52줄로 구성됩니다. 각 라인에는 데크에 있는 카드 유형 중 하나가 포함되며, 플레이어가 데크에서 카드를 가져가는 순서대로 입력됩니다. 첫 번째 라인은 데크에서 가져온 첫 번째 카드이고, 두 번째 라인은 데크에서 가져온 두 번째 카드인 식입니다.

· 출력

플레이어가 득점할 때마다 다음 라인을 출력합니다.

```
Player p scores q point(s).
```

여기서 p는 플레이어 A일 때 A, 플레이어 B일 때 B입니다. 그리고 q는 방금 득점한 점수입니다. 게임이 끝나면 다음 두 줄을 출력합니다.

```
Player A: m point(s).
Player B: n point(s).
```

m은 플레이어 A의 총점이고, n은 플레이어 B의 총점입니다.

테스트 케이스 탐구

이 문제를 어떻게 풀 것인지 곰곰이 생각하다 보면, 새로운 것을 배우지 않고 지금 당장 해결할 수도 있지 않을까 하는 의문이 들 수도 있습니다. 실제로 할 수 있습니다! 지금까지 배운 것만으로도 충분히 이 문제를 풀 수 있습니다. 데크의 카드들을 표현하는 데 리스트를 사용하고, 리스트의 append 메서드를 사용해 데크에 카드를 추가할 수 있습니다. 또한 리스트의 값에 접근하여 높은 카드를 찾을 수 있으며, 플레이어와 점수 정보를 출력하는 데 사용할 수 있는 f-string에 대해서도 알고 있습니다.

하지만 그렇게 풀려고 하기 전에 먼저 작은 예를 생각해 보세요. 그러면 파이썬에서 솔루션을 더욱 쉽게 구성하고 문제를 해결할 수 있는 중요한 한 가지 기능을 놓치지 않고 발견할 수 있습니다.

52장의 카드를 예로 들면 종일 설명해도 지면이 모자랄 것이므로 10장의 카드만 있는 작은 테스트 케이스를 사용하겠습니다. 이것은 완전한 테스트 케이스가 아니기 때문에 작성한 프로그램이 동작하지는 않겠지만, 게임의 메커니즘과 솔루션이 수행해야 하는 작업을 이해하는 데는 충분할 것입니다.

```
queen
three
seven
king
nine
jack
eight
king
jack
four
```

플레이어 A는 첫 번째 카드인 퀸(queen)을 받습니다. 퀸(queen)은 높은 카드이기 때문에 플레이어 A는 여기서 2점을 얻을 수도 있습니다. 먼저, 퀸(queen) 이후 데크에 최소 두 장의 카드가 남아 있는지 확인합니다. 그리고 다음 두 장 중에 높은 카드가 없기를 바라면서 두 카드를 확인해야 합니다. 다음 두 카드는 3(three)와 7(seven)으로, 높은 카드가 아니기 때문에 플레이어 A는 2점을 얻습니다.

플레이어 B는 이제 두 번째 카드인 3(three)를 받습니다. 3(three)는 높은 카드가 아니므로 플레이어 B에게 주어지는 점수가 없습니다.

플레이어 A가 7(seven)을 가져갑니다. 점수는 없습니다.

이제 플레이어 B가 킹(king)을 차지하므로 플레이어 B에게 3점을 얻을 기회가 왔습니다. 킹(king)을 받고 나서 데크에 최소 3장의 카드가 남아 있는지 확인하고 다음 세 장이 어떤 카드인지 확인해야 합니다. 이 세 장 사이에 높은 카드가 없어야 합니다. 아쉽게도, 세 장의 카드 중에 높은 카드인 잭(jack)이 있어서 플레이어 B는 점수를 얻지 못합니다.

플레이어 A는 이제 9(nine)을 뽑습니다. 점수가 없습니다.

다음으로 플레이어 B가 첫 번째 잭(jack)을 가져갑니다. 잭 이후 데크에 최소한 한 장의 카드가 남아 있는지 확인합니다. 다음 카드가 높은 카드가 아니길 바라며 확인해 봅니다. 다행히 높은 카드가 아닌 8(eight)이므로 플레이어 B가 1점을 획득합니다.

그 이후로 점수를 얻는 상황은 한 번만 존재합니다. 플레이어 A가 데크에서 플레이어 A의 마지막 카드인 잭(jack)을 가져갈 때입니다.

따라서 이 테스트 케이스의 출력은 다음과 같습니다.

```
Player A scores 2 point(s).
Player B scores 1 point(s).
Player A scores 1 point(s).
Player A: 3 point(s).
Player B: 1 point(s).
```

플레이어가 높은 카드를 받을 때마다 우리는 두 가지를 확인해야 합니다. 데크에 카드가 특정 수(최소 몇 개) 이상 남아 있는지, 그리고 그중에 높은 카드는 없는지를 확인하는 것입니다. 첫 번째는 플레이어가 지금까지 데크에서 카드를 얼마만큼 가져갔는지 알려 주는 변수를 사용해 관리해야 합니다. 두 번째는 더 어렵습니다. 주어진 수의 카드에서 높은 카드를 확인하려면 몇 줄에 걸친 코드가 필요합니다. 더욱이, 주의하지 않으면 매우 유사한 코드가 네 번 반복될 수도 있습니다. 잭(jack) 다음 카드를 확인하는 코드, 퀸(queen) 다음 두 장의 카드를 확인하는 코드, 킹(king) 다음 세 장의 카드를 확인하는 코드, 그리고 에이스(ace) 다음 네 장의 카드를 확인하는 코드가 중복될 수 있습니다. 중복된 코드를 작성할 경우, 나중에 로직의 문제를 발견했을 때 최대 4개의 서로 다른 위치에서 동일한 수정 작업을 반복해야 합니다.

'높은 카드 없음' 로직을 한 번만 만들고, 네 번 호출할 수 있는 파이썬의 기능은 없을까요? 네, 있습니다. 이것을 함수라고 하는데, 함수는 작은 작업을 수행하는 명명된 코드 블록입니다. 함수는 코드를 구조화하고 명확하게 만드는 데 필수적인 요소입니다. 모든 프로그래머는 함수를 사용합니다. 함수를 사용하지 않고 게임이나 워드프로세서와 같은 대규모 소프트웨어 시스템을 작성하는 것은 불가능할 것입니다. 함수의 사용법에 대해 알아보겠습니다.

함수 정의 및 호출

파이썬과 함께 제공되는 내장 함수를 호출하는 방법은 이미 배웠습니다. 예를 들어, input 함수를 사용하여 입력을 읽을 수 있었습니다. 다음은 인자가 없는 input 함수 호출입니다.

```
>>> s = input()
hello
>>> s
'hello'
```

또한 파이썬의 print 함수를 사용하여 텍스트를 출력했습니다. 다음은 하나의 인자를 가진 print 함수의 호출입니다.

```
>>> print('well, well')
well, well
```

파이썬에 내장된 함수들은 범용이며, 다양한 설정에서 사용하도록 설계되었습니다. 만약 함수로 특정 문제를 해결하고 싶다면 그에 맞게 직접 정의해야 합니다.

• 인자가 없는 함수

함수를 정의하거나 생성할 때는 파이썬의 def 키워드를 사용합니다. 다음은 세 줄을 출력하는 함수에 대한 정의입니다.

```
>>> def intro():
...     print('********')
...     print('*WELCOME*')
...     print('********')
...
```

함수 정의의 구조는 if 문이나 반복문의 구조와 유사합니다. def 뒤의 이름은 우리가 정의하는 함수의 이름입니다. 여기서는 intro라는 함수를 정의하고 있습니다. 함수 이름 뒤에는 한 쌍의 빈 괄호 ()가 있습니다. 함수에 인자를 전달하기 위해 이 괄호 안에 인자와 관련된 정보를 포함할 수 있다는 것을 뒤에서 보게 될 것입니다. intro 함수는 인자를 취하지 않으므로 괄호가 비어 있습니다. 괄호 다음에는 콜론이 있습니다. if 문이나 반복문과 마찬가지로 콜론을 생략하면 구문 오류가 발생합니다. 그 다음 줄에서 함수가 호출될 때마다 실행될 코드 블록은 각각 들여 써서 작성합니다.

여기서 여러분은 intro 함수를 정의한 코드를 실행하면 다음과 같은 결과가 표시될 것이라 예상할 것입니다.

```
********
*WELCOME*
********
```

그러나 그렇지 않습니다. 지금까지 함수를 호출하지 않고 정의만 한 것입니다. 함수를 정의하는 것으로는 실행되지 않습니다. 이렇게 정의된 함수는 나중에 호출할 수 있도록 컴퓨터의 메모리에 저장됩니다. 파이썬의 내장 함수들을 호출했던 것처럼 여러분이 정의한 함수도 다음과 같이 호출합니다.

intro 함수는 인자를 취하지 않기 때문에 호출 시 한 쌍의 빈 괄호를 사용합니다.

```
>>> intro()
*********
*WELCOME*
*********
```

정의된 함수는 이후 필요할 때마다 원하는 만큼 호출할 수 있습니다.

· **인자가 있는 함수**

intro 함수는 호출될 때마다 동일한 작업을 수행하기 때문에 유연하지 못합니다. 이러한 함수를 변경하여 인자를 전달할 수 있습니다. 전달한 인자는 함수의 기능에 영향을 미칠 수 있습니다. 다음은 단일 인자를 전달할 수 있는 새로운 버전의 intro 함수입니다.

```
>>> def intro2(message):
...     line_length = len(message) + 2
...     print('*' * line_length)
...     print(f'*{message}*')
...     print('*' * line_length)
...
```

문자열 인자와 함께 함수를 호출합니다.

```
>>> intro2('HELLO')
*******
*HELLO*
*******
>>> intro2('WIN')
*****
*WIN*
*****
```

인자 없이는 intro2 함수를 호출할 수 없습니다. 인자 없이 호출할 경우 오류가 발생합니다.

```
>>> intro2()
Traceback (most recent call last):
  File "<stdin>", line 1, in <module>
TypeError: intro2() missing 1 required positional argument: 'message'
```

이 오류는 message에 대한 인자가 제공되지 않았음을 알려줍니다. 여기서 message를 함수 매개변수라고 합니다. intro2를 호출할 때 파이썬은 먼저 인자가 참조하는 것이 무엇이든 message가 참조하도록 만듭니다. 즉, message는 함수에 전달되는 인자의 별칭(alias)이 됩니다.

하나 이상의 매개변수를 사용하여 함수를 만들 수도 있습니다. 다음은 출력할 메시지와 출력 횟수라는 두 가지 매개변수를 사용하는 함수입니다.

```
>>> def intro3(message, num_times):
...     for i in range(num_times):
...         print(message)
...
```

함수 하나를 호출하기 위해 두 개의 인자를 제공합니다. 파이썬은 왼쪽에서 오른쪽순으로 첫 번째 인자는 첫 번째 매개변수에, 두 번째 인자는 두 번째 매개변수에 할당합니다. 따라서 다음 호출에서 'high'는 매개변수 message에, 5는 매개변수 num_times에 할당됩니다.

```
>>> intro3('high', 5)
high
high
high
high
high
```

반드시 올바른 개수의 인자를 제공해야 합니다. intro3 함수는 두 개의 인자가 필요하기 때문에 그 외의 모든 호출은 오류를 유발합니다.

```
>>> intro3()
Traceback (most recent call last):
  File "<stdin>", line 1, in <module>
TypeError: intro3() missing 2 required positional arguments: 'message' and 'num_times'
>>> intro3('high')
Traceback (most recent call last):
  File "<stdin>", line 1, in <module>
TypeError: intro3() missing 1 required positional argument: 'num_times'
```

또한 적절한 데이터 타입의 값을 제공해야 합니다. 잘못된 타입의 값으로 호출하는 것이 호출을 막지는 않겠지만, 그러한 호출은 함수 내에서 오류를 발생시킵니다.

```
>>> intro3('high', 'low')
Traceback (most recent call last):
  File "<stdin>", line 1, in <module>
  File "<stdin>", line 2, in intro3
TypeError: 'str' object cannot be interpreted as an integer
```

여기서 TypeError는 intro3 함수 내에서 두 번째 매개변수인 num_times를 범위 기반 for 루프의 값으로 사용하기 때문에 발생합니다. num_times에 대해 제공하는 인자가 정수가 아니면 범위 기반 for 루프가 실패합니다.

• 키워드 인자

함수를 호출할 인자와 매개변수를 쌍으로 대응 관계를 재정의할 수 있습니다. 이를 위해서는 원하는 순서대로 매개변수의 이름을 사용합니다. 매개변수의 이름을 사용한 인자를 키워드 인자라고 하며, 동작 방법은 다음과 같습니다.

```
>>> def intro3(message, num_times):
...     for i in range(num_times):
...         print(message)
...
>>> intro3(message='high', num_times=3)
high
high
high
>>> intro3(num_times=3, message='high')
high
high
high
```

앞에서 각 함수 호출에는 두 개의 키워드 인자가 사용됩니다. 키워드 인자는 매개변수 이름, 등호, 해당 인자로 작성됩니다. 심지어는 일반 인자로 시작하여 키워드 인자로 끝낼 수도 있습니다.

```
>>> intro3('high', num_times=3)
high
high
high
```

그러나 키워드 인자로 시작하면 일반 인자를 사용할 수 없습니다.

```
>>> intro3(message='high', 3)
  File "<stdin>", line 1
SyntaxError: positional argument follows keyword argument
```

5장의 '리스트 정렬'에서는 정렬 방법을 호출할 때 reverse라는 키워드 인자를 사용했습니다. 파이썬 설계자들은 reverse를 키워드 전용 매개변수(keyword-only parameter)로 설정했는데, 이는 키워드 인자를 사용하지 않고 값을 채우는 것이 불가능하다는 것을 의미합니다. 파이썬은 사용자 함수에도 그렇게 설정할 수 있지만, 이 책에서는 그런 수준의 제어가 필요하지 않습니다.

• 지역 변수(Local Variables)

매개변수는 일반 변수와 같이 동작하지만 정의된 함수에 국한됩니다. 즉, 함수 매개변수는 지역 변수로, 함수 외부에는 존재하지 않습니다.

```
>>> def intro2(message):
...     line_length = len(message) + 2
...     print('*' * line_length)
...     print(f'*{message}*')
...     print('*' * line_length)
...
>>> intro2('hello')
*******
*hello*
*******
>>> message
Traceback (most recent call last):
  File "<stdin>", line 1, in <module>
NameError: name 'message' is not defined
```

line_length 변수 역시 지역 변수일까요? 그렇습니다.

```
>>> line_length
Traceback (most recent call last):
  File "<stdin>", line 1, in <module>
NameError: name 'line_length' is not defined
```

어떤 변수가 있는데 그와 동일한 이름의 매개변수 또는 지역 변수를 사용하는 함수를 호출하면 어떻게 될까요? 값을 잃어버릴까요? 한번 보겠습니다.

```
>>> line_length = 999
>>> intro2('hello')
*******
*hello*
*******
>>> line_length
999
```

다행히 아직도 999입니다. 지역 변수는 함수가 호출될 때 생성되고 함수가 종료될 때 소멸되어 동일한 이름을 가진 다른 변수에 영향을 미치지 않습니다.

함수는 함수 외부에 존재하는 변수에 접근할 수 있지만, 그것에 의존하는 것은 좋지 않습니다. 왜냐하면 필요한 변수가 외부에 반드시 존재해야 하므로, 해당 함수를 독립적으로 사용할 수 없기 때문입니다. 이 책에서는 함수가 지역 변수만 사용하도록 작성할 것입니다. 함수에 필요한 모든 정보는 매개변수를 통해 함수에 제공됩니다.

· **가변 매개변수**

매개변수는 해당 인자의 별칭이므로 가변적인 값을 변경하는 데 사용할 수 있습니다. 다음은 lst 리스트에 존재하는 값들 중 value에 해당하는 값들을 모두 제거하는 함수입니다.

```
>>> def remove_all(lst, value):
...     while value in lst:
...         lst.remove(value)
...
```

```
>>> lst = [5, 10, 20, 5, 45, 5, 9]
>>> remove_all(lst, 5)
>>> lst
[10, 20, 45, 9]
```

변수를 사용해 remove_all에 리스트를 전달했습니다. 만약 리스트를 참조하는 변수가 아니라 리스트 값을 직접 사용해 다음과 같이 remove_all 함수를 호출할 경우에는 어떤 유용한 결과도 얻을 수 없습니다.

```
>>> remove_all([5, 10, 20, 5, 45, 5, 9], 5)
```

이 함수는 리스트에서 5를 모두 제거했습니다. 하지만 어떤 변수에도 할당하지 않아서 이 결과 리스트를 다시 참조할 방법이 없습니다.

개념 확인

다음 코드의 출력은 무엇일까요?

```
def mystery(s, lst):
    s = s.upper()
    lst = lst + [2]



s = 'a'
lst = [1]
mystery(s, lst)

print(s, lst)
```

Ⓐ   a [1]
Ⓑ   a [1, 2]
Ⓒ   A [1]
Ⓓ   A [1, 2]

답 Ⓐ
mystery 함수가 호출될 때 매개변수 s는 인자 s가 참조하는 것을 참조하게 되는데, 여기서는 문자열 'a'입니다. 마찬가지로 매개변수 lst는 인자 lst가 참조하는 모든 것, 즉 리스트 [1]을 참조하게 됩니다. mystery 함수 내에서 s와 lst는 지역 변수입니다.
이제 함수 내의 두 문장을 알아보겠습니다.

첫째, s = s.upper()입니다. 이것은 지역 변수 s가 대문자 'A'를 참조하도록 합니다. 그러나 함수 외부에서 참조하는 값은 변경되지 않습니다. 외부의 변수는 여전히 소문자 'a'를 나타냅니다.

둘째, lst = lst + [2]입니다. 리스트와 함께 +를 사용하면 새로운 리스트가 생성됩니다.(기존 리스트를 변경하지 않습니다!) 이렇게 하면 지역 변수 lst가 새로운 리스트 [1, 2]를 참조하게 되지만, 함수 밖에서 lst가 참조하는 값은 변경되지 않습니다. 함수 밖의 lst는 아직 [1]을 참조합니다.

함수가 가변 매개변수(mutable parameter)를 변경할 수 있다고 이전에 말하지 않았나요? 네, 그렇게 말했습니다. 하지만 그러기 위해서는 지역 변수가 참조하는 것을 바꾸는 게 아니라 전달된 값 자체를 바꿔야 합니다. 다음 프로그램과 이전 프로그램의 출력을 비교해 보세요.

```python
def mystery(s, lst):
    s.upper() # upper 함수가 새로운 문자열을 만들어 반환합니다.
    lst.append(2) # append 함수는 리스트 내의 값을 변경합니다.


s = 'a'
lst = [1]
mystery(s, lst)


print(s, lst)
```

· 반환 값

Card Game 문제로 돌아가 보겠습니다. 우리의 목표는 카드 리스트에 높은 카드가 없는지 여부를 알려 주는 함수를 정의하는 것입니다. 이 함수의 이름을 no_high로 지정하겠습니다. 아직 no_high를 작성하지 않았지만 우리가 원하는 바를 정의할 수 있습니다. 원하는 것은 다음과 같습니다.

```
>>> no_high(['two', 'six'])
True
>>> no_high(['eight'])
True
>>> no_high(['two', 'jack', 'four'])
False
>>> no_high(['queen', 'king', 'three', 'queen'])
False
```

첫 번째, 두 번째 호출 시의 카드 리스트에는 높은 카드가 없기 때문에 True를 반환해야 합니다. 그리고 세 번째와 네 번째 호출 시에는 해당 카드 리스트에 높은 카드가 하나 이상 존재하기 때문에 False를 반환하기를 바랍니다.

이러한 True 및 False 값을 반환하는 함수를 어떻게 정의할 수 있을까요? 이것이 함수에 대한 퍼즐의 마지막 조각입니다.

함수에서 값을 반환하기 위해서는 파이썬의 return 키워드를 사용합니다. return에 도달하는 즉시 함수의 실행이 종료되고 지정된 값이 호출자에게 반환됩니다.

no_high 함수를 작성하는 방법은 다음과 같습니다.

```
>>> def no_high(lst):
...     if 'jack' in lst:
...         return False
...     if 'queen' in lst:
...         return False
...     if 'king' in lst:
...         return False
...     if 'ace' in lst:
...         return False
...     return True
...
```

먼저 리스트에 잭(jack)이 있는지 확인합니다. 있다면 리스트에 하나 이상의 높은 카드가 포함되어 있는 것이므로 즉시 False를 반환합니다.

잭(jack)이 없어도 그 외 다른 높은 카드가 있을 수 있으므로 더 확인해야 합니다. 나머지 if 문은 각각 퀸(queen), 킹(king), 에이스(ace)를 확인하고 그 카드가 리스트에 있으면 False를 반환합니다.

이 네 가지 return 문 중 하나에 도달하지 않으면 리스트에 높은 카드가 없는 것입니다. 이 경우 True를 반환합니다.

값이 지정되지 않은 return 문 자체는 None을 반환합니다. 이것은 값을 반환하지 않는 함수를 작성하면서 코드의 끝까지 실행되기 전에 함수를 종료해야 하는 경우에 유용합니다.

루프 내에서 return이 발생하면 함수가 얼마나 깊이 중첩되었는지에 관계없이 함수는 그 즉시 종료됩니다. 다음은 중첩 루프에서 벗어나는 return 문을 보여주는 예입니다.

```
>>> def func():
...     for i in range(10):
...         for j in range(10):
...             print(i, j)
...             if j == 4:
...                 return
...
```

```
>>> func()
0 0
0 1
0 2
0 3
0 4
```

return 문은 막강한 break 문과 같습니다! 어떤 사람들은 루프의 목적과 로직을 모호하게 할 수 있기 때문에 루프의 내부에서 return 문을 사용하는 것을 좋아하지 않지만, 우리는 편의상 루프 내에서 return을 사용하겠습니다. 어디서나 나타날 수 있는 break와 달리 return은 다른 코드와 분리된 함수 내에서 표시되는 것으로 제한됩니다. 함수를 작게 유지하는 경우, 루프 내에서 return을 사용하면 주변 코드를 방해하지 않고 명확한 코드를 작성할 수 있습니다.

개념 확인

다음과 같은 no_high 함수는 제대로 작동할까요? 다시 말해, 리스트에 높은 카드가 하나 이상 있으면 True를 반환하고 그렇지 않으면 False를 반환할까요?

```
def no_high(lst):
    for card in lst:
        if card in ['jack', 'queen', 'king', 'ace']:
            return False
        else:
            return True
```

ⓐ 예.
ⓑ 아니요. 예를 들어, ['two', 'three']일 경우 잘못된 값을 반환합니다.
ⓒ 아니요. 예를 들어, ['jack']일 경우 잘못된 값을 반환합니다.
ⓓ 아니요. 예를 들어, ['jack', 'two']일 경우 잘못된 값을 반환합니다.
ⓔ 아니요. 예를 들어, ['two', 'jack']일 경우 잘못된 값을 반환합니다.

답 ⓔ
if-else 문은 항상 첫 번째 반복에서 루프가 종료됩니다. 첫 번째 카드가 높은 카드이면 함수가 종료되고 False를 반환합니다. 첫 번째 카드가 높은 카드가 아니면 함수를 종료하고 True를 반환합니다. 다른 카드들은 살펴보지 않습니다! 이것이 ['two', 'jack']에서 실패하는 이유입니다. 첫 번째 카드가 높은 카드가 아니므로 함수는 True를 반환합니다. True를 반환하는 것은 리스트에 높은 카드가 존재하지 않는다는 것을 의미합니다. 그러나 잭(jack)이 있으므로 이것은 틀린 결과입니다. 함수는 잘못된 값을 반환했습니다. 이 경우에는 False를 반환해야 합니다.

함수의 문서화

no_high 함수가 무엇을 하고 또 어떻게 호출해야 하는지가 이제 분명해졌습니다. 하지만 몇 개월이 지난 후 코드를 다시 봤을 때 이전 코드의 목적이 쉽게 떠오르지 않는다면 어떨까요? 사용자 정의 함수들이 많이 쌓여서 각각의 함수가 무엇이었는지 기억하기 어렵다면 어떨까요?

이러한 상황에 대비하기 위해, 우리가 만든 함수에 있는 각 매개변수의 의미와 함수가 반환하는 내용을 정의한 문서를 추가해 보세요. 이러한 문서화를 뜻하는 'document string'을 줄여서 'docstring'이라고 합니다. docstring은 함수 블록의 첫 번째 라인부터 작성해야 합니다. no_high 함수의 경우 다음과 같습니다.

```
>>> def no_high(lst):
...     """
...     lst는 카드를 나타내는 문자열들의 리스트입니다.
...
...     lst에 높은 카드가 없으면 True를 반환하고 그렇지 않으면 False를 반환합니다.
...     """
...     if 'jack' in lst:
...         return False
...     if 'queen' in lst:
...         return False
...     if 'king' in lst:
...         return False
...     if 'ace' in lst:
...         return False
...     return True
...
```

docstring은 세 개의 큰따옴표(""")로 시작하고 끝납니다. 세 개의 작은따옴표를 사용해서도 문자열을 시작하고 끝낼 수 있습니다. 세 개의 따옴표로 만든 문자열을 삼중 따옴표 문자열이라고 합니다. (세 개의 작은따옴표를 사용할 수도 있지만, 세 개의 큰따옴표를 사용하는 것을 권합니다.) 각 라인 뒤에 ENTER 키를 누르기만 하면 문자열에 여러 줄의 텍스트를 추가할 수 있다는 장점이 있습니다. 작은따옴표 또는 큰따옴표로 만든 문자열은 이와 같이 여러 줄에 걸쳐 있을 수 없습니다. 원하는 만큼 많은 라인을 포함할 수 있도록 docstring에 삼중 따옴표 문자열을 사용합니다.

여기서 docstring은 lst가 무엇인지 알려 줍니다. lst는 카드를 나타내는 문자열들이 담긴 리스트입니다. 또한 docstring은 이 함수가 반환하는 값인 True 또는 False가 의미하는 바를 알려 줍니다. 코드를 살펴보지 않고도 함수를 호출할 수 있게 하는 충분한 정보입니다. 함수가 어떤 기능을 하는지 알면 그냥 바로 사용할 수 있습니다. 우리는 실제 코드를 본 적이 없는 파이썬 함수들을 계속 사용해 왔습니다. print 함수는 어떻게 동작하고, input 함수는 어떻게 동작하나요? 우리는 모릅니다! 그러나 그것은 중요하지 않습니다. 해당 함수의 기능을 알고 있으므로 사용에만 집중하면 됩니다.

여러 매개변수가 있는 함수의 경우 docstring은 각 매개변수의 이름을 지정하고 예상되는 데이터 타입을 지정해야 합니다. 다음은 이번 장의 '가변 매개변수'에서 본 remove_all 함수에 docstring을 추가한 것입니다.

```
>>> def remove_all(lst, value):
...     """
...     lst는 리스트입니다.
...     value는 제거하고자 하는 리스트의 값입니다.
...
...     lst에서 value를 찾아 모두 제거합니다.
...     """
...     while value in lst:
...         lst.remove(value)
...
```

docstring에서 반환 값에 대해 언급하지 않고 있음에 유의하세요. 이는 remove_all 함수가 어떤 정보를 반환하지 않기 때문입니다! docstring에서 설명한 대로 이 함수는 lst에서 값을 제거합니다.

문제 풀기

함수를 정의하고 호출하는 기본적인 사항들을 알았습니다. 책의 나머지 부분에서는 해결해야 할 큰 문제에 직면할 때마다 전체 솔루션을 작은 작업들로 나누고 각 작업을 함수로 해결할 것입니다.

Card Game 문제에 대한 솔루션에서 no_high 함수를 사용하겠습니다. 코드 6-1을 보세요.

```
① NUM_CARDS = 52


② def no_high(lst):
       """

       lst는 카드를 나타내는 문자열들의 리스트입니다.

       lst에 높은 카드가 없으면 True를 반환하고 그렇지 않으면 False를 반환합니다.
       """
       if 'jack' in lst:
           return False
       if 'queen' in lst:
           return False
       if 'king' in lst:
           return False
       if 'ace' in lst:
           return False
       return True


③ deck = []

④ for i in range(NUM_CARDS):
       deck.append(input())

  score_a = 0
  score_b = 0
  player = 'A'

⑤ for i in range(NUM_CARDS):
       card = deck[i]
       points = 0
  ⑥   remaining = NUM_CARDS - i - 1
  ⑦   if card == 'jack' and remaining >= 1 and no_high(deck[i+1:i+2]):
           points = 1
       elif card == 'queen' and remaining >= 2 and no_high(deck[i+1:i+3]):
           points = 2
       elif card == 'king' and remaining >= 3 and no_high(deck[i+1:i+4]):
           points = 3
```

```
        elif card == 'ace' and remaining >= 4 and no_high(deck[i+1:i+5]):
            points = 4

    ⑧ if points > 0:
            print(f'Player {player} scores {points} point(s).')

    ⑨ if player == 'A':
            score_a = score_a + points
            player = 'B'
        else:
            score_b = score_b + points
            player = 'A'

print(f'Player A: {score_a} point(s).')
print(f'Player B: {score_b} point(s).')
```

52를 참조하는 상수 NUM_CARDS를 선언했습니다①. 이 상수는 코드 내에서 두 번 사용되는데, NUM_CARDS라는 상수명이 숫자 52가 의미하는 바를 더욱 확실하게 나타냅니다.

다음으로, 앞서 살펴보았던 docstring과 함께 no_high 함수를 정의했습니다②. 사용자 정의 함수는 항상 프로그램의 맨 위쪽에 둘 것입니다. 그렇게 하면 뒤에 오는 모든 코드에서 사용자 정의 함수를 호출할 수 있습니다.

프로그램의 주요 부분은 데크의 카드들을 보관할 리스트를 만드는 것으로 시작됩니다③. 그런 다음 input에서 카드를 읽고 그것을 데크에 추가합니다④. 카드가 데크에서 제거되거나 꺼내지는 일이 없음을 알 수 있습니다. 물론 원한다면 데크에서 카드를 제거하는 방식으로 문제를 풀어 나갈 수도 있지만, 그러는 대신 다음에 어떤 카드가 제거될지 알 수 있도록 현재 데크에서 어디에 있는지를 추적하는 방식을 선택했습니다.

그 외에 우리가 유지하고 관리하는 다른 세 가지 중요한 변수가 있습니다. 플레이어 A의 현재 총점인 score_a, 플레이어 B의 현재 총점인 score_b, 현재 플레이어의 이름인 player입니다.

우리의 다음 임무는 데크의 각 카드를 보고 플레이어에게 점수를 주는 것입니다. 일반적인 for 루프를 사용하면 현재 카드를 볼 수 있습니다. 그러나 그것만으로는 충분하지 않습니다. 현재 카드가 높은 카드라면 이후의 카드도 볼 수 있어야 합니다. 이를 용이하게 하기 위해 범위 기반 for 루프를 사용합니다⑤.

이 루프를 반복할 때마다 데크에서 가져온 카드를 기반으로 현재 플레이어에게 부여되는 점수를 결정합니다. 점수를 얻는 각 규칙은 데크에 남아 있는 몇 장의 카드에 의해 결정됩니다. remaining 변수⑥가 남은 카드의 수를 알려 줍니다. i가 0일 때 남은 카드의 수는 51장입니다. 첫 번째 카드를 가져갔기 때문입니다. i가 1일 때 남은 카드의 수는 50입니다. 방금 두 번째 카드를 가져갔기 때문입니다. 일반적으로 남은 카드의 수는 전체 카드의 수에서 i와 1을 빼서 구합니다.

이제 점수를 매기는 방법마다 한 가지씩 총 4개의 검사가 남아 있습니다⑦. 각각 현재 카드와 남은 카드의 수를 확인합니다. 두 조건이 모두 True이면, 데크에 자르기를 사용해 적절한 수의 카드가 들어 있는 리스트를 만들어 no_high 함수를 호출합니다. 예를 들어, 현재 카드가 잭(jack)이고 카드가 하나 이상 남아 있다면 길이 1의 리스트를 no_high 함수에 전달합니다⑦.

no_high가 True를 반환하면 전달된 리스트에 높은 카드가 없다는 것이므로, 현재 플레이어가 점수를 얻습니다. points 변수는 부여될 점수를 결정합니다. 점수는 루프가 반복될 때마다 0에서 시작해서 조건에 따라 1, 2, 3 또는 4로 설정됩니다.

플레이어가 점수를 얻으면⑧ 점수를 획득한 플레이어와 획득한 점수를 메시지로 출력합니다.

반복 블록에서 이제 남은 것은 현재 플레이어의 점수에 이번에 획득한 점수를 추가하고 다른 플레이어의 차례로 넘기는 것입니다. if-else 문으로 이 두 가지 작업을 수행합니다⑨.(이 반복에서 점수가 0이면 플레이어의 점수에 0을 더해 점수의 변화가 없습니다. 따라서 점수가 0인 경우는 별도로 처리할 필요가 없습니다.)

마지막 두 번의 print 호출은 각 플레이어의 총점을 출력합니다.

잘했습니다. 코드를 구조화하고 읽기 쉽게 만드는 함수를 사용해 문제를 풀었습니다. 이제 코드를 평가 사이트에 제출해도 좋습니다. 해당 코드가 모든 테스트 케이스에서 통과하는 것을 볼 수 있을 것입니다.

문제 #15 Action Figures(액션 피규어)

Card Game 문제를 해결하기 위해 우리는 테스트 케이스를 먼저 검토했는데, 해당 예시는 함수가 유용할 수 있는 부분을 강조했습니다. 이제 함수를 사용해서 다른 문제를 풀려고 합니다. 더욱 체계적인 접근 방식을 통해 문제를 푸는 데 필요한 함수를 찾아보겠습니다.

이 문제는 Timus 사이트에 있는 문제 2144입니다. 이 책에 소개된 Timus 평가 사이트의 유일한 문제입니다. 문제를 확인하고 싶다면 Timus 사이트(https://acm.timus.ru/)에서 Problem set을 클릭하고 Volume 12를 선택하여 문제 2144를 찾으세요. 평가 사이트에서 이 문제의 이름은 Cleaning the Room입니다.

◦ 도전 과제

레나에게는 개봉하지 않은 액션 피규어 상자가 n개 있습니다. 상자를 열면 액션 피규어의 가치가 떨어지기 때문에 상자를 열 수 없습니다. 따라서 한 상자 안에 들어 있는 액션 피규어들의 순서는 변경할 수 없습니다. 또한 상자를 돌리면 액션 피규어가 잘못된 방향을 향하게 될 수 있기 때문에 상자를 회전할 수도 없습니다.

각 액션 피규어는 높이로 지정됩니다. 예를 들어, 어떤 상자 안에 왼쪽에서 오른쪽순으로 높이가 4, 5, 7인 세 개의 피규어가 있습니다. 액션 피규어 상자를 이야기할 때, 높이는 항상 왼쪽에서 오른쪽으로 오름차순으로 나열할 것입니다.

레나는 상자들을 정리하려 합니다. 즉, 액션 피규어의 높이가 왼쪽에서 오른쪽으로 증가하거나 동일하게 유지되도록 상자를 정렬하려는 것입니다.

그녀가 상자를 정리할 수 있을지 없을지 여부는 상자 내 액션 피규어의 높이에 따라 달라집니다. 예를 들어, 첫 번째 상자에 높이가 4, 5, 7인 액션 피규어가 있고 두 번째 상자에 높이가 1과 2인 액션 피규어가 있을 경우, 두 번째 상자를 먼저 배치하여 이러한 상자들을 정리할 수 있습니다. 그러나 첫 번째 상자를 그대로 두고 두 번째 상자의 액션 피규어 높이를 6과 8로 변경하면 이 상자를 정리할 방법이 없습니다.

레나가 상자를 정리할 수 있을지 확인하세요.

◦ 입력

입력은 다음 라인들로 구성됩니다.

⊙ 상자의 수 n을 포함한 라인으로, n은 1에서 100 사이의 정수입니다.

⊙ 상자마다 한 라인씩 총 n개의 라인입니다. 각 라인은 상자 내 액션 피규어의 수를 나타내는 k로 시작합니다. k는 1에서 100 사이의 정수입니다.(k는 적어도 1이므로 빈 상자에 대해 걱정할 필요는 없습니다.) k 다음에는 이 상자 안에 있는 액션 피규어들의 높이를 나타내는 k개의 정수가 있습니다. 액션 피규어의 높이는 1에서 10,000 사이의 정수이며, 한 라인 안에서 각 정수 사이에는 공백이 존재합니다.

◦ 출력

레나가 상자를 정리할 수 있으면 YES를 출력하고, 그렇지 않으면 NO를 출력합니다.

상자 표현하기

이 문제는 몇 가지 더 작은 문제들로 구성되며, 각각의 문제를 함수로 해결할 수 있습니다. 먼저 파이썬에서 상자를 표현하는 방법을 살펴본 다음 필요한 함수를 설계해 보겠습니다.

5장에서 Baker Bonus 문제를 풀 때 리스트가 값으로 또 다른 리스트를 가질 수 있다는 것, 즉 리스트 내부에 리스트를 중첩할 수 있다는 것을 배웠습니다. 이러한 배열을 사용해 액션 피규어 상자들을 표현할 수 있습니다. 예를 들어, 다음은 두 개의 상자를 나타내는 리스트입니다.

```
>>> boxes = [[4, 5, 7], [1, 2]]
```

첫 번째 상자에는 세 개의 액션 피규어가 있고, 두 번째 상자에는 두 개의 피규어가 있습니다. 각 상자를 개별적으로 접근할 수 있습니다.

```
>>> boxes[0]
[4, 5, 7]
>>> boxes[1]
[1, 2]
```

입력에서 각 상자의 내용을 읽고 해당 정보를 중첩 리스트에 넣습니다. 그런 다음 그 중첩 리스트를 사용해서 상자를 정리할 수 있는지 여부를 결정합니다.

하향식 설계

하향식 설계라는 프로그램 설계 접근 방식으로 이 문제를 해결해 보겠습니다. 하향식 설계는 큰 문제를 여러 개의 작은 문제로 나눕니다. 문제를 작게 쪼개면 더 쉽게 풀 수 있어 유용합니다. 그런 다음 이러한 하위 문제의 솔루션들을 조합하여 원래의 큰 문제를 해결할 수 있습니다.

• 하향식 설계 수행

하향식 설계가 작동하는 방식은 다음과 같습니다. 솔루션의 주요 작업들의 뼈대를 구성한 불완전한 파이썬 프로그램을 작성하는 것으로 시작합니다. 이 작업 중 많은 코드가 필요하지 않는 부분들은 바로 해결하면서 진행할 수 있습니다. 더 많은 것들이 요구되는 다른 작업들은 각각 함수를 만들어 호출해야 할 것입니다. 함수의 호출을 위한 약간의 코드를 작성해 이러한 작업들을 해결할 수 있습니다.

그러나 아직 이 함수들이 실제로 존재하는 것은 아닙니다. 이제 함수들을 만들어야 합니다!

필요한 함수를 작성할 때마다 해당 함수의 작업에 대해 지금까지의 동일한 절차를 반복합니다. 즉, 해당 함수의 작업을 작성해 가는 것에서 시작합니다. 작업에 대한 코드를 완전히 작성할 수 있다면 코드를 작성하겠지만, 그렇지 않으면 해당 작업의 처리를 위한 다른 함수(나중에 작성할)를 호출하는 형식으로 만들어 갑니다.

더 이상 작성할 함수가 없을 때까지 이 작업을 계속합니다. 더 이상 작성할 함수가 없을 때 여러분은 문제에 대한 전체 솔루션을 갖게 될 것입니다. 이처럼 문제의 최상단 또는 최상위 레벨에서 시작하여 작업이 코드로 완전히 작성될 때까지 문제의 중심을 가로지르며 진행되기 때문에 하향식 설계라고 합니다. 이제 이를 사용해서 Action Figures 문제를 풀어 보겠습니다.

• 최상위 레벨

디자인을 시작하기 위해 해결해야 할 주요 작업에 중점을 둡니다.

반드시 입력을 읽어야 하기 때문에 이것이 첫 번째 작업이 됩니다.

이제 입력을 읽었다고 가정합니다. 상자들을 정리할 수 있는지 확인하려면 어떻게 해야 할까요? 한 가지 중요한 점은 각 상자 내의 액션 피규어의 높이가 순서대로 정렬되어 있는지 확인하는 것입니다. 예를 들어, [18, 20, 4] 상자가 있다고 가정해 보세요. 높이가 맞지 않는 이 상자는 모든 상자를 정리할 수 없다는 것을 의미합니다. 물론 우리는 상자 내 피규어를 건드릴 수 없습니다!

그러므로 우리의 두 번째 작업은 각 상자 내부에 액션 피규어가 높이 순서대로 잘 있는지 확인하는 것입니다. 상자들 중 하나라도 액션 피규어의 순서가 잘못되어 있다면 박스를 정리할 수 없습니다. 모든 상자가 정상이라면 다음으로 확인해야 할 사항이 더 있습니다.

각 상자가 정리 가능한 상태라면 모든 상자를 정리할 수 있는지 확인합니다. 이제부터 확인해야 할 중요한 사항은 각 상자 내의 왼쪽과 오른쪽에 있는 피규어들입니다. 이들 사이의 액션 피규어는 더 이상 중요하지 않습니다.

다음과 같이 세 개의 상자가 있다고 가정해 보겠습니다.

```
[[9, 13, 14, 17, 25],
 [32, 33, 34, 36],
 [1, 6]]
```

첫 번째 상자는 높이 9의 액션 피규어로 시작하여 높이 25인 액션 피규어로 끝납니다. 이 상자의 왼쪽에 배치된 액션 피규어는 모두 높이가 9 이하여야 합니다. 따라서 세 번째 상자를 이 상자의 왼쪽에 배치할 수 있습니다. 또한 이 상자의 오른쪽에 배치된 액션 피규어는 모두 높이가 25 이상이어야 하고, 두 번째 상자를 이 상자의 오른쪽에 배치할 수 있습니다. 높이 13, 14, 17의 액션 피규어는 아무런 영향을 주지 않습니다. 이 값들은 모든 상자를 정렬할 때 고려하지 않아도 되는 값들입니다.

따라서 우리의 세 번째 작업은 상자의 양 끝에 있는 피규어를 제외한 모든 액션 피규어를 무시하는 것입니다. 세 번째 작업을 수행하면 다음과 같은 리스트가 됩니다.

```
[[9, 25],
 [32, 36],
 [1, 6]]
```

먼저, 다음과 같이 정렬하면 상자들의 정렬 가능 여부를 훨씬 쉽게 알 수 있습니다.

```
[[1, 6],
 [9, 25],
 [32, 36]]
```

이제 상자의 이웃 상자가 무엇인지 쉽게 알 수 있습니다.(5장에서 Village Neighborhood 문제를 풀 때와 유사한 방식을 사용했습니다.) 따라서 네 번째 작업은 상자들을 정렬하는 것입니다.

다섯 번째 작업은 이렇게 배치된 상자들이 모두 알맞게 정렬되어 있는지 확인하는 것입니다. 높이 1, 6, 9, 25, 32, 36의 액션 피규어가 적절하게 정렬되어 있기 때문에 전체 상자들을 정리할 수 있습니다.

```
[[1, 6],
 [9, 50],
 [32, 36]]
```

이 상자들은 두 번째 상자에 있는 거대한 액션 피규어 때문에 정리할 수 없습니다. 두 번째 상자는 높이 9 ~ 50을 차지합니다. 세 번째 상자의 높이는 그보다 낮기 때문에 세 번째 상자를 두 번째 상자의 오른쪽에 놓을 수 없습니다.

지금까지 이 문제를 해결하기 위한 5가지 주요 작업을 정의했습니다.

1. 입력을 읽는다.
2. 모든 상자가 정상인지 확인한다.
3. 각 상자의 양 끝에 있는 액션 피규어 높이로 구성된 새로운 상자 리스트를 얻는다.
4. 새로운 상자들을 정렬한다.
5. 정렬된 상자들을 정리할 수 있는지 결정한다.

'입력 읽기' 작업은 있는데 '출력 쓰기' 작업이 없는 이유가 궁금할 것입니다. 이 문제에서 출력은 전체 조건 충족 여부에 따라 YES 또는 NO를 출력하도록 작성하기만 하면 됩니다. 필요한 작업이 간단합니다. 또한 답이 결정되는 즉시 YES나 NO로 출력하므로 출력이 다른 작업 사이에 끼어 있습니다. 따라서 주요 작업으로 포함하지 않기로 결정했습니다. 하향식 설계를 혼자서 작업할 때 나중에 작업을 빠뜨렸다는 사실을 알게 되더라도 걱정하지 마세요. 해당 작업을 추가하고 디자인을 계속할 수 있습니다.

코드에서 필요한 작업의 뼈대를 만드는 방법은 다음과 같습니다.

```
① # Main Program

# TODO: 입력을 읽는다.

# TODO: 모든 상자가 정상인지 확인한다.

# TODO: 각 상자의 양 끝에 있는 액션 피규어 높이로 구성된 새로운 상자 리스트를 얻는다.

# TODO: 새로운 상자들을 정렬한다.

# TODO: 정렬된 상자들을 정리할 수 있는지 결정한다.
```

이것을 메인 프로그램(Main Program)이라고 부르겠습니다①. 우리가 작성하는 모든 함수는 이 프로그램에 포함되어야 하며 함수 정의는 이 주석 앞에 존재해야 합니다. 각 작업은 현재 주석으로 작성되어 있습니다. TODO 표시는 이 부분이 파이썬으로 작성해야 하는 작업임을 강조하기 위해 존재합니다. 작업을 마치면 TODO를 제거하세요. 그렇게 하면 완료한 작업과 완료하지 않은 작업을 추적할 수 있습니다.

그럼 이제 코드를 작성해 보겠습니다!

• 작업 1: 입력 읽기

상자의 개수인 정수 n을 포함하는 라인을 읽고 나서 상자를 읽어야 합니다. 정수를 읽는 것은 하나의 라인으로 할 수 있으므로 n을 직접 읽습니다. 반면에 상자를 읽는 것은 몇 줄의 코드가 필요한 역할이 명확한 작업이므로 함수로 작성해 보겠습니다. 이 함수를 read_box라고 부르겠습니다. 다음은 이 내용을 메인 프로그램에 적용한 상태의 코드입니다.

```
# Main Program

①# 입력을 읽는다.
 n = int(input())
 boxes = read_boxes(n)

 # TODO: 모든 상자가 정상인지 확인한다.

 # TODO: 각 상자의 양 끝에 있는 액션 피규어 높이로 구성된 새로운 상자 리스트를 얻는다.

 # TODO: 새로운 상자들을 정렬한다.

 # TODO: 정렬된 상자들을 정리할 수 있는지 결정한다.
```

메인 프로그램의 관점에서 우리는 첫 번째 작업을 해결했기 때문에 해당 주석에서 TODO를 제거했습니다①. read_boxs 함수 호출만 있는 상태이기 때문에 함수 정의를 작성해 보겠습니다.
　read_boxes 함수는 정수 n을 매개변수로 사용하고 n개의 상자를 읽고 반환합니다. 코드는 다음과 같습니다.

```
def read_boxes(n):
    """
    n은 읽어야 하는 상자의 수입니다.

    입력에서 상자들을 읽고 상자들의 리스트를 반환합니다.
    각 상자는 액션 피규어의 높이를 담은 리스트입니다.
    """
    boxes = []
①for i in range(n):
        box = input().split()
      ②box.pop(0)
        for i in range(len(box)):
            box[i] = int(box[i])
        boxes.append(box)
    return boxes
```

우리는 n개의 상자를 읽어야 하므로 n번 반복합니다①. 루프를 반복할 때마다 현재 라인을 읽고 개별 액션 피규어 높이로 분할합니다. 각 라인은 해당 상자 안에 있는 액션 피규어의 개수를 나타내는 정수로 시작하므로 계속하기 전에 리스트에서 해당 값(인덱스 0)을 제거합니다②. 그런 다음 높이를 정수로 변환하고 boxes 리스트에 추가합니다. 마지막으로 boxes 리스트를 반환합니다.

read_boxes에 추가적으로 처리할 로직이 없고, 이 함수 내에서 또 다른 함수를 참조하지는 않기 때문에 이 작업은 완료되었습니다! 이 함수를 포함하여 우리가 작성한 모든 함수를 # Main Program 주석 앞에 위치시킬 것입니다.

• 작업 2: 모든 상자가 정상인지 확인

각 상자는 자체적으로 액션 피규어들을 작은 것부터 큰 것 순서대로 가지고 있을까요? 좋은 질문입니다. 한두 줄의 코드로 구할 수 있는 답이 아닙니다. 새로운 함수인 all_boxes_ok에서 처리하도록 해 보겠습니다. 해당 함수가 False를 반환하면 적어도 한 상자의 높이가 엉망인 것이므로 상자를 정리할 수 없습니다. 이 경우 NO를 출력해야 합니다. all_boxes_ok가 True를 반환하면 나머지 작업을 수행하여 모든 상자들을 정리할 수 있는지 여부를 결정해야 합니다. 이를 위한 if-else 로직도 프로그램에 추가해 보겠습니다. 다음은 지금까지의 내용이 적용된 것입니다.

```
# Main Program

# 입력을 읽는다.
n = int(input())
boxes = read_boxes(n)

# 모든 상자가 정상인지 확인한다.
① if not all_boxes_ok(boxes):
    print('NO')
else:
    # TODO: 각 상자의 양 끝에 있는 액션 피규어 높이로 구성된 새로운 상자 리스트를 얻는다.

    # TODO: 새로운 상자들을 정렬한다.

    # TODO: 정렬된 상자들을 정리할 수 있는지 결정한다.
```

이제 ①에서 호출하는 all_boxes_ok 함수를 작성해야 합니다. 각 상자를 확인하여 상자 내 피규어들이 높이 순서대로 있는지 확인해야 합니다. 순서가 맞지 않으면 False를 즉시 반환하고 순서가 맞으면 다음 상자를 선택합니다. 모든 상자를 검사한 결과 모두 순서대로라면 True를 반환합니다.

아, 그러니까 개별 상자를 확인할 수 있어야 합니다! 다른 함수처럼 들립니다. 각각의 상자를 확인하는 함수는 box_ok라고 하겠습니다.

다음은 all_boxes_ok에 대한 내용입니다.

```python
def all_boxes_ok(boxes):
    """
    boxes는 상자들의 리스트입니다. 각 상자는 액션 피규어 높이들의 리스트입니다.

    상자 내의 액션 피규어가 높이가 점점 작아지지 않는다면 True를 반환하고,
    그렇지 않으면 False를 반환합니다.
    """
    for box in boxes:
        if not box_ok(box):
            return False
    return True
```

액션 피규어의 높이가 동일한 것도 허용되므로 '커진다'라는 용어를 사용하지 않고 '작아지지 않는다면'이라는 용어를 사용했습니다. 예를 들어, 상자 [4, 4, 4]는 괜찮습니다. 이 상자를 보고 커진다고 말하는 것은 어폐가 있습니다.

all_boxes_ok 작업의 일부를 box_ok에 넘겼습니다. 다음으로 box_ok 함수를 작성해 보겠습니다.

```python
def box_ok(box):
    """
    box는 해당 상자 내부의 액션 피규어들의 높이를 담은 리스트입니다.

    True를 반환하면 상자 내 액션 피규어들의 높이의 순서가 작아지지 않는 것이고,
    False는 그렇지 않은 것입니다.
    """
    for i in range(len(box)):
        if box[i] > box[i + 1]:
            return False
    return True
```

어떤 액션 피규어의 높이가 오른쪽 피규어의 높이보다 크면 알맞은 순서대로 있는 것이 아니므로 False를 반환합니다. for 루프를 통과하면 높이 조건을 만족하는 것이므로 True를 반환합니다.

하향식 설계를 사용할 때의 좋은 점 중의 하나는 코드의 양이 적고 개별적으로 테스트할 수 있는 함수로 추상화된다는 것입니다. 예를 들어, 파이썬 쉘에 box_ok에 대한 코드를 입력합니다. 그러면 다음과 같은 테스트가 가능합니다.

```
>>> box_ok([4, 5, 6])
```

상자 내 액션 피규어들이 작은 높이에서 큰 높이로 순서대로 있기 때문에 True가 반환될 것을 기대할 것입니다. 다음과 같이 오류가 날 것이라고는 예상하지 못했을 것입니다.

```
Traceback (most recent call last):
  File "<stdin>", line 1, in <module>
  File "<stdin>", line 9, in box_ok
IndexError: list index out of range
```

오류는 결코 재미있지 않습니다. 오류를 찾기 위해 모든 코드를 샅샅이 살펴보다 보면 더욱 그럴 것입니다. 그러나 여기서는 오류가 이 작은 함수에 국한된다는 것을 알고 있으므로 오류를 찾는 작업이 상당히 수월합니다. 여기서 발생한 오류는 IndexError입니다. 리스트의 가장 오른쪽과 그 다음 오른쪽 값을 비교하려고 하는데, 후자의 인덱스가 존재하지 않는 인덱스라서 이러한 오류가 발생한 것입니다! 따라서 끝에서 두 번째 높이를 마지막 높이와 비교하도록 반복을 한 번 일찍 중지해야 합니다. 수정된 코드는 다음과 같습니다.

```
def box_ok(box):
    """
    box는 해당 상자 내부의 액션 피규어들의 높이를 담은 리스트입니다.

    True를 반환하면 상자 내 액션 피규어들의 높이의 순서가 작아지지 않는 것이고,
    False는 그렇지 않은 것입니다.
    """
①   for i in range(len(box) - 1):
        if box[i] > box[i + 1]:
            return False
    return True
```

유일한 변경 사항은 ① 부분입니다. 이 버전의 함수를 테스트해 보면 알맞게 잘 작동하는 것을 볼 수 있을 것입니다. 이로써 두 번째 작업을 완료했습니다!

• **작업 3: 제일 왼쪽과 오른쪽의 높이만 존재하는 새로운 상자 리스트 획득하기**

지금 우리는 하향식 설계를 배우고 있습니다. 세 번째 작업에서는 모든 액션 피규어가 있는 상자에

서 가장 왼쪽과 가장 오른쪽에 있는 액션 피규어의 높이만 있는 상자들의 리스트를 얻을 방법이 필요합니다. 맨 왼쪽과 맨 오른쪽의 액션 피규어들을 상자의 endpoints라고 하겠습니다.

한 가지 접근 방식은 상자의 endpoints만 있는 새로운 상자 리스트를 만드는 것입니다. 바로 적용해 보겠습니다.

```python
# Main Program

# 입력을 읽는다.
n = int(input())
boxes = read_boxes(n)

# 모든 상자가 정상인지 확인한다.
if not all_boxes_ok(boxes):
    print('NO')
else:
    # 각 상자의 양 끝에 있는 액션 피규어 높이로 구성된 새로운 상자 리스트를 얻는다.
    ① endpoints = boxes_endpoints(boxes)

    # TODO: 새로운 상자들을 정렬한다.

    # TODO: 정렬된 상자들을 정리할 수 있는지 결정한다.
```

상자들의 리스트로 boxes_endpoints 함수를 호출할 때 각 상자의 endpoints로만 구성된 새로운 리스트를 다시 얻을 것으로 예상합니다①. 다음은 이 설명을 만족하는 boxes_endpoints 함수입니다.

```python
def boxes_endpoints(boxes):
    """
    boxes는 상자들의 리스트입니다. 각 상자는 액션 피규어의 높이를 가진 리스트입니다.

    각각 두 개의 값이 있는 리스트들을 값으로 갖는 리스트를 반환합니다.
    두 개의 값은 상자의 가장 왼쪽과 가장 오른쪽 액션 피규어의 높이입니다.
    """
    ① endpoints = []
    for box in boxes:
        ② endpoints.append([box[0], box[-1]])
    return endpoints
```

각 상자의 양 끝 피규어의 높이를 보유할 새로운 리스트를 만듭니다①. 그런 다음 상자를 반복합니다.

각 상자에 대해 인덱스를 사용하여 상자에서 가장 왼쪽과 오른쪽 높이를 찾아 리스트 endpoints에 추가합니다②. 마지막으로 리스트 endpoints를 반환합니다.

잠시만요, 그런데 만약 액션 피규어가 하나만 들어 있는 상자가 있다면 어떻게 될까요? boxs_endpoints 함수는 그런 경우를 어떻게 처리할까요? docstring에 따르면 정상적인 상자에 대해 두 개의 값이 든 리스트를 반환한다고 되어 있습니다. 함수는 그에 따라 정상적으로 작동해야 하며, 만약 그렇지 않다면 함수가 제대로 작동하지 않은 것입니다. 그럼 한번 테스트해 보겠습니다. boxes_endpoints 함수를 파이썬 쉘에 입력하고 액션 피규어가 하나만 있는 상자 리스트를 전달함으로써 테스트합니다.

```
>>> boxes_endpoints([[2]])
[[2, 2]]
```

성공입니다! 맨 왼쪽 높이가 2이고 맨 오른쪽 높이가 2이므로 2가 두 번 나타나는 리스트를 얻었습니다. box[0]과 box[−1]이 둘 다 같은 값을 참조하기 때문에 값이 하나만 존재하는 상자인 경우에도 함수가 올바르게 작동하는 것입니다. 값은 하나만 존재합니다.(빈 상자가 있을 가능성에 대해서는 걱정하지 마세요. 문제를 설명할 때 이야기했듯이 그러한 경우는 금지됩니다.)

• 작업 4: 상자들 정렬하기

현시점에는 다음과 같은 endpoints 리스트가 있습니다.

```
>>> endpoints = [[9, 25], [32, 36], [1, 6]]
>>> endpoints
[[9, 25], [32, 36], [1, 6]]
```

우리는 이 리스트를 정렬하고자 합니다. 이러한 네 번째 작업을 수행하기 위해 다른 사용자 정의 함수가 더 필요할까요? sort_endpoints 같은 함수? 이번에는 아닙니다. 리스트의 sort 함수가 여기에 필요한 기능을 정확히 수행합니다.

```
>>> endpoints.sort()
>>> endpoints
[[1, 6], [9, 25], [32, 36]]
```

값이 2개인 리스트로 sort 함수가 호출되면 첫 번째 값을 사용해서 정렬합니다.(첫 번째 값이 같으면 두 번째 값을 사용해서 추가적으로 정렬합니다.)

바로 sort 함수를 호출하도록 프로그램의 주요 부분을 수정해서 또 하나의 TODO를 제거할 수 있습니다. 다음은 수정된 코드입니다.

```python
# Main Program

# 입력을 읽는다.
n = int(input())
boxes = read_boxes(n)

# 모든 상자가 정상인지 확인한다.
if not all_boxes_ok(boxes):
    print('NO')
else:
    # 각 상자의 양 끝에 있는 액션 피규어 높이로 구성된 새로운 상자 리스트를 얻는다.
    endpoints = boxes_endpoints(boxes)

    # 박스들을 정렬한다.
    endpoints.sort()

    # TODO: 박스들이 정리되었는지 결정한다.
```

거의 끝나갑니다. 해야 할 작업이 하나 남았습니다.

• 작업 5: 상자들이 정리되었는지 확인하기

마지막 작업은 endpoints를 확인하는 것입니다. 상자들이 다음과 같은 순서로 있을 수 있습니다.

```
[[1, 6],
 [9, 25],
 [32, 36]]
```

또는 다음과 같을 수도 있습니다.

```
[[1, 6],
 [9, 50],
 [32, 36]]
```

전자의 경우에는 YES를 출력하고 후자의 경우에는 NO를 출력해야 합니다. endpoints가 순서대로 알맞게 정렬되어 있는지 알려 주는 함수가 필요합니다. 마지막으로 메인 프로그램을 업데이트하면 다음과 같이 마무리됩니다.

```
# Main Program

# 입력을 읽는다.
n = int(input())
boxes = read_boxes(n)

# 모든 상자가 정상인지 확인한다.
if not all_boxes_ok(boxes):
    print('NO')
else:
    # 각 상자의 양 끝에 있는 액션 피규어 높이로 구성된 새로운 상자 리스트를 얻는다.
    endpoints = boxes_endpoints(boxes)

    # 새로운 상자들을 정렬한다.
    endpoints.sort()

    # 정렬된 상자들을 정리할 수 있는지 결정한다.
①  if all_endpoints_ok(endpoints):
        print('YES')
    else:
        print('NO')
```

이 문제에 대한 완전한 솔루션의 마지막 관문이 all_endpoints_ok 함수입니다①. 각 상자의 양 끝에 있는 액션 피규어의 높이를 담은 리스트들을 값으로 가진 리스트를 받아, 값들이 순서대로 있다면 True를 반환하고 그렇지 않으면 False를 반환합니다.

예를 통해 이 함수를 어떻게 구현할 수 있을지 알아보겠습니다. 사용할 endpoints 리스트는 다음과 같습니다.

```
[[1, 6],
 [9, 25],
 [32, 36]]
```

첫 번째 상자의 오른쪽 끝의 높이가 6입니다. 따라서 두 번째 상자의 왼쪽 끝은 높이가 6 이상인 것이 좋습니다. 그렇지 않으면 endpoints가 순서대로 되어 있지 않음을 나타내는 False를 반환합니다.

두 번째 상자의 왼쪽 끝 높이가 9이므로 여기서는 문제가 없습니다.

이제 두 번째 상자의 오른쪽 끝인 25를 사용하여 확인을 반복합니다. 세 번째 상자의 왼쪽 끝은 32로, 25보다 큰 값이어서 이번에도 문제가 없습니다.

즉, 상자의 왼쪽 끝점이 이전 상자의 오른쪽 끝점보다 작으면 False를 반환하고, 모든 검사를 통틀어 그렇지 않으면 True를 반환합니다.

코드는 다음과 같습니다.

```python
def all_endpoints_ok(endpoints):
    """
    endpoints는 두 개의 값을 가진 리스트를 각 값으로 가진 리스트입니다.
    두 개의 값은 상자의 가장 왼쪽과 오른쪽 액션 피규어의 높이입니다.

    ① 요구사항: endpoints는 피규어의 높이로 정렬되어 있어야 합니다.

    endpoints가 순서대로 정리가 가능한 상자들이라면 True를 반환하고,
    그렇지 않으면 False를 반환합니다.
    """
    ② maximum = endpoints[0][1]
    for i in range(1, len(endpoints)):
        if endpoints[i][0] < maximum:
            return False
        ③ maximum = endpoints[i][1]
    return True
```

함수가 호출될 때 필요한 것이 무엇인지 알려 주는 정보를 docstring에 추가했습니다①. 특히, 이 함수를 호출하기 전에 endpoints를 정렬해야 한다는 것을 기억해야 합니다. 그렇지 않으면 함수가 잘못된 값을 반환할 수 있습니다.

endpoints의 각 값은 두 개의 값을 가진 리스트입니다. 인덱스 0은 가장 왼쪽(minimum) 높이이고 인덱스 1은 가장 오른쪽(maximum) 높이입니다. 코드는 maximum 변수를 사용하여 상자의 최대 높이를 추적합니다. for 루프 이전에는 첫 번째 상자의 최대 높이를 나타냅니다②.

for 루프는 다음 상자의 가장 왼쪽 높이를 maximum과 비교합니다. 다음 상자의 가장 왼쪽 높이가 maximum보다 작으면 이 두 상자를 올바르게 정리할 수 없기 때문에 False를 반환합니다. 각 반복에서 마지막으로 해야 할 일은 maximum이 다음 상자의 가장 오른쪽 높이를 참조하도록 값을 업데이트하는 것입니다③.

• 모두 통합하기

코드 설계의 일부로 생성된 함수들을 포함해 모든 작업에 대한 코드를 작성했으므로 이 모든 것을 완전한 솔루션으로 통합할 준비가 되었습니다. 메인 프로그램에서 주석을 유지할지 여부는 여러분에게 달려 있습니다. 이 책에서는 그대로 두었지만 실제로는 코드를 과도하게 문서화하는 것일 수 있습니다. 함수 이름 자체가 코드가 하는 일을 의미하도록 명명되었기 때문입니다.

코드 6-2는 Action Figures 문제를 해결하는 전체 솔루션입니다.

코드 6-2: Action Figures 풀이

```python
def read_boxes(n):
    """
    n은 읽어야 하는 상자의 수입니다.

    입력에서 상자들을 읽고 상자들의 리스트를 반환합니다.
    각 상자는 액션 피규어의 높이를 담은 리스트입니다.
    """
    boxes = []
    for i in range(n):
        box = input().split()
        box.pop(0)
        for i in range(len(box)):
            box[i] = int(box[i])
        boxes.append(box)
    return boxes


def box_ok(box):
    """
    box는 해당 상자 내부의 액션 피규어들의 높이를 담은 리스트입니다.

    True를 반환하면 상자 내 액션 피규어들의 높이의 순서가 작아지지 않는 것이고,
    False는 그렇지 않은 것입니다.
    """
    for i in range(len(box) - 1):
        if box[i] > box[i + 1]:
            return False
    return True
```

```python
def all_boxes_ok(boxes):
    """

    boxes는 상자들의 리스트입니다. 각 상자는 액션 피규어 높이들의 리스트입니다.

    상자 내의 액션 피규어가 높이가 점점 작아지지 않는다면 True를 반환하고,
    그렇지 않으면 False를 반환합니다.
    """
    for box in boxes:
        if not box_ok(box):
            return False
    return True


def boxes_endpoints(boxes):
    """

    boxes는 상자들의 리스트입니다. 각 박스는 액션 피규어의 높이를 가진 리스트입니다.

    각각 두 개의 값이 있는 리스트들을 값으로 갖는 리스트를 반환합니다.
    두 개의 값은 상자의 가장 왼쪽과 가장 오른쪽 액션 피규어의 높이입니다.
    """
    endpoints = []
    for box in boxes:
        endpoints.append([box[0], box[-1]])
    return endpoints


def all_endpoints_ok(endpoints):
    """

    endpoints는 두 개의 값을 가진 리스트를 각 값으로 가진 리스트입니다.
    두 개의 값은 상자의 가장 왼쪽과 오른쪽 액션 피규어의 높이입니다.

    요구사항: endpoints는 피규어의 높이로 정렬되어 있어야 합니다.

    endpoints가 순서대로 정리가 가능한 상자들이라면 True를 반환하고,
    그렇지 않으면 False를 반환합니다.
    """
    maximum = endpoints[0][1]
    for i in range(1, len(endpoints)):
        if endpoints[i][0] < maximum:
            return False
        maximum = endpoints[i][1]
    return True
```

```
# Main Program

# 입력을 읽는다.
n = int(input())
boxes = read_boxes(n)

# 모든 상자가 정상인지 확인한다.
if not all_boxes_ok(boxes):
    print('NO')
else:
    # 각 상자의 양 끝에 있는 액션 피규어 높이로 구성된 새로운 상자 리스트를 얻는다.
    endpoints = boxes_endpoints(boxes)

    # 새로운 상자들을 정렬한다.
    endpoints.sort()

    # 정렬된 상자들을 정리할 수 있는지 결정한다.
    if all_endpoints_ok(endpoints):
        print('YES')
    else:
        print('NO')
```

우리가 이 책에서 지금까지 작성한 가장 큰 프로그램입니다. 그러나 프로그램의 주요 부분이 얼마나 깔끔하고 간결한지 보세요. 대부분은 함수에 대한 호출이며, 이를 함께 통합하기 위한 약간의 if-else 로직이 존재합니다. 여기서는 각 함수를 한 번만 호출합니다. Card Game 문제에서 네 번 호출했던 no_high 함수와 비교해 보세요. 함수가 한 번만 호출되더라도 여전히 체계적이고 읽기 쉬운 코드 만드는 데 기여하고 있습니다.

Timus 평가 사이트에 제출할 시간입니다. 모든 테스트 케이스에서 통과되는지 확인해 보세요.

작업 2에서 단일 상자의 높이가 순서대로 있는지 여부를 결정하는 box_ok 함수를 작성할 때는 범위 기반 for 루프를 사용했습니다. 다음과 같은 while 루프 버전으로 작성해도 정상적으로 동작할까요?

```
def box_ok(box):
    """
    box는 해당 상자 내부의 액션 피규어들의 높이를 담은 리스트입니다.

    True를 반환하면 상자 내 액션 피규어들의 높이의 순서가 작아지지 않는 것이고,
    False는 그렇지 않은 것입니다.
    """
    ok = True
    i = 0
    while i < len(box) - 1 and ok:
        if box[i] > box[i + 1]:
            ok = False
        i = i + 1
    return ok
```

Ⓐ 예.

Ⓑ 아니요, IndexError가 발생합니다.

Ⓒ 아니요, 오류가 발생하지 않지만 잘못된 값을 반환할 수 있습니다.

답 Ⓐ

이것은 이전의 범위 기반 for 루프를 사용하는 버전과 동일합니다.

ok 변수는 True로 시작합니다. 이는 우리가 확인한 모든 높이가 정상임을 의미합니다.(아직 아무것도 확인하지 않았기 때문입니다!) 검사할 상자가 더 있고 높이 위반이 없는 한 while 루프는 계속됩니다. 액션 피규어의 순서가 잘못된 경우 ok가 False로 설정되어 루프가 종료됩니다. 모든 액션 피규어가 순서대로 있으면 ok 값은 True에서 False로 변경되지 않습니다. 따라서 함수의 맨 아래에 ok를 반환하면 True를 반환하게 되고, 그렇지 않으면 False를 반환합니다.

요약

이 장에서는 함수에 대해 배웠습니다. 함수는 큰 문제의 작은 부분을 해결하는 독립적인 코드 블록입니다. 인자를 통해 함수에 정보를 전달하는 방법과 반환 값을 통해 함수에서 정보를 다시 얻어 오는 방법을 배웠습니다.

작성할 함수를 결정하기 위해 하향식 설계를 사용했습니다. 하향식 설계는 큰 문제에 대한 솔루션을 여러 개의 작은 작업으로 나누는 데 도움이 됩니다. 각 작업에 대해 바로 할 수 있으면 직접 해결하고, 할 수 없으면 함수를 작성합니다. 주어진 작업이 너무 다루기 힘든 경우, 그것에 대해 추가적인 하향식 설계를 수행할 수 있습니다.

다음 장에서는 표준 입력 및 표준 출력 대신 우리가 선택한 파일로 작업하는 방법을 배웁니다. 다음 장과 책의 나머지 부분에서 지식의 경계를 확장해 나가면서 차차 함수의 많은 용도를 깨달을 것입니다. 함수를 더욱 자신있고 능숙하게 다루고 싶다면 우선 다음 연습문제를 풀어 보세요.

다음은 도전해 볼 만한 몇 가지 연습문제입니다. 문제별로 하향식 설계를 사용해 코드를 구성하는 데 도움이 되는 하나 이상의 함수를 식별하세요. 그리고 각 함수 정의에 docstring을 포함시키세요!

1 DMOJ 문제 (ccc13s1) From 1987 to 2013

2 DMOJ 문제 (ccc18j3) Are we there yet?

3 DMOJ 문제 (ecoo12r1p2) Decoding DNA

4 DMOJ 문제 (crci07p1) Platforme

5 DMOJ 문제 (coci13c2p2) Misa

6 5장의 연습문제들을 다시 살펴보고 함수를 사용해서 솔루션을 개선하세요. 특히 DMOJ 문제 (coci18c2p1) Preokret과 (ccc00s2) Babbling Brooks를 다시 살펴보는 것이 좋습니다.

참고 Card Game은 1999년 캐나다 컴퓨팅 경진대회에 출제된 문제이며, Action Figures는 2019년 Ural 지역 학교 프로그래밍 경진대회에 출제된 문제입니다.

파이썬을 포함한 많은 최신 프로그래밍 언어는 두 가지 별개의 프로그래밍 패러다임을 지원합니다. 하나는 함수를 기반으로 합니다. 이 장에서 바로 배운 그것입니다. 다른 하나는 객체를 기반으로 하며, 이는 객체지향 프로그래밍(OOP)으로 알려진 패러다임까지 이어집니다. OOP는 새로운 타입을 정의하고 해당 타입에 대한 메서드 작성을 포함합니다. 이 책에서는 정수나 문자열 같은 데이터 타입을 사용하지만 OOP에 대해서는 달리 다루지 않을 것입니다. OOP에 대한 소개와 OOP의 실제 사례 연구에 관한 책으로 Eric Matthes의 <Python Crash Course, 2nd edition(No Starch Press, 2019)>을 추천합니다.

Chapter 7

파일 읽기와 쓰기

지금까지 input 함수를 사용해 모든 입력을 읽고 print 함수를 사용해 모든 출력을 작성했습니다. 이 함수들은 각각 표준 입력(디폴트: 키보드)에서 읽고 표준 출력(디폴트: 화면)에 씁니다. 입력 및 출력 리다이렉션을 사용하여 디폴트를 변경할 수 있지만 프로그램은 파일을 더 많이 제어해야 합니다. 예를 들어, 워드프로세서를 사용하면 표준 입력 및 표준 출력을 어지럽히지 않고도 원하는 문서 파일을 열고 원하는 이름의 파일을 작성할 수 있습니다.

이번 장에서는 텍스트 파일을 조작하는 프로그램 작성 방법을 배우고, 파일을 사용해 두 가지 문제를 해결할 것입니다. 에세이를 올바르게 형식화하기, 소에게 먹일 풀의 씨 파종하기 문제입니다.

문제 #16 Essay Formatting(에세이 형식)

지금부터 풀게 될 문제와 지금까지 해결한 문제들 사이에는 한 가지 중요한 차이점이 존재합니다. 이 문제는 특정 파일에서 읽고 쓸 것을 요구합니다! 문제 설명을 읽을 때 이것을 확인할 수 있습니다.

이 문제는 USACO 2020년 1월 경진대회 브론즈 부문에 출제된 Word Processor 문제로, USACO (USA Computing Olympiad) 심사위원이 쓴 책의 첫 번째 문제입니다. 문제를 확인하고 싶다면 USACO 사이트(http://usaco.org/)로 이동해서 CONTESTS를 클릭하고 2020 January Contest Results를 클릭한 후 Word Processor View problem을 클릭합니다.

• 도전 과제

베시는 에세이를 쓰고 있습니다. 에세이의 각 단어에는 소문자 또는 대문자만 포함됩니다. 그녀의 선생님은 한 줄에 쓸 수 있는 최대 문자 수(공백 제외)를 지정했습니다. 이 요구사항을 충족하기 위해 베시는 다음 규칙을 사용해서 에세이의 단어를 기록합니다.

  ⊚ 다음 단어가 현재 라인에 맞으면 현재 라인에 추가합니다. 한 라인 내 단어들 사이에 공백을 포함합니다.
  ⊚ 다음 단어가 현재 라인에 맞지 않으면 새 라인에 넣습니다. 이 라인은 새로운 현재 라인이 됩니다.

각 라인에 올바른 단어로 에세이를 출력하세요.

• 입력

word.in이라는 파일에서 입력을 읽습니다. 입력은 두 줄로 구성됩니다.

⊘ 첫 번째 라인에는 공백으로 구분된 두 개의 정수 n, k가 있습니다. n은 에세이 단어 수로, 1에서 100 사이 정수입니다. k는 한 줄에 표시될 수 있는 최대 문자 수(공백 제외)로, 1에서 80 사이 정수입니다.

⊘ 두 번째 라인에는 공백으로 구분된 n개의 단어가 있습니다. 각 단어는 최대 k개의 문자로 구성됩니다.

• 출력

word.out이라는 파일에 출력을 씁니다. 올바른 형식의 에세이를 출력합니다.

파일로 작업하기

Essay Formatting 문제는 word.in 파일에서 읽고 word.out 파일에 써야 합니다. 하지만 이러한 작업을 수행하기 전에 프로그램에서 파일을 여는 방법을 배워야 합니다.

• 파일 열기

텍스트 편집기를 사용하여 word.in이라는 새로운 파일을 만듭니다. 해당 파일을 파이썬 프로그램 파일인 .py 파일과 동일한 디렉터리에 넣으세요.

확장자가 .py가 아닌 .in으로 끝납니다. .py 이외의 파일을 만드는 것은 이번이 처음입니다. 파일 이름을 word.py가 아닌 word.in으로 지정합니다. in은 input의 줄임말로, 프로그램 입력 파일에서 이 확장자가 자주 사용되는 것을 볼 수 있습니다.

해당 파일에 Essay Formatting 문제에 대한 유효한 입력을 작성해 보겠습니다. 파일에 다음 내용을 입력합니다.

```
12 13
perhaps better poetry will be written in the language of digital computers
```

파일을 저장합니다.

파이썬에서 파일을 여는 데 open 함수를 사용할 수 있습니다. 이 함수에는 두 개의 인자를 전달합니다. 첫 번째는 파일 이름이고 두 번째는 파일을 여는 모드입니다. 모드에 따라 파일과 상호작용하는 방법이 결정됩니다. word.in을 여는 방법은 다음과 같습니다.

```
>>> open('word.in', 'r')
① <_io.TextIOWrapper name='word.in' mode='r' encoding='cp1252'>
```

함수 호출에서 'r' 모드를 전달했습니다. r은 '읽기'를 나타내며 파일을 열어 읽을 수 있습니다. 모드는 디폴트가 'r'인 선택적 변수이므로 원하는 경우 생략할 수 있습니다. 하지만 일관성을 위해 책 전체에서 'r'을 명시적으로 전달하겠습니다.

open을 사용할 때 파이썬은 파일이 어떻게 열려 있는지에 대한 정보를 제공합니다①. 예를 들어, 파일 이름과 모드를 확인할 수 있습니다. 인코딩에 대한 비트는 파일이 디스크에 저장된 상태에서 우리가 읽을 수 있는 형태로 디코딩된 방식을 나타냅니다. 파일은 다양한 인코딩을 사용해서 인코딩할 수 있지만, 이 책에서는 인코딩을 걱정하지 않아도 됩니다.

존재하지 않는 파일을 읽기 위해 파일을 열려고 시도하면 오류가 발생합니다.

```
>>> open('blah.in', 'r')
Traceback (most recent call last):
  File "<stdin>", line 1, in <module>
FileNotFoundError: [Errno 2] No such file or directory: 'blah.in'
```

word.in을 열 때 이 오류가 발생하면 파일 이름이 올바르게 지정되었는지, 또는 파이썬을 시작한 디렉터리에 해당 파일이 존재하는지 다시 한번 확인하세요.

읽기를 위한 'r' 모드 이외에도 쓰기를 위한 'w' 모드가 있습니다. 'w' 모드를 사용하면 파일을 열어 텍스트를 넣을 수 있습니다.

'w' 모드를 사용할 때는 주의해야 합니다. 이미 존재하는 파일에 'w'를 사용하면 해당 파일의 내용이 삭제됩니다. 방금 실수로 word.in 파일을 'w' 모드로 열었다면 내용이 삭제되었겠지만, 이 정도 파일은 다시 만들기 어렵지 않기 때문에 별 문제가 되지 않을 것입니다. 그러나 실수로 중요한 파일을 덮어쓴다면 큰 문제가 될 수 있습니다.

존재하지 않는 파일 이름에 'w' 모드를 사용하면 빈 파일이 생성됩니다.

'w' 모드를 사용해서 blah.in이라는 빈 파일을 생성해 보겠습니다.

```
>>> open('blah.in', 'w')
<_io.TextIOWrapper name='blah.in' mode='w' encoding='cp1252'>
```

이제 blah.in 파일이 존재하므로 오류 없이 해당 파일을 'r' 모드로 열 수 있습니다.

```
>>> open('blah.in', 'r')
<_io.TextIOWrapper name='blah.in' mode='r' encoding='cp1252'>
```

우리가 계속 보고 있는 _io.TextIOWrapper는 무엇일까요? 다음은 open 함수가 반환하는 값의 타입입니다.

```
>>> type(open('word.in', 'r'))
<class '_io.TextIOWrapper'>
```

이 타입을 파일의 타입으로 생각하세요. 이것은 열린 파일을 나타내는데, 호출할 수 있는 메서드들을 가지고 있습니다.

다른 함수와 마찬가지로 open 함수가 반환하는 것을 변수에 할당하지 않으면 그 반환 값을 잃게 됩니다. 지금까지 open 함수를 호출한 방식은 우리가 연 파일을 참조할 방법을 제공하지 않았습니다! 열린 파일을 참조하는 변수를 만드는 방법은 다음과 같습니다.

```
>>> input_file = open('word.in', 'r')
>>> input_file
<_io.TextIOWrapper name='word.in' mode='r' encoding='cp1252'>
```

input_file을 사용해 word.in 파일에서 읽어 올 수 있습니다. Essay Formatting 문제를 해결할 때 word.out 파일에 쓰는 방법도 필요합니다. 다음은 이 작업을 돕는 변수입니다.

```
>>> output_file = open('word.out', 'w')
>>> output_file
<_io.TextIOWrapper name='word.out' mode='w' encoding='cp1252'>
```

• 파일에서 읽기

열린 파일에서 한 줄을 읽으려면 readline 메서드를 사용합니다. 이 메서드는 파일의 다음 라인을 읽어서 반환합니다. 그런 면에서 input 함수와 유사합니다. 그러나 input 함수와 달리 readline은 표준 입력이 아닌 파일에서 읽습니다.

word.in 파일을 열고 두 개의 라인을 읽어 보겠습니다.

```
>>> input_file = open('word.in', 'r')
>>> input_file.readline()
'12 13\n'
>>> input_file.readline()
'perhaps better poetry will be written in the language of digital computers\n'
```

여기서 예상치 못한 것은 문자열의 끝에 있는 \n입니다. 입력을 사용해 라인을 읽을 때는 보이지 않았던 것입니다. 문자열의 \ 기호는 이스케이프 문자이며, 그것은 문자의 표준 해석에서 벗어나 그 의미를 변경합니다. \n을 두 개의 개별 문자 \와 n으로 취급하지 않고 하나의 문자, 즉 개행문자(줄 바꿈 문자)로 취급합니다. 마지막을 제외하고 파일의 모든 라인은 개행문자로 끝납니다. 만약 각 라인이 개행문자로 끝나지 않으면 모든 것이 한 줄에 표시됩니다! readline 메서드는 말 그대로 라인을 종료하는 개행문자를 포함하여 전체 라인을 모두 제공합니다.

다음은 직접 개행문자를 삽입하는 방법입니다.

```
>>> 'one\ntwo\nthree'
'one\ntwo\nthree'
>>> print('one\ntwo\nthree')
one
two
three
```

파이썬 쉘은 이스케이프 문자를 처리하지 않지만 print 함수는 이스케이프 문자를 처리합니다.

일련의 \n은 여러 줄을 추가하는 데 도움이 되기 때문에 문자열에서 유용합니다. 그러나 파일에서 읽어 오는 라인에는 이러한 줄 바꿈이 필요하지 않습니다. 줄 바꿈을 없애기 위해 문자열의 rstrip 메서드를 사용할 수 있습니다. 이 메서드는 문자열의 오른쪽에서만 공백을 제거한다는 점을 제외하면 strip 메서드와 비슷합니다. 줄 바꿈은 공백과 마찬가지입니다.

```
>>> 'hello\nthere\n\n'
'hello\nthere\n\n'
>>> 'hello\nthere\n\n'.rstrip()
'hello\nthere'
```

파일에서 다시 읽어 보겠습니다. 이번에는 줄 바꿈을 제거합니다.

```
>>> input_file = open('word.in', 'r')
>>> input_file.readline().rstrip()
'12 13'
>>> input_file.readline().rstrip()
'perhaps better poetry will be written in the language of digital computers'
```

두 줄을 읽었으므로 파일에서 읽을 것이 남아 있지 않습니다. readline 메서드는 빈 문자열을 반환하여 이를 알립니다.

```
>>> input_file.readline().rstrip()
''
```

빈 문자열은 파일의 끝에 도달했음을 의미합니다. 줄을 다시 읽으려면 파일을 다시 열어 처음부터 시작해야 합니다.

이번에는 변수를 사용해서 각 라인을 저장해 보겠습니다.

```
>>> input_file = open('word.in', 'r')
>>> first = input_file.readline().rstrip()
>>> second = input_file.readline().rstrip()
>>> first
'12 13'
>>> second
'perhaps better poetry will be written in the language of digital computers'
```

파일에서 모든 라인을 읽어야 한다면, 얼마나 많은 라인이 있는지와 상관없이 for 루프를 사용할 수 있습니다. 파이썬의 파일은 일련의 라인들로 인식되기 때문에 문자열과 리스트를 반복하는 것처럼 반복할 수 있습니다.

```
>>> input_file = open('word.in', 'r')
>>> for line in input_file:
...     print(line.rstrip())
...
12 13
perhaps better poetry will be written in the language of digital computers
```

그러나 문자열이나 루프와 달리 파일은 두 번 반복할 수 없습니다. 첫 번째 반복에서 파일의 끝으로 이동하므로 다시 시도하면 아무것도 얻지 못합니다.

```
>>> for line in input_file:
...     print(line.rstrip())
...
```

열린 파일 input_file의 각 라인을 출력하는 데 while 루프를 사용하려고 합니다.(Essay Formatting 문제와 관련되지 않은 파일이라면 무엇을 사용하든 괜찮습니다.) 다음 중 이 작업을 올바르게 수행하는 코드는 무엇일까요?

Ⓐ
```
while input_file.readline() != '':
    print(input_file.readline().rstrip())
```

Ⓑ
```
line = 'x'
while line != '':
    line = input_file.readline()
    print(line.rstrip())
```

Ⓒ
```
line = input_file.readline()
while line != '':
    line = input_file.readline()
    print(line.rstrip())
```

Ⓓ 위 사항 모두

Ⓔ 위에 해당 사항이 없음.

답을 확인하기 전에 텍스트 라인이 4~5줄 있는 파일을 만들고, 해당 파일로 각 코드를 시도해 보기 바랍니다. 또한 출력되는 각 라인의 시작 부분에 * 기호 같은 문자를 추가하여 빈 줄을 볼 수도 있습니다.

답 Ⓔ
각 항목의 코드에는 미묘한 오류가 존재합니다.
코드 A는 모든 다음 라인(짝수 라인)만을 출력합니다. 예를 들면, while 루프의 Boolean 표현식은 첫 번째 라인을 읽지만 변수에 할당되지 않기 때문에 손실됩니다. 그리고 반복 블록 안에서 파일의 두 번째 라인을 출력하는 식으로 진행됩니다.
코드 B는 제대로 된 동작에 매우 가깝습니다. 파일의 모든 라인을 출력하지만 마지막에 불필요한 라인도 함께 출력합니다.
코드 C는 파일의 첫 번째 줄을 출력하지 못합니다. 루프 전에 첫 번째 라인을 읽고, 루프가 첫 번째 줄을 출력하지 않고 두 번째 줄을 읽기 때문입니다. 또한 코드 B와 마찬가지로 끝에 불필요한 빈 줄이 출력됩니다.
각 줄을 읽고 출력하는 올바른 코드는 다음과 같습니다.

```
line = input_file.readline()
while line != '':
    print(line.rstrip())
    line = input_file.readline()
```

• 파일에 쓰기

열린 파일에 한 줄을 쓸 때 파일의 write 메서드를 사용합니다. 문자열을 전달하면 해당 문자열이 파일 끝에 추가됩니다.

Essay Formatting 문제를 해결하기 위해 word.out 파일에 쓸 것입니다. 아직 이 문제를 해결할 준비가 되지 않았으므로 word.out 파일 대신 blah.out 파일에 써 보겠습니다. 이 파일에 텍스트 라인 한 줄을 작성하는 방법은 다음과 같습니다.

```
>>> output_file = open('blah.out', 'w')
>>> output_file.write('hello')
5
```

5는 무엇일까요? write 메서드는 파일에 쓴 문자의 수를 반환합니다. 이는 우리가 전달한 텍스트를 파일에 작성했다는 것을 확인하는 데 유용합니다.

텍스트 편집기에서 blah.out 파일을 열면 거기에 hello라는 텍스트가 표시되어야 합니다.

다음과 같이 파일에 3줄을 적어 보겠습니다.

```
>>> output_file = open('blah.out', 'w')
>>> output_file.write('sq')
2
>>> output_file.write('ui')
2
>>> output_file.write('sh')
2
```

지금까지 말한 내용을 바탕으로 blah.out 파일을 열면 다음과 같을 것이라 예상할지도 모릅니다.

```
sq
ui
sh
```

그러나 blah.out 파일을 텍스트 편집기에서 열면 다음과 같이 나타납니다.

```
squish
```

write 메서드는 줄 바꿈을 추가해 주지 않기 때문에 모든 문자가 한 라인에 쓰입니다! 별도의 라인에 쓰이길 원한다면 다음과 같이 명시적으로 적어 주어야 합니다.

```
>>> output_file = open('blah.out', 'w')
>>> output_file.write('sq\n')
3
>>> output_file.write('ui\n')
3
>>> output_file.write('sh\n')
3
```

write 메서드에 두 개의 문자가 아닌 세 개의 문자를 전달한다는 점에 주목하세요. 줄 바꿈은 하나의 문자로 계산됩니다. 이제 텍스트 편집기에서 blah.out 파일을 열면 텍스트가 3줄에 걸쳐 존재하는 것을 볼 수 있을 것입니다.

```
sq
ui
sh
```

print와 달리 write는 문자열로 호출한 경우에만 동작합니다. 파일에 숫자를 쓰려면 그 전에 먼저 숫자를 문자열로 변환하세요.

```
>>> num = 7788
>>> output_file = open('blah.out', 'w')
>>> output_file.write(str(num) + '\n')
5
```

〈파일 닫기〉

가독성을 높이기 위해 작업이 끝나면 파일을 닫음으로써 파일이 더 이상 필요하지 않다는 것을 알리는 것이 좋습니다.

또한 파일을 닫으면 운영체제가 컴퓨터 리소스를 관리하는 데 도움이 됩니다. write 메서드를 사용할 때 작성한 내용이 파일에 즉시 저장되지 않을 수 있습니다. 파이썬이나 운영체제는 write 요청을 그때 그때 처리하기보다는 write 요청이 많이 있을 때까지 기다렸다가 한번에 처리할 것입니다. 작성한 파일을 닫으면 파일에 작성한 내용이 안전하게 저장됩니다.

파일을 닫으려면 close 메서드를 호출하세요. 다음은 파일을 열고 하나의 라인을 읽고 닫는 예입니다.

```
>>> input_file = open('word.in', 'r')
>>> input_file.readline()
'12 13\n'
>>> input_file.close()
```

파일을 닫으면 더 이상 파일을 읽거나 쓸 수 없습니다.

```
>>> input_file.readline()
Traceback (most recent call last):
  File "<stdin>", line 1, in <module>
ValueError: I/O operation on closed file.
```

문제 풀기

Essay Formatting 문제로 돌아가겠습니다. 이제 word.in 파일에서 읽고 word.out 파일에 쓰는 방법을 알게 되었습니다. 이것으로 입력과 출력 요구사항을 처리합니다. 이제 문제 자체를 해결해야 할 때입니다.

문제를 해결하는 방법을 알고 있는지 확인하기 위해 테스트 케이스를 탐구하는 것으로 시작하겠습니다. 그런 다음 코드를 볼 것입니다.

• 테스트 케이스 탐구

다음은 word.in 파일입니다.

```
12 13
perhaps better poetry will be written in the language of digital computers
```

12개의 단어가 있고, 한 라인당 최대 문자 수(공백 제외)는 13개입니다. 문자 수가 13개가 될 때까지는 현재 라인에 단어를 추가해야 합니다. 단어의 문자 수가 너무 많으면 해당 단어로 새로운 라인을 시작합니다. 단어 perhaps는 7개의 문자를 가지고 있으므로 첫 번째 라인에 맞습니다. 이어서 단어 better는 6개의 문자를 가집니다. 여전히 perhaps가 있는 첫 번째 라인에 넣을 수 있습니다. better

까지 넣고 나면 이제 총 13개의 문자가 됩니다.(두 단어 사이의 공백은 제외합니다.)

단어 poetry는 첫 번째 라인에 들어갈 수 없으므로 poetry를 첫 단어로 한 새로운 라인을 시작합니다. 단어 will은 두 번째 라인에서 poetry 다음 위치에 놓을 수 있습니다. 마찬가지로 be는 will 옆에 놓을 수 있습니다. 지금까지 두 번째 라인은 공백이 아닌 문자 12개를 가지게 되었습니다. 이제 written이라는 단어를 넣을 차례인데, 두 번째 라인에는 문자를 하나만 더 기록할 수 있기 때문에 written을 첫 번째 단어로 하는 새로운 라인을 시작해야 합니다.

이 과정을 끝까지 따라 한 후 word.out 파일에 작성되는 전체 에세이는 다음과 같습니다.

```
perhaps better
poetry will be
written in the
language of
digital
computers
```

· 코드

코드 7-1은 Essay Formatting 문제를 해결하는 코드입니다.

```
코드 7-1: Essay Formatting 풀이
① input_file = open('word.in', 'r')
② output_file = open('word.out', 'w')

③ lst = input_file.readline().split()
  n = int(lst[0]) # 실제로 사용되지는 않는 변수임.
  k = int(lst[1])
  words = input_file.readline().split()

④ line = ''
  chars_on_line = 0

  for word in words:
    ⑤ if chars_on_line + len(word) <= k:
        line = line + word + ' '
        chars_on_line = chars_on_line + len(word)
    else:
        ⑥ output_file.write(line[:-1] + '\n')
```

```
        line = word + ' '
        chars_on_line = len(word)

⑦ output_file.write(line[:-1] + '\n')

  input_file.close()
  output_file.close()
```

시작을 위해 입력 파일①과 출력 파일②을 엽니다. 파일을 여는 모드에 유의하세요. 읽기용인 'r' 모드로 입력 파일을 열고, 쓰기용인 'w' 모드로 출력 파일을 엽니다. 출력 파일은 사용하기 직전에, 즉 나중에 열어도 되지만, 프로그램의 구성을 단순화하기 위해 여기에서 두 파일을 모두 열었습니다.

마찬가지로 파일이 더 이상 필요하지 않으면 즉시 닫을 수 있지만, 이 책에서는 프로그램이 끝날 때 모든 파일을 함께 닫도록 했습니다. 많은 파일을 조작하는 장기 프로그램의 경우에는 파일이 필요할 때만 열어 두는 것이 좋습니다.

다음으로 입력 파일의 첫 번째 라인을 읽습니다③. 이 라인에는 공백으로 구분된 두 개의 정수가 있습니다. n은 단어의 수이고, k는 한 라인에 허용되는 최대 문자의 개수(공백 제외)입니다. 공백으로 구분된 값에는 항상 그렇듯이 split을 사용합니다. 그런 다음 에세이 단어가 포함된 두 번째 라인을 읽습니다. 다시 split을 사용해서 단어의 문자열을 단어의 리스트로 분할합니다. 입력을 처리했습니다.

line과 chars_on_line이라는 두 변수가 프로그램의 주요 부분을 구동합니다. line은 현재 라인을 참조합니다. 이 변수를 빈 문자열로 초기화하는 것으로 시작합니다④. chars_on_line은 현재 라인에서 공백을 제외한 문자의 수를 나타냅니다.

왜 이렇게 chars_on_line을 사용하는지 궁금할 수도 있습니다. 그 대신 len(line)을 사용하면 안 될까요? 글쎄요, 그렇게 한다면 문자 수에 공백을 포함하게 될 것입니다. 공백은 한 라인에 허용되는 문자 수에 포함되지 않습니다. 물론 공백 수를 빼서 이 문제를 해결할 수 있습니다. chars_on_line 변수를 그대로 두는 것보다 직관적인 방법이라면 직접 시도해 보는 것도 좋을 것입니다.

이제 모든 단어를 반복해야 합니다. 각 단어를 현재 라인에 넣을지 새로운 다음 라인에 넣을지 결정해야 합니다.

현재 라인에서 공백이 아닌 문자의 수와 현재 단어의 문자 수의 합이 k 이하라면 단어는 현재 라인에 넣기 적합한 것입니다⑤. 이 경우 현재 라인에 단어와 공백을 추가합니다. 그리고 공백이 아닌 문자의 수를 업데이트합니다.

그렇지 않으면 단어가 현재 라인에 맞지 않는 것으로, 현재 라인은 완료되었습니다! 따라서 출력 파일에 완료된 라인을 쓰고⑥ 변수 line과 chars_on_line을 업데이트하여 새로운 현재 라인에는 이 단어가 유일한 단어임을 반영합니다.

write 함수 호출에 두 가지 주의할 점이 있습니다⑥. 첫째, 마지막 단어 뒤에 오는 공백을 출력하지 못하도록 방지하기 위해 문자열을 [:-1]로 잘라 냅니다. 둘째, 여기서 다음과 같이 f-string을 사용할 수 있을 것이라고 예상했을 것입니다.

```
output_file.write(f'{line[:-1]}\n')
```

그러나 이 책을 집필하는 시점에 USACO 평가 사이트는 f-string을 지원하지 않는 버전(2.6 이전 버전)의 파이썬을 실행하고 있었습니다.

루프가 끝난 후에 line을 출력⑦하는 이유는 무엇일까요? 그 이유는 for 루프의 각 반복에서는 단어가 남은 문자 수를 넘어설 경우를 제외하고는 각 라인의 문자 제한을 채우지 못하는 경우가 없음을 보장하기 때문입니다. 우리가 처리하는 각 단어에 어떤 일이 일어나는지 생각해 보세요. 현재 단어가 현재 라인에 맞으면 아무것도 출력하지 않습니다. 현재 단어가 현재 라인에 맞지 않으면 현재 라인을 출력하지만, 다음 라인의 단어는 출력하지 않습니다. 따라서 마지막 라인은 루프 이후에 별도로 출력 파일에 쓰는 처리를 해야 합니다⑦. 그렇지 않으면 에세이의 마지막 라인이 손실됩니다.

마지막으로 두 파일을 닫습니다.

화면이 아닌 파일에 쓸 때 한 가지 단점은 프로그램 실행 시 출력이 표시되지 않는다는 점입니다. 출력을 보기 위해서는 텍스트 편집기에서 출력 파일을 열어야 합니다.

여기에는 팁이 있습니다. 모든 출력이 화면에 출력되도록 write 함수 대신 print 함수를 사용해 프로그램을 개발하세요. 그러면 프로그램에서 오류를 더 쉽게 찾을 수 있고 코드와 출력 파일 사이를 왔다 갔다 하지 않아도 됩니다. 코드가 완성되고 나면 print 호출을 write 호출로 변경하세요. 그런 다음 파일에 모든 것이 잘 쓰였는지 확인하기 위한 약간의 테스트를 수행하면 됩니다.

이제 코드를 USACO 평가 사이트에 제출할 준비가 되었습니다. 코드를 전송하세요! 모든 테스트 케이스에서 통과하는 것을 볼 수 있을 것입니다.

문제 #17 Farm Seeding(파종)

루프를 사용하여 파일에서 지정된 수의 라인을 읽을 수 있습니다. Farm Seeding 문제에서 이를 수행하는데, 표준 입력에서 읽기 위해 input을 사용하는 루프와 유사하다는 것을 알 수 있을 것입니다.

6장에서 Action Figures 문제를 풀면서 함수를 이용한 하향식 설계에 대해 배웠습니다. 하향식 설계는 문제를 해결하기 위해 여러 함수를 구성하는 중요한 기술입니다. 파일에 대해서는 더 이상 할 말이 없기 때문에 이번에는 다른 평가 사이트에 있는 하향식 설계 문제를 선택했습니다.

이것은 도전적인 문제입니다. 먼저 문제에서 무엇을 요구하는지 정확히 이해해야 합니다. 그런 다음 문제를 해결하는 방법을 개발하고 만들어진 솔루션이 정확한지 신중하게 검토해야 합니다.

이 문제는 USACO 2019년 2월 경진대회 브론즈 부문에 출제된 Great Revegetation 문제입니다.

• 도전 과제

농부인 존에게는 n개의 목초지가 있습니다. 존은 목초지 전체에 씨를 뿌리고 싶어 합니다. 목초지는 1, 2, …, n으로 숫자가 매겨져 있습니다. 그리고 존은 4가지 종류 풀의 씨를 가지고 있는데, 씨는 각각 1, 2, 3, 4로 번호가 매겨져 있습니다. 각 목초지마다 한 가지 유형의 씨를 선택해 뿌릴 것입니다.

또한 존은 m마리의 소를 키우고 있습니다. 소들은 각자 좋아하는 두 개의 목초지가 있는데, 자신이 가장 좋아하는 두 목초지에만 관심이 있고 다른 목초지에는 관심이 없습니다. 소의 건강한 식단을 위해 각 소가 좋아하는 두 목초지에는 서로 다른 종류의 풀이 있어야 합니다. 예를 들면, 어떤 소가 좋아하는 목초지 중 하나에 풀 유형 1이 있고 다른 하나에 풀 유형 4가 있으면 괜찮지만 두 목초지 모두에 풀 유형 1이 있으면 안 됩니다.

어떤 목초지를 1마리 이상의 소가 좋아할 수도 있지만 그 목초지를 좋아하는 소의 수는 최대 3마리입니다. 다시 말해, 각 목초지마다 해당 목초지를 좋아하는 소는 3마리 이하입니다.

각 목초지에서 사용할 풀 유형을 결정하세요. 풀 유형 1~4를 사용해야 하며, 각 소가 좋아하는 두 목초지에 심은 풀 유형은 달라야 합니다.

• 입력

revegetate.in이라는 파일에서 입력을 읽습니다.

입력은 다음 라인으로 구성됩니다.

⊘ 목초지의 수 n과 소의 수 m을 포함하는 라인입니다. n은 2와 100 사이의 정수이며, m은 1과 150 사이의 정수입니다. n과 m은 공백으로 구분되어 있습니다.

⊘ 한 라인당 한 마리의 소가 좋아하는 두 목초지 번호로 구성된 총 m개의 라인입니다. 목초지 번호는 1과 n 사이의 정수이며 공백으로 구분됩니다.

• 출력

revegetate.out이라는 파일에 출력을 씁니다.

목초지에 파종하는 유효한 방법을 출력하세요. 출력은 한 줄이며, 거기에는 n개의 목초지에 심은 풀 유형이 각각 '1', '2', '3', '4'라는 문자로 나타납니다. 첫 번째 문자는 목초지 1에 심은 풀 유형, 두 번째 문자는 목초지 2에 심은 풀 유형, …, n번째 문자는 목초지 n에 심은 풀 유형입니다.

이 n개의 문자를 n 자릿수의 정수로 해석할 수 있습니다. 즉, 문자 5개로 된 풀 유형이 '11123'인 경우, 이를 정수 11123으로 해석할 수 있습니다.

이러한 정수 해석은 출력할 대상을 선택할 때 적용됩니다. 목초지에 씨를 뿌리는 방법이 여러 개일 경우, 정수로 해석해 가장 작은 것을 출력해야 합니다. 예를 들어, '11123'과 '22123'이 모두 유효한 방법이라면 11123이 22123보다 작기 때문에 문자열 '11123'을 출력합니다.

테스트 케이스 탐구

이 문제에 대한 솔루션에 도달하기 위해 하향식 설계를 사용하겠습니다. 테스트 케이스를 통해 작업을 하면 작업을 식별하는 데 도움이 될 것입니다.

다음은 테스트 케이스입니다.

```
8 6
5 4
2 4
3 5
4 1
2 1
5 2
```

테스트 케이스의 첫 번째 줄은 1부터 8까지 번호가 매겨진 8개의 목초지와 6마리의 소가 있음을 알려 줍니다. 이 문제에서 소에는 따로 번호를 지정하지 않으므로 0부터 시작해 번호를 매기겠습니다. 각 소가 가장 좋아하는 두 목초지를 쉽게 참조할 수 있도록 표로 만들었습니다.

표 7-1 Farm Seeding 예, 각 소가 좋아하는 목초지

소	소가 좋아하는 목초지 A	소가 좋아하는 목초지 B
0	5	4
1	2	4
2	3	5

3	4	1
4	2	1
5	5	2

이 문제에서 우리는 n개의 결정을 내려야 합니다. 목초지 1에 어떤 유형의 풀을 심어야 할까요? 목초지 2에는 어떤 유형의 풀을 심어야 할까요? 목초지 3? 목초지 4? 이렇게 계속해서 목초지 n까지 결정해야 합니다. 이러한 종류의 문제에 대한 한 가지 전략은 어느 것에도 실수하지 않고 한 번에 하나의 결정을 내리는 것입니다. 만약 n번의 결정을 끝내고 도중에 실수를 하지 않았다면, 이 솔루션은 정확해야 합니다.

1에서 8까지의 목초지를 살펴보면서 각각의 풀 유형을 지정할 수 있는지 확인해 보겠습니다. 숫자로 해석될 때 가장 작은 풀 유형들로 끝낼 수 있도록 작은 숫자의 풀 유형을 선택하는 데 우선순위를 두어야 합니다.

목초지 1을 위해 어떤 풀을 선택해야 할까요? 1번 목초지에 관심이 있는 소는 소 3과 소 4뿐이므로, 이 두 가지에만 집중하겠습니다. 만일 이 소들의 목초지에 풀 유형을 선택했다면, 목초지 1에 대한 선택에 신중을 기해야 할 것입니다. 물론 어떤 소에게도 같은 종류의 풀이 심어진 목초지를 주고 싶지 않겠지만, 만약 그렇게 한다면 문제의 규칙에 어긋납니다! 아직 풀 유형을 선택하지 않았으므로 목초지 1에 대해 무엇을 선택하든 잘못될 수 없지만, 가장 작은 풀 유형을 원하기 때문에 풀 유형 1을 선택하겠습니다.

풀 유형의 결정을 표에 수집하겠습니다. 다음은 방금 내린 결정을 표에 수집한 것입니다.

목초지(Pasture)	풀 유형(Grass type)
1	1

계속 진행해 보겠습니다. 목초지 2에는 어떤 유형의 풀을 선택해야 할까요? 목초지 2에 관심이 있는 소는 소 1, 소 4, 소 5이므로 이 소들에 집중하겠습니다. 소 4의 목초지 중 하나가 목초지 1이고, 그 목초지에 대해 풀 유형 1을 선택했으므로 목초지 2에 사용할 수 있는 풀 유형에서 유형 1이 제거되었습니다. 만약 목초지 2에 풀 유형 1을 사용하면 소 4에게 동일한 유형의 풀을 가진 두 개의 목초지가 제공되는 것이기 때문에 이는 규칙을 위반하는 것입니다.

그러나 소 1과 소 5 때문에 제거되는 다른 풀 유형은 없습니다. 아직 이들이 좋아하는 목초지에 사용할 풀 유형을 선택하지 않았기 때문입니다. 따라서 사용 가능한 가장 작은 번호의 유형인 풀 유형 2를 선택합니다. 지금까지 선택한 것은 다음과 같습니다.

목초지(Pasture)	풀 유형(Grass type)
1	1
2	2

목초지 3에는 어떤 유형의 풀을 선택해야 할까요? 목초지 3에 관심이 있는 소는 소 2뿐입니다. 소 2가 좋아하는 목초지는 목초지 3과 목초지 5입니다. 아직 목초지 5에 풀 유형을 할당하지 않았기 때문에 해당 소에게 할당하지 말아야 할 풀 유형은 없습니다! 가장 작은 수를 얻기 위해 목초지 3에 풀 유형 1을 사용합니다. 다음은 지금까지의 결정을 추적한 표입니다.

목초지(Pasture)	풀 유형(Grass type)
1	1
2	2
3	1

여기서 하향식 설계의 구체화된 세 가지 작업을 생각해 볼 수 있습니다. 먼저 현재 목초지를 좋아하는 소를 구해야 합니다. 둘째, 소들이 좋아하는 목초지에 할당할 수 없는, 제외 대상인 풀 유형을 결정해야 합니다. 셋째, 제거되지 않은 가장 작은 번호를 가진 유형의 풀을 선택해야 합니다. 이들 각각은 함수의 주요 후보들입니다.

계속해 보겠습니다. 목초지 4를 좋아하는 세 마리의 소(소 0, 소 1, 소 3)가 있습니다. 소 0의 목초지에 풀 유형을 아직 할당하지 않았기 때문에 제거할 풀 유형은 없습니다. 소 1은 풀 유형 2를 목초지 2에 이미 할당했기 때문에 풀 유형 2를 제거합니다. 그리고 소 3은 풀 유형 1을 이미 목초지 1에 할당했기 때문에 풀 유형 1을 제거합니다. 사용 가능한 가장 작은 번호의 유형은 풀 유형 3이므로 목초지 4에 풀 유형 3을 할당할 수 있습니다.

목초지(Pasture)	풀 유형(Grass type)
1	1
2	2
3	1
4	3

목초지 5로 가겠습니다. 목초지 5를 좋아하는 소는 소 0, 소 2, 소 5입니다. 소 0은 풀 유형 3을 할당에서 제거합니다. 소 2는 풀 유형 1을 할당에서 제거합니다. 소 5는 풀 유형 2를 제거합니다. 따라서 풀 유형 1, 2, 3은 할당에서 제외됩니다. 유일하게 선택할 수 있는 것은 풀 유형 4입니다.

십년감수했습니다! 할당할 수 있는 풀 유형이 거의 다 떨어졌습니다. 운 좋게도 목초지 5를 좋아하면서 유형 4의 풀을 제거하게 만드는 다른 소가 없었습니다.

하지만, 이것은 전혀 운이 아닙니다. 문제 설명에서 다음과 같은 구절이 있었기 때문입니다. '각 목초지마다 해당 목초지를 좋아하는 소는 3마리 이하입니다.' 이것은 각 목초지에 대해 최대 3가지 유형의 풀만을 할당에서 제거할 수 있다는 것을 의미합니다. 최소 하나의 유형의 풀은 할당할 수 있습니다! 그렇기 때문에 과거의 결정이 다음 결정에 미치는 영향을 걱정할 필요조차 없습니다. 과거에 무엇을 할당했는지에 관계없이 4가지 풀 유형 중 하나는 언제든지 할당할 수 있습니다.

목초지 5에 대한 결정을 추적 표에 추가합니다.

목초지(Pasture)	풀 유형(Grass type)
1	1
2	2
3	1
4	3
5	4

살펴봐야 할 목초지가 세 군데 남았습니다. 그러나 어떤 소도 목초지 6, 7, 8을 좋아하지 않습니다. 따라서 각각의 목초지에 풀 유형 1을 할당할 수 있습니다. 이것은 표를 다음과 같이 만듭니다.

목초지(Pasture)	풀 유형(Grass type)
1	1
2	2
3	1
4	3
5	4
6	1
7	1
8	1

올바른 출력을 얻기 위해 표에서 풀 유형을 위에서 아래로 읽을 수 있습니다. 출력은 다음과 같습니다.

```
12134111
```

하향식 설계

완성해야 하는 작업에 대한 충분한 이해를 바탕으로 이 문제에 대한 하향식 설계를 살펴보겠습니다.

· 최상위 레벨

앞선 절에서 테스트 케이스를 통해 작업하면서 세 가지 작업을 발견했습니다. 프로그램이 이러한 작업을 처리하기 전에 입력을 읽어야 하므로, 이것이 네 번째 작업이 될 것입니다. 또한 출력을 작성해야 합니다. 이것도 나름의 고려와 몇 줄의 코드가 필요하므로 다섯 번째 작업이라고 하겠습니다.

다섯 가지 주요 작업은 다음과 같습니다.

1. 입력을 읽는다.
2. 현재 목초지를 좋아하는 소들을 식별한다.
3. 현재 목초지에 할당할 수 없는 풀 유형을 제거한다.
4. 현재 목초지에 심을 가장 작은 번호의 풀 유형을 선택한다.
5. 출력을 쓴다.

6장에서 Action Figures 문제를 풀 때 했던 것처럼 TODO 주석을 가진 코드로 시작하여 하나씩 풀면서 TODO를 제거해 가겠습니다. 우리는 대부분 주석으로 시작합니다. 파일을 시작할 때 열고 마지막에 닫아야 하므로 파일을 열고 닫는 코드도 추가하겠습니다.

다음 코드로 시작합니다.

```
# Main Program

input_file = open('revegetate.in', 'r')
output_file = open('revegetate.out', 'w')

# TODO: 입력을 읽는다.

# TODO: 목초지를 좋아하는 소들을 식별한다.

# TODO: 목초지에 할당할 수 없는 풀 유형을 제거한다.

# TODO: 목초지에 심을 가장 작은 번호의 풀 유형을 선택한다.

# TODO: 출력을 쓴다.
```

```
input_file.close()
output_file.close()
```

• 작업 1: 입력 읽기

정수 n과 m을 가진, 입력의 첫 번째 라인을 읽는 것은 바로 할 수 있는 일입니다. 함수가 필요 없을 정도로 직관적이니 직접 해보겠습니다. 다음으로 우리는 m마리 소에 대해서 각각의 소가 선호하는 목초지 정보를 읽어야 합니다. 여기에 아직 존재하지 않는 함수를 사용합니다. 이제 입력을 읽는 TODO를 제거하고 입력의 첫 번째 라인을 처리한 후 read_cows 함수를 호출해 보겠습니다.

```
# Main Program

input_file = open('revegetate.in', 'r')
output_file = open('revegetate.out', 'w')

# 입력을 읽는다.
lst = input_file.readline().split()
num_pastures = int(lst[0])
num_cows = int(lst[1])
① favorites = read_cows(input_file, num_cows)

# TODO: 목초지를 좋아하는 소들을 식별한다.

# TODO: 목초지에 할당할 수 없는 풀 유형을 제거한다.

# TODO: 목초지에 심을 가장 작은 번호의 풀 유형을 선택한다.

# TODO: 출력을 쓴다.

input_file.close()
output_file.close()
```

read_cows 함수는 이미 열려 있는 파일을 가져와 각 소가 가장 좋아하는 두 개의 목초지들을 읽습니다①. 이 함수는 리스트의 리스트를 반환하는데, 이는 소들이 좋아하는 두 개의 목초지를 담은 리스트를 항목으로 갖는 리스트입니다. 코드는 다음과 같습니다.

```
def read_cows(input_file, num_cows):
    """

    input_file은 읽기 모드로 열려 있는 파일입니다. 읽기를 시작하면 소의 정보가 읽혀야 합니다.
    num_cows는 소들의 수입니다.

    input_file에서 소가 좋아하는 목초지를 읽습니다.
    각 소가 좋아하는 목초지들의 리스트를 반환합니다.
    리스트 내 각 항목은 한 마리의 소가 가장 좋아하는 두 개의 목초지를 가진 리스트입니다.
    """
    favorites = []
    for i in range(num_cows):
      ① lst = input_file.readline().split()
        lst[0] = int(lst[0])
        lst[1] = int(lst[1])
      ② favorites.append(lst)
    return favorites
```

이 함수는 소들이 좋아하는 목초지들을 리스트 favorites에 추가합니다. 각 소에 대해 한 번씩, 즉 num_cows만큼 반복하는 범위 기반 for 루프를 사용해 작업을 수행합니다. 읽어 올 라인의 수는 파일에 기록된 소의 수에 따라 달라지기 때문에 루프가 필요합니다.

루프를 반복할 때마다 다음 줄을 읽고 두 개의 구성요소로 나눕니다①. 그런 다음 int를 사용해 구성요소를 문자열에서 정수로 변환합니다. 이 리스트를 favorites에 추가하면 두 개의 정수를 가진 리스트가 추가됩니다②.

마지막 일은 각 소가 좋아하는 목초지 정보를 항목으로 가지는 리스트를 반환하는 것입니다.

계속하기 전에 이 함수를 호출하는 방법을 잘 이해하고 있는지 확인해 보겠습니다. 우리가 만들고 있는 전체 프로그램과 별개로 함수 자체만 호출해 볼 것입니다. 이와 같은 테스트를 하면 코드 작성 도중에 마주치게 되는 오류를 조금 더 쉽게 수정할 수 있습니다.

텍스트 편집기로 다음 내용을 작성해 revegetate.in이라는 파일을 만듭니다.(앞서 살펴본 테스트 케이스와 동일합니다.)

```
8 6
5 4
2 4
3 5
```

```
4 1
2 1
5 2
```

이제 파이썬 쉘에서 read_cows 함수에 대한 코드를 입력합니다. read_cows를 호출하는 코드는 다음과 같습니다.

```
    >>> input_file = open('revegetate.in', 'r')
①  >>> input_file.readline()
    '8 6\n'
②  >>> read_cows(input_file, 6)
    [[5, 4], [2, 4], [3, 5], [4, 1], [2, 1], [5, 2]]
```

read_cows 함수는 소에 대한 정보만 읽습니다. 이 함수를 프로그램 외부에서 분리하여 테스트하고 있으므로 함수를 호출하기 전에 파일의 첫 번째 라인을 읽어야 합니다①. 그런 다음 read_cows를 호출하면 각 소가 가장 좋아하는 목초지를 제공하는 리스트가 반환됩니다. 또한 파일 이름이 아니라 열린 파일로 read_cows를 호출하고 있음에 주의하세요②.

read_cows 함수를 포함하여 우리가 작업을 구현하기 위해 작성하는 모든 함수를 # Main Program 주석 앞에 위치시킬 것입니다. 이제 두 번째 작업으로 넘어갑니다.

• 작업 2: 소 식별하기

Farm Seeding 문제를 해결하기 위한 전반적인 전략은 각 목초지를 차례로 고려하여 사용할 풀 유형을 결정하는 것입니다. 루프 내에서 이 작업을 구성하고 루프를 반복할 때마다 목초지 하나에 씨를 뿌려야 합니다. 각 목초지에 대해 목초지를 좋아하는 소를 식별하고 이미 사용된 풀 유형을 제거한 후, 가장 작은 번호의 풀 유형을 선택해야 합니다. 이 세 가지 작업은 각 목초지에 대해 실행되어야 하므로 루프 내에서 들여 쓰겠습니다.

현재 목초지에 관심이 있는 소를 알려 주는 cows_with_favorite라는 함수를 작성할 것입니다.

다음은 메인 프로그램입니다.

```
# Main Program

input_file = open('revegetate.in', 'r')
output_file = open('revegetate.out', 'w')
```

```
# 입력을 읽는다.
lst = input_file.readline().split()
num_pastures = int(lst[0])
num_cows = int(lst[1])
favorites = read_cows(input_file, num_cows)

for i in range(1, num_pastures + 1):

    # 목초지를 좋아하는 소들을 식별한다.
  ① cows = cows_with_favorite(favorites, i)

    # TODO: 목초지에 할당할 수 없는 풀 유형을 제거한다.

    # TODO: 목초지에 심을 가장 작은 번호의 풀 유형을 선택한다.

# TODO: 출력을 쓴다.

input_file.close()
output_file.close()
```

cows_with_favorite 함수는 각 소가 가장 좋아하는 목초지 정보가 담긴 리스트와 목초지 번호를 받아 해당 목초지를 좋아하는 소들을 반환합니다①. 코드는 다음과 같습니다.

```
def cows_with_favorite(favorites, pasture):
    """
    favorites는 read_cows 함수가 반환한 각 소가 좋아하는 목초지의 리스트입니다.
    pasture는 목초지 번호를 나타냅니다.

    현재 목초지를 좋아하는 소들의 리스트를 반환합니다.
    """
    cows = []
    for i in range(len(favorites)):
        if favorites[i][0] == pasture or favorites[i][1] == pasture:
            cows.append(i)
    return cows
```

이 함수는 favorites를 반복하여 특정 번호의 목초지를 좋아하는 소를 찾습니다. 해당 목초지를 좋아하는 소는 최종적으로 반환되는 리스트 cows에 추가됩니다.

약간의 테스트를 해보겠습니다. cows_with_favorite 함수를 파이썬 쉘에 입력하여 다음과 같이 호출합니다.

```
>>> cows_with_favorite([[5, 4], [2, 4], [3, 5]], 5)
```

세 마리의 소가 있습니다. 여기서는 그중 어떤 소들이 목초지 5를 좋아하는지를 묻고 있습니다. 인덱스 0과 2에 있는 소가 목초지 5를 좋아합니다. 다음은 함수의 결과입니다.

```
[0, 2]
```

• 작업 3: 풀 유형 제거

이제 특정 목초지별로 해당 목초지를 좋아하는 소들을 알게 되었습니다. 다음 단계는 이 소들을 통해 해당 목초지에 심지 말아야 하는 풀 유형을 파악하는 것입니다. 해당 목초지를 좋아하는 소들과 관련된 다른 목초지에서 사용된 풀 유형을 제거해야 합니다. 우리는 이미 사용된(따라서 현재 목초지에 사용할 풀 유형에서 제거해야 할) 풀들의 유형을 알려 주는 types_used 함수를 만들 것입니다.

다음은 types_used 함수에 대한 호출을 메인 프로그램에 적용하여 업데이트한 것입니다.

```
# Main Program

input_file = open('revegetate.in', 'r')
output_file = open('revegetate.out', 'w')

# 입력을 읽는다.
lst = input_file.readline().split()
num_pastures = int(lst[0])
num_cows = int(lst[1])
favorites = read_cows(input_file, num_cows)

①pasture_types = [0]
```

```
for i in range(1, num_pastures + 1):

    # 목초지를 좋아하는 소들을 식별한다.
    cows = cows_with_favorite(favorites, i)

    # 목초지에 할당할 수 없는 풀 유형을 제거한다.
  ② eliminated = types_used(favorites, cows, pasture_types)

    # TODO: 목초지에 심을 가장 작은 번호의 풀 유형을 선택한다.

# TODO: 출력을 쓴다.

input_file.close()
output_file.close()
```

types_used 함수를 호출②하는 것 외에 pasture_types 변수도 추가했습니다①. 이 변수가 참조하는 리스트는 각 목초지의 풀 유형을 추적할 것입니다.

목초지는 1부터 번호가 매겨진다는 것을 기억하세요. 반면 파이썬 리스트는 0부터 인덱스가 시작합니다. 이런 불일치는 좋지 않습니다. pasture_types에 풀 유형을 그냥 그대로 추가한다면, 목초지 1은 인덱스 0에 존재하고 목초지 2는 인덱스 1에 존재하는 식으로 항상 1씩 차이가 나게 됩니다. 그래서 제일 앞인 인덱스 0에 가짜로 목초지 0을 추가했습니다. 나중에 목초지 1에 풀 유형을 추가하면 인덱스 1에 위치하게 될 것입니다.

처음 4개의 목초지에 대한 풀 유형을 알아냈다고 가정해 보겠습니다. 다음은 그 시점에서 pasture_types가 어떻게 보일 것인지를 나타냅니다.

```
[0, 1, 2, 1, 3]
```

목초지 1에 심을 풀 유형을 알고 싶다면 인덱스 1을 보고, 목초지 2의 풀 유형을 알고 싶다면 인덱스 2를 보면 되는 식입니다. 목초지 5의 풀 유형을 알고 싶다면 어떨까요? 아직은 알아내지 못했기 때문에 얻을 수 있는 값이 없습니다. 목초지가 5개인데 아직까지는 처음 4개의 목초지에 대해서만 풀 유형을 파악했다는 것입니다. 여기서 일반적으로 우리가 알아낸 풀 유형의 개수는 리스트 길이보다 하나 작다는 것을 기억하세요.

이제 types_used 함수를 사용할 준비가 되었습니다. 여기에는 세 가지 매개변수가 필요합니다. 각 소가 가장 좋아하는 목초지의 리스트, 현재 목초지를 좋아하는 소들의 리스트, 지금까지 각 목초지에 대해 선택된 풀 유형이 그것입니다. 이 함수는 이미 사용되어 현재 목초지에 심을 수 없는 풀 유형의 리스트를 반환합니다. 자! 시작해 보겠습니다.

```
def types_used(favorites, cows, pasture_types):
    """

    favorites는 read_cows 함수가 반환한 각 소가 좋아하는 목초지의 리스트입니다.
    cows는 현재 목초지를 좋아하는 소들의 리스트입니다.
    pasture_types는 지금까지 각 목초지에 대해 선택된 풀 유형의 리스트입니다.

    소가 좋아하는 목초지를 기반으로 이미 사용된 풀 유형의 리스트를 반환합니다.
    """

    used = []
    for cow in cows:
        pasture_a = favorites[cow][0]
        pasture_b = favorites[cow][1]
      ①if pasture_a < len(pasture_types):
            used.append(pasture_types[pasture_a])
      ②if pasture_b < len(pasture_types):
            used.append(pasture_types[pasture_b])
    return used
```

소들은 각각 두 개의 목초지를 좋아합니다. 이것을 pasture_a, pasture_b로 참조합니다. 두 목초지에 풀 유형이 이미 선택되어 있는지를 ①과 ②에서 확인합니다. 해당 목초지가 pasture_types의 인덱스라면 풀 유형이 이미 선택된 것입니다. 관련된 모든 소들에 대해 반복한 후 이러한 풀 유형은 types_used 함수가 반환할 리스트 used에 추가됩니다.

둘 이상의 소가 같은 목초지를 좋아한다면 코드는 어떻게 될까요? 그 질문에 답하기 위해 간단한 테스트 케이스를 생각해 보겠습니다.

types_used 함수를 파이썬 쉘에 입력하여 다음과 같이 호출합니다. 반환되는 내용을 예측해 보겠습니다.

```
>>> types_used([[5, 4], [2, 4], [3, 5]], [0, 1], [0, 1, 2, 1, 3])
```

설명을 잘 따라오세요. 첫 번째 인자는 세 마리의 소가 가장 좋아하는 목초지의 정보를 제공합니다. 두 번째 인자는 특정 목초지를 좋아하는 소들(소 0, 소 1)입니다. 그리고 세 번째 인자는 우리가 지금까지 선택한 풀 유형들입니다.

소 0과 소 1에 의해 이미 사용되어 이제 제거될 풀 유형은 무엇일까요? 소 0은 목초지 4를 좋아하고 목초지 4는 풀 유형 3을 사용하므로 풀 유형 3은 제거됩니다. 소 1은 목초지 2를 좋아하고 목초지 2는 풀 유형 2를 사용하므로 풀 유형 2는 제거됩니다. 소 1은 또한 목초지 4를 좋아합니다. 그러나 이미 소 0에서 목초지 4의 풀 유형 3이 제거되었다는 것을 알고 있습니다.

함수의 반환 값은 다음과 같습니다.

```
[3, 2, 3]
```

여기에 두 개의 3이 존재합니다. 하나는 소 0 때문이고 다른 하나는 소 1 때문입니다.

3이 하나만 있는 게 더 깔끔해 보일 수 있겠지만 중복이 있는 것도 괜찮습니다. 풀 유형이 해당 리스트에 들어 있기만 하면 한 번이든 두 번이든 세 번이든 상관없이 그 유형의 풀은 제거됩니다.

· 작업 4: 가장 작은 번호를 가진 풀 유형 선택하기

제거된 풀 유형들을 얻었다면 다음 작업으로 넘어갈 수 있습니다. 현재 목초지에 사용할 수 있는 가장 작은 번호를 가진 풀 유형을 선택하는 것입니다. 이 문제를 해결하기 위해 새로운 함수인 smallest_available을 호출할 것입니다. 현재 목초지에 사용해야 하는 풀 유형을 반환합니다.

다음은 smallest_available 함수에 대한 호출을 메인 프로그램에 적용하여 업데이트한 것입니다.

```
# Main Program

input_file = open('revegetate.in', 'r')
output_file = open('revegetate.out', 'w')

# 입력을 읽는다.
lst = input_file.readline().split()
num_pastures = int(lst[0])
num_cows = int(lst[1])
favorites = read_cows(input_file, num_cows)


pasture_types = [0]
```

```
for i in range(1, num_pastures + 1):

    # 목초지를 좋아하는 소들을 식별한다.
    cows = cows_with_favorite(favorites, i)

    # 목초지에 할당할 수 없는 풀 유형을 제거한다.
    eliminated = types_used(favorites, cows, pasture_types)

    # 목초지에 심을 가장 작은 번호의 풀 유형을 선택한다.
①   pasture_type = smallest_available(eliminated)
②   pasture_types.append(pasture_type)

# TODO: 출력을 쓴다.

input_file.close()
output_file.close()
```

현재 목초지에 심을 가장 작은 번호의 풀 유형을 얻고 나면① 그것을 선택된 풀 유형 리스트에 추가합니다②.

다음은 smallest_available 함수입니다.

```
def smallest_available(used):
    """
    used는 사용된 풀 유형들을 담은 리스트입니다.

    사용되지 않는 가장 작은 번호의 풀 유형을 반환합니다.
    """
    grass_type = 1
    while grass_type in used:
        grass_type = grass_type + 1
    return grass_type
```

이 함수는 풀 유형 1로 시작합니다. 그런 다음 아직 사용되지 않은 풀 유형을 찾을 때까지 반복하여, 각 반복에서 풀 유형을 하나씩 증가시킵니다. 일단 심을 수 있는 풀 유형을 찾으면 이를 반환합니다. 사용 가능한 4가지 유형 중 최대 3가지 유형의 풀이 사용되므로 이 함수는 항상 성공적으로 작동함을 기억하세요.

• 작업 5: 출력 쓰기

pasture_types에 답이 들어 있습니다! 이제 출력만 하면 됩니다. 최종 메인 프로그램은 다음과 같습니다.

```
# Main Program

input_file = open('revegetate.in', 'r')
output_file = open('revegetate.out', 'w')

# 입력을 읽는다.
lst = input_file.readline().split()
num_pastures = int(lst[0])
num_cows = int(lst[1])
favorites = read_cows(input_file, num_cows)

pasture_types = [0]

for i in range(1, num_pastures + 1):
    # 목초지를 좋아하는 소들을 식별한다.
    cows = cows_with_favorite(favorites, i)

    # 목초지에 할당할 수 없는 풀 유형을 제거한다.
    eliminated = types_used(favorites, cows, pasture_types)

    # 목초지에 심을 가장 작은 번호의 풀 유형을 선택한다.
    pasture_type = smallest_available(eliminated)
    pasture_types.append(pasture_type)

# 출력을 쓴다.
① pasture_types.pop(0)
② write_pastures(output_file, pasture_types)

input_file.close()
output_file.close()
```

출력을 쓰기 전에 pasture_types의 시작 부분에 가짜로 넣어둔 인덱스 0를 제거합니다①. 이는 실제 풀 유형이 아니기 때문에 인덱스 0의 값이 출력되면 안됩니다. 그런 다음 write_pastures 함수를 호출하여 실제 출력을 작성합니다②.

write_pastures 함수가 필요합니다. 쓰기 모드로 열려 있는 파일과 목초지에 심을 풀 유형들이 담긴 리스트를 전달하여 파일에 풀 유형들을 출력합니다. 코드는 다음과 같습니다.

```
def write_pastures(output_file, pasture_types):
    """
    output_file은 쓰기 모드로 열려 있는 파일입니다.
    pasture_types는 목초지에 심을 풀들의 유형이 정수로 담긴 리스트입니다.

    pasture_types을 output_file에 씁니다.
    """
    pasture_types_str = []
①   for pasture_type in pasture_types:
        pasture_types_str.append(str(pasture_type))
②   output = ''.join(pasture_types_str)
③   output_file.write(output + '\n')
```

현재 pasture_types는 정수 리스트입니다. 잠시 후에 살펴보겠지만 여기서는 문자열 리스트로 작업하는 것이 더 편리하므로 각 정수를 문자열로 변환하고 새로운 리스트를 만듭니다①. 이 함수의 호출자의 값에 영향을 미치지 않도록 pasture_types 리스트 자체를 수정하지 않습니다. 호출자는 출력이 output_file에 기록되기만을 기대하며 이 함수를 호출할 것입니다. 함수에 매개변수로 전달된 리스트를 수정하는 작업은 없습니다.

출력을 생성하려면 리스트가 아닌 문자열로 write 함수를 호출해야 합니다. 그리고 리스트를 출력할 때 문자열 사이에 공백이 없어야 합니다. join 메서드는 여기서도 잘 작동합니다. 5장 '리스트를 하나의 문자열로 결합하기'에서 배웠듯이 join을 호출할 때 사용되는 문자열은 리스트의 값들 사이의 구분자(separator)로 쓰입니다. 여기서는 리스트의 값들 사이에 구분자가 필요하지 않기 때문에 빈 문자열을 구분자로 사용합니다②. join은 정수 리스트가 아닌 문자열 리스트에서만 동작하므로 이 함수의 시작 부분에서 정수 리스트를 문자열 리스트로 변환했습니다①.

출력을 단일 문자열로 만든 후 파일에 씁니다③.

・ 모두 통합하기

코드 7-2는 완전한 프로그램입니다.

코드 7-2: Farm Seeding 풀이

```python
def read_cows(input_file, num_cows):
    """
    input_file은 읽기 모드로 열려 있는 파일입니다. 다음 read부터 소의 정보가 읽힙니다.
    num_cows는 소들의 수입니다.

    input_file에서 소가 좋아하는 목초지를 읽습니다.
    각 소가 좋아하는 목초지들의 리스트를 반환합니다.
    리스트 내 각 항목은 한 마리의 소가 가장 좋아하는 두 개의 목초지를 가진 리스트입니다.
    """
    favorites = []
    for i in range(num_cows):
        lst = input_file.readline().split()
        lst[0] = int(lst[0])
        lst[1] = int(lst[1])
        favorites.append(lst)
    return favorites


def cows_with_favorite(favorites, pasture):
    """
    favorites는 read_cows 함수가 반환한 각 소가 좋아하는 목초지의 리스트입니다.
    pasture는 목초지 번호를 나타냅니다.

    현재 목초지를 좋아하는 소들의 리스트를 반환합니다.
    """
    cows = []
    for i in range(len(favorites)):
        if favorites[i][0] == pasture or favorites[i][1] == pasture:
            cows.append(i)
    return cows


def types_used(favorites, cows, pasture_types):
    """
    favorites는 read_cows 함수가 반환한 각 소가 좋아하는 목초지의 리스트입니다.
    cows는 현재 목초지를 좋아하는 소들의 리스트입니다.
    pasture_types는 지금까지 각 목초지에 대해 선택된 풀 유형의 리스트입니다.
```

소가 좋아하는 목초지를 기반으로 이미 사용된 풀 유형의 리스트를 반환합니다.
    """

    used = []
    for cow in cows:
        pasture_a = favorites[cow][0]
        pasture_b = favorites[cow][1]
        if pasture_a < len(pasture_types):
            used.append(pasture_types[pasture_a])
        if pasture_b < len(pasture_types):
            used.append(pasture_types[pasture_b])
    return used

def smallest_available(used):
    """
    used는 사용된 풀 유형들을 담은 리스트입니다.

    사용되지 않는 가장 작은 번호의 풀 유형을 반환합니다.
    """
    grass_type = 1
    while grass_type in used:
        grass_type = grass_type + 1
    return grass_type

def write_pastures(output_file, pasture_types):
    """
    output_file은 쓰기 모드로 열려 있는 파일입니다.
    pasture_types는 목초지에 심을 풀들의 유형이 정수로 담긴 리스트입니다.

    pasture_types을 output_file에 씁니다.
    """
    pasture_types_str = []
    for pasture_type in pasture_types:
        pasture_types_str.append(str(pasture_type))
    output = ''.join(pasture_types_str)
    output_file.write(output + '\n')

Main Program
```
```

```
input_file = open('revegetate.in', 'r')
output_file = open('revegetate.out', 'w')

# 입력을 읽는다.
lst = input_file.readline().split()
num_pastures = int(lst[0])
num_cows = int(lst[1])
favorites = read_cows(input_file, num_cows)

pasture_types = [0]

for i in range(1, num_pastures + 1):

    # 목초지를 좋아하는 소들을 식별한다.
    cows = cows_with_favorite(favorites, i)

    # 목초지에 할당할 수 없는 풀 유형을 제거한다.
    eliminated = types_used(favorites, cows, pasture_types)

    # 목초지에 심을 가장 작은 번호의 풀 유형을 선택한다.
    pasture_type = smallest_available(eliminated)
    pasture_types.append(pasture_type)

# 출력을 쓴다.
pasture_types.pop(0)
write_pastures(output_file, pasture_types)

input_file.close()
output_file.close()
```

해냈습니다! 어려운 문제였지만 하향식 설계를 적용하여 더욱 더 쉽게 관리할 수 있도록 만들었습니다. 작성된 코드를 USACO 평가 사이트에 자유롭게 제출하세요.

이 문제를 처음 읽을 때 문제에 압도되기 쉽습니다. 그러나 한꺼번에 해결할 필요가 없다는 점을 기억하세요. 문제를 작게 쪼개서 여러분이 해결할 수 있는 각각의 작업으로 만들어 해결해 나가면 전체 문제에 대한 솔루션을 찾는 작업이 순조롭게 진행될 것입니다. 이 문제를 풀면서 많은 양의 파이썬 코드를 알게 되었고 프로그램을 설계하고 문제를 해결하는 능력이 크게 향상되었습니다. 이제는 여러분 스스로 이러한 문제를 해결할 수 있을 것입니다.

하나의 목초지를 좋아하는 소의 수에 제한이 없는 새로운 버전의 Farm Seeding 문제를 생각해 보겠습니다. 어떤 목초지는 소 4마리, 5마리 또는 그 이상의 소들이 좋아할 수 있습니다. 그러나 여전히 한 마리의 소가 좋아하는 두 목초지에 같은 종류의 풀을 심을 수는 없습니다.

이 새로운 버전의 문제를 해결하려고 할 때 3마리 이상의 소가 좋아하는 목초지에 대한 테스트 케이스가 주어집니다. 해당 테스트 케이스에 대한 올바른 설명은 무엇일까요?

ⓐ 어떤 테스트 케이스가 주어져도 4가지 유형의 풀로는 이것을 풀 수 없습니다.

ⓑ 해결 방법이 존재할 수도 있습니다. 만약 있다면, 기존 솔루션(코드 7-2)으로 풀 수도 있습니다.

ⓒ 해결 방법이 존재할 수도 있습니다. 만약 있다면, 기존 솔루션(코드 7-2)으로 반드시 풀 수 있습니다.

ⓓ 해결 방법이 존재할 수도 있습니다. 있다고 하더라도 기존 솔루션(코드 7-2)으로는 절대 풀 수 없습니다.

답 ⓑ

기존 프로그램으로도 해결되는 테스트 케이스가 있을 수 있지만 해결할 수 없는 테스트 케이스도 존재할 수 있습니다. 전자로 인해 A와 D가 답이 될 수 없으며, 후자로 인해 C가 답이 될 수 없습니다.

다음은 기존 프로그램으로 올바르게 해결되는 테스트 케이스입니다.

```
2 4
1 2
1 2
1 2
1 2
```

각 목초지는 4마리의 소가 좋아합니다. 그럼에도 불구하고 우리는 두 가지 유형의 풀만 사용하여 테스트 케이스를 해결할 수 있습니다. 기존 프로그램으로 시도하면 이 테스트 케이스를 올바르게 해결해 내는 것을 볼 수 있습니다.

다음은 해결할 수 있지만 기존 프로그램으로는 해결할 수 없는 테스트 케이스입니다.

```
6 10
2 3
2 4
3 4
2 5
3 5
4 5
1 6
3 6
4 6
5 6
```

기존 프로그램의 문제는 목초지 1에 풀 유형 1을 할당하는 것입니다. 그렇게 하면 목초지 6에 어쩔 수 없이 허용되지 않는 풀 유형 5를 사용해야 합니다! 기존 프로그램으로는 이 문제를 해결할 수 없지만, 이 테스트 케이스를 해결할 수 없는 것은 아닙니다. 목초지 1에 풀 유형 2를 할당하면 4가지 풀 유형만으로도 이 테스트 케이스를 해결하는 방법을 찾을 수 있을 것입니다. 이런 테스트 케이스는 조금 더 정교한 프로그램으로 해결할 수 있는데, 관심이 있다면 스스로 한번 풀어 보길 권합니다.

요약

이 장에서는 파일 열기, 읽기, 쓰기 및 닫기 방법을 배웠습니다. 파일은 정보를 저장하고 나중에 다시 입력으로 사용해야 할 때 유용합니다. 또한 사용자와 정보를 교환할 때도 유용합니다. 표준 입력, 표준 출력을 처리하는 방법과 유사한 방식으로 파일을 처리할 수 있다는 것을 알았습니다.

다음 장에서는 값들의 컬렉션을 파이썬 집합(set)이나 딕셔너리(dictionary)에 저장하는 방법에 대해 알아보겠습니다. 집합(set)과 딕셔너리(dictionary)가 리스트와 유사하게 값들의 컬렉션을 저장하지만, 어떤 종류의 문제들을 더 쉽게 해결하는 데 도움이 된다는 것을 알게 될 것입니다.

⚙ 연습문제

다음은 시도해 볼 만한 몇 가지 연습문제입니다. USACO 평가 사이트에서 발췌한 문제들이며, 파일 읽기와 쓰기를 사용해 풀어야 합니다. 또한 이전 장들에서 배운 내용을 응용해야 풀 수 있습니다.

1 USACO 2018년 12월 경진대회 브론즈 부문 문제 Mixing Milk

2 USACO 2017년 2월 경진대회 브론즈 부문 문제 Why Did the Cow Cross the Road

3 USACO 2017년 US 공개 경진대회 브론즈 부문 문제 The Lost Cow

4 USACO 2019년 12월 경진대회 브론즈 부문 문제 Cow Gymnastics

5 USACO 2017년 US 공개 경진대회 브론즈 부문 문제 Bovine Genomics

6 USACO 2018년 US 공개 경진대회 브론즈 부문 문제 Team Tic Tac Toe

7 USACO 2019년 2월 경진대회 브론즈 부문 문제 Sleepy Cow Herding

> **참고** Essay Formatting은 USACO 2020년 1월 경진대회 브론즈 부문에 출제된 문제이며, Farm Seeding은 USACO 2019년 2월 경진대회 브론즈 부문에 출제된 문제입니다.
> 텍스트 파일 외에도 많은 유형의 파일이 있습니다. HTML 파일, Excel 스프레드 시트, PDF 파일, Word 문서 또는 이미지 파일로 작업해야 하는 경우도 있습니다. 파이썬으로 할 수 있습니다! 더 많은 정보는 Al Sweigart의 <Automate the Boring Stuff with Python, 2nd edition(No Starch Press, 2019)>을 참조하세요.
> 테스트로 사용한 'perhaps better poetry' 텍스트 라인은 Martin Greenberger가 편집한 책 <Computers and World of the Future(MIT Press, 1962)>에서 인용한 J. C. R. Licklider의 말입니다.
> *"But some people write poetry in the language we speak. Perhaps better poetry will be written in the language of digital computers of the future than has ever been written in English.(하지만 어떤 사람들은 자연어로 시를 씁니다. 아마도 더 나은 시는 자연어가 아닌 미래의 디지털 컴퓨터 언어로 쓰여질 것입니다.)"*

Chapter 8

집합(Set)과 딕셔너리(Dictionary)를 사용하여 값 구성하기

리스트는 Action Figures 문제의 높이나 Essay Formatting 문제의 단어들과 같이 일련의 값들을 저장해야 하는 경우에 유용합니다. 리스트를 사용하면 값을 순서대로 보관하고 인덱스를 통해 쉽게 값에 접근할 수 있습니다. 그러나 이 장에서 살펴보겠지만, 리스트는 특정 값이 컬렉션에 있는지 식별하고 값들의 쌍을 연결하는 식의 작업에 최적화되지 않았습니다.

이 장에서는 일련의 값들을 저장할 수 있는 리스트의 두 가지 대안인 파이썬의 집합(set)과 딕셔너리(dictionary)에 대해 배우겠습니다. 순서에 신경쓸 필요 없이 특정 값에 대한 검색이 필요한 경우에 집합이 좋은 도구가 될 수 있으며, 쌍으로 구성된 값들로 작업해야 하는 경우에는 딕셔너리가 좋은 선택이 될 수 있습니다.

우리는 이 새로운 컬렉션 자료형들을 사용해 세 가지 문제를 해결할 것입니다. 고유한 이메일 주소의 수를 결정하고, 단어들의 리스트에서 공통된 단어를 찾고, 도시와 주의 특별한 쌍의 수를 결정할 것입니다.

문제 #18 Email Addresses(이메일 주소)

이 문제에서는 일련의 이메일 주소들을 저장할 것입니다. 우리는 각 이메일 주소가 표시되는 횟수에 신경쓰지 않을 것이며, 이메일 주소의 순서를 유지하는 데에도 신경쓰지 않을 것입니다. 이러한 데이터 저장에 대한 느슨한 요구사항은 파이썬의 데이터 타입에서 리스트를 제외할 수 있게 해줍니다. 문제를 풀어 가는 과정에서 집합(set)에 관한 모든 것을 알아보겠습니다.

이 문제는 DMOJ 사이트에 있으며, 식별 코드는 ecoo19r2p1입니다.

• 도전 과제

다른 사람의 Gmail 주소를 쓰는 방법에는 여러 가지가 있다는 것을 알고 있나요?

누군가의 Gmail 주소를 가져와 @ 기호 앞에 + 기호와 함께 문자열을 추가하면 새로 만든 주소로 보내는 모든 이메일은 이전의 Gmail 주소가 받게 됩니다. 무슨 말이냐면, Gmail 주소에 관한 한 + 기호부터 @ 기호 바로 앞까지의 모든 문자는 무시됩니다. 예를 들어, 저는 사람들에게 Gmail 주소를 소개할 때 daniel.zingaro@gmail.com이라고 말하지만, 이것은 주소를 쓸 수 있는 한 가지 방법에 불과합니다. daniel.zingaro+book@gmail.com이나 daniel.zingaro+hi.there@gmail.com에 메일을 보내도 daniel.zingaro@gmail.com이 메일을 받게 됩니다.(여러분의 마음에 드는 것으로 선택하세요.)

그리고 @ 기호 앞의 점은 Gmail 주소에서 무시됩니다. danielzingaro@gmail.com(점이 없는 경우), daniel..zingaro@gmail.com(연속된 두 점이 있는 경우), da.nielz.in.gar.o..@gmail.com (마구 쓴 여러 개의 점이 있는 경우) 등의 주소로 메일을 보내면 danielzingaro@gmail.com이 메일을 받게 됩니다.

마지막으로 주소 전체의 대소문자의 차이는 무시됩니다. 만일 급히 서둘러 대소문자를 함께 써서 Daniel.Zingaro@gmail.com, DAnIELZIngARO+Flurry@gmAIL.COM 등의 주소로 메일을 보내도 danielzingaro@gmail.com이 메일을 받게 됩니다.

Email Addresses 문제에서는 이메일 주소들이 입력되는데, 그중 고유한(중복이 없는) 주소가 몇 개인지 알아내야 합니다. 이 문제에서 이메일 주소에 대한 규칙은 앞서 Gmail에 대해 논의된 규칙과 동일합니다. + 기호부터 @ 기호 바로 앞까지의 문자는 무시되고, @ 기호 앞의 점은 무시되며, 전체 주소에서 대소문자는 구별되지 않습니다.

- **입력**

입력은 10개의 테스트 케이스로 구성됩니다. 각 테스트 케이스에는 다음 라인들이 포함됩니다.

  ⊘ 이메일 주소의 개수 n이 포함된 라인입니다. n은 1에서 100,000 사이의 정수입니다.

  ⊘ 한 라인당 하나의 이메일 주소를 담고 있는 n개의 라인입니다. 이메일 주소는 @ 기호 앞 최소 한 문자, @ 기호, @ 기호 뒤 최소 한 문자로 구성됩니다. @ 기호 앞 문자는 문자, 숫자, 점, 더하기 기호로 구성됩니다. @ 기호 뒤의 문자는 문자, 숫자, 점으로 구성됩니다.

- **출력**

각 테스트 케이스에 대해 고유한 이메일 주소의 개수를 출력하세요.

평가 사이트는 테스트 케이스의 실행 시간에 제한을 두고 있습니다. 제한 시간은 30초입니다.

리스트 사용

여러분은 이 책의 7장까지 공부하는 동안 각 장에서는 문제를 제시하고 나서 그 문제를 해결할 수 있도록 새로운 파이썬 기능을 설명했습니다. 그래서 이번 Email Address 문제를 풀기 전에도 뭔가 새로운 기능을 설명해 줄 것이라고 기대했을 수 있습니다.

아니면 이 문제를 푸는 데 필요한 모든 것이 있으니 굳이 다른 기능은 필요하지 않다며 반대했을지도 모릅니다. 어쨌든, 이메일 주소를 가져와서 + 기호에서 @ 사이의 문자들과 점들을 제거하고 모든 문자들을 소문자로 변환하는 함수를 만들 수 있습니다. 또 정리된 이메일들을 리스트에 저장할 수 있습니다. 입력된 각 이메일 주소에 대해 정리를 수행한 후 정리된 이메일 주소가 리스트에 존재하는지 확인합니다. 존재하면 이미 처리된 것이므로 아무것도 하지 않고, 존재하지 않으면 정리된 이메일을 추가합니다. 이메일 주소를 모두 살펴본 후에 리스트의 길이는 고유한 이메일의 개수를 나타냅니다.

그렇습니다, 문제를 푸는 데 필요한 기능을 여러분이 이미 알고 있을 것입니다. 위 설명에 따라 문제를 해결해 보겠습니다.

• 이메일 주소 정리

DAnIELZIngARO+Flurry@gmAIL.COM이라는 이메일 주소를 생각해 보겠습니다. 우리는 이 이메일 주소가 danielzingaro@gmail.com이 되도록 정리할 것입니다. @ 기호 앞에 있는 +Flurry는 무시하고 모든 문자를 소문자로 전환합니다. 정리된 이메일 버전을 실제 이메일 주소로 생각할 수 있습니다. 실제 이메일 주소를 나타내는 다른 표현의 주소들도 정리가 된다면 danielzingaro@gmail.com과 일치할 것입니다.

이메일 주소를 정리하는 것은 작고 독립적인 작업입니다. 그러므로 이메일 주소를 정리하는 clean 함수를 작성해 보겠습니다. clean 함수는 이메일 주소를 나타내는 문자열을 전달받아 정리된 이메일 주소를 반환합니다. + 기호에서 @ 기호 바로 앞까지의 문자들을 제거하고, @ 기호 앞의 점들을 제거하고, 모든 문자를 소문자로 변환하는 세 가지 단계를 수행합니다. 코드 8-1은 이 함수에 대한 코드입니다.

코드 8-1: 이메일 주소 정리

```python
def clean(address):
    """
    address는 이메일 주소를 나타내는 문자열입니다.

    정리된 이메일 주소를 반환합니다.
    """
    # + 기호와 @ 기호 사이의 모든 문자를 제거한다.
    ① plus_index = address.find('+')
    if plus_index != -1:
        ② at_index = address.find('@')
        address = address[:plus_index] + address[at_index:]

    # @ 기호 앞에 있는 모든 점을 제거한다.
    at_index = address.find('@')
```

```
        before_at = ' '
        i = 0
        while i < at_index:
        ③ if address[i] != '.':
                before_at = before_at + address[i]
            i = i + 1
    ④ cleaned = before_at + address[at_index:]

        # 소문자로 변환한다.
    ⑤ cleaned = cleaned.lower()

        return cleaned
```

첫 번째 단계는 + 기호에서 @ 기호 바로 앞까지의 문자들을 제거하는 것입니다. 이때 문자열의 find 메서드가 매우 유용합니다. find 메서드는 주어진 인자가 문자열에서 제일 처음 나타나는 인덱스를 반환하며, 문자열 내에서 인자를 발견하지 못할 경우에는 −1을 반환합니다.

```
>>> 'abc+def'.find('+')
3
>>> 'abcdef'.find('+')
-1
```

find 메서드를 사용해 제일 왼쪽에 존재하는 + 기호의 인덱스를 결정합니다①. 문자열에 + 기호가 없을 경우 이 단계에서 하는 일은 없습니다. 그러나 하나라도 있다면 @ 기호의 인덱스를 찾아② + 기호 인덱스에서 @ 기호 인덱스 전까지의 문자들을 제거합니다.

두 번째 단계는 @ 기호 앞의 점들을 제거하는 것입니다. 이를 위해 새로운 문자열 before_at을 사용해 @ 기호 앞의 주소 부분을 누적합니다. @ 기호 앞 문자들 중 '.'이 아닌 문자는 before_at에 추가됩니다③.

before_at 문자열에는 @ 기호나 그 뒤에 오는 문자가 포함되지 않습니다. 전체 이메일 주소를 잃어버려서는 안 되므로, 정리된 이메일 주소를 참조하기 위한 새로운 변수를 사용합니다④.

세 번째 단계는 전체 이메일 주소를 소문자로 변환하는 것입니다⑤. 변환하고 나면 이메일 주소가 정리 완료된 것이므로 이를 반환합니다.

그럼 이제 작은 테스트를 해보겠습니다. clean 함수에 대한 코드를 파이썬 쉘에 입력합니다. 다음은 몇몇 이메일 주소를 정리하는 코드입니다.

```
>>> clean('daniel.zingaro+book@gmail.com')
'danielzingaro@gmail.com'
>>> clean('da.nielz.in.gar.o..@gmail.com')
'danielzingaro@gmail.com'
>>> clean('DAnIELZIngARO+Flurry@gmAIL.COM')
'danielzingaro@gmail.com'
>>> clean('a.b.c@d.e.f')
'abc@d.e.f'
```

이메일 주소에서 정리할 것이 없다면 그대로 반환합니다.

```
>>> clean('danielzingaro@gmail.com')
'danielzingaro@gmail.com'
```

· **메인 프로그램**

clean 함수를 사용해 이메일 주소를 정리할 수 있습니다. 이제 전략은 정리된 이메일 주소들의 리스트를 보관하는 것입니다. 정리된 이메일이 리스트에 아직 없는 경우에만 그것을 리스트에 추가할 것입니다. 그렇게 하면 동일한 이메일 주소의 중복을 방지할 수 있습니다.

코드 8-2는 프로그램의 주요 부분입니다. Email Addresses 문제에 대한 완전한 솔루션을 만들기 위해서는 이 코드 앞에 clean 함수의 정의(코드 8-1)를 입력해야 합니다.

코드 8-2: 리스트를 사용한 메인 프로그램

```
# Main Program

for dataset in range(10):
    n = int(input())
① addresses = []
    for i in range(n):
        address = input()
        address = clean(address)
    ② if not address in addresses:
            addresses.append(address)

③ print(len(addresses))
```

처리할 테스트 케이스가 10개이므로, 프로그램을 10번 반복하기 위해 범위 기반 for 루프로 감쌉니다.

각 테스트 케이스에 대해, 이메일 주소 개수를 읽어 들이고 정리된 이메일 주소들을 저장할 빈 리스트를 만듭니다①.

그리고 내부에 다시 범위 기반 for 루프를 사용하여 각 이메일 주소를 반복합니다. 각 이메일 주소를 읽고 정리합니다. clean 함수에서 반환된 이메일 주소가 정리된 이메일 주소를 담는 리스트에 없는지 확인하고, 없을 경우 해당 주소를 리스트에 담습니다②. 내부 루프가 완료되면 정리된 이메일 주소들이 담긴 리스트가 작성됩니다. 해당 리스트에는 중복된 항목이 존재하지 않으므로 고유한 이메일 주소 개수는 리스트의 길이와 같습니다. 따라서 이를 출력합니다③.

우리는 5장에서 리스트를 배우고 6장에서 함수를 배웠습니다. 함수와 리스트에 대해 배운 지 얼마 안 된 시점에서 푼 것치고는 괜찮지 않나요?

나쁘지 않군요. 하지만 완전하지 않습니다. 평가 사이트에 제출하면 문제가 있다는 것을 알게 될 것입니다.

첫 번째 문제 현상은 평가 사이트가 결과를 보여줄 때까지 시간이 걸린다는 것입니다. 예를 들어, 이 코드의 결과가 표시될 때까지 1분을 기다렸습니다. 피드백을 매우 빠르게 받던 이전의 솔루션들과 비교해 보세요.

두 번째 문제 현상은 결과가 표시될 때 이 문제에 대해 만점을 받지 못한다는 것입니다! 제가 제출했을 때는 5점 만점에 3.25점을 받았습니다. 여러분의 점수는 이와 작은 차이가 있을 수 있지만, 만점인 5점은 받지 못할 것입니다.

만점을 받지 못하는 이유는 우리 프로그램이 잘못되어서가 아닙니다. 프로그램은 괜찮습니다. 테스트 케이스에 관계없이 정리된 이메일 주소의 정확한 수를 출력하고 있습니다. 그렇다면 무엇이 문제일까요?

문제는 프로그램이 너무 느리다는 것입니다. 평가 사이트는 각 테스트 케이스의 시작 부분에 TLE를 넣어 프로그램이 느리다는 사실을 알려 줍니다. TLE는 제한 시간 초과를 나타냅니다. 이 문제에 대해서 평가 사이트는 10개의 테스트 케이스를 각기 30초의 시제한을 가지고 실행합니다. 프로그램이 30초 이상 걸리면 평가 사이트는 프로그램을 종료하고 대기 중인 나머지 테스트 케이스는 실행할 수 없게 됩니다.

이 책에서 처음으로 받은 시간 제한 초과 오류이지만, 어쩌면 여러분은 이전 장의 연습문제들을 풀어 보면서 이러한 오류를 먼저 접했을 수도 있습니다.

이 오류를 받았을 때 가장 먼저 해야 할 것은 프로그램이 무한 루프에 빠져있지는 않은지 확인하는 것입니다. 그런 경우에는 시간 제한에 관계없이 끝나지 않습니다. 평가 사이트는 할당된 시간이 만료되면 프로그램을 종료합니다.

무한 루프가 없다면 프로그램 자체의 효율성이 원인일 수 있습니다. 프로그래머가 효율성에 대해 이야기할 때는 프로그램을 실행하는 데 걸리는 시간을 말합니다. 빠르게 실행되는(시간이 덜 걸리는) 프로그램이 느리게 실행되는(시간이 더 오래 걸리는) 프로그램보다 더 효율적입니다. 제한 시간 내에 테스트 케이스를 해결하기 위해 프로그램을 더욱 효율적으로 만들어 보겠습니다.

리스트 검색의 효율성

파이썬 리스트에 값을 추가하는 것은 매우 빠릅니다. 리스트에 값이 수십 개든 수천 개든 개수는 중요하지 않습니다. 값을 추가하는 것은 아주 짧은 시간이면 충분합니다.

그러나 in 연산자를 사용하는 것은 다른 이야기입니다. 프로그램은 in 연산자를 사용해서 정리된 이메일 주소들을 담는 리스트 안에 지금 막 정리된 이메일 주소가 이미 존재하지는 않은지 확인합니다. 테스트 케이스에는 최대 100,000개의 이메일 주소가 있을 수 있습니다. 최악의 경우 프로그램은 in 연산을 100,000번 사용할 수 있습니다. 많은 값을 가진 리스트에 in 연산자를 사용하면 매우 느려지고 결국 프로그램의 효율성을 저하시킵니다. in 연산자는 값이 리스트에 존재하는지 확인하기 위해 리스트를 처음부터 끝까지 검색하여 값을 찾습니다. 찾고 있는 값을 찾거나 확인할 리스트의 값이 없을 때까지 수행합니다. 더 많은 값을 살펴봐야 할수록 속도가 느려집니다.

리스트의 길이가 증가함에 따라 in이 느려지는 현상을 살펴보겠습니다. 리스트와 값을 받아와 리스트에서 해당 값을 검색하는 데 in 연산자를 사용하는 search 함수를 사용할 것입니다. 한 번만 검색하면 너무 빨라서 무슨 일이 벌어지고 있는지 알 수 없기 때문에 값을 50,000번 검색합니다. 이러한 search 함수 정의를 담은 코드 8-3을 파이썬 쉘에 입력합니다.

```
코드 8-3: 컬렉션에서 여러 번 검색하기
def search(collection, value):
    """
    collection에서 value를 여러 번 검색합니다.
    """
    for i in range(50000):
        found = value in collection
```

1에서 5,000 사이의 정수 리스트를 만들고 거기서 값 5,000을 검색해 보겠습니다. 리스트에서 가장 오른쪽에 있는 값을 검색해서 해당 리스트에서 최대한 많은 시간을 소비하게 합니다. 이메일 주소 리스트가 아니라 정수 리스트를 사용해 탐색한다고 해서 염려할 필요는 없습니다. 효율성은 비슷할 것이며 숫자는 이메일 주소보다 훨씬 생성하기 쉽습니다!

자, 시작합니다.

```
>>> search(list(range(1, 5001)), 5000)
```

제 노트북에서는 실행하는 데 약 3초가 걸렸습니다. 이 테스트에서는 정밀한 시간은 필요하지 않습니다. 리스트의 길이를 늘릴 때 어떤 일이 일어나는지에 대한 일반적인 현상을 보고자 할 뿐입니다.

이제 1부터 10,000까지의 정수 리스트를 만들고 10,000을 검색해 보겠습니다.

```
>>> search(list(range(1, 10001)), 10000)
```

제 노트북에서는 6초가 걸렸습니다. 지금까지의 결과를 정리해 보면, 길이가 5,000인 리스트의 경우 3초가 걸리고, 리스트의 길이를 10,000으로 두 배 늘린 경우에는 시간도 두 배 늘어납니다.

길이가 20,000인 리스트 어떨까요? 테스트해 보겠습니다.

```
>>> search(list(range(1, 20001)), 20000)
```

제 노트북에서는 12초 정도 걸렸습니다. 시간은 다시 두 배 더 늘어났습니다.

길이가 50,000인 리스트를 시도해 보세요. 잠시 기다려야 할 것입니다. 제 노트북에서 다음과 같이 실행했습니다.

```
>>> search(list(range(1, 50001)), 50000)
```

30초가 조금 넘게 걸렸습니다. search 함수는 리스트를 50,000번 반복해서 검색한다는 것을 기억하세요. 따라서 값이 50,000개인 리스트를 총 50,000번 검색하는 데 30초가 걸리는 것입니다.

이와 같이 많은 검색이 필요한 테스트 케이스가 있을 수 있습니다. 예를 들어, 한 번에 하나씩 100,000개의 고유한 이메일 주소를 리스트에 추가한다고 가정해 보세요. 중간에 50,000개의 값 리스트가 쌓이면, 이후 50,000번의 in 연산은 최소 50,000개의 값이 들어있는 리스트를 검색하게 됩니다.

그리고 이것은 단지 10개의 테스트 케이스 중 하나일 뿐입니다! 총 30초 안에 10개의 테스트 케이스를 모두 통과해야 합니다. 하나의 테스트 케이스에 30초가 걸리면 나머지 테스트 케이스에 대한 테스트 기회는 없습니다.

리스트를 검색하는 것은 매우 느립니다. 따라서 파이썬의 리스트는 이 문제에서 사용하기에는 유용하지 않은 데이터 타입입니다. 이 작업에 더 적합한 타입으로 파이썬의 집합을 고려해 보겠습니다. 집합을 검색하는 것이 얼마나 빠른지, 믿을 수 없을 것입니다.

집합(Sets)

집합(set)은 중복 값이 허용되지 않는 값들의 모음을 저장하는 파이썬의 데이터 타입입니다. 여는 중괄호와 닫는 중괄호를 사용하여 집합을 구분합니다.

리스트와 달리 집합은 지정한 순서대로 값을 유지하지 못합니다.

다음은 정수들의 집합입니다.

```
>>> {13, 15, 30, 45, 61}
{45, 13, 15, 61, 30}
```

파이썬의 집합이 값의 순서를 보장하지 않는다는 점에 유의하세요. 여러분의 컴퓨터에는 이 값들이 다른 순서로 나열되었을 수도 있습니다. 여기서 중요한 점은 값의 특정 순서를 보장받을 수 없다는 것입니다. 순서가 중요한 경우라면 집합은 바람직한 유형이 아닙니다.

동일한 항목을 여러 번 포함시키려고 하면 하나의 항목만이 유지됩니다.

```
>>> {1, 1, 3, 2, 3, 1, 3, 3, 3}
{1, 2, 3}
```

두 개의 집합에서 값들의 순서가 다르다고 해도 정확히 일치하는 값들을 가지고 있기만 하면 두 집합은 동일합니다.

```
>>> {1, 2, 3} == {1, 2, 3}
True
>>> {1, 1, 3, 2, 3, 1, 3, 3, 3} == {1, 2, 3}
True
>>> {1, 2} == {1, 2, 3}
False
```

문자열을 가진 집합은 다음과 같습니다.

```
>>> {'abc@d.e.f', 'danielzingaro@gmail.com'}
{'abc@d.e.f', 'danielzingaro@gmail.com'}
```

집합에는 리스트를 담을 수 없습니다.

```
>>> {[1, 2], [3, 4]}
Traceback (most recent call last):
  File "<stdin>", line 1, in <module>
TypeError: unhashable type: 'list'
```

집합에 리스트를 담을 수 없는 이유는 집합 내의 값들이 불변적(immutable)이기 때문입니다. 이 제약사항은 파이썬이 집합에서 값을 찾는 방법과 관련이 있습니다. 파이썬이 집합에 값을 추가할 때 정확히 값 자체를 사용하여 저장 위치를 결정합니다. 나중에 파이썬은 이 값이 있어야 하는 위치에 찾아가 이 값을 찾습니다. 만약 집합의 값이 변경될 수 있으면 파이썬이 잘못된 위치를 찾아가 값을 찾지 못할 수 있습니다.

집합에는 리스트를 담을 수 없지만 리스트에는 집합을 담을 수 있습니다.

```
>>> lst = [{1, 2, 3}, {4, 5, 6}]
>>> lst
[{1, 2, 3}, {4, 5, 6}]
>>> len(lst)
2
>>> lst[0]
{1, 2, 3}
```

len 함수를 사용해 집합에 값이 몇 개나 담겨 있는지 알 수 있습니다.

```
>>> len({2, 4, 6, 8})
4
```

또한 집합의 값들을 반복할 수 있습니다.

```
>>> for value in {2, 4, 6, 8}:
...     print('I found', value)
...
I found 8
I found 2
I found 4
I found 6
```

집합에서는 인덱싱이나 슬라이싱을 사용할 수 없습니다. 따라서 집합의 값에는 인덱스가 없습니다. 빈 집합을 생성하는 데 빈 중괄호 쌍을 사용할 것이라 예상하기 쉽습니다. 그러나 일반적인 파이썬 구문과 달리 이것은 예상대로 작동하지 않습니다.

```
>>> type({2, 4, 6, 8})
<class 'set'>
>>> {}
{}
>>> type({})
<class 'dict'>
```

빈 중괄호 쌍을 사용하면 집합 대신 딕셔너리(dict)라는 데이터 타입을 얻게 됩니다. 이 장의 뒷부분에서 딕셔너리에 대해 이야기할 것입니다. 빈 집합을 만들기 위해서는 다음과 같이 set()을 사용합니다.

```
>>> set()
set()
>>> type(set())
<class 'set'>
```

집합의 메서드들

집합의 값들과는 달리 집합 자체는 가변적(mutable)이므로 값을 추가하고 제거할 수 있습니다. 이러한 작업은 집합의 메서드를 사용해 수행할 수 있으며, dir(set())으로 집합 메서드 목록을 얻을 수 있습니다. 또한 문자열 메서드나 리스트 메서드를 배울 때와 마찬가지로 help 함수를 통해 집합의 특정 메서드에 대한 도움말을 볼 수 있습니다.

add 메서드는 집합에 값을 추가하는 데 사용합니다. 리스트에 값을 추가하는 것과 유사합니다.

```
>>> s = set()
>>> s
set()
>>> s.add(2)
>>> s
{2}
```

```
>>> s.add(4)
>>> s
{2, 4}
>>> s.add(6)
>>> s
{2, 4, 6}
>>> s.add(8)
>>> s
{8, 2, 4, 6}
>>> s.add(8)
>>> s
{8, 2, 4, 6}
```

remove 메서드를 사용해 값을 제거할 수도 있습니다.

```
>>> s.remove(4)
>>> s
{8, 2, 6}
>>> s.remove(8)
>>> s
{2, 6}
>>> s = {2, 6}
>>> s.remove(8)
Traceback (most recent call last):
  File "<stdin>", line 1, in <module>
KeyError: 8
```

 개념 확인

help 함수를 사용해 집합의 update 메서드와 intersection 메서드에 대해 알아보세요.
다음 코드의 print 호출로 출력되는 결과는 무엇일까요?

```
s1 = {1, 3, 5, 7, 9}
s2 = {1, 2, 4, 6, 8, 10}
s3 = {1, 4, 9, 16, 25}
s1.update(s2)
s1.intersection(s3)
print(s1)
```

답 Ⓐ

update 메서드는 집합 s2에는 있지만 집합 s1에는 없는 값들을 s1에 추가합니다. update 호출 후 s1은 {1, 2, 3, 4, 5, 6, 7, 8, 9, 10}이 됩니다. 이제 intersection을 호출합니다. 두 집합의 교집합은 두 집합 모두에 있는 값이므로, 여기서 s1과 s3의 교집합은 {1, 4, 9}입니다. 그러나 intersection 메서드는 집합을 수정하지 않고, 오히려 새로운 집합을 생성하여 반환합니다! 따라서 s1에는 영향을 미치지 않습니다.

집합 검색의 효율성

Email Address 문제로 돌아가 보겠습니다.

정리된 이메일 주소의 순서가 중요한가요? 아닙니다! 중요한 것은 이메일 주소가 이미 정리된 이메일들 사이에 존재하는지의 여부입니다.

정리된 이메일 주소의 중복을 허용해야 할까요? 그렇지 않습니다! 중복된 이메일 주소가 저장되는 것은 명백하게 피해야 합니다.

순서는 중요하지 않으며, 중복은 허용되지 않습니다. 이는 이 문제가 집합을 사용하기에 적합한 유형일 수 있음을 암시하고 있습니다.

리스트 검색이 너무 느려서 앞서 리스트를 사용한 시도는 실패했습니다. 집합을 사용해 이 점을 개선할 수 있을 것입니다. 집합 검색이 리스트 검색보다 빠르기 때문이죠.

우리는 이미 코드 8-3에서 search 함수를 사용해 리스트의 검색을 수행해 봤습니다. 그러나 이 함수는 특별히 리스트를 사용해야만 하는 작업을 수행하지 않습니다! in 연산자를 사용하는데, in은 리스트와 집합 모두에서 작동합니다. 따라서 집합을 검색하도록 변경하지 않고도 이 함수를 사용할 수 있습니다.

코드 8-3의 search 함수를 파이썬 쉘에 입력하세요. 여러분의 컴퓨터에서 다음과 같이 긴 리스트를 검색하는 것과 큰 집합을 검색하는 것의 차이점을 살펴보세요.

```
>>> search(list(range(1, 50001)), 50000)
① >>> search(set(range(1, 50001)), 50000)
```

①에서는 set 함수를 사용해 범위 내 정수들의 리스트 대신 집합을 생성했습니다

제 노트북에서는 리스트를 검색하는 데 30초가 걸렸습니다. 이에 비해 집합 검색은 총알처럼 빠르게, 거의 실행과 동시에 동작합니다.

집합은 정말 빠릅니다. 다음과 같이 50만 개의 값을 집합에서 검색해 보겠습니다. 이것을 리스트에서 테스트해 보지는 마세요.

```
>>> search(set(range(1, 500001)), 500000)
```

우와! 식은 죽 먹기입니다.

파이썬은 항상 인덱스를 사용할 수 있도록 리스트를 관리합니다. 파이썬은 값의 저장 위치를 마음대로 할 수 있는 유연성이 없기 때문에 첫 번째 값은 인덱스 0, 두 번째 값은 인덱스 1에 있어야 합니다.

그러나 집합의 경우, 파이썬은 원하는 대로 저장할 수 있습니다. 왜냐하면 집합은 사용자가 원하는 순서대로 값을 정리한다고 보장하지 않기 때문입니다. 이처럼 자유도가 높아진 덕분에 파이썬은 집합에서 더욱 빠른 속도로 검색을 최적화할 수 있습니다.

비슷한 이유로 긴 리스트에서는 매우 느리지만 큰 집합에서는 매우 빠른 작업이 존재합니다. 예를 들어, 리스트에서 값을 제거하는 것은 매우 느립니다. 파이썬이 해당 값의 오른쪽에 있는 각 값의 인덱스들을 줄여야 하기 때문입니다. 이와 대조적으로 집합에서 값을 제거하는 것은 매우 빠릅니다. 업데이트할 인덱스가 없기 때문입니다!

문제 풀기

우리는 이미 이메일 주소를 정리하는 함수(코드 8-1)를 가지고 있으며, 이것을 집합 기반 솔루션에서 사용할 것입니다. 메인 프로그램은 코드 8-2의 로직을 거의 그대로 사용하면서 리스트 대신 집합을 사용하기만 하면 됩니다.

코드 8-4: 집합을 사용한 메인 프로그램

```
# Main Program

for dataset in range(10):
```

```
    n = int(input())
① addresses = set()
    for i in range(n):
        address = input()
        address = clean(address)
      ② addresses.add(address)

    print(len(addresses))
```

이제 리스트가 아닌 이메일 주소 집합을 사용합니다①. 각 이메일의 주소를 정리한 후 집합의 add 메서드를 사용하여 집합에 추가합니다②.

코드 8-2에서는 이메일 주소의 중복을 방지하기 위해 이메일 주소가 이미 리스트에 있는지 확인할 때 in 연산자를 사용했습니다. 그런데 집합 기반 솔루션에서는 이런 확인을 수행하는 부분이 없습니다. 어디 갔을까요? 정리된 각 이메일 주소가 이미 존재하는지 확인하지 않고 집합에 추가하고 있습니다.

집합은 기본적으로 중복 항목이 포함되지 않기 때문에 집합을 사용할 경우에는 중복을 확인할 필요가 없습니다. add 메서드가 in 연산자를 통한 검사를 대신해서 중복 항목이 추가되지 않도록 합니다. 자체적으로 검사하도록 코드를 추가하는 방법도 있습니다. 집합은 검색 속도가 매우 빠르기 때문에 소요 시간은 문제가 되지 않습니다.

이 솔루션을 평가 사이트에 제출하면 제한 시간 내에 모든 테스트 케이스를 무사히 통과하게 될 것입니다. 여기에서 알 수 있듯이, 어떤 데이터 타입을 선택하느냐에 따라 만족스러운 솔루션과 불만족스러운 솔루션 간의 차이를 만들어 낼 수 있습니다. 코드 작성을 시작하기 전에 자주 수행할 작업과 작업에 알맞은 데이터 타입에 대해 곰곰이 생각해 보세요.

다음으로 넘어가기 전에 8장 마지막 페이지의 연습문제 1과 2를 먼저 풀어 볼 것을 권합니다.

📄 문제 #19 Common Words(자주 쓰는 단어)

이 문제에서는 단어와 해당 단어의 출현 빈도를 연결해야 합니다. 이것은 우리가 집합으로 할 수 있는 범위를 넘어서기 때문에 집합을 사용하지 않을 것입니다. 그 대신 파이썬의 딕셔너리에 대해 배우고, 딕셔너리를 사용해 문제를 풀 것입니다.

이 문제는 DMOJ 사이트에 있으며, 식별 코드는 cco99p2입니다.

• 도전 과제

m개의 단어가 주어집니다. 주어진 단어는 고유한 단어가 아닐 수도 있습니다. 예를 들어, brook이라는 단어가 여러 번 나타날 수도 있습니다. 그리고 정수 k도 주어집니다.

우리의 임무는 출현 빈도가 k번째로 높은 단어를 찾는 것입니다. 만약 w라는 단어보다 출현 빈도가 높은 단어가 k − 1개 있다면, w는 k번째로 빈도가 높은 단어입니다. 데이터 세트에 따라 k번째로 높은 빈도를 가진 단어가 존재하지 않거나, 하나 있거나, 여러 개 있을 수 있습니다.

k번째로 가장 많이 사용된 단어(빈도가 높은 단어)의 정의를 확실히 이해해야 합니다. k=1이면 자신보다 더 빈도가 많은 단어가 없으므로, 가장 자주 발생하는 단어를 묻는 것이 됩니다. k=2이면 자신보다 빈도가 높은 단어가 1개인 단어, k=3이면 자신보다 빈도가 높은 단어가 2개인 단어를 묻는 것입니다.

• 입력

입력은 '테스트 케이스의 수를 제공하는 라인'과 '테스트 케이스의 값들이 담긴 라인들'로 구성됩니다. 각 테스트 케이스는 다음 라인들로 구성되어 있습니다.

◎ 케이스에 있는 단어의 수 m과 찾고자 하는 출현 빈도 순위 k를 포함하는 라인입니다. m은 0에서 1000 사이의 정수이고, k는 최솟값이 1인 정수입니다. m과 k는 공백으로 구분되어 있습니다.

◎ 각 라인마다 한 단어를 제공하는 총 m개의 라인입니다. 한 단어는 최대 20자로 구성되며, 모든 문자는 소문자입니다.

• 출력

각 테스트 케이스에 대해 다음 라인을 출력하세요.

◎ 다음과 같이 'p번째로 빈도가 높은 단어'라는 정보를 포함하는 라인입니다.

```
p most common word(s):
```

여기서 p는 k가 1이면 1번째(1st), k가 2이면 2번째(2nd), k가 3이면 3번째(3rd), k가 4이면 4번째(4th)라는 식으로 빈도 순위를 뜻합니다.

◎ k번째로 빈도가 높은 단어를 포함한 라인으로, 한 줄에 한 단어씩 출력합니다. 만일 k번째 빈도가 높은 단어가 없을 경우 출력이 없습니다.

◎ 빈 라인입니다.

테스트 케이스를 수행하는 데 지정된 제한 시간은 1초입니다.

테스트 케이스 탐구

테스트 케이스를 살펴보는 것으로 시작하겠습니다. 여기서 문제에 대한 이해를 높이고 새로운 파이썬 데이터 타입을 사용하도록 동기를 부여할 것입니다.

k가 1인 경우, 즉 가장 빈도가 높은 단어에 관심이 있다고 가정해 보겠습니다. 테스트 케이스는 다음과 같습니다.

```
1 ··· 테스트 케이스의 수를 제공하는 라인입니다
14 1
storm
cut
magma
cut
brook
gully
gully
storm
cliff
cut
blast
brook
cut
gully
```

가장 자주 등장하는 단어는 cut입니다. cut은 4번 나오는데, 이만큼 많이 나오는 단어는 없습니다. 따라서 올바른 출력은 다음과 같습니다.

```
1번째 빈도가 높은 단어:
cut

①
```

끝에 반드시 빈 줄이 있어야 한다는 것에 유의하세요①.

이제 k가 2라면 어떻게 해야 할까요? 단어를 다시 살펴보고 출현 빈도를 계산하여 이에 대한 답을 얻을 수 있지만, 작업을 훨씬 더 쉽게 만들도록 단어를 구성하는 다른 방법이 있습니다. 단순히 단어 목록만 살펴보는 것이 아니라 단어와 해당 단어의 출현 빈도를 연결하여 살펴보겠습니다. 표 8-1을 보세요.

표 8-1 단어와 출현 빈도

단어	출현 빈도
cut	4
gully	3
storm	2
brook	2
magma	1
cliff	1
blast	1

출현 빈도를 기준으로 단어를 정렬했습니다. 첫 번째 행을 보면 k = 1일 경우에 출력해야 할 단어가 cut임을 알 수 있습니다. 두 번째 행을 보면 k = 2일 때 출력해야 할 단어가 gully임을 알 수 있습니다. gully는 자신보다 출현 빈도가 높은 단어가 1개인 단어입니다.

이제 k = 3입니다. 이번에는 storm과 brook이라는 두 개의 단어가 출력됩니다. 둘 다 동일한 출현 빈도를 가지기 때문입니다. 이 단어들보다 출현 빈도가 높은 단어는 2개입니다. 이것은 우리가 때때로 하나 이상의 단어를 출력해야 한다는 것을 보여 줍니다.

아무런 단어를 출력하지 않는 경우도 있습니다. 예를 들어, k = 4를 생각해 보겠습니다. 이때는 해당 단어보다 빈도가 높은 단어가 정확히 3개여야 하는데, 이 조건에 부합하는 단어가 존재하지 않습니다. k = 4일 때 왜 magma가 출력되지 않는지 궁금할 것입니다. magma는 자신보다 빈도가 높은 단어를 4개 가지고 있기 때문에 여기서는 magma를 출력하지 않습니다.

k = 5일 때 magma, cliff, blast라는 세 단어를 출력합니다. 계속하기 전에 k의 다른 값들에 대해 출력할 단어가 존재하는지 직접 확인하세요. k = 6, k = 7, k = 8, k = 9, k = 100 등에 대한 단어는 존재하지 않습니다. 표 8-1은 문제를 상당히 단순하게 만들어 줍니다.

이제 파이썬으로 이와 같은 정보를 구성하는 방법을 배워 보겠습니다.

딕셔너리(Dictionary)

딕셔너리(dictionary)는 키(keys)라는 요소와 값(values)이라는 요소를 하나의 그룹으로 매핑(mapping)한 것을 저장하는 파이썬의 데이터 타입입니다.

딕셔너리로 구분하기 위해서는 여는 중괄호와 닫는 중괄호를 사용해야 합니다. 이는 집합에서 사용한 것과 동일한 기호이지만, 파이썬에서는 중괄호 안에 넣는 내용을 보고 집합과 딕셔너리를 구분할수 있습니다. 집합은 값들을 그냥 나열하지만, 딕셔너리는 키(key):값(value) 쌍으로 나열합니다.

다음은 문자열을 숫자로 매핑하는 딕셔너리의 예입니다.

```
>>> {'cut':4, 'gully':3}
{'cut': 4, 'gully': 3}
```

이 딕셔너리에서 키는 'cut'과 'gully'이고 값은 4와 3입니다. 키 'cut'은 값 4에 매핑되고, 키 'gully'는 값 3에 매핑됩니다.

앞서 살펴본 집합의 특징을 떠올리다 보면, 여러분은 딕셔너리에 입력하는 순서대로 쌍을 유지하는지가 궁금할 것입니다. 예를 들어, 다음과 같은 일이 발생할 수 있는지 궁금해 할 수도 있습니다.

```
>>> {'cut':4, 'gully':3}
{'gully': 3, 'cut': 4}
```

Python 3.7을 기준으로 보면, 대답은 '아니요'입니다. Python 3.7에서 딕셔너리는 키:값 쌍을 추가한 순서를 유지합니다. 그러나 이전 버전의 파이썬에서는 딕셔너리의 순서를 유지하지 않으므로, 일련의 순서로 쌍을 추가해도 가져오는 순서는 다를 수 있습니다. 아직은 이전 버전의 파이썬이 사용될 가능성이 크기 때문에 Python 3.7의 특성에 의존하지 않고 코드를 작성하는 편이 좋습니다.

딕셔너리가 다른 순서로 만들어졌다 해도 각 딕셔너리에 포함된 키:값 쌍이 일치한다면 동일한 딕셔너리입니다.

```
>>> {'cut':4, 'gully':3}  ==  {'cut':4, 'gully':3}
True
>>> {'cut':4, 'gully':3} == {'gully': 3, 'cut': 4}
True
>>> {'cut':4, 'gully':3} == {'gully': 3, 'cut': 10}
False
>>> {'cut':4, 'gully':3} == {'cut': 4}
False
```

딕셔너리의 키는 고유해야 합니다. 동일한 키를 여러 번 포함시키려 한다면, 해당 키와 관련된 한 쌍만이 유지됩니다.

```
>>> {'storm': 1, 'storm': 2}
{'storm': 2}
```

반대로 값은 중복되어도 상관없습니다.

```
>>> {'storm': 2, 'brook': 2}
{'storm': 2, 'brook': 2}
```

키는 숫자 및 문자열과 같이 불변적인(immutable) 값이어야 합니다. 이와 달리 값은 가변적이든 불변적이든 상관없습니다. 예를 들자면, 리스트는 키로는 사용할 수는 없지만 값으로는 사용할 수 있습니다.

```
>>> {['storm', 'brook']: 2}
Traceback (most recent call last):
  File "<stdin>", line 1, in <module>
TypeError: unhashable type: 'list'
>>> {2: ['storm', 'brook']}
{2: ['storm', 'brook']}
```

len 함수는 딕셔너리에 있는 키:값 쌍의 수를 반환합니다.

```
>>> len({'cut':4, 'gully':3})
2
>>> len({2: ['storm', 'brook']})
1
```

빈 딕셔너리를 생성할 때 {}를 사용합니다. 이것이 바로 우리가 집합을 생성하기 위한 차선책으로 set() 구문을 고수하는 이유입니다.

```
>>> {}
{}
>>> type({})
<class 'dict'>
```

파이썬에서는 이 데이터 타입을 'dictionary'가 아닌 'dict'라고 부릅니다.

파이썬 리소스와 코드에서 'dictionary'와 'dict'가 같은 의미로 사용되는 것을 볼 수 있지만 이 책에서는 딕셔너리라는 용어를 사용하겠습니다.

 개념 확인

다음 중 리스트나 집합보다 딕셔너리에 적합한 것은 무엇입니까?

- Ⓐ 경주를 마치는 순서
- Ⓑ 요리법에 필요한 재료
- Ⓒ 국가 이름과 수도
- Ⓓ 50개의 임의의 정수

답 Ⓒ

C가 키와 값의 매핑을 사용하는 유일한 예시입니다. 여기서 키는 국가, 값은 수도가 될 것입니다.

 개념 확인

다음 딕셔너리에 있는 값의 데이터 타입(키 무시)은 무엇일까요?

```
{'MLB': {'Bluejays': [1992, 1993],
         'Orioles': [1966, 1970, 1983]},
 'NFL': {'Patriots': ['too many']}}
```

- Ⓐ 정수
- Ⓑ 문자열
- Ⓒ 리스트
- Ⓓ 딕셔너리
- Ⓔ 예시들 중 하나 이상

답 Ⓓ

딕셔너리에 있는 각 키와 매핑된 값들의 데이터 타입은 딕셔너리입니다. 예를 들어, 'MLB' 키에 매핑되는 값의 데이터 타입은 딕셔너리이며, 해당 딕셔너리에는 두 개의 키:값 쌍이 들어 있습니다.

인덱싱 딕셔너리

대괄호를 사용해 키에 매핑된 값을 찾을 수 있습니다. 리스트를 인덱싱하는 방법과 유사하지만, 딕셔너리에서는 키가 유효한 '인덱스'의 역할을 합니다.

```
>>> d = {'cut':4, 'gully':3}
>>> d
{'cut': 4, 'gully': 3}
>>> d['cut']
4
>>> d['gully']
3
```

존재하지 않는 키를 사용하면 오류가 발생합니다.

```
>>> d['storm']
Traceback (most recent call last):
  File "<stdin>", line 1, in <module>
KeyError: 'storm'
```

해당 오류로부터 보호하기 위해 in 연산자를 사용하여 키가 딕셔너리에 있는지 확인해 볼 수 있습니다. in 연산자는 딕셔너리에서 사용될 때 키만 확인합니다. 값을 찾기 전에 키가 존재하는지 확인하는 방법은 다음과 같습니다.

```
>>> if 'cut' in d:
...     print(d['cut'])
...
4
>>> if 'storm' in d:
...     print(d['storm'])
...
```

딕셔너리에서 인덱스와 in을 사용하는 것은 매우 빠른 연산입니다. 리스트 검색과 달리 딕셔너리에 얼마나 많은 키가 있는지는 상관없습니다.

키와 매핑되는 값을 찾을 때 인덱싱보다 get 메서드를 사용하는 것이 더 편리할 수도 있습니다. get 메서드를 사용하면 키가 존재하지 않는 경우에도 오류가 발생하지 않습니다.

```
>>> print(d.get('cut'))
4
>>> print(d.get('storm'))
None
```

get 메서드는 키가 존재하면 해당 값을 반환하고, 그렇지 않으면 키가 존재하지 않음을 나타내기 위해 None을 반환합니다.

키와 매핑되는 값을 찾는 것 외에도 대괄호를 사용해 딕셔너리에 키를 추가하거나 키에 매핑된 값을 변경하는 작업을 할 수 있습니다. 다음은 빈 딕셔너리로 시작해서 이러한 작업을 수행하는 방법을 보여 주는 간단한 코드입니다.

```
>>> d = {}
>>> d['gully'] = 1
>>> d
{'gully': 1}
>>> d['cut'] = 1
>>> d
{'gully': 1, 'cut': 1}
>>> d['cut'] = 4
>>> d
{'gully': 1, 'cut': 4}
>>> d['gully'] = d['gully'] + 1
>>> d
{'gully': 2, 'cut': 4}
>>> d['gully'] = d['gully'] + 1
>>> d
{'gully': 3, 'cut': 4}
```

딕셔너리의 get 메서드에 대한 자세한 설명을 보고 싶다면 help({}.get)을 사용하세요.

다음 코드의 출력은 무엇일까요?

```
d = {3: 4}
d[5] = d.get(4, 8)
d[4] = d.get(3, 9)
print(d)
```

Ⓐ   {3: 4, 5: 8, 4: 9}

Ⓑ   {3: 4, 5: 8, 4: 4}

Ⓒ   {3: 4, 5: 4, 4: 3}

Ⓓ   get 메서드로 인한 오류

답 Ⓑ

첫 번째 get 호출은 8을 반환합니다.(키 4가 없을 경우 8을 디폴트로 반환하도록 호출하고 있습니다.) 키 4가 존재하지 않기 때문입니다. 따라서 해당 라인은 키는 5, 값은 8인 쌍을 딕셔너리에 추가합니다.

두 번째 get 호출은 4를 반환합니다. 키 3이 이미 딕셔너리에 있으므로 두 번째 매개변수인 9는 무시됩니다. 따라서 해당 라인은 키는 4, 값은 4인 쌍을 딕셔너리에 추가합니다.

딕셔너리 반복

딕셔너리에 for 루프를 사용하면 딕셔너리의 키를 얻게 됩니다.

```
>>> d = {'cut': 4, 'gully': 3, 'storm': 2, 'brook': 2}
>>> for word in d:
...     print('a key is', word)
...
a key is cut
a key is gully
a key is storm
a key is brook
```

또한 키와 매핑된 값에 접근하고자 할 때는 각 키를 인덱스로 사용하면 됩니다. 다음은 키와 값을 모두 출력하는 반복입니다.

```
>>> for word in d:
...     print('key', word, 'has value', d[word])
...
key cut has value 4
key gully has value 3
key storm has value 2
key brook has value 2
```

딕셔너리의 모든 키 또는 값을 획득할 수 있는 메서드가 있습니다. keys 메서드는 딕셔너리 내 모든 키를 제공하고, values 메서드는 딕셔너리 내 모든 값을 제공합니다.

```
>>> d.keys()
dict_keys(['cut', 'gully', 'storm', 'brook'])
>>> d.values()
dict_values([4, 3, 2, 2])
```

keys 메서드와 values 메서드가 반환한 값은 리스트가 아닙니다. 그러나 이를 list 함수에 전달해 리스트로 변환할 수 있습니다.

```
>>> keys = list(d.keys())
>>> keys
['cut', 'gully', 'storm', 'brook']
>>> values = list(d.values())
>>> values
[4, 3, 2, 2]
```

키들을 리스트로 변환할 수 있으므로, 이를 정렬한 다음 정렬된 순서로 반복할 수 있습니다.

```
>>> keys.sort()
>>> keys
['brook', 'cut', 'gully', 'storm']
>>> for word in keys:
...     print('key', word, 'has value', d[word])
...
key brook has value 2
key cut has value 4
key gully has value 3
key storm has value 2
```

값들을 반복할 수도 있습니다.

```
>>> for num in d.values():
...     print('number', num)
...
number 4
number 3
number 2
number 2
```

키를 이용한 루프가 값을 이용한 루프보다 자주 사용됩니다. 앞서 살펴본 것처럼 키를 통해 그와 매핑된 값을 획득하기는 쉽습니다. 그러나 다음 절에서 배우겠지만, 값으로 키를 획득하는 것은 쉽지 않습니다.

딕셔너리 반복과 관련된 마지막 메서드는 items입니다. items 메서드를 통해 키와 값 모두를 획득할 수 있습니다.

```
>>> pairs = list(d.items())
>>> pairs
[('cut', 4), ('gully', 3), ('storm', 2), ('brook', 2)]
```

이 메서드는 딕셔너리의 키:값 쌍을 반복할 수 있는 또 다른 방법을 제공합니다.

```
>>> for pair in pairs:
...     print('key', pair[0], 'has value', pair[1])
...
key cut has value 4
key gully has value 3
key storm has value 2
key brook has value 2
```

pairs에서 키와 값을 얻는 방법을 주의 깊게 살펴보세요.

```
>>> pairs
[('cut', 4), ('gully', 3), ('storm', 2), ('brook', 2)]
```

여기서 이상한 점이 있습니다. 각 키와 값들이 대괄호가 아닌 괄호로 둘러싸여 있습니다. 이것은 리스트 내 각 항목으로 리스트가 아닌 튜플을 가진 것입니다.

```
>>> type(pairs[0])
<class 'tuple'>
```

튜플은 일련의 값을 저장한다는 점에서 리스트와 유사합니다. 튜플과 리스트의 가장 중요한 차이점은 튜플은 변경할 수 없다는 것입니다. 반복하거나 인덱싱 및 슬라이싱을 할 수는 있지만 수정할 수는 없습니다. 튜플을 수정하려 시도하면 오류가 발생합니다.

```
>>> pairs[0][0] = 'river'
Traceback (most recent call last):
  File "<stdin>", line 1, in <module>
TypeError: 'tuple' object does not support item assignment
```

괄호를 사용해 원하는 튜플을 만들 수 있습니다. 단일 값을 가진 튜플의 경우 후행 쉼표가 필요하지만 여러 값을 가진 튜플의 경우에는 필요하지 않습니다.

```
>>> (4,)
(4,)
>>> (4, 5)
(4, 5)
>>> (4, 5, 6)
(4, 5, 6)
```

딕셔너리 반전

Common Words 문제를 푸는데 딕셔너리를 사용하는 것이 가장 좋은 선택일 듯합니다. 딕셔너리 사용 전략은 다음과 같습니다. 단어를 출현 빈도와 매핑해 딕셔너리에 담습니다. 단어를 처리할 때마다 해당 단어가 이미 딕셔너리에 있는지 확인합니다. 해당 단어가 딕셔너리에 존재하지 않으면 값을 1로 해서 딕셔너리에 추가하고, 존재하면 값을 1 더 증가시킵니다.

다음은 이미 딕셔너리에 존재하는 단어와 존재하지 않는 단어를 처리하는 예입니다.

```
>>> d = {'storm': 1, 'cut': 1, 'magma': 1}
>>> word = 'cut'  # 'cut'은 이미 딕셔너리에 존재합니다.
>>> if not word in d:
...     d[word] = 1
... else:
...     d[word] = d[word] + 1
...
>>> d
{'storm': 1, 'cut': 2, 'magma': 1}
>>> word = 'brook'  # 'brook'은 딕셔너리에 존재하지 않습니다.
>>> if not word in d:
...     d[word] = 1
... else:
...     d[word] = d[word] + 1
...
>>> d
{'storm': 1, 'cut': 2, 'magma': 1, 'brook': 1}
```

딕셔너리를 사용하면 키를 통해 키와 매핑되는 값을 쉽게 얻을 수 있습니다. 예를 들어, 'brook'이라는 키가 주어지면 그와 매핑된 값인 1을 쉽게 찾을 수 있습니다.

```
>>> d['brook']
1
```

표 8-1을 보면, 왼쪽 열은 단어이고 오른쪽 열은 해당 단어의 출현 빈도입니다. 반면에 주어진 발생 횟수로 발생한 단어를 바로 찾을 수는 없습니다. 실제 필요한 것은 출현 빈도로 해당 단어를 알아내는 것입니다. 그런 다음 필요한 단어를 찾기 위해 출현 빈도를 기준으로 정렬할 수 있습니다.

따라서 다음과 같은 딕셔너리를

```
{'storm': 2, 'cut': 4, 'magma': 1, 'brook': 2,
 'gully': 3, 'cliff': 1, 'blast': 1}
```

다음과 같은 딕셔너리로 변환해야 합니다.

```
{2: ['storm', 'brook'], 4: ['cut'], 1: ['magma', 'cliff', 'blast'],
 3: ['gully']}
```

원래의 딕셔너리는 문자열에서 숫자로 매핑됩니다. 이를 반전한 딕셔너리는 숫자에서 문자열로 매핑됩니다. 정확히 맞는 표현은 아닙니다. 반전된 딕셔너리는 숫자에서 문자열의 리스트로 매핑됩니다. 딕셔너리에서 키는 고유해야 하므로 각 키는 한 번만 허용된다는 것을 기억하세요. 반전된 딕셔너리에서는 각 키를 여러 값에 매핑해야 하므로 값들을 리스트로 저장해야 합니다.

딕셔너리를 반전시키기 위해서는 각 키가 값이 되고 각 값은 키가 되어야 합니다. 반전된 딕셔너리에 키(원래 딕셔너리의 값)가 존재하지 않으면 해당 값(원래 딕셔너리의 키)을 저장할 리스트를 만듭니다. 만약 키(원래 딕셔너리의 값)가 존재한다면 해당 값(원래 딕셔너리의 키)을 매핑된 리스트에 추가합니다.

이제 반전된 딕셔너리를 반환하는 함수를 만들 수 있습니다. 코드 8-5를 참조하세요.

코드 8-5: 딕셔너리 반전하기

```
def invert_dictionary(d):
    """

    d는 문자열을 숫자로 매핑하는 딕셔너리입니다.

    d의 반전된 딕셔너리를 반환합니다.
    """
    inverted = {}
① for key in d:
    ② num = d[key]
        if not num in inverted:
            ③ inverted[num] = [key]
        else:
            ④ inverted[num].append(key)
    return inverted
```

딕셔너리 d의 키로 for 루프를 사용합니다①. 이 키로 d를 인덱싱하여 해당 키에 매핑된 값을 얻습니다②. 그런 다음, 이 키:값 쌍을 inverted라는 딕셔너리에 추가합니다. num이 아직 inverted의 키로 존재하지 않으면, num을 키로 하고 딕셔너리 d에서 num과 매핑되었던 키를 값으로 하여 inverted에 추가합니다③. num이 이미 inverted의 키로 존재한다면 num과 매핑된 값은 이미 리스트 타입입니다. 따라서 이 경우에는 append 메서드를 사용하여 값에 추가합니다④.

파이썬 쉘에 invert_dictionary 함수에 대한 코드를 입력합니다. 그리고 다음을 실행합니다.

```
>>> d = {'a': 1, 'b': 1, 'c': 1}
>>> invert_dictionary(d)
{1: ['a', 'b', 'c']}
>>> d = {'storm': 2, 'cut': 4, 'magma': 1, 'brook': 2,
...     'gully': 3, 'cliff': 1, 'blast': 1}
>>> invert_dictionary(d)
{2: ['storm', 'brook'], 4: ['cut'], 1: ['magma', 'cliff', 'blast'],
 3: ['gully']}
```

이제 반전된 딕셔너리를 사용해서 Common Words 문제를 풀 준비가 되었습니다.

문제 풀기

하향식 설계를 조금 더 연습하고 싶다면 계속 진행하기 전에 문제를 스스로 해결해 보는 것이 좋습니다. 지면을 아끼기 위해 여기서는 하향식 설계 단계를 따르지 않고, 반대로 솔루션 전체를 제시한 후 각 함수와 사용법에 대해 설명하겠습니다.

• 코드

코드 8-6은 Common Words 문제의 솔루션입니다.

코드 8-6: Common Words 풀이

```
def invert_dictionary(d):
    """

    d는 문자열을 숫자로 매핑하는 딕셔너리입니다.

    d의 반전된 딕셔너리를 반환합니다.
    """
    inverted = {}
    for key in d:
        num = d[key]
        if not num in inverted:
            inverted[num] = [key]
        else:
            inverted[num].append(key)
```

```
        return inverted


① def with_suffix(num):
        """
        num은 1보다 큰 정수입니다.

        '5th'와 같이 num에 접미사가 추가된 문자열을 반환합니다.
        """
②       s = str(num)
③       if s[-1] == '1' and s[-2:] != '11':
            return s + 'st'
        elif s[-1] == '2' and s[-2:] != '12':
            return s + 'nd'
        elif s[-1] == '3' and s[-2:] != '13':
            return s + 'rd'
        else:
            return s + 'th'


④ def most_common_words(num_to_words, k):
        """
        num_to_words는 출현 빈도를 단어 리스트로 매핑한 딕셔너리입니다.
        k는 1보다 크거나 같은 정수입니다.

        k번째로 빈도가 높은 단어의 리스트를 num_to_words로 반환합니다.
        """
        nums = list(num_to_words.keys())
        nums.sort(reverse=True)

        total = 0
        i = 0
        done = False
⑤      while i < len(nums) and not done:
            num = nums[i]
⑥          if total + len(num_to_words[num]) >= k:
                done = True
            else:
                total = total + len(num_to_words[num])
                i = i + 1
```

```
       ⑦ if total == k - 1 and i < len(nums):
            return num_to_words[nums[i]]
        else:
            return []



⑧ n = int(input())

  for dataset in range(n):
      lst = input().split()
      m = int(lst[0])
      k = int(lst[1])

      word_to_num = {}

      for i in range(m):
          word = input()
          if not word in word_to_num:
              word_to_num[word] = 1
          else:
              word_to_num[word] = word_to_num[word] + 1

    ⑨ num_to_words = invert_dictionary(word_to_num)

      ordinal = with_suffix(k)
      words = most_common_words(num_to_words, k)

      print(f'{ordinal} most common word(s):')
      for word in words:
          print(word)

      print()
```

첫 번째 함수는 invert_dictionary입니다. 이 함수는 앞서 '딕셔너리 반전'에서 다루었습니다. 이제 프로그램의 다른 부분을 살펴보겠습니다.

· 접미사 추가

with_suffix 함수①는 숫자를 가져와서 숫자에 적절한 접미사가 추가된 문자열을 반환합니다. 접미사를 사용하여 k를 출력하라는 요구사항 때문에 이 함수가 필요합니다. 예를 들어 k = 1이면 다음과 같은 출력 라인이 필요합니다.

```
1st most common word(s):
```

k = 2일 때는 다음과 같은 출력 라인을 생성해야 합니다.

```
2nd most common word(s):
```

나머지도 유사합니다. with_suffix 함수는 숫자에 알맞은 접미사를 추가해 줍니다. 먼저 숫자를 문자열로 변환하여② 그 숫자의 자릿수에 쉽게 접근할 수 있도록 합니다. 그런 다음 접미사가 st, nd, rd 또는 th인지 확인하기 위한 일련의 조건문을 사용합니다. 예를 들어, 마지막 숫자가 1이지만 마지막 두 숫자가 11이 아닌 경우 올바른 접미사는 st입니다③. 1st, 21st, 31st는 가능하지만 11st는 가능하지 않습니다.

• k번째 빈도가 높은 단어 찾기

most_common_words 함수④는 실제로 필요한 단어를 찾는 함수입니다. 반전된 딕셔너리(출현 빈도를 단어 리스트로 매핑함)와 정수 k를 취하여 k번째로 높은 빈도수를 가진 단어 리스트를 반환합니다.

예시를 가지고 반전된 딕셔너리가 어떻게 동작하는지 살펴보겠습니다. 가장 많이 등장한 것부터 적게 등장한 순서로 키를 구성했습니다. 이것이 most_common_words 함수가 키를 탐색하는 순서이기 때문입니다. 반전된 딕셔너리의 예는 다음과 같습니다.

```
{4: ['cut'],
 3: ['gully'],
 2: ['storm', 'brook'],
 1: ['magma', 'cliff', 'blast']}
```

k = 3인 경우를 가정하겠습니다. k가 3인 단어는 자신보다 더 많은 빈도를 가진 단어가 정확히 두 개 있어야 합니다. 첫 번째 키로 단어들을 획득해 보겠습니다. 첫 번째 키는 가장 높은 빈도입니다. 해당 단어보다 빈도가 높은 단어가 없으면서 단어(cut)가 하나이기 때문에 k = 3인 경우가 아닙니다.

이와 유사하게, 딕셔너리의 두 번째 키 또한 단어(gully)가 하나만 존재하므로 빈도가 세 번째로 높은 단어가 아닙니다. 지금까지 총 두 개의 단어를 처리했지만 아직 세 번째로 빈도가 높은 단어를 얻지는 못했습니다. 딕셔너리의 세 번째 키를 통해 빈도가 세 번째로 높은 단어를 얻을 수 있습니다. 해당 키로 두 개의 단어(storm, brook)를 얻을 수 있으며, 각 단어는 자신보다 더 높은 빈도를 가진 단어를 두 개씩 가지고 있습니다. 따라서 storm과 brook이 k = 3인 경우에 해당하는 단어가 됩니다.

k가 4인 경우는 어떨까요? 이번에는 빈도가 더 높은 단어가 3개 존재해야 합니다. 후보 단어는 세 번째 키로 얻은 두 단어 중 하나지만, 둘 다 자신보다 더 많은 빈도를 가진 단어가 두 개뿐입니다. 따라서 k = 4일 때의 단어는 존재하지 않습니다.

정리하자면, 찾고자 하는 단어를 얻을 수 있는 키를 찾을 때까지 각 키와 매핑된 단어들의 수를 세야 합니다. 자신보다 빈도가 높은 단어가 k − 1개라면 해당 단어는 k번째로 빈도가 많은 단어가 됩니다. 만약 그렇지 않으면 출력할 단어가 없습니다.

이제 코드를 살펴보겠습니다. 딕셔너리의 키 리스트를 가져와서 가장 큰 것부터 작은 것순으로 정렬하여 시작합니다. 이렇게 역정렬된 순서대로 키를 반복합니다⑤. done이라는 변수는 k개 이상의 단어를 살펴봤는지 여부를 나타냅니다. 이 조건⑥이 일치하자마자 done을 True로 설정해서 루프를 빠져나갑니다.

루프가 종료되면 빈도수가 k번째인 단어가 있는지 확인합니다. 더 많은 빈도수를 가진 단어가 정확히 k − 1개이고 다음 키가 더 남아 있다면⑦ k번째 단어가 존재하는 것입니다. 그렇지 않으면 반환할 단어가 없으므로 빈 리스트를 반환합니다.

• 메인 프로그램

이제 메인 프로그램 부분에 도달했습니다⑧. 각 단어를 출현 빈도에 매핑하는 딕셔너리 word_to_num을 만듭니다. 그런 다음 각 출현 빈도를 이에 해당하는 단어 리스트에 매핑하는 반전된 딕셔너리 num_to_words를 만듭니다⑨. 딕셔너리의 이름이 매핑 방향을 어떻게 나타내는지 유의하며 살펴보세요. word_to_num은 단어에서 숫자로, num_to_words는 숫자에서 단어 리스트로 매핑합니다. 나머지 코드는 또 다른 도우미 함수들을 호출하여 적절한 단어들을 출력합니다.

평가 사이트에 코드를 제출할 준비가 되었습니다. 잘했습니다. 이것이 딕셔너리를 통해 해결한 첫 번째 문제입니다. 두 가지 유형의 값을 매핑해야 할 때마다 딕셔너리를 사용해 정보를 구성할 수 있는지 살펴보세요. 만약 가능하다면 문제를 효율적으로 해결해 나갈 수 있을 것입니다!

딕셔너리를 사용할 수 있는 또 다른 문제가 있습니다. 문제 설명을 읽으면서 우리가 키로 사용할 수 있는 것과 값으로 사용할 수 있는 것에 대해 생각해 보세요.

이 문제는 USACO 2016년 12월 경진대회 실버 부문에 출제된 Cities and States입니다.

• 도전 과제

미국은 주(States)라고 하는 지리적인 지역으로 나뉘어 있으며, 각 주에는 하나 이상의 도시(Cities)가 있습니다. 각 주에는 2개의 문자로 지정된 약어가 있습니다. 예를 들어, Pennsylvania주의 약어는 PA이고 South Carolina주의 약어는 SC입니다. 도시 이름과 주의 약어는 모두 대문자로 작성합니다.

SCRANTON PA와 PARKER SC라는 한 쌍의 문자열을 생각해 보세요. 여기서 각 도시의 처음 두 문자가 상대 도시가 속한 주의 약어를 나타내고 있는 점이 특별합니다. SCPANTON의 처음 두 문자는 SC(PARKER가 속한 주)이고, PARKER의 처음 두 문자는 PA(SCRANTON이 속한 주)입니다. 이러한 특징을 충족하면서 같은 주에 있지 않은 도시들의 쌍을 특별한 관계라고 하겠습니다.

제공되는 입력에서 특별한 관계의 도시 쌍들이 몇 개나 되는지 계산하세요.

• 입력

citystate.in이라는 파일에서 입력을 읽습니다.

입력은 다음 라인들로 구성됩니다.

- ⊙ 도시의 수 n이 포함된 라인으로, n은 1에서 200,000 사이의 정수입니다.

- ⊙ 한 라인당 한 도시의 정보로 구성된 n개의 라인입니다. 각 라인은 대문자로 된 도시의 이름, 공백, 그리고 대문자로 된 주 약어를 표시합니다. 각 도시의 이름은 2~10자이며, 주 약어는 정확히 2자입니다. 어떤 도시 이름이 여러 주에 존재할 수는 있지만, 동일한 주에서는 해당 도시 이름이 한 번까지만 나올 수 있습니다. 이 문제에서 도시 또는 주의 이름은 이러한 요구사항을 충족하는 문자열이며, 이는 실제 미국의 도시나 주의 명칭이 아닐 수 있습니다.

• 출력

citystate.out이라는 파일에 출력을 씁니다.

특별한 도시를 이루는 쌍의 수를 출력합니다.

각 테스트 케이스를 수행하는 데 지정된 제한 시간은 4초입니다.

테스트 케이스 탐구

아마도 여러분은 이 문제를 리스트로 해결할 수 있겠다고 생각할 것입니다. 좋은 생각입니다! 계속 진행하기 전에 한번 시도해 보는 것도 좋습니다. 문제를 푸는 전략은 중첩 루프를 사용해 가능한 모든 쌍을 비교하여 각 쌍이 특별한지 확인하는 것입니다. 이러한 접근 방식을 통해 올바른 솔루션을 찾을 수 있습니다.

올바른 솔루션이긴 하지만 느린 솔루션이기도 합니다. 최대 200,000개의 도시가 존재할 수 있기 때문에 도시 수가 많을수록 도시 리스트를 검색하는 모든 동작은 매우 느릴 수 있습니다. 테스트 케이스를 탐구하면서 딕셔너리가 여기서 어떻게 도움이 되는지 알아보겠습니다.

테스트 케이스는 다음과 같습니다.

```
12
SCRANTON PA
MANISTEE MI
NASHUA NH
PARKER SC
LAFAYETTE CO
WASHOUGAL WA
MIDDLEBOROUGH MA
MADISON MI
MILFORD MA
MIDDLETON MA
COVINGTON LA
LAKEWOOD CO
```

첫 번째 도시는 SCRANTON PA입니다. 이 도시와 관련된 특별한 쌍을 찾으려면 이름이 PA로 시작하고 주가 SC인 다른 도시를 찾아야 합니다. 이런 조건을 충족하는 유일한 도시는 PARKER SC 입니다.

SCRANTON PA에 관심을 가지는 부분은 도시 이름이 SC로 시작하고 주가 PA라는 점입니다. SCMERWIN PA이나 SCSHOCK PA, 또는 SCHRUTE PA여도 상관없습니다. 이들은 여전히 PARKER SC와 특별한 쌍이 될 것입니다. 도시 이름의 처음 두 문자와 도시가 속한 주의 약어를 합쳐서 식별자를 만들어 보겠습니다. 예를 들어, SCRANTON PA의 식별자는 SCPA이고 PARKER SC의 식별자는 PASC입니다.

특별한 도시의 쌍을 찾는 대신, 이제 이 특별한 식별자의 쌍을 찾을 수 있습니다. 한번 해보겠습니다.

식별자가 MAMI인 두 개의 도시가 있습니다. 각각 MANISTEE MI와 MADISON MI이지만,

우리는 MAMI라는 도시가 두 개 있다는 것에 관심을 둘 뿐입니다. MAMI 도시는 MA로 시작하고 MI라는 주에 속해 있습니다. MAMI와 관련된 특별한 쌍의 개수를 계산하려면 MI로 시작하고 소속된 주가 MA인 도시를 찾아야 합니다. 즉, 식별자가 MIMA인 도시의 수를 알아야 합니다. 식별자가 MIMA인 도시는 3개가 존재합니다. 각각 MIDDLEBOROUGH MA, MILFORD MA, MIDDLETON MA이지만, 여기서 중요한 것은 MIMA에 해당하는 도시의 수가 3개라는 사실입니다. 좋습니다. 이제 2개의 MAMI 도시와 3개의 MIMA 도시를 가지게 되었습니다. 2개의 MAMI 도시가 3개의 MIMA 도시들과 쌍을 이룰 수 있기 때문에, 이 특별한 도시 쌍의 조합은 2 * 3 = 6개입니다

정확히 다음과 같은 6가지 특별한 쌍이 존재합니다.

- ⊘ MANISTEE MI와 MIDDLEBOROUGH MA
- ⊘ MANISTEE MI와 MILFORD MA
- ⊘ MANISTEE MI와 MIDDLETON MA
- ⊘ MADISON MI와 MIDDLEBOROUGH MA
- ⊘ MADISON MI와 MILFORD MA
- ⊘ MADISON MI와 MIDDLETON MA

SCPA, PASC, MAMI, MIMA 등과 같은 식별자를 출현 빈도에 매핑할 수만 있다면 식별자를 반복해서 특별한 도시의 쌍의 개수를 찾을 수 있습니다. 딕셔너리는 이러한 매핑을 저장하는 데 완벽한 데이터 타입입니다.

테스트 케이스에 대해 생성하려는 딕셔너리는 다음과 같습니다.

```
{'SCPA': 1, 'MAMI': 2, 'NANH': 1, 'PASC': 1, 'LACO': 2,
'MIMA': 3, 'COLA': 1}
```

이 딕셔너리로 특별한 도시 쌍의 개수를 파악할 수 있습니다. 이 딕셔너리를 처리해 보겠습니다.

첫 번째 키는 'SCPA'이며, 값은 1입니다. 'SCPA'와 관련된 특별한 도시 쌍의 개수를 구하려면 'PASC'에 대한 값을 찾아야 합니다. 그 값 또한 1입니다. 두 값을 곱하면 1 * 1 = 1개의 특별한 도시 쌍을 만들 수 있게 됩니다. 딕셔너리에 있는 모든 키에 대해 동일한 절차를 수행해야 합니다.

다음 키는 'MAMI'이며, 값은 2입니다. 'MAMI'와 관련된 특별한 도시 쌍의 개수를 구하려면 'MIMA'에 대한 값을 찾아야 합니다. 그 값은 3입니다. 두 값을 곱하면 2 * 3 = 6개의 특별한 도시 쌍이 존재한다는 것을 알 수 있습니다. 이전에 찾은 1개를 더하면 총 7개가 존재합니다.

다음 키는 'NANH'이며, 값은 1입니다. 'NANH'와 관련된 특별한 도시 쌍의 개수를 구하려면

'NHNA'에 대한 값을 찾아야 합니다. 하지만 'NHNA'는 딕셔너리의 키가 아닙니다! 따라서 'NANH'와 관련된 특별한 도시 쌍은 존재하지 않습니다. 여전히 총 7개의 특별한 도시 쌍이 존재합니다.

다음 항목에 주의할 필요가 있습니다. 다음 키는 'PASC'이며, 값은 1입니다. 'PASC'와 관련된 특별한 도시 쌍의 개수를 구하려면 'SCPA'에 대한 값을 찾아야 합니다. 해당 값도 1입니다. 두 값을 곱하여 1 * 1 = 1개의 특별한 도시 쌍을 찾습니다. 하지만, 여기서 잠깐! 앞서 'SCPA' 키를 처리하면서 이미 이 쌍을 고려했습니다. 그렇기 때문에 여기서 1을 더하면 동일한 쌍을 두 번 더하는 것입니다. 하지만 걱정하지 마세요. 나중에 최종 답변을 출력할 준비가 되면 조정할 것입니다. 여기서는 그냥 1을 추가합니다. 이전에 찾은 7개와 함께, 이제 총 8개가 되었습니다.

다음 키는 'LACO'이며, 값은 2입니다. 'COAL'에 대한 값은 1이므로, 두 값을 곱하여 2 * 1 = 2개의 특별한 도시 쌍이 존재한다는 것을 알 수 있습니다. 이전에 찾은 8개와 함께, 이제 총 8개가 되었습니다.

또한 'MIMA'와 'COLA'라는 두 개의 키가 더 존재합니다. 첫 번째는 총계에 6을 더하게 만들고 두 번째는 2를 더하게 합니다. 이전에 찾은 10개와 함께, 이제 총 18개가 되었습니다.

지금까지 모든 특별한 도시 쌍들을 이중으로 계산했다는 것을 기억하세요. 18개의 쌍은 고유한 도시 쌍이 아닙니다. 중복 계산을 제거하려면 2로 나누기만 하면 됩니다. 즉 18 / 2 = 9개만이 고유한 특별한 도시의 쌍입니다.

테스트 케이스의 도시와 방금 살펴본 딕셔너리를 비교해 보면 딕셔너리에 뭔가 빠진 것을 알 수 있습니다. 바로 WASHOUGAL WA입니다! 식별자로는 WAWA지만 딕셔너리에는 'WAWA' 키가 존재하지 않습니다 우리는 이 도시에 대해 처리하지 않았습니다. 그 이유를 잠시 살펴보겠습니다.

WASHOUGAL WA의 처음 두 문자는 WA입니다. 이는 이 도시와 특별한 도시 쌍을 이룰 도시가 WA주에 있는 다른 도시라는 것을 의미합니다. WASHOUGAL WA도 WA주에 속해 있습니다. 그러나 문제의 설명에 따르면 특별한 쌍의 도시를 이루는 두 도시는 서로 다른 주에 있어야 합니다. 따라서 WASHOUGAL WA와 관련된 특별한 도시 쌍을 찾을 방법이 존재하지 않습니다. 실수로 잘못 계산하지 않도록 WASHOUGAL WA를 딕셔너리에 포함하지 않았습니다.

문제 풀기

문제를 풀 준비가 되었습니다! 도시와 주에 대한 간결하고 빠른 솔루션으로 딕셔너리를 사용할 수 있습니다. 코드 8-7은 Cities and States 문제를 해결하는 코드입니다.

```
  input_file = open('citystate.in', 'r')
  output_file = open('citystate.out', 'w')


  n = int(input_file.readline())

① combo_to_num = {}


  for i in range(n):
      lst = input_file.readline().split()
  ②  city = lst[0][:2]
      state = lst[1]
  ③  if city != state:
          combo = city + state
          if not combo in combo_to_num:
              combo_to_num[combo] = 1
          else:
              combo_to_num[combo] = combo_to_num[combo] + 1

  total = 0

④ for combo in combo_to_num:
  ⑤  other_combo = combo[2:] + combo[:2]
      if other_combo in combo_to_num:
      ⑥  total = total + combo_to_num[combo] * combo_to_num[other_combo]

⑦ output_file.write(str(total // 2) + '\n')

  input_file.close()
  output_file.close()
```

이 문제는 USACO에 출제된 문제이며, 표준 입력과 표준 출력 대신 파일을 사용해야 합니다. 우리가 만들 딕셔너리는 combo_to_num①입니다. 'SCPA'와 같은 4개의 문자로 구성된 식별자를 그에 해당하는 도시의 수로 매핑합니다.

입력의 각 도시에 대해 변수를 사용해 도시 이름의 처음 두 문자, 그리고 주의 약자를 각각 참조합니다②. 참조한 두 값이 동일하지 않을 경우③, 두 값을 결합해 식별자로 만들어 딕셔너리에 추가합니다. 식별자가 딕셔너리에 존재하지 않으면 해당 값을 1로 해서 추가하고, 이미 존재한다면 그 값을 1 더 증가시킵니다.

이제 딕셔너리가 만들어졌습니다. 키를 반복할 것입니다④. 각 키와 관련된 특별한 도시 쌍의 개수를 구하기 위해 찾아야 할 다른 식별자를 만듭니다. 예를 들어, 키가 'SCPA'라면 찾아야 할 다른 식별자는 'PASC'가 되어야 합니다. 이를 위해 키의 가장 오른쪽 두 문자를 취하고, 그 뒤에 키의 가장 왼쪽 두 문자 붙입니다⑤. 이렇게 만들어진 식별자가 키로 존재한다면 두 키의 값을 곱해서 total에 더합니다⑥.

이제 해야 할 일은 특별한 도시 쌍에 대한 총 개수를 출력 파일에 출력하는 것입니다. 이전 절에서 설명했듯이 딕셔너리의 모든 키를 처리하면서 발생한 이중 계산을 제거하기 위해 total을 2로 나누어야 합니다⑦.

딕셔너리를 적절하게 사용해 문제를 해결하는 또 하나의 사례였습니다. 이제 코드를 평가 사이트에 제출하세요!

요약

이 장에서는 파이썬의 집합과 딕셔너리에 대해 배웠습니다. 집합은 순서와 중복이 없는 값의 모음이며, 딕셔너리는 키:값 쌍의 모음입니다. 이 장의 문제에서 보았듯이 때로는 이러한 집합이나 딕셔너리가 리스트보다 더 적절한 경우가 있습니다. 예를 들어, 집합에서 특정 값을 검색하는 것이 리스트에서 검색하는 것보다 처리 속도가 훨씬 더 빠릅니다. 값의 순서에 신경 쓰지 않거나 중복을 제거하려고 할 때는 반드시 집합 사용에 대해 고려해 봐야 합니다.

마찬가지로 딕셔너리를 사용하면 키로 매핑된 값을 쉽게 찾을 수 있습니다. 키에서 값으로의 매핑을 유지하면서 관리하는 경우에는 딕셔너리를 고려하세요.

집합과 딕셔너리를 함께 사용하면 값을 저장하는 방법에 더 많은 유연성을 갖게 됩니다. 그러나 이러한 유연성은 선택이 필요함을 의미합니다. 더 이상 무조건 리스트를 사용하지는 마세요! 한 유형을 사용하거나 다른 유형을 사용하는 것의 차이는 문제를 해결할 수 있는가 없는가의 차이일 수 있습니다.

이 책에서 가르칠 파이썬에 대한 내용은 대부분 다루었습니다. 우리는 이제 중요한 기점에 다다랐습니다. 파이썬의 여정이 끝났다는 의미는 아닙니다. 이 책에서 설명한 것 외에도 파이썬에 대해 알아야 할 것들이 훨씬 더 많이 있습니다. 하지만 지금 우리는 파이썬 기술을 사용한 경진대회의 프로그래밍이나 그 외의 다양한 문제를 해결할 수 있는 지점에 도달했습니다.

다음 장에서는 새로운 파이썬 기능을 배우는 것에서 문제 해결 능력을 기르는 쪽으로 방향을 선회합니다. 답이 될 수 있는 모든 경우의 수를 탐색하여 문제를 해결할 수 있는, 특정 유형의 문제에 초점을 맞출 것입니다.

다음은 시도해 볼 만한 몇 가지 연습문제입니다. 집합이나 딕셔너리를 사용해서 문제를 풀어 보세요. 때로는 집합이나 딕셔너리가 더 빠르게 실행되는 코드를 작성하는 데 도움이 됩니다. 또한 체계적이고 읽기 쉬운 코드를 작성하는 데에도 도움이 될 것입니다.

1 DMOJ 문제 (crci06p1) Bard

2 DMOJ 문제 (dmopc19c5p1) Conspicuous Cryptic Checklist

3 DMOJ 문제 (coci15c2p1) Marko

4 DMOJ 문제 (ccc06s2) Attack of the CipherTexts

5 DMOJ 문제 (dmopc19c3p1) Mode Finding

6 DMOJ 문제 (coci14c2p2) Utrka ① 딕셔너리, 집합, 리스트를 사용해 각각 다른 방법으로 이 문제를 풀어 보세요!

7 DMOJ 문제 (coci17c2p2) ZigZag

[힌트] 두 개의 딕셔너리를 사용하세요. 첫 번째 딕셔너리에는 각 시작 문자를 해당 단어들의 리스트에 매핑합니다. 두 번째는 각 시작 문자를 출력될 다음 단어의 인덱스에 매핑합니다. 그러면 명시적으로 출현 빈도를 업데이트하거나 리스트를 수정하지 않고도 각 문자의 단어를 순환할 수 있습니다.

[참고] Email Addresses는 2019년 온타리오 컴퓨팅 교육 기구의 프로그래밍 경진대회 2라운드에 출제된 문제이며, Common Words는 1999년 캐나다 컴퓨팅 경진대회에 출제된 문제입니다. 그리고 Cities and States는 USACO 2016년 12월 경진대회 실버 부문에 출제된 문제입니다.

파이썬에 대해 더 알고 싶다면 Eric Matthes의 <Python Crash Course, 2nd edition(No Starch Press, 2019)>을 추천합니다. 다음 단계로 넘어갈 준비가 되면 Brett Slatkin의 <Effective Python, 2nd edition(Addison-Wesley Professional, 2020)>을 읽어 보세요. 이 책은 더 나은 파이썬 코드를 작성하는 데 도움이 되는 팁들을 제공합니다.

Chapter 9

완전 탐색(Complete-Search)으로
알고리즘 디자인하기

문제를 해결하는 일련의 절차를 알고리즘이라고 합니다. 우리는 이 책의 각 문제들을 파이썬 코드로 작성된 알고리즘으로 풀었습니다. 이 장에서는 알고리즘 설계에 중점을 둘 것입니다. 새로운 문제에 직면했을 때, 종종 그것을 해결하기 위해 무엇을 해야 할지 모를 수 있습니다. 어떤 알고리즘을 작성해야 할까요? 다행히 매번 처음부터 시작할 필요는 없습니다. 컴퓨터 과학자들과 프로그래머들이 알고리즘을 몇 가지 유형으로 일반화했고, 적어도 하나는 문제를 해결하는 데 사용할 수 있습니다.

그중 한 가지 유형의 알고리즘이 완전 탐색(complete-search) 알고리즘입니다. 이것은 모든 가능한 경우의 수들을 전부 수행한 후 최상의 답을 선택하는 작업입니다. 예를 들어 문제가 최댓값을 구하는 것이라면 모든 경우의 수를 시도하고 가장 큰 값을 선택합니다. 그리고 문제가 최솟값을 찾는 것이라면 모든 경우의 수를 시도한 후 가장 작은 값을 선택합니다. 완전 탐색 알고리즘은 무차별 대입(brute-force) 알고리즘이라고도 알려져 있지만, 이 용어는 사용하지 않겠습니다. 컴퓨터가 해결 방법을 하나씩 확인하면서 계산을 진행하는 것은 맞는 말이지만, 우리가 알고리즘을 설계하며 하는 일 중에 무차별적인 것은 없습니다.

5장에서 Village Neighborhood 문제를 풀 때 완전 탐색 알고리즘을 사용했습니다. 가장 작은 크기의 이웃 마을을 찾아야 하는 경우였는데, 이때 모든 마을의 이웃 마을을 살펴보고 가장 작은 크기를 기억함으로써 문제를 해결했습니다. 이번 9장에서는 완전 탐색 알고리즘을 사용해 다른 문제를 해결할 것입니다. 무엇을 검색할지를 결정하는 데 상당한 독창성이 필요하다는 것을 알게 될 것입니다.

우리는 완전 탐색을 사용해 두 가지 문제를 해결할 것입니다. 해고할 인명구조원 결정하기, 스키 훈련 캠프 요구를 충족시키기 위한 최소 비용 식별하기 문제입니다. 그런 다음 세 번째 문제로 관찰치를 만족하는 소들의 트리플(요소가 3개인 묶음) 수를 계산해 보려고 하는데, 이는 앞의 두 문제보다 조금 더 깊은 이해가 필요한 문제입니다.

</> 문제 #21 Lifeguards(인명구조원)

이 문제에서는 수영장의 운영 시간을 최대로 유지하기 위해 어떤 인명구조원을 해고할지를 결정해야 합니다. 인명구조원을 해고하는 각각의 경우를 개별적으로 실행하면서 결과를 관찰해 보겠습니다. 이것이 바로 완전 탐색 알고리즘입니다!

이 문제는 USACO 2018년 1월 경진대회 브론즈 부문에 출제된 Lifeguards 문제입니다.

• 도전 과제

농부인 존은 자기 소들을 위해 수영장을 구입했습니다. 수영장은 시간 0부터 시간 1000까지 운영됩니다. 존은 수영장을 감시할 인명구조원을 고용합니다. 각 인명구조원은 지정된 시간 동안 수영장을 감시합니다. 예를 들어, 인명구조원은 시간 2에 일을 시작해서 시간 7에 일을 마칩니다. 여기서는 이런 시간 간격을 2~7처럼 표시하겠습니다. 간격에 해당하는 시간 단위 수는 종료 시각에서 시작 시각을 뺀 값입니다. 예를 들어, 시간 간격이 2~7인 인명구조원은 7 - 2 = 5시간을 근무합니다. 이 간격은 2~3, 3~4, 4~5, 5~6, 6~7이라는 5개의 단위 시간으로 구성됩니다.

안타깝게도 농부 존은 n명이 아니라 n − 1명만 고용할 수 있을 만큼의 돈을 가지고 있기 때문에 인명구조원 한 명을 해고해야 합니다.

인명구조원 한 명을 해고한 후 감당할 수 있는 최대 시간 단위 수를 결정하세요.

• 입력

lifeguards.in이라는 파일에서 입력을 읽습니다.

입력은 다음의 라인들로 구성됩니다.

- ⊘ 고용된 인명구조원의 수 n이 포함된 라인으로, n은 1에서 100 사이의 정수입니다.
- ⊘ 한 라인당 인명구조원 한 명의 정보로 구성된 총 n개의 라인입니다. 각 라인은 인명구조원의 근무 시작 시각, 공백, 근무 종료 시각을 표시합니다. 시작 및 종료 시각은 0에서 1000 사이의 모든 정수이며, 시작과 종료가 동일한 근무 시간은 존재하지 않습니다.

• 출력

lifeguards.out이라는 파일에 출력을 씁니다.

n − 1명의 인명구조원으로 감당할 수 있는 최대 시간 단위 수를 출력하세요.

각 테스트 케이스를 수행하는 데 지정된 제한 시간은 4초입니다.

테스트 케이스 탐구

테스트 케이스를 살펴보면서 완전 탐색 알고리즘이 이 문제에 적합한 이유를 알아보겠습니다. 테스트 케이스는 다음과 같습니다.

```
4
5 8
10 15
17 25
9 20
```

이 문제를 해결하기 위해 시도해 볼 수 있는 한 가지 간단한 방법은 가장 짧은 근무 시간 단위를 가진 인명구조원을 해고하는 것입니다. 그 인명구조원이 수영장의 운영 시간에 가장 적게 기여하는 것으로 보이기 때문에 직관적인 의미가 있습니다.

이 규칙이 올바른 알고리즘을 제공할까요? 살펴보겠습니다. 5~8 시간 간격을 가진 인명구조원의 근무 시간이 가장 짧기 때문에 그 사람을 해고합니다. 그러고 나면 시간 간격이 10~15, 17~25, 9~20인 인명구조원만 남게 됩니다. 나머지 세 명은 25 − 9 = 16 단위 시간으로 구성된 9~25 구간을 담당합니다. 16이 정답일까요?

불행하게도, 아닙니다. 우리는 10~15 시간 간격을 가진 인명구조원을 해고해야 합니다. 그렇게 하면 시간 간격이 5~8, 17~25, 9~20인 인명구조원이 남게 되고, 나머지 세 명은 5~8, 9~25를 담당하게 됩니다. (주의: 8에서 9까지의 한 시간은 쉬게 됩니다.) 이 간격 중 첫 번째 간격은 8 − 5 = 3 단위 시간이고 두 번째 간격은 25 − 9 = 16 단위 시간이기 때문에 합하면 총 19 단위 시간이 됩니다.

따라서 정답은 16이 아니라 19입니다. 가장 짧은 근무 시간을 가진 인명구조원을 해고해도 소용이 없습니다.

이 문제를 해결하기 위해 항상 작동하는 간단한 규칙을 생각해 내는 것은 쉽지 않습니다. 하지만 걱정할 필요가 없습니다. 완전 탐색 알고리즘을 사용하면 이 요구사항을 완전히 만족시킬 수 있습니다.

테스트 케이스를 해결하기 위해 완전 탐색 알고리즘이 수행하는 작업은 다음과 같습니다.

1. 먼저, 첫 번째 인명구조원을 무시하고 나머지 세 명이 담당하는 시간 단위 수를 계산합니다. 16이라는 값을 얻을 것입니다. 다른 경우와 비교를 위해 16이라는 수를 기억해 둡니다.

2. 다음으로, 두 번째 인명구조원을 무시하고 나머지 세 명이 담당하는 시간 단위 수를 계산합니다. 19라는 값을 얻을 것입니다. 19는 16보다 크므로 다른 경우와 비교하기 위해 19를 기억해 둡니다.

3. 다음으로, 세 번째 인명구조원을 무시하고 나머지 세 명이 담당하는 시간 단위 수를 계산합니다. 14라는 값을 얻을 것입니다. 14는 19보다 작기 때문에 기존에 저장된 수를 변경하지 않고 그대로 둡니다.

4. 끝으로 네 번째 인명구조원을 무시하고 나머지 세 명이 담당하는 시간 단위 수를 계산합니다. 16이라는 값을 얻을 것입니다. 여전히 19보다 작기 때문에 저장된 수는 변경되지 않습니다.

각 인명구조원을 해고할 경우를 계산하고 살펴본 결과 19가 정답이라는 결론을 내립니다. 모든 경우를 시도했기 때문에 이것보다 좋은 답은 있을 수 없습니다! 우리는 가능한 모든 경우에 대해 완전 탐색을 수행했습니다.

문제 풀기

완전 탐색을 사용할 때는 종종 특정 테스트 케이스를 가지고 문제를 해결하는 함수를 작성하며 시작하는 것이 도움이 됩니다. 함수를 작성한 다음, 모든 후보에 대해서 해당 함수를 한 번씩 호출합니다.

· 한 명의 인명구조원을 해고하기

특정 인명구조원이 해고될 때 적용되는 시간 단위 수를 결정하는 num_covered 함수를 작성해 보겠습니다. 코드 9-1을 보세요.

코드 9-1: 특정 인명구조원이 해고되었을 경우 문제 풀이

```
def num_covered(intervals, fired):
    """

    intervals는 인명구조원들의 근무 간격 리스트입니다.
    각 간격은 [시작, 종료] 리스트입니다.
    fired는 해고하는 인명구조원의 인덱스입니다.

    해고된 인명구조원을 제외한 모든 인명구조원의 근무 시간 단위 수를 반환합니다.
    """
  ① covered = set()
    for i in range(len(intervals)):
        if i != fired:
            interval = intervals[i]
          ② for j in range(interval[0], interval[1]):
              ③ covered.add(j)
    return len(covered)
```

첫 번째 매개변수는 인명구조원 근무 시간 간격의 리스트입니다. 두 번째는 해고하려는 인명구조원의 인덱스입니다. 파이썬 쉘에 코드를 입력합니다. 다음은 두 가지 경우의 함수 호출 예시입니다.

```
>>> num_covered([[5, 8], [10, 15], [9, 20], [17, 25]], 0)
16
>>> num_covered([[5, 8], [10, 15], [9, 20], [17, 25]], 1)
19
```

인덱스 0에 있는 인명구조원을 해고하면 16 단위 시간을 운영할 수 있고, 인덱스 1에 있는 인명구조원을 해고하면 19 단위 시간을 운영할 수 있음을 확인할 수 있습니다.

함수가 어떻게 동작하는지 살펴보겠습니다. 인명구조원들이 근무하는 단위 시간들을 저장하기 위한 집합을 만드는 것으로 시작합니다①. 단위 시간이 포함될 때마다 코드는 해당 단위 시간의 시작 시각을 집합에 추가합니다. 예를 들어, 0에서 1까지 단위 시간이 포함되는 경우에는 집합에 0을 추가합니다. 4에서 5까지의 단위 시간이 포함되면 집합에 4를 추가합니다.

인명구조원들의 근무 시간의 간격들이 담긴 intervals를 반복합니다. 해고되지 않은 인명구조원이면 해당 인명구조원의 근무 시간 간격을 반복하여② 근무 시간의 단위들을 구합니다. 앞서 언급한 것처럼 이 단위 시간들을 집합에 추가합니다③. 집합은 중복된 값을 가지지 않으므로 같은 단위 시간을 여러 번 추가해도 걱정할 필요가 없습니다. 해고되지 않은 모든 구조 대원들의 근무 단위 시간들을 살펴보고 covered에 추가했습니다. 이제 간단하게 집합에 담긴 값의 개수를 반환합니다.

• 메인 프로그램

코드 9-2는 메인 프로그램의 코드입니다. 메인 프로그램은 num_covered 함수를 사용해서 각 인명구조원을 개별적으로 해고할 때 적용되는 근무 단위 시간의 수를 계산합니다. 이 코드 앞에 num_covered 함수 정의(코드 9-1)를 입력해야 문제에 대한 완전한 솔루션이 됩니다.

```
코드 9-2: 메인 프로그램
input_file = open('lifeguards.in', 'r')
output_file = open('lifeguards.out', 'w')

n = int(input_file.readline())

intervals = []

for i in range(n):
  ① interval = input_file.readline().split()
```

```
    interval[0] = int(interval[0])
    interval[1] = int(interval[1])
    intervals.append(interval)

  max_covered = 0

② for fired in range(n):
    ③ result = num_covered(intervals, fired)
    if result > max_covered:
        max_covered = result

  output_file.write(str(max_covered) + '\n')

  input_file.close()
  output_file.close()
```

여기서 표준 입력 및 표준 출력이 아닌 파일로 작업을 수행합니다. 프로그램은 인명구조원의 수를 읽는 것으로 시작해서 범위 기반 for 루프로 각 인명구조원의 근무 시간 간격을 읽습니다①. 입력에서 근무 시작 시각과 종료 시각을 읽고 각각을 정수로 변환합니다. 그런 다음 intervals 리스트에 두 값을 리스트로 추가합니다.

max_covered 변수를 사용하여 근무가 가능한 최대 시간 단위 수를 추적합니다.

범위 기반 for 루프를 사용해 각 인명구조원을 개별적으로 해고합니다②. num_covered를 호출해 각 인명구조원이 해고될 때 나머지 인명구조원의 근무 시간 단위 수를 계산합니다③. 더 많은 시간 단위 수가 발생할 때마다 max_coverted를 갱신합니다.

해당 루프가 완료되면 각 인명구조원을 해고할 경우 근무가 가능한 시간 단위 수를 확인하고 최댓값을 알게 될 것입니다. 문제를 해결하기 위해 이 최댓값을 출력합니다.

이제 코드를 USACO 평가 사이트에 제출하세요. 평가 사이트는 파이썬 코드의 경우 테스트 케이스당 4초의 시간 제한을 두었지만, 제출한 코드가 제한 시간에 근접해서는 안 됩니다. 예를 들어, 저는 방금 코드를 실행했고 각 테스트 케이스는 130밀리초 이내로 완료되었습니다.

• 작성된 프로그램의 효율성

코드가 빠른 이유는 인명구조원이 너무 적기 때문입니다. 이 문제에서 인명구조원은 최대 100명뿐입니다. 만약 인명구조원의 수가 그보다 훨씬 많다면 우리가 작성한 코드로는 제한 시간 내에 문제를 풀지 못할 것입니다. 수백 명 정도는 괜찮지만 3,000~4,000명 정도면 아슬아슬하고, 그 이상이면 코드가 너무 느릴 것입니다. 만약 5,000명의 인명구조원이 있다면 제한 시간을 넘기게 될 것입니다. 이런 경우에는 완전 탐색보다 빠른 것을 사용하는 새로운 알고리즘을 설계해야 합니다.

5,000명이라는 인명구조원은 엄청난 숫자이고, 알고리즘이 그렇게까지 많은 데이터를 처리하지 않을 것이라고 생각할 수도 있습니다. 하지만 반드시 그렇지는 않습니다! 8장의 Email Addresses 문제를 생각해 보세요. 거기서 우리는 최대 100,000개의 이메일 주소와 씨름해야 했습니다. 또한 8장의 Cities and States 문제에서는 최대 200,000개의 도시를 처리해야 했습니다. 그에 비하면 인명구조원 5,000명은 결코 많은 수가 아닙니다.

완전 탐색 알고리즘을 사용한 솔루션은 적은 양의 입력에 대해서는 잘 작동하지만, 대규모 테스트 케이스에서는 문제가 발생하는 경우가 많습니다.

Lifeguards 문제에서처럼, 완전 탐색 알고리즘을 사용한 솔루션이 대규모 테스트 케이스에서 제대로 작동하지 않는 이유는 반복 작업을 많이 수행하기 때문입니다. 5,000명의 인명구조원을 가지고 테스트 케이스를 수행한다고 상상해 보세요. 인덱스 0에 있는 인명구조원을 가지고 num_covered 함수를 호출해 나머지 인명구조원의 근무 단위 시간의 수를 계산해야 합니다. 그런 다음 인덱스 1에 있는 인명구조원을 가지고 num_covered를 다시 호출합니다. 이때 num_covered가 수행하는 작업은 앞서 수행한 작업과 유사합니다. 유일하게 다른 점은 인덱스 0이 아닌 인덱스 1에 있는 인명구조원이 해고되었다는 것뿐입니다. 나머지 4,998명의 인명구조원은 그대로입니다! 그러나 num_covered는 그런 것을 알지 못하기 때문에 또 다시 모든 인명구조원을 훑어 봅니다. 인덱스 2, 3, …에 있는 인명구조원을 해고하는 식으로 동일한 작업을 반복합니다. 그때마다 num_covered는 이전에 수행한 작업을 모르는 채로 처음부터 모든 작업을 수행합니다.

완전 탐색 알고리즘은 유용하지만 한계가 있음을 기억하세요. 새로운 문제가 주어졌을 때, 완전 탐색 알고리즘은 나중에 비효율적인 것으로 판명될지언정 일단 출발점으로서는 유용한 알고리즘입니다. 완전 탐색 알고리즘을 설계하는 행위가 문제에 대한 우리의 인식을 심화시키고, 이것이 곧 문제를 해결하기 위한 새로운 아이디어로 이어질 수 있기 때문입니다.

다음 절에서는 완전 탐색 알고리즘을 사용할 수 있는 또 다른 문제를 살펴볼 것입니다.

다음 버전의 num_covered 함수는 올바르게 작동할까요?

```python
def num_covered(intervals, fired):
    """

    intervals는 인명구조원들의 근무 간격 리스트입니다.
    각 간격은 [시작, 종료] 리스트입니다.
    fired는 해고하는 인명구조원의 인덱스입니다.

    해고된 인명구조원을 제외한 모든 인명구조원의 근무 시간 단위 수를 반환합니다.
    """

    covered = set()
    intervals.pop(fired)
    for interval in intervals:
        for j in range(interval[0], interval[1]):
            covered.add(j)
    return len(covered)
```

  Ⓐ   예.

  Ⓑ   아니요.

답 Ⓑ

이 함수는 해고된 인명구조원을 인명구조원 리스트에서 제거합니다. docstring에서 리스트를 수정한다는 언급이 없기 때문에 이는 허용되지 않습니다. 이 버전의 num_covered 함수를 사용하면 시간이 지남에 따라 인명구조원의 정보가 손실되기 때문에 프로그램이 테스트 케이스에서 실패합니다. 예를 들어, 인명구조원 0을 해고하는 테스트를 할 때 인명구조원 0은 리스트에서 제거됩니다. 나중에 인명구조원 1을 해고하려고 시도할 때 불행히도 인명구조원 0은 사라져 있습니다! 해고된 인명구조원을 리스트에서 제거하는 식으로 함수를 사용하려면 원본이 아닌 리스트의 복사본으로 작업해야 합니다.

📄 문제 #22 Ski Hills(스키 언덕)

때때로 문제 설명만 보고도 완전 탐색 솔루션으로 찾아야 하는 내용임을 알 수 있는 경우가 있습니다. 예를 들어, Lifeguards 문제에서 인명구조원 한 명을 해고하라는 요건이 있었으므로 각 인명구조원을 한 명씩 해고해 보는 것이 합리적이었습니다. 다른 경우에는 탐색할 대상을 결정하는 데 창의력을 발휘해야 합니다. 다음 문제를 읽으면서 완전 탐색 솔루션에서 무엇을 탐색할지 생각해 보세요.

이 문제는 USACO 2014년 1월 경진대회 브론즈 부문에 출제된 Ski Course Design 문제입니다.

- **도전 과제**

  농부인 존의 농장에는 n개의 언덕이 있고, 각 언덕의 높이는 0에서 100 사이입니다. 존은 자신의 농장을 스키 훈련 캠프로 등록하려고 합니다.

  가장 높은 언덕과 가장 낮은 언덕의 높이 차이가 17 이하인 경우에만 스키장으로 등록할 수 있습니다. 따라서 존은 일부 언덕의 높이를 높이거나 줄여야 할 수도 있습니다. 그는 정수만큼만 높이를 변경할 수 있습니다.

  높이를 x만큼 변경하는 비용은 x^2입니다. 예를 들어, 언덕을 높이 1에서 높이 4로 변경하는 비용은 $(4 - 1)^2 = 9$입니다.

  존이 농장을 스키 훈련 캠프로 등록할 수 있도록 언덕의 높이를 변경하는 데 지불해야 하는 최소 금액을 결정하세요.

- **입력**

  sidesign.in이라는 파일에서 입력을 읽습니다.

  입력은 다음 같은 라인들로 구성됩니다.

  - ⊘ 농장에 있는 언덕 개수 n을 포함한 라인입니다. n은 1에서 1,000 사이의 정수입니다.
  - ⊘ 한 라인당 한 언덕의 높이를 나타내는 총 n개의 라인입니다. 언덕의 높이는 0에서 100 사이의 정수입니다.

- **출력**

  skidesign.out이라는 파일에 출력을 씁니다.

  농부 존이 언덕의 높이를 변경하기 위해 지불해야 하는 최소 금액을 출력하세요.

  각 테스트 케이스를 수행하는 데 지정된 제한 시간은 4초입니다.

테스트 케이스 탐구

Lifeguards 문제에서 배운 것을 이 문제에도 적용할 수 있는지 보겠습니다. Lifeguards 문제에서는 각 인명구조원을 개별적으로 해고하는 과정을 거쳐 최종적으로 해고할 인명구조원을 알아냈습니다. Ski Hills 문제의 언덕들에 대해서도 그와 유사한 작업을 수행할 수 있을까요? 예를 들어, 각 언덕을 허용된 높이 범위 내의 가장 낮은 언덕으로 만들 수 있을까요?

다음 테스트 케이스로 시도해 보겠습니다.

```
4
23
40
16
2
```

이 4개의 언덕 중 가장 작은 높이는 2이고 가장 높은 높이는 40입니다.

40과 2의 차이는 38이므로 17보다 큽니다. 따라서 존은 이 언덕의 높이를 조절하기 위해 돈을 들여야 합니다!

첫 번째 언덕의 높이는 23입니다. 23을 가장 낮은 언덕으로 만들 경우, 가장 높은 언덕은 23 + 17 = 40이므로 모든 언덕을 범위 23~40으로 맞추는 데 드는 비용을 계산해야 합니다. 이 범위를 벗어나는 두 언덕의 높이는 각각 16과 2이며, 이들을 23까지 높이는 비용은 $(23 - 16)^2 + (23 - 2)^2 = 490$입니다. 따라서 23이 가장 낮은 높이일 때 스키 훈련 캠프로 등록하는 데 드는 비용은 490입니다.

두 번째 언덕의 높이는 40입니다. 두 번째 언덕을 가장 낮은 언덕으로 만들 경우, 가장 높은 언덕은 40 + 17 = 57이므로 모든 언덕이 40~57이라는 범위 내에 있도록 만들어야 합니다. 다른 세 개의 언덕은 이 범위를 벗어나므로 높이를 변경하는 비용이 발생하며, 그 합계는 $(40 - 23)^2 + (40 - 16)^2 + (40 - 2)^2 = 2,309$입니다. 이것이 현재 최소 비용인 490보다 크기 때문에 최소 비용은 여전히 490입니다.(Lifeguards 문제에서는 근무 시간의 범위를 최대화하려고 했지만, 이 문제에서는 농부 존의 비용을 최소화하려고 합니다.)

세 번째 언덕의 높이는 16입니다. 16을 가장 낮은 언덕으로 만들면 언덕 높이의 범위는 16~33입니다. 이 범위를 벗어나는 두 언덕의 높이는 40과 2입니다. 따라서 이 범위를 만들기 위한 총 비용은 $(40 - 33)^2 + (16 - 2)^2 = 245$으로, 새로운 최소 비용은 245입니다!

네 번째 언덕의 높이는 2이며 범위는 2~19입니다. 이 범위에 대한 비용을 계산하면 비용이 457이 됩니다.

앞의 알고리즘을 사용해서 얻은 최소 비용은 245입니다. 245가 답일까요? 여기서 끝난 것일까요?

그렇지 않습니다. 최소 비용은 221입니다. 이 최소 비용을 제공하는 범위로는 12~29, 13~30 두 가지가 존재합니다. 높이가 12인 언덕은 존재하지 않으며, 마찬가지로 높이가 13인 언덕 또한 존재하지 않습니다. 따라서 언덕 높이들 중 하나를 높이 범위의 가장 낮은 값으로 삼아 계산하면 안 될 것 같습니다.

어떤 범위도 놓치지 않는 것이 보장되는 완전 탐색 알고리즘이 무엇일지 생각해 보세요.

여기 정답을 보장하는 전략이 있습니다. 범위 0~17에 대한 비용을 계산하는 것으로 시작합니다. 그런 다음 범위 1~18에 대한 비용을 계산하고, 이어서 2~19, 3~19, 4~21, … 순서대로 계산해 가는 방식입니다. 가능한 모든 범위를 하나씩 테스트하고 얻은 최소 비용을 기억합니다. 여기서 테스트하는 범위는 존의 농장에 있는 언덕의 높이와 관련없이 가능한 모든 범위를 테스트하고 있습니다. 이렇게 하면 어떤 범위도 놓칠 리가 없습니다.

어떤 범위를 테스트해야 할까요? 얼마나 큰 값까지 테스트해야 할까요? 50~67이나 71~88 같은 범위를 테스트해야 할까요? 네, 그렇습니다. 그럼 115~132는 어떨까요? 아니요, 그건 아닙니다.

확인할 마지막 범위는 100~117입니다. 이는 문제 조건에서 언덕의 최대 높이가 100이라고 명시했던 것과 관련있습니다.

범위 101~118에 대한 비용을 계산한다고 가정해 보겠습니다. 언덕의 높이를 알지 못한다 해도, 이 높이의 언덕이 없을 것이라는 것은 확실합니다. 언덕의 최대 높이가 100인데 주어진 범위는 101부터 시작하기 때문입니다. 이제 범위를 101~118에서 100~117로 내려 보세요. 그러면 비용이 더 낮아지는데, 이는 100이 101보다 언덕의 높이에 더 가깝기 때문입니다. 예를 들어, 높이가 80인 언덕을 생각해 보세요. 이 언덕의 높이를 101까지 높이는 데에는 212 = 44라는 비용이 들지만, 100까지 높이는 데에는 202 = 40밖에 들지 않습니다. 이는 101~118이 사용하기에 좋은 범위가 될 수 없음을 보여 줍니다. 즉, 시도해 봐야 소용이 없다는 말입니다.

비슷한 논리로 102~119, 103~120 등과 같이 더 높은 범위를 시도하는 것은 무의미합니다. 우리는 언제나 이 범위를 낮추어 비용을 절감할 수 있기 때문입니다.

간단히 말해 우리는 0~17, 1~18, 2~19, …, 100~117까지 정확히 101개의 범위를 테스트하고, 여기서 가장 작은 비용을 기억할 것입니다. 그럼 이제 문제를 풀어 보겠습니다!

문제 풀기

Lifeguards 문제를 해결할 때와 마찬가지로 두 단계로 솔루션을 만드는 작업을 수행하겠습니다. 단일 범위의 비용을 결정하는 함수로 시작합니다. 그런 다음 각 범위에 대해 이 함수를 한 번씩 호출하는 메인 프로그램을 작성합니다.

• 하나의 범위에 대한 비용 결정

코드 9-3은 주어진 범위의 비용을 결정하는 cost_for_range 함수입니다.

```
MAX_DIFFERENCE = 17
MAX_HEIGHT = 100


def cost_for_range(heights, low, high):
    """
    heights는 모든 언덕의 높이를 가진 리스트입니다.
    low는 범위의 하한을 나타내는 정수입니다.
    high는 범위의 상한을 나타내는 정수입니다.

    언덕의 모든 높이를 low와 high 사이의 높이로 변경하는 비용을 반환합니다.
    """
    cost = 0
①   for height in heights:
②       if height < low:
③           cost = cost + (low - height) ** 2
④       elif height > high:
⑤           cost = cost + (height - high) ** 2
    return cost
```

나중에 사용할 두 개의 상수를 추가했습니다. MAX_DIFFERENCE 상수는 가장 높은 언덕과 가장 낮은 언덕의 높이 사이에 허용되는 최대 간격이며, MAX_HIGHT 상수는 언덕의 최대 높이를 말합니다.

이제 cost_for_range 함수를 살펴보겠습니다. 이 함수는 언덕 높이가 담긴 리스트와 원하는 높이 하한과 상한이 지정된 범위를 취합니다. 그리고 모든 언덕이 그 범위에 속하도록 언덕 높이를 변경하는 데 드는 비용을 반환합니다. 계속하기 전에 테스트해 볼 수 있도록 함수에 대한 코드를 파이썬 셸에 입력하는 것이 좋을 것입니다.

함수는 각 언덕의 높이를 반복해서① 해당 언덕을 원하는 범위 내로 만드는 데 드는 비용을 합산합니다. 여기서 처리해야 할 두 가지 경우가 존재합니다. 첫 번째는 현재 언덕의 높이가 범위의 하한보다 작은 경우입니다②. 이때 low − height로 언덕에 추가해야 할 높이를 구해 그 결과를 제곱하여 비용을 얻습니다③. 두 번째는 현재 언덕의 높이가 범위의 상한보다 큰 경우입니다④. 이때는 height − high로 해당 언덕에서 빼야 하는 높이를 구해 그 결과를 제곱하여 비용을 얻습니다⑤. 높이가 이미 low~high 범위에 있다면 아무것도 하지 않아도 됩니다. 마지막으로, 모든 언덕의 높이를 살펴본 후에는 총 비용을 반환합니다.

• 메인 프로그램

코드 9-4는 메인 프로그램의 코드입니다. 메인 프로그램은 cost_for_range 함수를 사용해 각 범위에 대한 비용을 계산합니다. 이 코드 앞에 cost_for_range 함수 정의(코드 9-3)를 입력해야 문제에 대한 완전한 솔루션이 됩니다.

```
코드 9-4: 메인 프로그램
input_file = open('skidesign.in', 'r')
output_file = open('skidesign.out', 'w')

n = int(input_file.readline())

heights = []

for i in range(n):
    heights.append(int(input_file.readline()))

① min_cost = cost_for_range(heights, 0, MAX_DIFFERENCE)

② for low in range(1, MAX_HEIGHT + 1):
    result = cost_for_range(heights, low, low + MAX_DIFFERENCE)
    if result < min_cost:
        min_cost = result

output_file.write(str(min_cost) + '\n')

input_file.close()
output_file.close()
```

먼저 언덕의 개수를 읽은 다음, 리스트에서 각 높이를 읽습니다.

min_cost 변수를 사용하여 지금까지 계산한 최소 비용을 기억합니다. min_cost를 범위 0~17의 비용으로 설정했습니다①. 그런 다음 범위 기반 for 루프②에서 더 작은 비용을 찾을 때마다 min_cost를 갱신하면서 다른 모든 범위의 비용을 계산합니다. 이 루프가 끝나면 우리가 찾은 최소 비용을 출력합니다.

이제 코드를 평가 사이트에 제출할 시간입니다. 제출된 완전 탐색 솔루션은 제한 시간 내에 문제를 해결해야 합니다.

다음 문제에서 우리는 단순한 완전 탐색 솔루션이 효율적이지 않은 경우를 보게 될 것입니다.

코드 9-4의 변경사항이 있습니다. 먼저, 코드 9-4에서 다음 코드를 찾으세요.

```
for low in range(1, MAX_HEIGHT + 1):
```

찾았다면 다음과 같이 변경해 보세요.

```
for low in range(1, MAX_HEIGHT - MAX_DIFFERENCE + 1):
```

수정 후, 코드가 여전히 올바르게 작동할까요?

Ⓐ   예.
Ⓑ   아니요.

답 Ⓐ

이제 코드가 확인하는 마지막 범위는 83~100입니다. 따라서 84~101, 85~102 등 더 이상 확인하지 않는 범위는 중요하지 않다고 볼 수 있습니다. 범위 84~101을 생각해 보겠습니다. 범위 83~100인 경우가 84~101인 경우보다는 비용이 적다는 것을 증명할 수 있다면 84~101은 확인하지 않아도 될 것입니다. 범위 84~101은 높이 101을 포함하고 있습니다. 그러나 높이 101은 무의미합니다. 가장 높은 언덕의 높이가 100이므로 100보다 높은 경우는 높이를 조정하는 데 드는 비용을 늘릴 뿐입니다. 101을 제거하면 84~100이 되고, 그렇게 되면 100 − 84 = 16의 차이밖에 나지 않기 때문에 17을 만들기 위해 왼쪽 범위를 하나 내립니다. 그 결과 83~100이라는 범위를 얻을 수 있습니다. 실제로 이런 식으로 범위를 조정하면 범위의 비용이 더 증가하지 않습니다. 높이가 83 이하인 언덕에 한 단위의 높이가 더 가까워지기 때문에, 오히려 비용을 더 낮게 만들 수도 있습니다. 문제에서 범위 83~100이 최소한 범위 84~101보다는 더 좋은 것으로 나타났기 때문에, 범위 85~102, 86~103 등에 대해서도 이와 동일하게 이야기할 수 있습니다. 83~100보다 높은 범위는 계산의 의미가 없습니다!

다음으로 넘어가기 전에 9장 마지막 페이지의 연습문제 1과 2를 먼저 풀어 볼 것을 권합니다.

문제 #23 Cow Baseball(소들의 야구)

이 장을 마무리하기 위해 완전 탐색 알고리즘을 넘어 알고리즘 설계 기술을 연마할 수 있는 문제를 선택했습니다. 이번 Cow Baseball 문제를 읽으면서 입력이 그다지 많지 않다는 점에 유의하세요. 입력이 많지 않다는 건 일반적으로 완전 탐색 알고리즘을 효율적으로 사용할 수 있음을 암시하지만, 이번에는 그렇지 않습니다. 알고리즘이 입력을 가지고 수행해야 하는 탐색의 양 때문입니다. 여기서는 중첩 루프가 너무 많아서 문제가 발생합니다.

중첩 루프가 문제가 되는 이유가 무엇일까요? 중첩 루프 문제를 해결하기 위해 무엇을 할 수 있을까요? 잘 따라오세요!

이 문제는 USACO 2013년 12월 경진대회 브론즈 부문에 출제된 Cow Baseball 문제입니다.

· 도전 과제

농부인 존은 n마리의 소를 가지고 있습니다. 소들은 각각 고유한 정수 위치에 연속으로 서서 즐겁게 야구공을 던지고 있습니다.

존은 이 우스꽝스러운 모습을 지켜보고 있습니다. 그는 소 x가 오른쪽에 있는 어떤 소 y에게 공을 던진 다음, 소 y가 오른쪽에 있는 어떤 소 z에게 공을 던지는 것을 봤습니다. 또한 두 번째 투구 거리가 적어도 첫 번째 투구 거리와 같고, 최대로는 첫 번째 투구 거리의 두 배라는 것을 알았습니다. (예를 들어, 첫 번째 투구 거리가 5라면, 두 번째 투구거리는 최소 5에서 최대 10입니다.)

존의 관측치를 만족하는 소(x, y, z)의 위치를 계산하세요.

· 입력

입력은 Baseball.in이라는 파일에서 읽습니다.

입력은 다음 라인들로 구성됩니다.

- ⊘ 소들의 수 n이 포함된 라인입니다. n은 3에서 1,000 사이의 정수입니다.
- ⊘ 한 라인당 소 한 마리의 위치를 나타내는 총 n개의 라인입니다. 모든 소의 위치는 고유하며, 이는 1에서 100,000,000 사이의 정수입니다

· 출력

Baseball.out이라는 파일에 출력을 씁니다.

농부 존의 관찰을 만족하는 소들 각각의 위치를 출력하세요.

각 테스트 케이스를 수행하는 데 지정된 제한 시간은 4초입니다.

세 개의 중첩 루프 사용

가능한 모든 세 위치를 고려하기 위해 세 개의 중첩 루프를 사용할 수 있습니다. 먼저 코드를 살펴보고 효율성에 대해 이야기하겠습니다.

- **코드**

3장의 '중첩'에서 n개의 중첩 루프를 사용해 모든 값들의 쌍을 반복할 수 있다는 것을 배웠습니다.

```
>>> lst = [1, 9]
>>> for num1 in lst:
...     for num2 in lst:
...         print(num1, num2)
...
1 1
1 9
9 1
9 9
```

다음과 같이 세 개의 중첩 루프를 사용해서 모든 트리플(요소가 3개인 묶음)의 값을 유사하게 반복시킬 수 있습니다.

```
>>> for num1 in lst:
...     for num2 in lst:
...         for num3 in lst:
...             print(num1, num2, num3)
...
1 1 1
1 1 9
1 9 1
1 9 9
9 1 1
9 1 9
9 9 1
9 9 9
```

세 개의 중첩 루프는 CowBaseball 문제를 풀어 나가기 위한 출발점이 됩니다. 가능한 모든 트리플을 살펴보며 그중 어떤 것이 존의 관찰과 일치하는지 확인할 수 있습니다. 코드 9-5를 참조하세요.

```
input_file = open('baseball.in', 'r')
output_file = open('baseball.out', 'w')

n = int(input_file.readline())

positions = []

for i in range(n):
  ① positions.append(int(input_file.readline()))

total = 0

② for position1 in positions:
  ③ for position2 in positions:
        first_two_diff = position2 - position1
      ④ if first_two_diff > 0:
            low = position2 + first_two_diff
            high = position2 + first_two_diff * 2

          ⑤ for position3 in positions:
                if position3 >= low and position3 <= high:
                    total = total + 1

output_file.write(str(total) + '\n')

input_file.close()
output_file.close()
```

모든 소의 위치를 리스트 positions에 읽어 담습니다①. 그런 다음 for 루프를 사용해 리스트의 모든 위치를 반복합니다②. 각 위치에 대해 중첩 루프를 사용해 리스트의 모든 위치를 반복합니다③. 이때 position1과 position2는 리스트에서 두 위치를 참조합니다. 세 번째 중첩 루프가 필요하지만 아직은 아닙니다. 먼저 position1과 position2의 차이를 계산해야 합니다. 그래야 우리가 찾을 position3의 범위를 알 수 있기 때문입니다.

문제 설명에 따르면 position2는 position1의 오른쪽에 있어야 합니다. position2가 오른쪽에 있다면④, position3에 대한 범위의 하한과 상한을 계산해 각각을 low와 high에 저장합니다. 예를 들어, position1이 1이고 position2가 6이면 하한 값은 6 + 5 = 11, 상한 값은 6 + 5 * 2 = 16입니다.

그런 다음 세 번째 중첩 for 루프로 리스트를 반복하면서⑤ low와 high 사이의 위치를 찾습니다. position3의 값이 조건에 맞을 때마다 total을 1씩 증가시킵니다.

세 개의 중첩 루프를 통해 모든 트리플 수를 계산합니다. 그 숫자를 출력 파일에 출력하는 것으로 마무리합니다.

이상한 동작이 없는지 확인하기 위해 작은 테스트 케이스로 프로그램을 실행해 보겠습니다. 테스트 케이스는 다음과 같습니다.

```
7
16
14
23
18
1
6
11
```

이 테스트 케이스의 정답은 11입니다. 주어진 조건을 만족하는 11개의 트리플은 다음과 같습니다.

- 14, 16, 18
- 14, 18, 23
- 1, 6, 16
- 1, 6, 14
- 1, 6, 11
- 1, 11, 23
- 6, 14, 23
- 6, 11, 16
- 6, 11, 18
- 11, 16, 23
- 11, 14, 18

좋은 소식은 프로그램이 테스트 케이스에 대해 11을 출력하는 것입니다! 이는 결국 모든 케이스에서 만족하는 트리플을 찾기 때문에 가능한 것입니다.

position1이 18이고 position3이 14일 때 문제가 발생하지 않을까 걱정할 필요는 없습니다. 이 위치들은 오른쪽으로 향하지 않기 때문에 이러한 것들을 계산하지 않기를 바랄 것입니다. 괜찮습니다. if 문④이 이러한 트리플이 처리되지 않도록 방지하고 있습니다.

프로그램은 정확히 작동합니다. 그러나 평가 사이트에 제출하면 알 수 있듯이 충분히 효율적이지 않습니다. 이 문제를 비롯해 여러 평가 프로그램 문제에서 처음 몇 건의 테스트 케이스는 소 몇 마리, 인명구조원 몇 명, 스키 언덕 몇 개 정도의 아주 작은 테스트 케이스로 진행했습니다. 하지만 나머지 테스트 케이스는 입력을 최대치에 가깝게 늘려 프로그램을 테스트합니다. 이때 프로그램은 제한된 시간 내에 문제를 해결할 수 있어야 하는데, 우리가 제출한 프로그램은 제한 시간 내에 문제를 풀지 못합니다. 너무 느립니다.

• 프로그램의 효율성

프로그램이 왜 그렇게 느린지 이해하려면 계산해야 하는 트리플의 모든 경우의 수를 생각해 보는 것이 도움이 됩니다. 방금 살펴본 테스트 케이스를 생각해 보세요. 7마리의 소가 있었습니다. 프로그램이 얼마나 많은 트리플을 검사할까요? 첫 번째 소만 해도 16, 14, 23 등 7가지 경우가 있습니다. 마찬가지로 두 번째 소에도 7가지 경우가 있고 세 번째 소에도 7가지 경우가 있습니다. 이것들을 곱하면 우리 프로그램이 7 * 7 * 7 = 343개의 트리플을 검사한다는 것을 알 수 있습니다.

만약 7마리가 아닌 8마리가 있다면 어떨까요? 그렇다면 우리 프로그램은 8 * 8 * 8 = 512개의 트리플을 확인합니다.

우리는 임의의 소들에 대한 트리플의 수를 일반화하여 표현할 수 있습니다. 임의의 소들의 수를 n이라고 하겠습니다. n은 테스트 케이스에 따라 7, 8, 50, 100 등이 될 수 있으며, 프로그램이 검사하는 트리플의 수는 n * n * n 또는 n^3이라고 표현할 수 있습니다.

검사해야 하는 트리플의 수를 결정하기 위해 n을 임의의 수로 대체할 수 있습니다. 예를 들어, 7마리의 소에 대한 3제곱은 7^3 = 343이고, 8마리의 소에 대한 3제곱은 8^3 = 512임을 알 수 있습니다.

숫자 343과 512은 매우 작은 숫자입니다. 요즘 컴퓨터들은 이 숫자의 트리플을 확인하는 데 몇 밀리초 이상 걸리지 않습니다. 보수적으로 잡아서 파이썬 프로그램은 초당 5,000,000개의 트리플을 확인할 수 있는 것으로 봅니다. 이 문제의 제한 시간은 테스트 케이스당 4초이므로 약 20,000,000개의 트리플을 확인할 수 있습니다.

n을 더 큰 숫자로 대체하고 무슨 일이 일어나는지 보겠습니다. 50마리의 소에 대해서는 50^3 = 125,000개의 트리플이 존재합니다. 별것 아니네요. 요즘 컴퓨터로 125,000개의 항목을 확인하기는 쉽습니다. 100마리의 소에 대해서는 100^3 = 1,000,000개의 트리플이 있습니다. 다시 말하지만, 문제없습니다. 우리는 1초 이내에 백만 가지를 확인할 수 있습니다. 200마리의 소의 경우 200^3 = 8,000,000개의 트리플이 있습니다. 아직 4초를 넘지는 않지만 조금 걱정되기 시작합니다. 소가 점점 더 많아질수록 트리플의 수는 꽤 빠르게 증가하고 있습니다. 그런데 아직 200마리에 불과합니다. 최대 1,000 마리의 소를 처리해야 할 수 있음을 기억하세요.

400마리의 소의 경우 400^3 = 64,000,000개의 트리플이 있습니다. 4초 안에 처리하기에는 너무 많습니다. 엎친 데 덮친 격으로, 문제에서 정의한 최대치인 1,000마리의 소를 시험해 보겠습니다. 1000마리의 소에 대해서는 $1,000^3$ = 1,000,000,000개의 트리플이 있습니다. 10억 개입니다. 4초 안에 그 많은 트리플을 확인할 수 있는 방법은 없습니다. 프로그램을 더 효율적으로 만들어야 합니다.

우선 정렬하기

여기서는 정렬이 도움이 됩니다. 정렬을 사용하는 방법을 살펴본 다음 결과 솔루션의 효율성에 대해 이야기해 보겠습니다.

· 코드

문제 설명에서 소의 위치가 정렬되었다는 내용이 없으므로, 소의 위치는 어떤 순서로든 올 수 있습니다. 불행히도 이 전제는 프로그램이 요구사항을 충족할 수 없을 정도로 많은 트리플을 검사하도록 합니다.

예를 들어, 18, 16, 14인 트리플을 확인하는 것은 숫자가 오름차순이 아니기 때문에 무의미합니다. 처음부터 소 위치를 정렬했다면 순서가 잘못된 이런 트리플은 확인하지 않아도 될 것입니다.

정렬에는 또 다른 장점이 있습니다. position1이 어떤 소의 위치를 참조하고 position2가 다른 소의 위치를 참조한다고 생각해 보세요. 이 한 쌍의 위치에 대해 알맞은 position3의 가장 작은 값과 가장 큰 값은 알고 있습니다. 이 범위를 확인하기 위한 반복 건수를 줄이기 위해, 위치가 정렬되어 있다는 사실을 이용할 수 있습니다. 계속하기 전에, 어떻게 그럴 수 있는지에 대해 생각해 보겠습니다. 위치가 오름차순으로 정렬되어 있다는 사실을 어떻게 이용할 수 있을까요?

살펴볼 준비가 되었다면 정렬을 사용하는 코드 9-6을 보세요.

코드 9-6: 정렬 사용하기

```
input_file = open('baseball.in', 'r')
output_file = open('baseball.out', 'w')

n = int(input_file.readline())

positions = []
```

```
    for i in range(n):
        positions.append(int(input_file.readline()))

① positions.sort()

    total = 0

② for i in range(n):
    ③ for j in range(i + 1, n):
            first_two_diff = positions[j] - positions[i]
            low = positions[j] + first_two_diff
            high = positions[j] + first_two_diff * 2

            left = j + 1
        ④ while left < n and positions[left] < low:
                left = left + 1

            right = left
        ⑤ while right < n and positions[right] <= high:
                right = right + 1

        ⑥ total = total + right - left

    output_file.write(str(total) + '\n')

    input_file.close()
    output_file.close()
```

트리플 찾기를 시작하기 전에 positions를 정렬합니다①.

첫 번째 루프는 루프 변수 i를 사용해서 모든 위치를 통과합니다②. 이번에는 범위 기반 for 루프를 사용하므로 인덱스를 추적할 수 있습니다. i + 1 값을 두 번째 루프의 시작 인덱스로 사용할 수 있기 때문에 유용합니다③. 두 번째 루프는 이제 첫 번째 위치의 왼쪽에 있는 위치를 찾는 데 시간을 낭비하지 않습니다.

다음으로 세 번째 위치에 대한 값 범위의 하한 값과 상한 값을 계산합니다.

알맞은 세 번째 위치를 찾을 때마다 total을 1씩 늘리는 대신, 적합한 위치의 왼쪽과 오른쪽 경계를 찾은 다음 한 번에 total을 증가시킬 수 있습니다. positions 리스트가 정렬되어 있기 때문에 이런 식으로 할 수 있는 것입니다.

while 루프를 사용해서 각 경계를 찾습니다. 첫 번째 while 루프는 왼쪽 경계를 찾습니다④. 위치가 low 미만일 경우 계속 진행합니다. 완료되면 left는 위치가 low보다 크거나 같은, 가장 왼쪽 인덱스가 됩니다. 두 번째 while 루프는 오른쪽 경계를 찾습니다⑤. 위치가 high보다 작거나 같은 경우까지 계속 진행됩니다. 완료되면 right는 위치가 high보다 큰 가장 오른쪽 인덱스가 됩니다. left에서 right까지의 각 위치는 인덱스 i와 j의 위치를 포함하는 트리플에서 세 번째 위치로 사용될 수 있습니다. 이러한 위치를 설명하기 위해 total에 left – right를 더합니다⑥.

이 프로그램에서 두 개의 while 루프는 상당히 까다롭습니다. 예시를 통해 이 두 while 루프가 하는 일을 정확히 이해해 보겠습니다. 다음과 같은 위치를 가진 리스트를 사용하겠습니다. 이전 절에서 사용한 것과 동일하지만 정렬되어 있습니다.

```
[1, 6, 11, 14, 16, 18, 23]
```

i가 1이고 j는 2이므로 예상 트리플의 위치는 6과 11, 그리고 세 번째 위치는 16보다 크거나 같고 21보다 작거나 같은 위치입니다. 첫 번째 while 루프는 left를 4로 설정합니다. 이것은 16보다 크거나 같은 위치의 값이 있는 인덱스입니다. 두 번째 while 루프는 right를 6으로 설정하는데, 이 위치는 21보다 큰 가장 왼쪽 인덱스입니다. right에서 left를 빼면 6 – 4 = 2가 되고, 이는 위치 6과 11에 관련된 두 개의 트리플이 있음을 의미합니다. 계속하기 전에, 적절한 세 번째 위치가 없거나 하나만 존재하는 등 특별한 경우에 이 루프를 사용하면 프로그램의 효율을 크게 높일 수 있음을 스스로 확인해 보면 좋을 것입니다.

프로그램의 효율에 있어 많은 진전을 이루었습니다. 코드 9-6은 앞서 살펴본 코드 9-5보다 확실히 더 효율적입니다. 그러나 여전히 충분히 만족스럽지는 않습니다. 평가 사이트에 제출하면 지난 번보다 크게 나아진 것이 없다는 것을 알 수 있을 것입니다. 대부분의 테스트 케이스에서 여전히 제한 시간을 초과합니다.

• 우리 프로그램의 효율성

우리가 작성한 프로그램의 문제는 세 번째 위치를 찾는 데 여전히 시간이 오래 걸린다는 것입니다. while 루프는 여전히 비효율적입니다. 새로운 위치 리스트, 즉 1에서 32까지의 위치들로 그 점을 짚어볼 수 있습니다.

```
[1, 2, 3, 4, 5, 6, 7, 8, 9, 10, 11, 12, 13, 14, 15, 16,
 17, 18, 19, 20, 21, 22, 23, 24, 25, 26, 27, 28, 29, 30, 31, 32]
```

i가 0이고 j가 7인 경우에 집중해 보세요. 위치는 1과 8입니다. 세 번째 위치의 경우 15보다 크거나 같고 22보다 작거나 같은 위치입니다. 15를 찾기 위해 첫 번째 while 루프는 한 번에 한 위치씩 오른쪽으로 스캔합니다. 9, 10, 11, 12, 13, 14, 15를 차례대로 스캔합니다. 그런 다음 두 번째 while 루프가 이어받아 23을 찾을 때까지 한 번에 한 위치에서 비슷하게 많은 양의 스캔을 수행합니다.

각 while 루프는 선형 탐색(linear search)이라는 것을 구현하고 있습니다. 선형 탐색은 컬렉션을 통해 한 번에 하나의 값을 검색하는 기술입니다. 모든 값을 스캔하는 것은 많은 양의 작업입니다! 그리고 비슷한 양의 작업을 가지는 다른 i, j 값들이 있습니다. 예를 들어, i가 0이고 j가 8일 때, 또는 i가 1이고 j가 11일 때 어떤 일이 발생할지 추적해 보세요.

이를 어떻게 개선할 수 있을까요? 적절한 왼쪽과 오른쪽 인덱스를 찾기 위해 거대한 리스트를 스캔하는 것을 어떻게 피할 수 있을까요?

1부터 1000까지 정렬된 1000개의 정수를 내용으로 담은 책이 있다고 가정해 보겠습니다. 각 정수는 한 줄에 하나씩 있습니다. 300보다 크거나 같은 첫 번째 정수를 찾아야 한다고 했을 때 숫자를 하나씩 살펴볼 건가요? 1, 3, 4, 7 차례대로나 8, 12, 17 차례대로 찾을 건가요? 아마 아닐 것입니다! 책의 중간으로 바로 넘어가면 훨씬 빠를 것입니다. 아마 거기서 450을 찾을 수도 있을 것입니다. 450은 300보다 크기 때문에 이제 숫자가 책의 앞쪽 절반에 있음을 알 수 있습니다. 책의 후반부는 450보다 훨씬 큰 수들이 차지하고 있으니까 말이죠. 숫자 하나만을 확인해서 작업을 절반으로 줄였습니다! 이제 책의 시작 부분과 중간 부분을 뒤집으면서 이 과정을 책의 앞부분 반복할 수 있습니다. 거기서 200이라는 숫자를 찾았다고 가정합니다. 이제 여러분은 300이 이 책의 2/4 부분에서 뒤쪽 어딘가에 있다는 것을 알게 됩니다.

300을 찾을 때까지 이 프로세스를 반복할 수 있으며, 전혀 오래 걸리지 않습니다. 문제를 반복적으로 반으로 나누는 이 기술을 이진 탐색(binary search)이라고 합니다. 놀랍도록 빠릅니다. 이 기술은 값을 하나하나 찾는 선형 탐색 기법을 무용지물로 만들어 버립니다. 파이썬에서는 CowBaseball 문제를 마무리할 수 있는 이진 탐색 함수가 있습니다. 하지만 함수는 모듈이라 불리는 것의 내부에 있기 때문에, 먼저 모듈에 대해 알아보아야 합니다.

파이썬 모듈(Python Modules)

모듈(module)은 내장된 파이썬 코드의 모음입니다. 모듈에는 일반적으로 호출할 수 있는 여러 함수들이 포함되어 있습니다.

파이썬에는 프로그램에 기능을 추가하는 데 사용할 수 있는 다양한 모듈이 있습니다. 난수

(random numbers), 날짜 및 시간, 통계, 이메일, 웹 페이지, 오디오 파일 등을 다루기 위한 모듈들이 있습니다. 내용이 방대하기 때문에 그것들을 모두 다루려면 책이 한 권 더 필요할 것입니다! 파이썬 설치와 함께 제공되는 기본 모듈들 이외, 필요한 경우 직접 설치할 수 있는 모듈들도 있습니다.

이 절에서는 random 모듈에 초점을 맞춰 설명합니다. 이 모듈 하나를 사용하며 모듈에 대해 알아야 할 사항을 배울 것입니다. 그러면 다음 절의 이진 탐색 모듈에 대한 준비가 완료됩니다.

사건이 무작위로 발생하는 컴퓨터 게임을 어떻게 만드는지 궁금했던 적이 있나요? 카드를 뽑거나, 주사위를 굴리거나, 적이 예측할 수 없이 생성되는 게임들의 핵심은 '난수'입니다. 파이썬은 random 모듈을 통해 난수 생성에 대한 접근을 제공합니다. 모듈에 있는 것을 사용하려면 먼저 코드로 가져와야 합니다. 이를 수행하는 한 가지 방법은 다음과 같이 import 키워드를 사용해 전체 모듈을 가져오는 것입니다.

```
>>> import random
```

그 안에 무엇이 있을까요? dir(random)을 사용해 알아낼 수 있습니다.

```
>>> dir(random)
[<실제 창에는 다른 것들도 나타나지만 신경쓰지 마세요.>
'betavariate', 'choice', 'choices', 'expovariate',
'gammavariate', 'gauss', 'getrandbits', 'getstate',
'lognormvariate', 'normalvariate', 'paretovariate',
'randint', 'random', 'randrange', 'sample', 'seed',
'setstate', 'shuffle', 'triangular', 'uniform',
'vonmisesvariate', 'weibullvariate']
```

random 모듈이 제공하는 함수 중 하나가 randint입니다. randint 함수에 범위의 하한과 상한을 전달하면 파이썬은 범위(하한, 상한 포함)에서 임의의 정수를 반환합니다. 하지만 일반 함수처럼 호출할 수는 없습니다. 이를 시도하면 오류가 발생합니다.

```
>>> randint(2, 10)
Traceback (most recent call last):
  File "<stdin>", line 1, in <module>
NameError: name 'randint' is not defined
```

randint 함수가 random 모듈에 들어있음을 파이썬에 알려야 합니다. 그렇게 하기 위해서는 다음과 같이 randint에 모듈 이름과 점을 접두사로 붙여 주어야 합니다.

```
>>> random.randint(2, 10)
7
>>> random.randint(2, 10)
10
>>> random.randint(2, 10)
6
```

randint 함수에 대한 도움말을 보려면 help(random.randint)를 입력해 보세요.

```
>>> help(random.randint)
Help on method randint in module random:

randint(a, b) method of random.Random instance
    Return random integer in range [a, b], including both end points.
```

random 모듈에 있는 또 다른 유용한 함수는 choice입니다. 열거형 타입의 값들을 전달하면 값들 중 하나를 무작위로 반환합니다.

```
>>> random.choice(['win', 'lose'])
'lose'
>>> random.choice(['win', 'lose'])
'lose'
>>> random.choice(['win', 'lose'])
'win'
```

모듈에서 몇몇 함수를 자주 사용한다면, 그때마다 모듈 이름과 점을 입력하는 것이 귀찮을 수도 있습니다. 모듈 함수를 비모듈 함수들처럼 호출할 수 있도록 가져오는 또 다른 방법이 있습니다. randint 함수만 가져오는 방법은 다음과 같습니다.

```
>>> from random import randint
```

이제 앞에 모듈 이름과 점 없이 randint 함수를 호출할 수 있습니다.

```
>>> randint(2, 10)
10
```

randint와 choice 둘 다 필요한 경우 모두 가져올 수 있습니다.

```
>>> from random import randint, choice
```

이 책에서는 그렇게 하지 않겠지만, 여러분이 좋아하는 모든 함수를 포함한 사용자 정의 모듈을 만들 수도 있습니다. 예를 들어, 게임 플레이와 관련된 몇 가지 파이썬 함수를 설계해 game_functions.py 라는 파일에 배치할 수 있습니다. 그런 다음 import game_functions로 해당 모듈을 가져와 그 안의 함수들을 사용할 수 있습니다.

이 책에서 작성한 파이썬 프로그램들은 모듈로 가져오도록 설계되지 않았습니다. 그 이유는 모두 실행을 시작하자마자 입력을 읽기 때문입니다. 모듈은 그렇게 해서는 안 됩니다. 오히려 어떤 작업을 수행하기 전에 호출될 때까지 기다려야 합니다. random 모듈은 잘 작동하는 모듈의 한 예입니다. random 모듈은 우리가 요청할 때만 무작위의 것을 제공하기 시작합니다.

bisect 모듈

이제 이진 탐색을 사용할 준비가 되었습니다. 코드 9-6에는 두 개의 while 루프가 있습니다. while 루프가 느리기 때문에 이를 제거하고자 합니다. 그렇게 하기 위해 각 루프를 이진 탐색 함수에 대한 호출로 대체할 것입니다. 첫 번째 루프는 bisect_left 함수로, 두 번째 루프는 bisect_right 함수로 대체하겠습니다.

bisect 모듈에 있는 두 함수를 가져옵니다.

```
>>> from bisect import bisect_left, bisect_right
```

먼저 bisect_left에 대해 알아보겠습니다. 가장 작은 것부터 큰 것순으로 정렬된 리스트와 값 x를 제공해 이 함수를 호출합니다. x보다 크거나 같은 리스트에서 가장 왼쪽 값의 인덱스를 반환합니다. 값이 리스트에 있으면 가장 왼쪽에 있는 항목의 인덱스를 얻습니다.

```
>>> bisect_left([10, 50, 80, 80, 100], 10)
0
>>> bisect_left([10, 50, 80, 80, 100], 80)
2
```

값이 리스트에 없으면 x보다 더 큰 값들 중 첫 번째 값의 인덱스를 얻습니다.

```
>>> bisect_left([10, 50, 80, 80, 100], 15)
1
>>> bisect_left([10, 50, 80, 80, 100], 81)
4
```

만약 x가 리스트의 모든 값보다 큰 값이라면 리스트의 길이를 얻습니다.

```
>>> bisect_left([10, 50, 80, 80, 100], 986)
5
```

이 장의 앞부분에 있는 '우선 정렬하기'의 7개 위치 리스트에 bisect_left를 사용해 보겠습니다. 16 보다 크거나 같은 값들 중 가장 왼쪽에 있는 값의 인덱스를 찾습니다.

```
>>> positions = [1, 6, 11, 14, 16, 18, 23]
>>> bisect_left(positions, 16)
4
```

완벽합니다. 이것이 바로 코드 9-6의 첫 번째 while 루프를 대체할 내용입니다.

두 번째 while 루프를 대체하기 위해서는 bisect_left 대신 bisect_right를 사용합니다. bisect_left를 호출했던 것처럼 정렬된 리스트와 값 x를 제공하여 bisect_right를 호출합니다. bisect_right는 리스트에서 x보다 '크거나 같은' 가장 왼쪽 값의 인덱스를 반환하는 대신 x보다 '큰' 가장 왼쪽 값의 인덱스를 반환합니다.

bisect_left와 bisect_right를 비교해 보세요. 리스트에 있는 값의 경우 bisect_right는 bisect_left가 반환하는 것보다 큰 인덱스를 반환합니다.

```
>>> bisect_left([10, 50, 80, 80, 100], 10)
0
>>> bisect_right([10, 50, 80, 80, 100], 10)
1
>>> bisect_left([10, 50, 80, 80, 100], 80)
2
>>> bisect_right([10, 50, 80, 80, 100], 80)
4
```

리스트에 값이 존재하지 않을 경우 bisect_left와 bisect_right는 동일한 인덱스를 반환합니다.

```
>>> bisect_left([10, 50, 80, 80, 100], 15)
1
>>> bisect_right([10, 50, 80, 80, 100], 15)
1
>>> bisect_left([10, 50, 80, 80, 100], 81)
4
>>> bisect_right([10, 50, 80, 80, 100], 81)
4
>>> bisect_left([10, 50, 80, 80, 100], 986)
5
>>> bisect_right([10, 50, 80, 80, 100], 986)
5
```

이 장의 앞부분에 있는 '우선 정렬하기'의 7개 위치 리스트에 bisect_right를 사용해 보겠습니다. 21보다 큰 값들 중 가장 왼쪽에 있는 값의 인덱스를 찾습니다.

```
>>> positions = [1, 6, 11, 14, 16, 18, 23]
>>> bisect_right(positions, 21)
6
```

이것으로 코드 9-6의 두 번째 while 루프를 대체할 것입니다.

이런 작은 테스트 케이스로는 이진 탐색의 놀라운 속도를 체감하기 어렵습니다. 그러니 실제로 체험해 보겠습니다. 길이가 1,000,000인 리스트에서 가장 오른쪽에 있는 값을 백만 번 검색합니다. 이 코드를 실행하고 있을 때 한눈을 팔면 실행하는 과정을 놓칠 수도 있습니다.

```
>>> lst = list(range(1, 1000001))
>>> for i in range(1000000):
...     where = bisect_left(lst, 1000000)
...
```

제 컴퓨터에서는 1초 정도가 걸립니다. 이진 탐색을 리스트의 index 함수에 대한 호출로 대체하면 어떻게 될지 궁금할 것입니다. 시도해 보면, 실행이 완료될 때까지 말 그대로 몇 시간을 기다려야 합니다. in 연산자와 마찬가지로 index 함수는 리스트를 통해 선형 탐색을 수행하기 때문입니다. (자세한 내용은 8장의 '리스트 검색의 효율성'을 참조하세요.)

리스트가 정렬되어 있다고 보장되지 않은 상황에서는 초고속 이진 탐색을 수행할 수 없습니다. 값을 하나씩 살펴보며 그것을 우리가 찾고 있는 값과 비교해야 합니다. 그러나 정렬된 리스트가 있고 리스트에서 값을 찾으려는 경우에는 이진 탐색만 한 것이 없습니다.

문제 풀기

이진 탐색을 사용해 Cow Baseball을 풀 준비가 되었습니다. 코드 9-7을 참조하세요.

코드 9-7: 이진 탐색 사용하기

```
① from bisect import bisect_left, bisect_right


input_file = open('baseball.in', 'r')
output_file = open('baseball.out', 'w')

n = int(input_file.readline())

positions = []

for i in range(n):
    positions.append(int(input_file.readline()))

positions.sort()

total = 0

for i in range(n):
    for j in range(i + 1, n):
        first_two_diff = positions[j] - positions[i]
        low = positions[j] + first_two_diff
        high = positions[j] + first_two_diff * 2
②       left = bisect_left(positions, low)
③       right = bisect_right(positions, high)
        total = total + right - left
```

```
output_file.write(str(total) + '\n')

input_file.close()
output_file.close()
```

먼저 bisect 모듈에서 bisect_left 함수와 bisect_right 함수를 가져와야 합니다①. 그래야 두 함수를 호출할 수 있기 때문입니다. 코드 9-6과 비교했을 때 유일한 차이점은 여기서는 while 루프 대신 bisect_left②와 bisect_right③를 사용한다는 것입니다.

지금의 코드를 평가 사이트에 제출하면 해당 코드가 제한 시간 내에 모든 테스트 케이스를 통과하는 것을 볼 수 있을 것입니다.

이 절에서 우리가 따랐던 과정은 어려운 문제를 해결하는 데 필요한 전형적인 방식들입니다. 먼저, 정확하지만 너무 느려서 평가 사이트의 제한 시간을 충족하지 못하는 완전 탐색 솔루션으로 시작했습니다. 그런 다음 완전 탐색에서 벗어나 더욱 더 정교한 접근 방식으로 솔루션을 개선해 나갔습니다.

개념 확인

코드 9-7에서 bisect_right 대신 bisect_left를 사용한다고 가정해 보겠습니다.

다음과 같은 라인을

```
right = bisect_right(positions, high)
```

다음과 같은 라인으로 변경합니다.

```
right = bisect_left(positions, high)
```

코드 수정 후, 프로그램은 여전히 정답을 생성할까요?

  Ⓐ   이전과 마찬가지로 항상 정답을 생성합니다.

  Ⓑ   테스트 케이스에 따라 다릅니다. 때때로 정답을 생성합니다.

  Ⓒ   결코 정답이 나오지 않습니다.

답 Ⓑ
수정된 코드가 정답을 생성하는 다음과 같은 테스트 케이스가 존재합니다.

```
3
2
4
9
```

정답은 0이고, 우리 프로그램은 정답을 생성합니다.

그러나 수정된 코드가 오답을 생성하는 테스트 케이스도 있으므로 주의해야 합니다. 다음과 같습니다.

```
3
2
4
8
```

정답은 1이지만, 프로그램은 0을 생성합니다. i가 0, j가 1일 때 프로그램은 왼쪽을 2로, 오른쪽을 3으로 설정해야 합니다. 불행히도, bisect_left를 사용하면 오른쪽이 2로 설정됩니다. 인덱스 2의 위치가 8보다 크거나 같은 가장 왼쪽 위치이기 때문입니다.

bisect_right를 대신해서 bisect_left를 사용한 이 경우를 보면서, bisect_left를 사용할 수도 있겠다는 생각이 들 수 있을 것입니다. 그렇게 하려면 bisect_left 호출에서 검색하는 내용을 변경해야 합니다. 궁금하다면, 직접 한번 도전해 보세요!

요약

이 장에서는 모든 경우의 수를 검색해 최상의 경우를 찾는 완전 탐색 알고리즘에 대해 배웠습니다. 첫 번째 문제에서는 해고할 인명구조원을 결정하기 위해 각 인명구조원을 해고해 보고 가장 좋은 경우를 선택했습니다. 그리고 두 번째 문제에서는 스키 언덕을 변경하기 위한 최소 비용을 결정하기 위해 모든 유효한 범위를 시도하고 가장 좋은 범위를 선택했습니다. 마지막으로 세 번째 문제에서는 조건에 맞는 소들의 위치에 대한 트리플을 결정하기 위해 각 트리플을 확인하여 요구를 만족하는 트리플의 수를 계산했습니다.

때로는 완전 탐색 알고리즘만으로도 충분히 효율적이었습니다. 우리는 별다른 개선 없이 완전 탐색 코드로 Lifeguards 문제와 Ski Hills 문제를 해결했습니다. 그러나 다른 경우에는 완전 탐색 알고리즘을 더욱 효율적으로 만들어야 했습니다. Cow Baseball 문제를 풀 때는 완전 탐색 while 루프를 그보다 훨씬 더 빠른 이진 탐색으로 대체해서 사용했습니다.

프로그래머와 컴퓨터 과학자는 효율성에 대해 어떤 논의를 할까요? 알고리즘이 충분히 효율적일지는 어떻게 알 수 있을까요? 또한, 너무 느린 알고리즘의 구현을 피할 수 있을까요? 이 이야기를 위한 10장이 여러분을 기다리고 있습니다.

다음은 시도해 볼 만한 몇 가지 연습문제입니다. 완전 탐색을 사용해 문제를 풀어보세요. 솔루션이 충분히 효율적이지 않은 경우에는 올바른 답을 생성하는 동시에 효율성을 극대화할 수 있는 다른 방법이 있지 않은지 생각해 보세요.

각 연습문제의 평가 사이트를 한번 더 확인하세요. 일부는 DMOJ 사이트에 있는 문제이고 일부는 USACO 사이트에 있는 문제입니다.

1 USACO 2019년 1월 경진대회 브론즈 부문 문제   Shell Game

2 USACO 2016년 US 공개 경진대회 브론즈 부문 문제   Diamond Collector

3 DMOJ 문제   (coci20c1p1) Patkice

4 DMOJ 문제   (ccc09j2) Old Fishin' Hole

5 DMOJ 문제   (ecoo16r1p2) Spindie

6 DMOJ 문제   (cco96p2) SafeBreaker

7 USACO 2019년 12월 경진대회 브론즈 부문 문제   Where Am I

8 USACO 2016년 1월 경진대회 브론즈 부문 문제   Angry Cows

9 USACO 2016년 12월 경진대회 실버 부문 문제   Haybales

10 DMOJ 문제 (crci06p3) Firefly

참고 Lifeguards는 USACO 2018년 1월 경진대회 브론즈 부문에 출제된 문제이며, Ski Hills는 USACO 2014년 1월 경진대회 브론즈 부문에 출제된 문제입니다. 그리고 Cow Baseball은 USACO 2013년 12월 경진대회 브론즈 부문에 출제된 문제입니다.

완전 탐색 알고리즘 외에도 탐욕 알고리즘(greedy algorithms)이나 동적 프로그래밍 알고리즘(dynamic programming algorithms)과 같은 다른 유형의 알고리즘들이 있습니다. 완전 탐색으로 문제를 해결할 수 없는 경우에는 이러한 유형 중 하나를 사용해 해결할 수 있는지 고려해 볼 만합니다.

파이썬을 사용해 이러한 알고리즘 관련 주제에 대해 더 자세히 알아보고 싶다면 Magnus Lie Hetland의 <Python Algorithms, 2nd Edition(Apress, 2014)>를 추천합니다.

물론 저도 <Algorithmic Thinking: A Problem-Based Introduction(No Starch Press, 2021)>라는 알고리즘 디자인에 관한 책을 썼습니다. 이 책과 동일하게 문제 기반의 형식을 따릅니다.

그렇기 때문에 결과적으로 풀어가는 스타일과 속도는 여러분에게 친숙할 것입니다. 그러나 파이썬 프로그래밍 언어가 아닌 C 프로그래밍 언어를 사용하므로 이를 최대한 활용하려면 C 언어를 미리 간단하게 배워야 할 것입니다.

이 장에서는 이진 탐색을 수행하기 위해 기존 파이썬 함수를 호출했습니다. 원할 경우 이러한 함수에 의존하는 대신 자체적인 이진 탐색 코드를 작성할 수 있습니다. 원하는 값을 찾을 때까지 리스트를 반으로 나누는 아이디어는 직관적이지만 이를 구현하는 코드는 놀라울 정도로 까다롭습니다. 마찬가지로 놀라운 점은 이진 탐색의 변형으로 해결할 수 있는 방대한 범위의 문제들입니다. 앞서 언급한 책 <Algorithmic Thinking>에서는 한 장 전체에 걸쳐 이진 탐색과 그것이 할 수 있는 일에 대해 설명하고 있습니다.

Chapter 10

Big-O와 프로그램의 효율성(성능)

우리는 이 책의 7장에서 처음으로 구색을 갖춘 프로그램을 작성하는 데 중점을 두기 시작하며 모든 유효한 입력에 대해 프로그램이 원하는 출력을 생성하도록 했습니다. 그러나 올바른 코드 이외에도 일반적으로 효율적인(성능이 좋은) 코드, 즉 엄청난 양의 입력에도 불구하고 빠르게 실행되는 코드를 만들기 원했습니다. 7장까지 진행하는 도중에 시간 제한 초과 오류를 받아본 독자도 있겠지만, 이 책에서 프로그램의 효율성에 대해 공식적으로 언급한 첫 부분은 8장의 Email Address 문제였습니다. 주어진 시간 내에 완료할 수 있도록 프로그램을 효율적으로 만들어야 하는 경우가 있다는 것을 그때 처음으로 알게 되었습니다.

이 장에서는 프로그래머가 프로그램 효율성에 대해 생각하고 표현하는 방법을 배웁니다. 그런 다음 효율적인 코드를 작성해야 하는 두 개의 문제를 살펴볼 것입니다. 가장 긴 스카프 조각을 결정하는 문제와 리본을 칠하는 문제입니다.

각 문제에 대한 초기 아이디어가 충분히 효율적이지 않은 알고리즘으로 이어지는 것을 보게 될 것입니다. 하지만 이전보다 훨씬 더 효율적인 알고리즘을 설계할 때까지 아이디어를 버리지 않을 것입니다. 이처럼 올바른 알고리즘을 만들고 나서 필요한 부분만 더 빠르게 만드는 것은 프로그래머들의 일반적인 워크플로우입니다.

타이밍 문제

이 책에서 풀고 있는 각 경진대회의 프로그래밍 문제에는 프로그램 실행 시간에 제한이 있습니다. (이 책은 프로그램의 효율성을 다룬 8장부터 문제 설명에 시간 제한을 포함시키기 시작했습니다.) 우리가 제출한 프로그램이 시간 제한을 초과하면 평가 사이트는 시간 제한 초과 오류와 함께 프로그램을 종료시킵니다.

시간 제한은 매우 느린 솔루션들이 테스트 케이스를 통과하는 것을 막기 위해 설계되었습니다. 예를 들어, 완전 탐색 솔루션으로 만든 올바른 해결 코드를 제출했지만 문제 작성자는 그보다 훨씬 더 빠른 솔루션을 요구할 수도 있습니다. 더 빠른 솔루션은 9장에서 Cow Baseball 문제를 풀 때처럼 완전 탐색의 변형일 수 있고, 아예 다른 접근 방식일 수도 있습니다. 그럼에도 불구하고, 완전 탐색으로 구현된 프로그램은 제한된 시간 내에 완료되지 않도록 시간 제한이 설정되어 있을 수도 있습니다. 따라서 프로그램은 정확할 뿐만 빠르기도 해야 합니다.

프로그램을 실행해 보면서 프로그램이 충분히 효율적인지 알아볼 수 있습니다. 예를 들어, 리스트를 사용해 Email Address 문제를 해결할 때 8장의 '리스트 검색의 효율성'을 다시 한번 생각해 보세요. 리스트 작업에 소요되는 시간을 파악하기 위해 리스트를 사용하는 코드를 실행했습니다. 이러한 종류의 테스트를 통해 우리는 프로그램의 효율성을 어느 정도 이해할 수 있었습니다. 문제의 시간 제한에 따라, 우리 프로그램이 너무 느리면 현재 코드를 최적화하거나 완전히 새로운 접근 방식을 찾아야 한다는 것을 알게 되었습니다.

프로그램 실행에 걸리는 시간은 프로그램이 실행되는 컴퓨터에 따라 다릅니다. 평가 사이트가 어떤 종류의 컴퓨터를 사용하고 있는지는 모르지만 적어도 우리보다는 빠른 컴퓨터를 사용할 것입니다. 그러니 여러분의 컴퓨터에서 프로그램을 실행해 보는 것은 여전히 유익할 것입니다. PC에서 프로그램을 실행하고, 작은 테스트 케이스에 30초가 걸린다고 가정해 보겠습니다. 만약 이 문제의 제한 시간이 3초라면, 프로그램이 느리다고 확신할 수 있습니다.

그러나 단순히 시간 제한에만 초점을 맞추는 것은 좁은 시각에서 보는 것이라고 할 수 있습니다. 9장의 Cow Baseball 문제에 대한 첫 번째 솔루션을 생각해 보세요. 속도가 얼마나 느린지 확인하기 위해 해당 코드를 실행해 볼 필요는 없었습니다. 실행할 작업량을 프로그램의 효율성 지표로 사용할 수 있었기 때문입니다. 예를 들어 9장 '우선 정렬하기'의 '우리 프로그램의 효율성' 절에서 프로그램은 소들의 수 n에 대해 n^3개의 트리플을 처리한다고 언급했습니다. 거기서 우리가 관심을 둔 것은 프로그램을 실행하는 데 걸리는 시간(초)이 아니라, 입력 n의 양을 기준으로 얼마나 많은 작업을 수행하는 지였습니다. 이러한 종류의 분석은 프로그램을 실행해 실행 시간을 기록하는 것(타이밍)에 비해 상당한 이점이 있습니다. 다음 다섯 가지가 그것입니다.

⊘ 실행 시간은 컴퓨터에 따라 다릅니다.
프로그램의 타이밍은 프로그램이 컴퓨터에서 얼마나 오래 걸리는지를 알려 줍니다. 이것은 매우 구체적인 정보로, 프로그램이 다른 컴퓨터에서 실행될 때 예상되는 내용을 이해하는 데 거의 도움이 되지 않습니다. 이 책을 통해 작업하면서 프로그램 실행에 걸리는 시간이 실행할 때마다 다르다는 것을 알게 된 분도 있을 것입니다. 심지어 동일한 컴퓨터에서도 말입니다. 예를 들어, 테스트 케이스에서 프로그램을 실행하고 3초가 걸렸다고 해보겠습니다. 그런 다음 다시 실행해 보면 2.5초 또는 3.5초가 걸리게 될 수도 있습니다. 이러한 현상이 나타나는 이유는 운영체제가 컴퓨터 리소스를 관리하면서 필요에 따라 다른 작업으로 전환하기 때문입니다. 운영체제가 내리는 결정은 프로그램의 실행 시간에 영향을 미칩니다.

◎ 실행 시간은 테스트 케이스에 따라 다릅니다.

테스트 케이스에 대한 프로그램의 타이밍은 프로그램이 해당 테스트 케이스의 처리에 걸린 시간만 알려 줍니다. 프로그램이 작은 테스트 케이스에서 실행되는 데 3초가 걸렸다고 가정해 보겠습니다. 그것이 빠른 것처럼 보일 수도 있지만 작은 테스트 케이스로 인한 허상일 수 있습니다. 모든 합리적인 솔루션들은 신속하게 문제를 해결할 수 있습니다. 10개의 이메일 주소 중 고유한 이메일 주소의 개수 또는 10마리의 소를 3마리씩 짝지을 수 있는 경우의 수를 알려 달라고 한다면 가장 먼저 생각나는 올바른 풀이 방법으로 빠르게 풀 수 있습니다. 문제는 대규모의 테스트 케이스입니다. 알고리즘의 독창성이 꽃을 피우는 영역입니다. 여러분의 프로그램이 대규모 테스트 케이스나 더 거대한 테스트 케이스에서 얼마나 걸릴까요? 알 수가 없습니다! 이러한 테스트 케이스에서도 프로그램을 실행할 수 있어야 합니다. 이를 극복하더라도 성능 저하를 유발하는 특별한 종류의 테스트 케이스가 있을 수 있습니다. 우리는 우리 프로그램이 실제보다 빠르다고 믿고 있는 것일지도 모릅니다.

◎ 프로그램을 구현해 봐야 합니다.

구현하지 않은 것을 시간으로 평가할 수 없습니다. 문제에 대해 생각하고 그것을 해결하는 방법에 대한 아이디어를 떠올려 낸다고 가정해 보겠습니다. 충분히 빠를까요? 그것을 구현하여 알아낼 수도 있지만, 그 아이디어가 빠른 프로그램으로 이어질 가능성이 있는지를 미리 알 수 있다면 좋을 것입니다. 그러면 문제가 있을 만한 프로그램은 처음부터 구현하지 않아도 될 것이고, 또한 프로그램이 너무 느릴 것이라는 것을 초기에 알아 두면 좋을 것입니다.

◎ 타이밍은 느린 원인을 말하지 않습니다.

프로그램이 너무 느리다면 다음으로 할 수 있는 일은 더 빠른 프로그램을 설계하는 것입니다. 그러나 단순히 프로그램의 실행 시간을 아는 것만으로는 프로그램이 느린 이유에 대한 통찰을 가지기 힘듭니다. 그냥 느린 것입니다. 또한 프로그램의 개선 가능성을 생각해 낼 수 있다 해도 이를 구현해 도움이 되는지를 확인해 봐야 합니다.

◎ 실행 시간은 쉽게 와닿지 않습니다.

언급된 이유들 때문에 실행 시간으로 알고리즘의 효율성에 대해 다른 사람들과 대화하기란 쉽지 않습니다. 실행 시간은 너무 구체적이기 때문입니다. 컴퓨터, 운영체제, 테스트 케이스, 프로그래밍 언어 및 사용되는 특정 구현에 따라 다릅니다. 알고리즘의 효율성에 관심이 있는 다른 사람들에게 이 모든 정보를 제공해야 합니다.

걱정할 필요는 없습니다. 컴퓨터 과학자들은 타이밍의 이러한 단점을 해결할 수 있는 표기법을 고안해 냈습니다. 이는 컴퓨터, 테스트 케이스, 특정 구현과 독립적입니다. 또한 느린 프로그램이 느린 이유를 쉽게 전달할 수 있습니다. 이러한 표기법을 Big O라고 합니다. Big O 표기법에 대해 지금 바로 알아보겠습니다.

Big O

Big O는 컴퓨터 과학자들이 알고리즘의 효율성을 간결하게 설명하기 위해 사용하는 표기법입니다. 여기서 핵심 개념은 효율성 등급(efficiency class)이라는 것으로, 이는 알고리즘이 얼마나 빠른지, 즉 알고리즘이 수행하는 작업의 양을 알려 줍니다. 알고리즘이 빠를수록 작업량이 줄어들고 느릴수록 작업량이 늘어납니다. 각 알고리즘은 효율성 등급이 있습니다. 효율성 등급은 처리해야 하는 입력의 양 대비 알고리즘이 수행하는 작업량을 알려 줍니다. Big O를 이해하려면 이러한 효율성 등급을 이해해야 합니다. 이제 가장 일반적인 7가지를 알아볼 것입니다. 여러분의 알고리즘이 지향하는, 최소한의 작업을 수행하는 알고리즘을 볼 수 있습니다. 또한 훨씬 더 많은 일을 함으로써 시간 제한 초과 오류를 일으키는 알고리즘도 보게 될 것입니다.

· 고정 시간(Constant Time)

가장 바람직한 알고리즘은 입력 양이 증가해도 더 많은 작업을 수행하지 않는 알고리즘입니다. 문제의 입력 케이스에 관계없이 이러한 알고리즘은 거의 동일한 수의 단계를 수행합니다. 이를 고정 시간 알고리즘이라고 합니다.

믿기 어려울 것입니다. 무슨 일이 있어도 거의 같은 양의 작업을 수행하는 알고리즘이라니…. 실제로 그런 알고리즘으로 문제를 해결하는 경우는 드뭅니다. 그러나 할 수 있을 때는 기뻐하세요. 이보다 더 잘할 수는 없습니다.

이 책에서 우리는 몇 가지 문제를 고정 시간 알고리즘으로 해결했습니다. 제공된 전화번호가 텔레마케터의 번호인지 판단해야 했던 2장의 Telemarketers 문제를 다시 생각해 보세요.

이 문제의 솔루션인 코드 2-2를 여기에 다시 가져왔습니다.

```
num1 = int(input())
num2 = int(input())
num3 = int(input())
num4 = int(input())

if ((num1 == 8 or num1 == 9) and
        (num4 == 8 or num4 == 9) and
        (num2 == num3)):
    print('ignore')
else:
    print('answer')
```

이 솔루션은 전화번호의 네 자리가 무엇이든 상관없이 동일한 양의 작업을 수행합니다. 코드는 입력을 읽는 것으로 시작해 num1, num2, num3, num4와 몇 가지 비교를 수행합니다. 전화번호가 텔레마케터의 것이라면 무언가를 출력하고, 아니면 다른 것을 출력합니다. 이 프로그램이 이것보다 더 많은 일을 하게 할 수 있는 입력은 없습니다.

2장의 앞부분에서 우리는 Winning Team 문제를 해결했습니다. 이것도 고정 시간 알고리즘일까요? 그렇습니다! 다음은 이 문제의 솔루션인 코드 2-1입니다.

```python
apple_three = int(input())
apple_two = int(input())
apple_one = int(input())

banana_three = int(input())
banana_two = int(input())
banana_one = int(input())

apple_total = apple_three * 3 + apple_two * 2 + apple_one
banana_total = banana_three * 3 + banana_two * 2 + banana_one

if apple_total > banana_total:
    print('A')
elif banana_total > apple_total:
    print('B')
else:
    print('T')
```

입력을 읽고, 사과 팀에 대한 총점을 계산하고 바나나 팀에 대한 총점을 계산합니다. 그런 다음 두 팀의 총점을 비교해 메시지를 출력합니다. 사과 팀이나 바나나 팀의 점수는 중요하지 않습니다. 우리 프로그램은 항상 같은 양의 작업을 수행합니다.

잠깐만요. 만약 사과 팀이 3점 슛을 수억 개나 기록했다면 어떨까요? 확실히, 10이나 50 같은 작은 숫자로 작업할 때보다는 더 오래 걸릴 것입니다. 하지만 그것을 걱정할 필요가 없습니다. 문제 설명을 보면, 각 팀이 각 유형의 플레이에서 최대 100점을 득점한다고 적혀 있습니다. 따라서 작은 숫자로 작업하게 되며, 컴퓨터가 일정한 수의 단계로 이 숫자를 읽거나 작업할 수 있다고 말할 수 있습니다. 일반적으로 수십억까지의 숫자는 '작은' 것이라 생각할 수 있습니다.

Big O 표기법에서 고정 시간 알고리즘을 O(1)라고 합니다. 1은 고정 시간 알고리즘에서 한 단계만 수행한다는 의미는 아닙니다. 10개 또는 10,000개와 같이 고정된 수의 단계를 수행하더라도 여전히 고정 시간 작업입니다. 그렇다고 O(10) 또는 O(10,000)이라고 쓰지 마세요. 모든 고정 시간 알고리즘은 O(1)로 표시됩니다.

· 선형 시간(Linear Time)

대부분의 알고리즘은 고정 시간 알고리즘이 아니며, 입력 양만큼의 작업을 수행합니다. 예를 들어, 입력 10개를 처리하는 것보다 1,000개를 처리하는 데 더 많은 작업을 수행합니다. 이러한 알고리즘을 서로 구별하는 것은 입력 양과 알고리즘이 수행하는 작업량의 관계입니다.

선형 시간 알고리즘은 입력 양과 수행된 작업량 사이에 선형 관계가 있는 알고리즘입니다. 50개의 값이 있는 입력에 대해 선형 시간 알고리즘을 실행한 다음, 100개의 값이 있는 입력에 대해 다시 실행한다고 가정해 보겠습니다. 입력 값이 100개인 경우, 알고리즘은 값이 50개인 경우에 비해 약 두 배의 작업을 수행합니다.

예를 들어, 3장의 Three Cups 문제를 살펴보겠습니다. 이 문제의 솔루션인 코드 3-1을 여기에 다시 가져왔습니다.

```
swaps = input()

ball_location = 1

① for swap_type in swaps:
    if swap_type == 'A' and ball_location == 1:
        ball_location = 2
    elif swap_type == 'A' and ball_location == 2:
        ball_location = 1
    elif swap_type == 'B' and ball_location == 2:
        ball_location = 3
    elif swap_type == 'B' and ball_location == 3:
        ball_location = 2
    elif swap_type == 'C' and ball_location == 1:
        ball_location = 3
    elif swap_type == 'C' and ball_location == 3:
        ball_location = 1

print(ball_location)
```

for 루프①가 있으며, 이것이 수행하는 작업의 양은 입력의 양에 선형적으로 의존합니다. 처리할 위치 이동이 5개라면 루프가 5번 반복되고, 처리할 위치 이동이 10개라면 루프가 10번 반복됩니다.

루프의 각 반복은 일정한 수의 비교를 수행하고 ball_location이 참조하는 것을 변경할 수 있습니다. 따라서 이 알고리즘이 수행하는 작업량은 위치 이동의 수에 정비례합니다.

일반적으로 문제에 제공된 입력의 양을 나타내기 위해 n을 사용합니다. 여기서 n은 위치 이동의 횟수입니다. 수행해야 하는 5개의 위치 이동이 있는 경우 n은 5입니다. 수행할 위치 이동이 10개라면 n은 10입니다.

n개의 위치 이동이 있는 경우 프로그램은 약 n개의 작업을 수행합니다. for 루프가 n번의 반복을 수행하고 각 반복이 일정한 수의 단계를 수행하기 때문입니다. 그것이 일정한 숫자라면 각 반복에서 얼마나 많은 단계를 수행하는지는 상관하지 않습니다. 알고리즘이 총 n단계를 수행하든, 10n단계를 수행하든, 10,000n단계를 수행하든 이는 선형 시간 알고리즘입니다. Big O 표기법에서는 이 알고리즘을 O(n)이라고 말합니다.

Big O 표기법을 사용할 때 n 앞에 숫자를 포함하지 않습니다. 예를 들어, 10n단계를 수행하는 알고리즘은 O(10n)이 아니라 O(n)으로 표기합니다. 이것은 입력과 알고리즘의 선형 관계에서 세부적인 다른 사항을 제외하여 선형 시간 알고리즘에 초점을 맞추는 데 도움이 됩니다.

알고리즘이 2n + 8단계를 가지고 있다면 이것은 어떤 종류의 알고리즘일까요? 이 역시 선형 시간 알고리즘입니다! 이유는 n이 충분히 커지면 선형 항(2n)이 상수 항(8)을 무시해도 되게 만들기 때문입니다. 예를 들어, n이 5,000이면 8n은 40,000입니다. 숫자 8은 40,000에 비해 너무 작기 때문에 무시해도 됩니다. Big O 표기법에서는 지배적인 용어를 제외한 모든 것들을 무시합니다.

많은 파이썬 작업들은 작업을 수행하는 데 고정 시간이 걸립니다. 예를 들어, 리스트에 값 추가, 딕셔너리에 값 추가, 시퀀스 또는 딕셔너리의 인덱싱은 모두 고정 시간이 걸립니다.

그러나 일부 파이썬 작업은 작업을 수행하는 데 선형 시간이 걸립니다. 이들을 고정 시간이 아닌 선형 시간으로 계산하도록 주의하세요. 예를 들어, 파이썬 입력 함수를 사용하여 긴 문자열을 읽는 것은 선형 시간이 걸립니다. 왜냐하면 파이썬은 입력 라인의 각 문자를 읽어야 하기 때문입니다. 문자열의 각 문자를 검사하는 작업이나 리스트에서 값을 획득하는 모든 작업은 선형 시간이 걸립니다.

알고리즘이 n개의 값을 읽고 일정한 단계 수로 각 값을 처리한다면, 그것은 선형 시간 알고리즘입니다.

선형 시간 알고리즘의 다른 예를 찾기 위해 멀리 갈 필요는 없습니다. 3장의 Occupied Spaces 문제에 대한 솔루션이 또 다른 예입니다. 코드 3-3을 여기에 다시 가져왔습니다.

```
n = int(input())
yesterday = input()
today = input()

occupied = 0

for i in range(len(yesterday)):
    if yesterday[i] == 'C' and today[i] == 'C':
        occupied = occupied + 1

print(occupied)
```

n은 주차 공간의 수입니다. 패턴은 Three Cups 문제의 경우와 동일합니다. 입력을 읽은 다음, 각 주차 공간에 대한 일정한 수의 단계를 수행합니다.

 개념 확인

코드 1-1에서 Word Count 문제를 해결했습니다. 다음은 해당 솔루션에 대한 코드입니다.

```
line = input()
total_words = line.count(' ') + 1
print(total_words)
```

이 알고리즘의 Big O 효율성은 무엇일까요?

Ⓐ O(1)

Ⓑ O(n)

답 Ⓑ
이 코드 어디에도 루프가 없기 때문에 알고리즘이 O(1)일 것이라 생각하기 쉽습니다. 코드를 보면 입력을 읽고, 단어 수를 계산하기 위해 count 메서드를 호출하고, 단어 수를 출력하는 3단계만 수행하는 것처럼 보입니다.
그러나 이 알고리즘은 O(n)입니다. 여기서 n은 입력 문자의 수입니다. input 함수가 입력 문자를 읽어야 하는데, input 함수가 입력을 읽는 데는 선형 시간이 걸립니다. count 메서드를 사용하는 것도 일치하는 항목을 찾기 위해 문자열 내의 각 문자를 처리해야 하기 때문에 선형 시간이 걸립니다. 따라서 이 알고리즘은 입력을 읽는 데 선형으로 증가하는 양의 작업을 수행합니다. 결국, 전체적으로 선형적인 작업량이 됩니다.

코드 1-2에서 Cone Volume 문제를 해결했습니다. 해당 솔루션을 여기에 다시 가져왔습니다.

```
PI = 3.141592653589793

radius = int(input())
height = int(input())

volume = (PI * radius ** 2 * height) / 3

print(volume)
```

이 알고리즘의 Big O 효율성은 무엇일까요? (반지름과 높이의 최댓값은 100입니다.)

Ⓐ O(1)

Ⓑ O(n)

답 Ⓐ

여기서 작은 숫자를 다루기 때문에 입력을 읽는 데는 고정 시간이 걸립니다. 부피를 계산하는 것은 몇 가지 수학적인 연산일 뿐이어서 고정 시간이 걸립니다. 여기서 수행하는 것은 몇 가지의 고정 시간의 단계들뿐입니다. 전체적으로 고정 작업량입니다.

코드 3-4에서 Data Plan 문제를 해결했습니다. 해당 솔루션을 여기에 다시 가져왔습니다.

```
monthly_mb = int(input())
n = int(input())

excess = 0

for i in range(n):
    used = int(input())
    excess = excess + monthly_mb - used

print(excess + monthly_mb)
```

이 알고리즘의 Big O 효율성은 무엇일까요?

Ⓐ O(1)

Ⓑ O(n)

· 이차(제곱) 시간(Quadratic Time)

지금까지 고정 시간 알고리즘(입력 양이 증가해도 더 많은 작업을 수행하지는 않는 알고리즘)과 선형 시간 알고리즘(입력 양이 증가함에 따라 선형적으로 더 많은 작업을 수행하는 알고리즘)에 대해 논의했습니다. 선형 시간 알고리즘과 마찬가지로 이차 시간 알고리즘은 입력 양이 증가함에 따라 더 많은 작업을 수행합니다. 예를 들어 10개의 값보다 1,000개의 값을 처리하는 데 더 많은 작업을 수행합니다. 상대적으로 많은 양의 입력에 대해 선형 시간 알고리즘을 사용할 수 있는 반면, 이차 시간 알고리즘은 훨씬 적은 양의 입력으로 제한됩니다. 그 이유를 이제 알아보겠습니다.

〈전형적인 형태〉

전형적인 선형 시간 알고리즘은 다음과 같습니다.

```
for i in range(n):
    <일정한 수의 단계로 입력 i를 처리>
```

대조적으로 일반적인 이차 시간 알고리즘은 다음과 같습니다.

```
for i in range(n):
    for j in range(n):
        <일정한 수의 단계로 입력 i와 j를 처리>
```

n개의 값을 입력할 때 각 알고리즘은 몇 개의 값을 처리할까요? 선형 시간 알고리즘은 for 루프의 각 반복마다 하나씩 총 n개의 값을 처리합니다. 이와 대조적으로 이차 시간 알고리즘은 외부 for 루프의 각 반복마다 n개의 값을 처리합니다.

외부 for 루프의 첫 번째 반복에서 n개의 값(내부 for 루프의 각 반복마다 하나씩)이 처리되고, 외부 for 루프의 두 번째 반복에서 n개의 값(내부 for 루프의 각 반복마다 하나씩)이 또 처리되는 식입니다. 외부 for 루프가 n번 반복될 때 처리되는 총 값의 수는 n * n 또는 n^2입니다. 각각 n에 의존하는 두 개의 중첩 루프는 이차 시간 알고리즘을 발생시킵니다. Big O 표기법에서 이와 같은 이차 시간 알고리즘을 $O(n^2)$이라고 합니다.

선형 시간 알고리즘과 이차 시간 알고리즘이 수행한 작업의 양을 비교해 보겠습니다.

n이 1,000인 1,000개의 입력 값을 처리한다고 가정할 때, n단계를 취하는 선형 시간 알고리즘은 1,000단계를 수행합니다. 그리고 n^2단계를 수행하는 이차 시간 알고리즘은 $1,000^2 = 1,000,000$단계를 수행합니다. 백만은 천보다 월등히 큰 수입니다.

하지만 큰 문제가 될까요? 컴퓨터는 정말 빠릅니다. 1,000개의 값을 입력하는 경우라면 이차 알고리즘을 사용해도 문제없을 것입니다. 9장 '우선 정렬하기'의 '우리 프로그램의 효율성' 절에서 초당 약 500만 단계를 수행할 수 있다고 보수적으로 언급했습니다. 따라서 가장 엄격한 시간 제한을 제외하고는 백만 단계 정도는 수행할 수 있어야 합니다.

그러나 이차 시간 알고리즘에 대해 낙관적으로 생각하는 것은 금물입니다. 입력 값의 수를 1,000에서 10,000으로 늘리면 어떻게 되는지 살펴보세요. 선형 시간 알고리즘이라면 10,000 단계만 수행하지만 이차 시간 알고리즘의 경우에는 $10,000^2 = 100,000,000$단계를 실행합니다.

흠, 우리가 이차 시간 알고리즘을 사용하고 있다면 이제 컴퓨터가 그다지 빠르게 보이지 않을 것입니다. 선형 시간 알고리즘은 여전히 밀리초 단위로 실행되지만 이차 시간 알고리즘은 최소한 몇 초가 걸립니다. 의심의 여지없이 시간 제한에 걸리게 될 것입니다.

개념 확인

다음 알고리즘의 Big O 효율성은 무엇일까요?

```
for i in range(10):
    for j in range(n):
        <일정한 수의 단계로 입력 i와 j를 처리합니다>
```

Ⓐ   O(1)

Ⓑ   O(n)

Ⓒ $O(n^2)$

답 Ⓑ
두 개의 중첩 루프가 존재하기 때문에 이차 시간 알고리즘이라는 생각이 가장 먼저 들 수 있을 것입니다. 그러나 여기에서 외부 for 루프는 n 값에 관계없이 10번만 반복하므로 주의해야 합니다. 이 알고리즘의 총 단계 수는 10n입니다. 여기에는 n^2이 없습니다. 10n은 n과 마찬가지로 선형이며, 따라서 이것은 이차 시간 알고리즘이 아니라 선형 시간 알고리즘입니다. 그러므로 효율성을 O(n)으로 표시합니다.

개념 확인

다음 알고리즘의 Big O 효율성은 무엇일까요?

```
for i in range(n):
    <일정한 수의 단계로 입력 i를 처리합니다>
for j in range(n):
    <일정한 수의 단계로 입력 j를 처리합니다>
```

Ⓐ O(1)

Ⓑ O(n)

Ⓒ $O(n^2)$

답 Ⓑ

여기에 두 개의 루프가 있으며 둘 다 n만큼 반복됩니다. 그렇다면 혹시 이것이 이차 시간 알고리즘은 아닐까요? 아닙니다! 이 두 루프는 중첩되지 않고 순차적입니다. 첫 번째 루프는 n단계를 수행하고 두 번째 루프도 n단계를 수행하여 총 2n단계를 수행합니다. 따라서 이것은 선형 시간 알고리즘입니다.

〈다른 형태〉

코드에 각각 입력 n만큼 반복하는 두 개의 중첩 루프가 있다면 이차 시간 알고리즘을 보고 있는 것입니다. 그러나 이러한 중첩 루프가 없는 경우에도 이차 시간 알고리즘이 발생할 수 있습니다. Email Address 문제에 대한 첫 번째 솔루션인 코드 8-2에서 그러한 예를 볼 수 있습니다. 해당 문제의 솔루션을 재현하면 다음과 같습니다.

```
# clean 함수의 정의는 코드 8-1에 작성되어 있습니다.

for dataset in range(10):
    n = int(input())
    addresses = []
    for i in range(n):
        address = input()
      ① address = clean(address)
      ② if not address in addresses:
            addresses.append(address)

    print(len(addresses))
```

n은 10개의 테스트 케이스에서 처리해야 할 최대 이메일 주소의 수입니다. 외부 for 루프는 10번 반복되고, 내부 for 루프는 최대 n번 반복합니다. 따라서 n에 대해 선형인 최대 10n개의 이메일 주소를 처리합니다.

이메일 주소를 정리하는 작업①은 일정하게 여러 단계를 거치기 때문에 문제가 되지 않습니다. 그러나 내부 루프의 각 반복은 일정한 단계보다 더 많은 단계를 거치기 때문에 이제 선형 시간 알고리즘이 아닙니다. 특히 이메일 주소가 이미 리스트에 있는지 확인하는 작업②은 이미 리스트에 있는 이메일 주소의 수에 비례하는 작업이 필요합니다. 파이썬이 리스트를 검색해야 하기 때문입니다. 이것은 그 자체로 선형 시간의 연산입니다! 따라서 10n개의 이메일 주소를 처리하는 데 각각의 주소는 최대 n개의 작업이 필요합니다. 그러므로 $10n^2$, 즉 이차 시간 작업이 필요합니다. 결국, 이차 시간 알고리즘의 성능 때문에 이 코드가 시간 제한 초과 오류를 발생시켜 리스트가 아닌 집합을 사용하게 되었습니다.

• 삼차(세제곱) 시간(Cubic Time)

하나의 루프가 선형 시간으로 이어질 수 있고 두 개의 중첩 루프가 이차 시간으로 이어질 수 있는 세 개의 중첩 루프는 어떨까요? 각각 n에 의존하는 세 개의 중첩 루프는 삼차 시간 알고리즘으로 이어집니다. Big O 표기법에서 삼차 시간 알고리즘을 $O(n^3)$라고 표기합니다.

이차 시간 알고리즘이 너무 느리다고 생각했나요? 그렇다면 삼차 시간 알고리즘은 얼마나 느린지 확인할 때까지 기다려 보세요. n이 1,000이라고 가정하겠습니다. 선형 시간 알고리즘은 약 1,000단계가 소요되고 이차 시간 알고리즘은 약 $1,000^2 = 1,000,000$단계가 소요된다는 것은 이미 알고 있습니다. 삼차 시간 알고리즘은 $1,000^3 = 1,000,000,000$단계가 걸립니다. 10억 단계! 그러나 아직 최악은 아닙니다. 예를 들어, n이 10,000이라면 어떨까요? 입력은 여전히 적은 편이지만 삼차 시간 알고리즘은 1,000,000,000,000단계가 필요합니다. 1조 단계는 계산하는 데 몇 분이 걸립니다. 농담이 아닙니다. 삼차 시간 알고리즘은 거의 대부분 좋지 않습니다.

코드 9-5에서 Cow Baseball을 푸는 데 삼차 시간 알고리즘을 사용하려고 할 때는 확실히 문제가 있었습니다. 그 코드를 여기에 다시 가져왔습니다.

```
input_file = open('baseball.in', 'r')
output_file = open('baseball.out', 'w')

n = int(input_file.readline())

positions = []
```

```
    for i in range(n):
        positions.append(int(input_file.readline()))

    total = 0

① for position1 in positions:
    ② for position2 in positions:
            first_two_diff = position2 - position1
            if first_two_diff > 0:
                low = position2 + first_two_diff
                high = position2 + first_two_diff * 2

            ③ for position3 in positions:
                    if position3 >= low and position3 <= high:
                        total = total + 1

    output_file.write(str(total) + '\n')

    input_file.close()
    output_file.close()
```

이 코드에서 삼차 시간에 대한 이야기를 볼 수 있습니다. 세 개의 중첩 루프①②③는 각각 입력의 양에 따라 달라집니다. Cow Baseball 문제의 제한 시간은 4초였고 최대 1,000마리의 소가 있을 수 있었습니다. 이러한 조건에 비해 10억 개의 트리플을 처리하는 삼차 시간 알고리즘은 너무 느립니다.

· **다중 변수(Multiple Variables)**

5장에서 우리는 Baker Bonus 문제를 풀었습니다. 다음은 이 문제의 솔루션인 코드 5-6을 가져온 것입니다.

```
for dataset in range(10):
    lst = input().split()
    franchisees = int(lst[0])
    days = int(lst[1])

    grid = []
```

```
① for i in range(days):
      row = input().split()
      for j in range(franchisees):
          row[j] = int(row[j])
      grid.append(row)

   bonuses = 0

② for row in grid:
      total = sum(row)
      if total % 13 == 0:
          bonuses = bonuses + total // 13

③ for col_index in range(franchisees):
      total = 0
      for row_index in range(days):
          total = total + grid[row_index][col_index]
      if total % 13 == 0:
          bonuses = bonuses + total // 13

   print(bonuses)
```

이 알고리즘의 Big O 효율성은 무엇일까요? 여기에 몇 개의 중첩 루프가 있으므로, 첫 번째 추측은 이 알고리즘이 O(n^2)이라는 것입니다. 그러면 n은 무엇일까요?

이 장에서 지금까지 논의한 문제들에서는 위치 이동 수, 주차 공간 수, 이메일 주소 수, 소의 수와 같은 단일 변수 n을 사용해 입력 양을 나타냈습니다. 그러나 Baker Bonus 문제에서 우리는 이차원 입력을 다루기 때문에 입력 양을 나타내기 위해서는 두 개의 변수가 필요합니다.

우리는 첫 번째 변수 d를 영업일수라고 하고, 두 번째 변수 f를 가맹점 수라고 할 것입니다. 더 명확하게, 여러 테스트 케이스가 있기 때문에 d를 최대 영업일수, f를 최대 가맹점 수로 설정합니다. d와 f 의 관점에서 Big O 효율성을 계산해야 합니다.

알고리즘은 입력을 읽고, 행에서 보너스 수를 계산하고, 열에서 보너스 수를 계산하는 세 가지 주요 컴포넌트로 구성됩니다. 각각에 대해 살펴보겠습니다.

입력을 읽기 위해① 외부 루프의 d번 반복을 수행합니다. 이러한 각 반복에서 행을 읽고 split을 호출하는 데 f개의 단계를 수행합니다. 값을 반복하면서 정수로 변환하기 위해 또 다시 f개의 단계 를 수행합니다. 전체적으로, 각 반복은 f에 비례하여 여러 단계를 수행합니다. 따라서 입력을 읽는 데 O(df) 시간이 걸립니다.

이제 행에서 보너스를 계산합니다②. 여기서 외부 루프는 d번 반복되는데, 각 반복은 sum을 호출하며 f개의 값들을 더해야 하기 때문에 f개의 단계가 필요합니다. 입력을 읽는 것과 마찬가지로 이 부분의 알고리즘은 O(df)입니다.

마지막으로 열에서 보너스를 구하는 코드를 살펴보겠습니다③. 외부 루프는 f번 반복됩니다. 이러한 각 반복은 d번 반복되는 내부 루프로 이어지므로, 알고리즘은 다시 O(df)입니다.

이 알고리즘의 각 컴포넌트는 O(df)입니다. 3개의 O(df) 컴포넌트는 전체적으로 보면 O(df) 알고리즘이 됩니다.

 개념 확인

다음 알고리즘의 Big O 효율성은 무엇일까요?

```
for i in range(m):
    <한 번에 하나의 단계를 실행>
for j in range(n):
    <한 번에 하나의 단계를 실행>
```

Ⓐ O(1)

Ⓑ O(n)

Ⓒ O(n²)

Ⓓ O(m+n)

Ⓔ O(mn)

답 Ⓓ
첫 번째 루프는 m에 의존하고 두 번째 루프는 n에 의존합니다. 루프는 중첩되지 않고 순차적이므로 작업이 곱해지는 대신 더해집니다.

• 로그 시간(Log Time)

9장 '우선 정렬하기'의 '우리 프로그램의 효율성' 절에서 선형 탐색과 이진 탐색의 차이점에 대해 이야기했습니다. 선형 탐색은 리스트를 처음부터 끝까지 검색하여 리스트에서 값을 찾습니다. 이것은 O(n) 알고리즘으로, 리스트의 정렬 여부와 관계없이 동작합니다. 그러나 이와 달리 이진 탐색은 정렬된 리스트가 있는 경우에 매우 빠릅니다.

이진 탐색은 찾고 있는 값을 리스트 중간에 있는 값과 비교하면서 동작합니다. 리스트의 중간에 있는 값이 찾고 있는 값보다 크면 리스트의 왼쪽 절반에서 검색을 계속합니다. 리스트의 중간에 있는 값이 찾고 있는 값보다 작으면 리스트의 오른쪽 절반에서 검색을 계속합니다. 찾고 있는 값을 찾을 때까지 매번 남은 리스트의 절반을 무시하면서 이 작업을 계속 수행합니다.

512개의 값을 가진 리스트에 이진 탐색을 사용해 값을 찾는다면 얼마나 많은 단계가 필요할까요? 대강, 한 단계 후에 리스트의 절반을 무시하기 때문에 약 512 / 2 = 256개의 값이 남습니다.(찾는 값이 리스트의 중간에 있는 값보다 큰지 작은지는 중요하지 않습니다. 각각의 경우에 리스트의 절반을 무시합니다.) 두 단계 후에 256 / 2 = 128개의 값, 세 단계 후에 128 / 2 = 64개의 값, 네 단계 후에는 32개의 값이 남습니다. 5단계 후에는 16개, 6단계 후에는 8개, 7단계 후에는 4개, 8단계 후에는 2개, 9단계 후에는 1개의 값만이 남습니다.

9개의 단계, 그게 전부입니다! 선형 탐색을 사용해 최대 512단계를 수행하는 것보다 훨씬 적습니다. 이진 탐색은 선형 시간 알고리즘보다 훨씬 적은 작업을 수행합니다. 그럼 이것은 어떤 종류의 알고리즘일까요? 고정 시간은 아닙니다. 아주 적은 단계를 거치지만 입력 양이 증가함에 따라 단계의 수도 약간 증가합니다.

이진 탐색은 대수 시간(logarithmic-time) 또는 로그 시간(log-time) 알고리즘의 예입니다. Big O 표기법에서 로그 시간 알고리즘은 O(log n)이라고 합니다.

로그 시간은 수학의 대수(logarithm) 함수를 말합니다.

숫자가 주어지면 이 함수는 1 이하가 되기 위해 해당 숫자를 밑 수로 나누어야 하는 횟수를 알려 줍니다. 컴퓨터 과학에서 일반적으로 사용하는 밑 수는 2이므로, 1 이하가 되기 위해 숫자를 2로 나누어야 하는 횟수를 구하게 됩니다. 예를 들어, 512를 1로 줄이려면 2로 9번 나누면 됩니다. 이것을 $\log_2 512 = 9$로 씁니다.

로그 함수는 지수 함수인데, 후자가 더 익숙할 수 있습니다. $\log_2 512$를 계산하는 또 다른 방법은 $2^p = 512$가 되도록 하는 거듭제곱 p를 찾는 것입니다. $2^9 = 512$이므로 $\log_2 512 = 9$ 입니다.

로그 함수는 놀랍도록 느리게 증가합니다. 예를 들어, 백만 개의 값을 가진 리스트를 생각해 보세요. 이진 탐색으로 검색하려면 몇 단계를 거쳐야 할까요? $\log_2 1,000,000$단계를 거쳐야 하는데, 바꿔 말하자면 이는 약 20단계에 불과합니다. 대수 시간은 선형 시간보다 고정 시간에 훨씬 더 가깝습니다. 선형 시간 알고리즘을 로그 시간 알고리즘으로 대체할 수 있다면 큰 성공이 될 것입니다.

• n log n 시간

5장에서 우리는 Village Neighborhood 문제를 풀었습니다. 이 문제의 솔루션인 코드 5-1을 여기에 다시 가져왔습니다.

```
 n = int(input())

 positions = []

① for i in range(n):
     positions.append(int(input()))

② positions.sort()

 left = (positions[1] positions[0]) / 2
 right = (positions[2] positions[1]) / 2
 min_size = left + right

③ for i in range(2, n 1):
     left = (positions[i] positions[i 1]) / 2
     right = (positions[i + 1] positions[i]) / 2
     size = left + right
     if size < min_size:
         min_size = size

 print(min_size)
```

선형 시간 알고리즘처럼 보이나요? 입력을 읽기 위한 선형 시간 루프①와 제일 작은 크기를 찾기 위한 또 다른 선형 시간 루프③가 있습니다. 그래서 이 코드는 O(n)일까요?

단정짓기에는 이릅니다! 그 이유는 아직 위치를 정렬하는 것②을 고려하지 않았기 때문입니다. 그 것을 무시할 수 없습니다. 정렬의 효율성을 알아봐야 합니다. 앞으로 살펴보겠지만 정렬이 여기에서 가장 느린 단계이므로, 정렬의 효율성이 무엇이든 그것이 전체 효율성을 나타내게 될 것입니다.

프로그래머와 컴퓨터 과학자들은 많은 정렬 알고리즘을 고안해 냈으며, 이러한 알고리즘은 대략 두 그룹으로 나눌 수 있습니다. 첫 번째 그룹은 O(n²) 시간이 걸리는 알고리즘으로 구성됩니다. 이러 한 정렬 알고리즘 중 가장 유명한 세 가지가 버블 정렬(bubble sort), 선택 정렬(selection sort), 삽 입 정렬(insertion sort)입니다. 원한다면 이러한 정렬 알고리즘에 대해 자세히 알아볼 수도 있겠지 만, 설명을 이어가는 데 이 알고리즘들에 대한 이해가 필수적이지는 않습니다. 여기서 우리가 명심할 것은 O(n²)이 상당히 느릴 수 있다는 것입니다. 예를 들어, 값이 10,000개 있는 리스트를 정렬하려면 O(n²) 정렬 알고리즘은 약 $10,000^2$ = 100,000,000단계가 필요합니다. 우리가 알고 있듯이, 이것은 모든 컴퓨터에서 최소한 몇 초가 걸립니다. 상당히 실망스러울 것입니다. 10,000개의 값을 정렬하는 것은 컴퓨터가 거의 즉시 수행할 수 있는 작업처럼 느껴졌을 것입니다.

정렬 알고리즘의 두 번째 그룹을 알아보겠습니다. 이 그룹은 O(n log n) 시간만 걸리는 알고리즘들로 구성됩니다. 이 그룹에는 퀵 정렬(quick sort)과 병합 정렬(merge sort)이라는 두 가지 유명한 알고리즘이 있습니다. 원한다면 각 정렬 알고리즘에 대해 상세히 알아볼 수도 있지만, 여기서는 세부 사항들을 설명할 필요가 없으므로 넘어가겠습니다.

O(n log n)은 무슨 의미일까요? 표기법에 유의하세요. 이는 n에 log n을 곱하는 것입니다. 10,000개 값의 리스트에서 시도해 보겠습니다. 이 경우에는 10,000 log 10,000단계를 거쳐야 하는데, 이는 약 132,877에 불과합니다. 이것은 특히 O(n²) 정렬 알고리즘이 수행하는 100,000,000단계와 비교할 때 매우 적은 수의 단계입니다.

이제 정말 관심 있는 질문을 할 수 있습니다. 리스트를 정렬하도록 요청할 때 파이썬이 사용하는 정렬 알고리즘은 무엇일까요? 답은 O(n log n) 알고리즘 중 하나입니다!(더 자세히 알고 싶다면 팀소트라는 병합 정렬을 먼저 살펴보세요. 팀소트는 복잡한 병합 정렬입니다.) O(n²) 정렬 알고리즘은 사용하지 않습니다. 일반적으로 정렬은 선형 시간에 매우 가깝기 때문에 효율성에 큰 영향을 미치지 않고 사용할 수 있습니다.

Village Neighborhood 문제로 돌아가면, 이제 우리는 그 효율성이 O(n)이 아니라 O(n log n)이라는 것을 알 수 있습니다. 실제로 O(n log n)알고리즘은 O(n) 알고리즘보다 조금 더 많은 작업을 수행하며 O(n²) 알고리즘보다는 훨씬 적은 작업을 수행합니다. O(n) 알고리즘을 설계하는 것이 목표라 하더라도 O(n log n) 알고리즘을 설계하는 것만으로도 충분할 것입니다.

• 함수 호출 처리

6장부터 우리는 더 큰 프로그램을 설계하는 데 도움이 되는 사용자 정의 함수들을 만들었습니다. Big O 분석에서는 이러한 함수들을 호출하며 수행한 작업을 포함시킬 수 있도록 주의해야 합니다.

6장의 Card Game 문제를 다시 살펴보겠습니다. 코드 6-1에서 이 문제의 솔루션을 제시했으며, 거기에는 no_high 함수 호출이 포함되어 있습니다. 해당 코드를 여기에 다시 가져왔습니다.

```
NUM_CARDS = 52


①def no_high(lst):
    """

    lst는 카드를 나타내는 문자열들의 리스트입니다.

    lst에 높은 카드가 없으면 True를 반환하고 그렇지 않으면 False를 반환합니다.
    """
```

```
        if 'jack' in lst:
            return False
        if 'queen' in lst:
            return False
        if 'king' in lst:
            return False
        if 'ace' in lst:
            return False
        return True

    deck = []

②  for i in range(NUM_CARDS):
        deck.append(input())

    score_a = 0
    score_b = 0
    player = 'A'

③  for i in range(NUM_CARDS):
        card = deck[i]
        points = 0
        remaining = NUM_CARDS - i - 1
        if card == 'jack' and remaining >= 1 and no_high(deck[i+1:i+2]):
            points = 1
        elif card == 'queen' and remaining >= 2 and no_high(deck[i+1:i+3]):
            points = 2
        elif card == 'king' and remaining >= 3 and no_high(deck[i+1:i+4]):
            points = 3
        elif card == 'ace' and remaining >= 4 and no_high(deck[i+1:i+5]):
            points = 4

        if points > 0:
            print(f'Player {player} scores {points} point(s).')

        if player == 'A':
            score_a = score_a + points
            player = 'B'
        else:
```

```
        score_b = score_b + points
        player = 'A'

print(f'Player A: {score_a} point(s).')
print(f'Player B: {score_b} point(s).')
```

n을 사용해서 카드의 수를 나타냅니다. no_high 함수①는 리스트를 가져와서 사용하므로 자칫 O(n) 시간이라고 생각되기 십상입니다.(in 연산자는 최악의 경우, 원하는 값을 찾기 위해 리스트 전체를 검색할 수도 있습니다.) 그러나 항상 일정한 크기의 리스트(최대 4개의 카드)로 no_high를 호출하기 때문에 no_high의 각 호출은 O(1) 시간이라고 할 수 있습니다.

이제 no_high의 효율성을 이해했으므로 전체 프로그램의 Big O 효율성을 결정할 수 있습니다. 카드를 읽는 데 O(n) 시간이 걸리는 루프로 시작합니다②. 그런 다음 n번 반복하는 또 다른 루프를 입력합니다③. 각 반복은 일정한 수의 단계(고정 시간)를 수행하는 no_high 호출을 포함하여, 일정한 수의 단계만 수행하므로 이 루프는 O(n) 시간이 걸립니다. 따라서 프로그램은 두 개의 O(n)으로 구성되어 있어 알고리즘은 전체적으로 O(n)이 됩니다.

함수가 호출될 때 수행되는 작업량을 정확하게 판단해야 합니다. 방금 no_high 함수에서 보았듯 함수 자체와 함수를 호출하는 문맥을 모두 살펴봐야 합니다.

개념 확인

다음 알고리즘의 Big O 효율성은 무엇일까요?

```
def f(lst):
    for i in range(len(lst)):
        lst[i] = lst[i] + 1

# lst는 숫자 값을 가지는 리스트를 참조한다고 가정합니다.
for i in range(len(lst)):
    f(lst)
```

Ⓐ   O(1)

Ⓑ   O(n)

Ⓒ   O(n^2)

답 Ⓒ
메인 프로그램의 루프는 n번 반복합니다. 각 반복마다 n번 반복되는 루프가 있는 함수 f를 호출합니다.

∙ 요약

가장 적은 작업을 수행하는 알고리즘은 O(1), O(log n), O(n), O(n log n)입니다. 이 네 가지 중 한 가지를 사용하여 문제를 해결한다면 아마도 훌륭한 솔루션이 될 것입니다. 그렇지 않은 경우 시간 제한에 따라 더 많은 작업을 수행해야 할 수 있습니다.

이제 간단한 솔루션이 제한 시간 내에 실행되지 않는 두 개의 문제를 살펴보겠습니다. 방금 Big O 에 대해 배운 것을 사용하면 코드를 구현하지 않더라도 이러한 비효율성을 미리 예측할 수 있습니다! 그런 다음 더 빠른 솔루션을 생각하고 제한 시간 내에 문제를 해결하기 위한 구현을 할 수 있습니다.

문제 #24 Longest Scarf(가장 긴 스카프)

이 문제에서는 원래 스카프를 절단하여 생산할 수 있는, 특정 색상의 가장 긴 스카프를 결정합니다. 문제 설명을 읽은 후에 잠시 멈추고 생각해 보세요. 어떻게 해결할까요? 효율성을 조사하고자 하는 여러 알고리즘을 생각해 낼 수 있을까요?

이 문제는 DMOJ 사이트에 있으며, 식별 코드는 dmopc20c2p2입니다.

∙ 도전 과제

전체 길이가 n피트이고 각 부분(피트)이 특정 색상으로 된 스카프가 있습니다.

스카프 모양으로는 총 m개의 사양이 있습니다. 각 사양은 스카프의 시작 부분과 마지막 부분의 색상을 지정하여 원하는 스카프의 모양을 나타냅니다.

목표는 이 사양들 중 하나에 맞는 가장 긴 스카프를 만들 수 있게끔 스카프를 자르는 것입니다.

∙ 입력

입력은 다음 라인들로 구성됩니다.

- ⊘ 스카프 길이 n과 사양의 개수 m을 포함하는 라인입니다. n과 m은 각각 1에서 100,000 사이 정수이며, 공백으로 구분되어 있습니다..

- ⊘ 스카프의 시작부터 마지막 부분까지 순서대로 각 부분의 색상을 나타내는 정수 n개로 구성된 라인입니다. 각 정수는 1에서 1,000,000 사이이며, 공백으로 구분되어 있습니다.

- ⊘ 한 라인당 한 스카프 사양의 정보를 포함한 총 m개의 라인입니다. 각 스카프 사양은 시작 부분 색상과 마지막 부분 색상을 나타내는 정수로 구성되었으며, 두 정수는 공백으로 구분되어 있습니다.

- **출력**

  기존 스카프를 잘라 만들 수 있는, 사양에 맞는 스카프의 최대 길이를 출력합니다.

  각 테스트 케이스를 수행하는 데 지정된 제한 시간은 0.4초입니다.

테스트 케이스 탐구

작은 테스트 케이스를 통해 우리가 정확히 무엇을 원하는지 살펴보겠습니다.

```
6 3
18 4 4 2 1 2
1 2
4 2
18 4
```

6피트 길이의 스카프와 3개의 사양이 있습니다. 원래 스카프는 18, 4, 4, 2, 1, 2라는 색상으로 구성되었습니다. 이 스카프를 잘라 만들 수 있는, 사양에 맞는 스카프의 최대 길이는 얼마일까요?

우리가 원하는 첫 번째 사양은 시작 부분이 색상 1이고 마지막 부분이 색상 2인 스카프입니다. 2피트 스카프를 만드는 것이 최선입니다. 주어진 스카프의 끝에 첫 번째 사양과 맞는 2피트(색상 1, 2)가 존재합니다.

우리가 원하는 두 번째 사양은 시작 부분이 색상 4이고 마지막 부분이 색상 2인 스카프입니다. 5피트의 스카프(색상 4, 4, 2, 1, 2)를 만들 수 있습니다.

우리가 원하는 세 번째 사양은 시작 부분이 색상 18이고 마지막 부분이 색상 4인 스카프입니다. 이 사양에 맞는 3피트의 스카프(색상 18, 4, 4)를 만들 수 있습니다.

제작 가능한, 사양에 맞는 스카프의 최대 길이는 5피트이므로, 이 테스트 케이스의 답은 5입니다.

알고리즘 1

방금 테스트 케이스를 처리한 방식을 가지고 문제 해결에 필요한 알고리즘을 바로 만들 수 있습니다. 사양들을 통해 각각의 사양이 지정한 스카프의 최대 길이를 파악하는 것입니다. 예를 들어, 첫 번째 사양의 최대 길이는 2피트이므로 이를 기억합니다. 두 번째 사양의 최대 길이는 5피트입니다. 이것은 2피트보다 길기 때문에 5피트를 기억합니다. 세 번째 사양의 최대 길이는 3피트입니다. 이것은 5피트보다 길지 않으므로 변경사항이 없습니다. 이 설명을 보고 9장의 완전 탐색 알고리즘을 떠올렸다면, 훌륭합니다. 바로 그런 것들 중 하나입니다!

m개의 사양이 있습니다. 각 사양을 처리하는 데 시간이 얼마나 걸릴지 알면 처리해야 할 Big O 효율성을 계산할 수 있습니다.

아이디어는 이렇습니다. 각 사양에 대해 시작 부분 색상의 가장 왼쪽 인덱스와 마지막 부분 색상의 가장 오른쪽 인덱스를 찾는 것입니다. 일단 이 인덱스들을 가지게 되면, 스카프의 길이에 상관없이 인덱스를 사용해 이 사양에 대한 가장 긴 스카프의 길이를 신속하게 결정할 수 있습니다. 예를 들어, 시작 부분 색상의 가장 왼쪽 인덱스가 100이고 마지막 부분 색상의 가장 오른쪽 인덱스가 110인 경우, 사양에 맞는 스카프의 최대 길이는 110 − 100 + 1 = 11입니다.

인덱스를 찾는 방법에 따라 운이 좋으면 그것을 빠르게 찾을 수도 있습니다. 예를 들어, 주어진 스카프의 앞쪽부터 시작 부분의 색상을 찾고, 뒤쪽부터 마지막 부분의 색상을 찾는 방법이 있습니다. 이때 시작 부분 색상이 이 스카프의 앞쪽에 있고 마지막 부분 색상이 뒤쪽에 있다면 해당 인덱스들을 매우 빠르게 찾을 수 있을 것입니다.

그러나 운이 좋지 않을 수도 있습니다. 인덱스 중 하나 또는 둘 다를 찾는 데 최대 n단계가 걸릴 수 있습니다. 예를 들어, 사양의 시작 부분 색상이 주어진 스카프의 맨 뒤에 나타나거나 전혀 나타나지 않는 경우라고 생각해 보세요. 이것을 알아내려면 스카프의 전체 n피트를 한 번에 한 부분씩 모두 확인해야 합니다.

따라서 하나의 사양당 n개의 단계이므로 이것은 선형 시간입니다. 선형 시간은 빠른 편에 속한다고 알고 있으니, 이걸로 된 걸까요? 아닙니다. 이 경우 선형 시간 작업은 보이는 것보다 훨씬 더 위협적입니다. m개의 사양 각각에 대해 O(n) 작업을 수행하기 때문에 전체적으로는 O(mn) 알고리즘을 가지게 됩니다. m과 n의 최댓값은 각각 100,000이며, 따라서 mn은 100,000 * 100,000 = 10,000,000,000만큼 커질 수 있습니다. 10억입니다! 초당 500만 작업을 수행할 수 있고, 시간 제한이 0.4초라고 가정한다면? 그렇습니다. 한참 넘어서게 됩니다. 이 알고리즘은 구현해 볼 필요가 없습니다. 대규모 테스트 케이스에서 시간이 초과될 것이 분명하기 때문에 이 알고리즘에 더 이상 시간을 낭비하지 않고 다른 것을 구현하는 데 시간을 할애하겠습니다.(그래도 코드가 궁금하다면, 영진닷컴 홈페이지에서 다운로드할 수 있는 실습 코드를 참조하세요. 여기서 기억해야 할 것은 코드를 보지 않고도 이미 코드가 너무 느릴 것이라는 것을 알았다는 점입니다. 이것이 Big O 분석의 힘입니다. Big O 분석은 알고리즘을 구현하기도 전에 알고리즘의 운명을 결정하는 지렛대가 됩니다.)

알고리즘 2

어떻게 하든 각 사양들을 처리하기는 해야 합니다. 그런 다음 최적화에 중점을 둘 것은 사양마다 수행하는 작업의 양입니다. 불행히도, 이전 절에서 생각했던 방식으로 사양들을 처리하면 스카프의 거의 모든 부분을 확인해야 할 수 있습니다. 사양마다 한 번씩 스카프의 각 부분을 검색하는 것이 문제가 되기 때문에 이 검색을 통제해야만 합니다.

사양들이 무엇인지 알기 전에 스카프를 한 번만 들여다볼 수 있다고 가정해 보겠습니다. 스카프의 각각의 색상에 대해 두 가지를 기억할 수 있습니다. 해당 색상이 존재하는 맨 왼쪽 인덱스와 맨 오른쪽 인덱스입니다. 그러면 각 사양이 원하는 것이 무엇이든 우리가 이미 저장해 둔 왼쪽 및 오른쪽 인덱스를 사용해 원하는 스카프의 최대 길이를 알아낼 수 있습니다.

예를 들어, 다음과 같은 스카프가 있다고 생각해 보세요.

```
18 4 4 2 1 2
```

이를 위해 다음과 같은 정보를 저장합니다.

색상	가장 왼쪽 인덱스	가장 오른쪽 인덱스
1	4	4
2	3	5
4	1	2
18	0	0

시작 부분 색상이 1이고 마지막 부분 색상이 2인 스카프를 원하는 경우, 색상 1의 가장 왼쪽 인덱스 4와 색상 2의 가장 오른쪽 인덱스 5를 찾습니다. 그런 다음 계산하면 5 - 4 + 1 = 2입니다. 이것이 해당 사양이 정의한 가장 긴 스카프의 길이입니다.

놀랍습니다. 스카프 길이에 상관없이 각 사양에 대해 빠르게 계산할 수 있습니다. 더 이상 스카프를 계속해서 검색하지 않아도 됩니다. 여기서 유일하게 까다로운 점은 색상의 모든 왼쪽과 오른쪽 인덱스를 계산하는 방법과 스카프를 한 번만 살펴봄으로써 계산하는 방법입니다.

코드 10-1은 이를 코드로 구현한 것입니다. 설명을 계속해서 읽기 전에 두 딕셔너리 leftmost_index와 rightmost_index가 어떻게 구성되는지 알아보세요.

```
lst = input().split()
n = int(lst[0])
m = int(lst[1])

scarf = input().split()
for i in range(n):
    scarf[i] = int(scarf[i])

① leftmost_index = {}
② rightmost_index = {}

③ for i in range(n):
    color = scarf[i]
  ④ if not color in leftmost_index:
        leftmost_index[color] = i
        rightmost_index[color] = i
  ⑤ else:
        rightmost_index[color] = i

max_length = 0

for i in range(m):
    relative = input().split()
    first = int(relative[0])
    last = int(relative[1])
    if first in leftmost_index and last in leftmost_index:
      ⑥ length = rightmost_index[last] - leftmost_index[first] + 1
        if length > max_length:
            max_length = length

print(max_length)
```

이 솔루션은 두 개의 딕셔너리를 사용합니다. 하나는 각 색상에 대한 가장 왼쪽 인덱스①를 저장하고 다른 하나는 각 색상에 대한 가장 오른쪽 인덱스②를 저장합니다.

약속대로 스카프의 각 부분을 한 번씩만 봅니다③. leftmost_index와 rightmost_index 딕셔너리를 최신 상태로 유지하는 방법은 다음과 같습니다.

- 현재 부분의 색상을 이전에 본 적이 없는 경우④, 현재 인덱스는 이 색상에 대한 맨 왼쪽과 오른쪽 인덱스 역할을 합니다.

- 그렇지 않으면⑤ 현재 부분의 색상은 이전에 본 것입니다. 현재 인덱스는 이전 인덱스의 오른쪽에 있기 때문에 이 색상의 가장 왼쪽 인덱스를 업데이트하지 않고 가장 오른쪽 인덱스를 업데이트합니다.

이제 결과를 도출할 것입니다. 각 사양에 대해, 이러한 딕셔너리들에서 가장 왼쪽과 가장 오른쪽 인덱스를 간단히 조회할 수 있습니다. 원하는 스카프의 최대 길이는 마지막 부분 색상의 가장 오른쪽 인덱스에서 시작 부분 색상의 가장 왼쪽 인덱스를 빼고 1을 더한 값입니다⑥.

이제 말하지만, 이 알고리즘이 알고리즘 1보다 훨씬 더 좋습니다. 스카프의 각 부분을 읽는 데에는 스카프의 각 부분을 처리하는 것을 포함하여 $O(n)$ 시간이 걸립니다. 지금까지 $O(n)$ 시간입니다. 그런 다음 각 사양을 처리하기 위해 n단계가 아니라 일정 단계를 수행하므로 $O(m)$ 시간이 걸립니다. 따라서 전체적으로 $O(mn)$ 알고리즘이 아니라 $O(m + n)$ 알고리즘입니다. m과 n이 최대 100,000인 경우에도 100,000 + 100,000 = 200,000단계만 수행하기 때문에 제한 시간을 초과하지 않고 쉽게 수행할 수 있습니다. 평가 사이트에 코드를 제출해서 확인해 보세요.

문제 #25 Ribbon Painting(리본 페인팅)

생각해 낸 첫 알고리즘이 느린 문제가 여기에 또다시 등장합니다. 그렇다고 해서 알고리즘 분석에 많은 시간을 낭비해야 하는 것은 아닙니다. Big O 분석이 코드 구현을 생각하기 전에 알아야 할 모든 것을 알려 줄 것입니다. 첫 알고리즘에 많은 시간을 낭비하지 않고, 더 빠른 알고리즘을 설계하는 데 시간을 할애할 수 있습니다.

이 문제는 DMOJ 사이트에 있으며, 식별 코드는 dmopc17c4p1입니다.

• 도전 과제

길이가 n인 보라색 리본이 있습니다. 첫 번째 단위는 위치 0에서 위치 1까지지만 위치 1은 포함되지 않고, 두 번째 단위는 위치 1에서 위치 2까지지만 위치 2는 포함되지 않는 식입니다. 그런 다음 리본의 단위들을 각각 파란색으로 색칠할 수 있는 q개의 페인트 스트로크가 있습니다.

목표는 여전히 보라색인 리본의 단위 수와 파란색인 리본의 단위 수를 결정하는 것입니다.

- **입력**

  입력은 다음과 같은 라인들로 구성됩니다.

  ⊘ 리본 길이 n과 페인트 스트로크 개수 q를 포함한 라인입니다. n과 q는 각각 1에서 100,000 사이 정수이며, 공백으로 구분되어 있습니다.

  ⊘ 한 라인당 한 페인트 스트로크의 정보로 구성된 q개의 라인으로, 각 라인은 공백으로 구분된 두 개의 정수를 포함합니다. 첫 번째 정수는 페인트 스트로크의 시작 위치를 제공하고, 두 번째는 끝 위치를 제공합니다. 시작 위치는 끝 위치보다 작으며, 각 정수는 0과 n 사이입니다. 페인트 스트로크의 위치는 시작 위치에서 끝 위치까지만 끝 위치는 포함하지 않습니다. 간단한 예로, 페인트 스트로크의 시작 위치가 5이고 끝 위치가 12인 경우 스트로크는 위치 5에는 색을 입히지만 위치 12에는 색을 입히지 않습니다.

- **출력**

  여전히 보라색인 리본의 단위 수, 공백, 파란색인 리본의 단위 수를 출력하세요.

  각 테스트 케이스를 수행하는 데 지정된 제한 시간은 2초입니다.

테스트 케이스 탐구

작은 테스트 케이스를 살펴보겠습니다. 이 테스트 케이스는 우리가 문제를 올바르게 이해하도록 돕는 동시에 즉흥적인 알고리즘의 위험성을 강조합니다. 테스트 케이스는 다음과 같습니다.

```
20 4
18 19
4 16
4 14
5 12
```

리본의 길이는 20이고 페인트 스트로크는 4개 있습니다. 페인트 스트로크가 얼마나 많은 단위를 파란색으로 칠할까요?

첫 번째 페인트 스트로크는 위치 18에서 시작하여 하나의 단위를 파란색으로 칠합니다.

두 번째 페인트 스트로크는 위치 4부터 위치 15까지의 단위를 칠하므로 이 스트로크에 의해 12개의 단위가 파란색으로 칠해집니다. 따라서 이전 것과 합산해 총 13개가 파란색으로 칠해집니다.

세 번째 페인트 스트로크는 10개의 단위를 파란색으로 칠합니다. 그러나 이 모든 단위들은 이미 두 번째 스트로크에서 파란색으로 칠해졌습니다! 이 스트로크로 다시 페인트를 칠하는 것은 공연한 시간 낭비입니다. 여러분이 생각해 낸 알고리즘이 무엇이든 이 시간 낭비 함정에 빠지지 않는 것이 좋습니다.

네 번째 페인트 스트로크는 7개의 단위를 파란색으로 칠합니다. 그러나 이 단위들 역시 이미 파란색으로 칠해진 부분입니다!

색칠이 끝났고 13개의 단위가 파란색으로 칠해졌습니다. 20 - 13 = 7개의 단위가 보라색이므로 이 테스트 케이스의 올바른 출력은 다음과 같습니다.

```
7 13
```

문제 풀이

리본의 최대 길이는 100,000이고 최대 페인트 스트로크 수는 100,000입니다. 앞서 Longest Scarf 문제의 알고리즘 1에서 O(mn) 알고리즘이 이러한 유형에서 너무 느리다는 것을 배웠습니다. 마찬가지로, 여기에서 O(nq) 알고리즘은 대규모 테스트 케이스의 제한 시간 내에 완료되지 않기 때문에 부적절합니다.

이것은 각 페인트 스트로크로 칠해진 단위를 처리할 여유가 없다는 것을 의미합니다. 페인트 스트로크를 통해 파란색으로 칠해진 새로운 단위들에만 더 쉽게 집중할 수 있다면 좋을 것입니다. 그러면 각 페인트 스트로크를 살펴보고 새롭게 칠해지는 파란색 단위의 수를 추가할 수 있습니다.

좋습니다. 그럼 각 페인트 스트로크가 새롭게 칠하는 단위들을 어떻게 결정할 수 있을까요? 다음에 칠해지는 단위들의 일부가 이전에 칠해진 단위들의 일부에 포함될 수 있기 때문에 까다롭습니다.

일단, 페인트 스트로크들을 먼저 정렬하면 이 상황이 훨씬 간단해질 것입니다. 이 장의 'n log n 시간'에서 배운 내용을 떠올려 보세요. 정렬은 매우 빠르며 O(n log n) 시간이 걸립니다. 정렬을 사용하는 데 효율성 문제가 없으므로, 여기서 정렬이 도움이 되는 이유를 살펴보겠습니다.

이전 절의 테스트 케이스에서 페인트 스트로크를 정렬하면 다음과 같은 페인트 스트로크들의 정보가 제공됩니다.

```
4  14
4  16
5  12
18  19
```

이제 페인트 스트로크들이 정렬되었으므로 효율적으로 처리할 수 있습니다. 정렬이 되면, 지금까지 처리한 페인트 스트로크의 가장 오른쪽 위치를 저장할 수 있습니다. 이 오른쪽 위치의 오른쪽은 아무것도 칠해지지 않은 상태를 나타냅니다.

첫 번째 페인트 스트로크는 14 – 4 = 10개의 단위를 파란색으로 칠합니다. 이제 저장된 가장 오른쪽 위치는 14입니다. 두 번째 페인트 스트로크는 12개의 단위를 파란색으로 칠합니다. 좋습니다. 하지만 그 12개의 단위들 중 몇 개가 보라색에서 파란색으로 변할까요? 결국 이전 페인트 스트로크가 칠한 단위와 겹치므로, 이러한 단위 중 일부는 이미 파란색일 것입니다. 현재 페인트 스트로크의 끝 위치인 16에서 저장된 가장 오른쪽 위치인 14를 빼서 새로 칠해지는 파란색 단위의 수를 계산할 수 있습니다. 이것은 이전 페인트 스트로크로 파란색으로 이미 칠해진 단위들을 무시하는 방법입니다. 따라서 16 - 14 = 2개의 단위가 새롭게 파란색으로 칠해지고, 그 결과 총 12개의 단위가 파란색으로 칠해졌습니다. 결정적으로, 현재의 페인트 스트로크로 개별 단위들을 처리하지 않고도 이것을 알아냈습니다. 계속하기 전에 저장된 가장 오른쪽 위치를 16으로 업데이트하는 것을 잊지 마세요.

세 번째 페인트 스트로크는 저장된 가장 오른쪽 위치보다 앞에서 시작한다는 점에서 두 번째와 비슷합니다. 그러나 두 번째 페인트 스트로크와 달리 끝 위치는 저장된 가장 오른쪽 위치를 넘어서지 않습니다. 따라서 이 페인트 스트로크는 새로운 단위를 파란색으로 칠하지 않으며, 가장 오른쪽 위치 또한 여전히 16이 됩니다. 다시 말하지만, 이 페인트 스트로크의 각 위치를 연산하지 않고도 알아낸 것입니다!

네 번째 페인트 스트로크에 주의하세요. 이 스트로크는 19 – 16 = 3개의 새로 칠해진 파란색 단위를 추가하지 않습니다. 네 번째 페인트 스트로크의 시작 위치가 지금까지 저장된 가장 오른쪽 위치보다 오른쪽에 있기 때문에 다르게 처리해야 합니다. 이 경우에는 저장된 가장 오른쪽 위치를 전혀 사용하지 않고 19 - 18 = 1개의 새로 칠해진 파란색 단위를 더합니다. 그에 따라 총 13개의 단위가 파란색으로 칠해집니다. 그리고 가장 오른쪽 위치는 19로 업데이트합니다.

한 가지 남은 질문은 파이썬 코드에서 페인트 스트로크를 정렬하는 방법입니다. 시작 위치에 따라 정렬해야 합니다. 페인트 스트로크들의 시작 위치가 같을 경우, 끝 위치를 기준으로 정렬하고 싶습니다.

즉, 다음과 같은 리스트를 사용해

```
[[18, 19], [4, 16], [4, 14], [5, 12]]
```

다음과 같은 리스트를 생성하고자 합니다.

```
[[4, 14], [4, 16], [5, 12], [18, 19]]
```

다행히도 6장의 '작업 4: 상자들 정렬하기'에서 발견했듯이 리스트 정렬 방법은 정확히 이런 방식으로 동작합니다. 리스트의 리스트가 주어지면 각 리스트의 첫 번째 값을 사용해서 정렬합니다. 이러한 값이 만들어지면 리스트는 두 번째 값을 사용하여 추가로 정렬됩니다. 확인해 보세요.

```
>>> strokes = [[18, 19], [4, 16], [4, 14], [5, 12]]
>>> strokes.sort()
>>> strokes
[[4, 14], [4, 16], [5, 12], [18, 19]]
```

알고리즘이 완료되었고 정렬도 완료되었습니다. 좋습니다! 코드를 보기 전에 한 가지만 더 살펴보고 싶습니다. 그것은 바로 'Big O 효율성은 무엇인가'라는 점입니다. q만큼의 조건을 읽는 데 $O(q)$ 시간이 걸리고, 그런 다음 조건들을 정렬하는 데 $O(q \log q)$ 시간이 걸립니다. 끝으로, 조건들을 처리하는 데 $O(q)$ 시간이 걸립니다. 이들 중 가장 느린 것이 정렬을 위한 $O(n \log n)$ 시간이므로 이것이 전반적인 Big O 효율성이 됩니다.

이제 효율적인 솔루션에 필요한 모든 것을 갖추었습니다. 코드 10-2에서 확인해 보세요.

코드 10-2: Ribbon Painting 풀이

```
lst = input().split()
n = int(lst[0])
q = int(lst[1])

strokes = []

for i in range(q):
    stroke = input().split()
  ① strokes.append([int(stroke[0]), int(stroke[1])])
```

```
②strokes.sort()

  rightmost_position = 0

  blue = 0

  for stroke in strokes:
      stroke_start = stroke[0]
      stroke_end = stroke[1]
    ③if stroke_start <= rightmost_position:
          if stroke_end > rightmost_position:
            ④blue = blue + stroke_end - rightmost_position
              rightmost_position = stroke_end
    ⑤else:
          ⑥blue = blue + stroke_end - stroke_start
              rightmost_position = stroke_end

  print(n - blue, blue)
```

각각의 페인트 스트로크를 읽고, 그 2개의 값을 가진 리스트를 strokes 리스트에 추가합니다①. 그런 다음 모든 페인트 스트로크를 정렬합니다②.

다음으로 각 페인트 스트로크를 왼쪽에서 오른쪽으로 처리합니다. 이 처리를 주도하는 두 가지 주요 변수가 있습니다. rightmost_position 변수는 지금까지 칠한 가장 오른쪽 위치를 저장하고 blue 변수는 지금까지 파란색으로 칠한 단위의 수를 저장합니다.

페인트 스트로크를 처리하려면 저장된 가장 오른쪽 위치보다 앞에서 시작하는지 뒤에서 시작하는지 알아야 합니다. 각각의 경우를 차례대로 생각해 보겠습니다.

첫 번째 경우: 저장된 가장 오른쪽 위치보다 앞에서 페인트 스트로크가 시작되면 어떻게 해야 할까요③? 이 페인트 스트로크는 새로운 파란색 단위를 칠할 수는 있지만, 끝 위치가 저장된 가장 오른쪽 위치를 넘어서는 경우에만 가능합니다. 만약 그렇다면, 새로 칠해지는 파란색 단위들은 저장된 가장 오른쪽 위치와 현재 페인트 스트로크의 끝 위치 사이에 있는 단위들입니다④.

두 번째 경우: 저장된 가장 오른쪽 위치보다 뒤에서 페인트 스트로크가 시작되면 어떻게 해야 할까요⑤? 이번에는 지금까지 칠한 부분과 완전히 다른 부분입니다. 이 페인트 스트로크로 칠해지는 단위들은 전부 새로 칠해지는 부분이며, 이는 현재 페인트 스트로크의 시작 위치와 끝 위치 사이에 있는 단위들입니다⑥.

각각의 경우에 저장되는 가장 오른쪽 위치도 올바르게 업데이트해야만 나머지 페인트 스트로크들을 처리할 준비가 된다는 것에 주의하세요.

끝입니다! Big O 분석으로 구현이 너무 느릴 것으로 판단되는 알고리즘을 제외할 수 있었습니다. 그런 다음 두 번째 알고리즘을 생각해 내고, 그것이 충분히 빠를 것이라는 것을 구현 전에 미리 알 수 있었습니다. 이제 코드를 평가 사이트에 제출해 성공을 만끽하세요.

요약

이번 장에서는 Big O 분석에 대해 배웠습니다. Big O는 알고리즘 설계에 대해 추가적인 연구를 위한 중요한 효율성 생산 도구입니다. 여러분은 어디서든 Big O를 볼 수 있습니다. 튜토리얼, 책, 어쩌면 여러분의 다음 번 면접에서 접하게 될지도 모릅니다.

또한 매우 효율적인 알고리즘을 설계해야 하는 두 가지 문제를 해결했습니다. 우리는 문제를 해결하는 동시에 Big O를 통해 우리 코드의 효율성(성능)에 대해서도 충분히 이해할 수 있었습니다.

다음은 시도해 볼 만한 몇 가지 연습문제입니다. 각각에 대해 Big O를 사용하여 제안된 알고리즘이 제한 시간 내에 문제를 해결할 만큼 효율적인지 확인합니다. 너무 느리다고 알고 있는 알고리즘을 구현해 보는 것도 좋습니다. 그러면 더 많은 연습을 통해 파이썬 지식을 탄탄하게 하면서 여러분의 Big O 분석이 정확하다는 것을 확인할 수 있습니다!

이 문제들 중 일부는 상당히 어렵습니다. 거기에는 두 가지 이유가 있습니다.

첫째, 책 전반에 걸친 작업을 진행하며 어떤 알고리즘을 생각해 내기가 쉽지 않다는 것을 느꼈을 것입니다. 그보다 더 빠른 알고리즘을 고안하는 것은 훨씬 더 어려울 수 있습니다. 둘째, 우리가 함께한 시간으로는 끝이지만 알고리즘 연구라는 관점에서는 시작일 뿐입니다. 이 문제들이 여러분이 성취한 것에 대해 자신감을 가지게 되고, 필요하다면 이 책 외에 더 많은 자료를 찾아보는 계기가 되기 바랍니다.

1 DMOJ 문제 (dmopc17c1p1) Fujo Neko

> ⓘ 문제는 빠른 입/출력 사용에 대해 다루고 있습니다. 이것을 가볍게 보지 마십시오!

2 DMOJ 문제 (coci10c1p2) Profesor

3 DMOJ 문제 (coci19c4p1) Pod starim krovovima

> 힌트 빈 잔의 수를 최대화하려면 가장 큰 잔에 최대한 많은 액체를 넣어야 합니다.

4 DMOJ 문제 (dmopc20c1p2) Victor's Moral Dilemma

5 DMOJ 문제 (avocadotrees) Avocado Trees!

6 DMOJ 문제 (coci11c5p2) Eko

> 힌트 최대 트리 수는 최대 높이 수보다 훨씬 적습니다. 가장 큰 트리부터 가장 작은 트리순으로 생각해 보세요.

7 DMOJ 문제 (wac6p2) Cheap Christmas Lights

> 힌트 매초 스위치를 켜거나 끄거나 하지 마세요. 어떤 스위치를 켜야 하는지 어떻게 알 수 있을까요? 대신 그것들을 저장하고, 켜져 있는 모든 조명을 꺼야 할 때 바로 사용하세요.

8 DMOJ 문제 (ioi98p3) Party Lamps

> 힌트 각 버튼에 중요한 것은 짝수 번 눌렀는지 홀수 번 눌렀는지입니다.

> 참고 Longest Scarf는 DMOPC '20 11월 경진대회에 출제된 문제이며, Ribbon Painting은 DMOPC '17 2월 경진대회에 출제된 문제입니다.

후기

다음 단계로 넘어가기 전에 잠시 시간을 들여 여기까지 도달하신 것에 축하의 말씀을 드립니다. 이 책을 선택하기 전에, 여러분은 프로그래밍 경험이 없었을 수도 있습니다. 아니면 약간의 프로그래밍을 하고 문제 해결 능력을 향상시키고 싶었을 수도 있습니다. 그럼에도 불구하고, 책을 읽고 시간을 들여 실습에 노력을 기울였다면 여러분은 이제 컴퓨터를 사용해서 문제를 해결하는 방법을 깨우쳤을 것입니다. 이 책에서는 문제 설명을 이해하고, 솔루션을 설계하고, 해당 솔루션을 코드로 작성하는 방법을 배웠습니다. 또한 if 문, 반복문, 리스트, 함수, 파일, 집합, 딕셔너리, 완전 탐색 알고리즘 및 Big O 분석에 대해서도 배웠습니다. 이것들은 프로그래밍의 핵심적이고 지속적으로 사용하게 될 도구들입니다. 이제 스스로를 파이썬 프로그래머라 해도 부족하지 않을 것입니다!

이 책을 읽고 나서 여러분의 다음 목표가 파이썬 지식 경계를 확장시키는 것이라면 8장의 끝에 있는 참고사항을 참조하세요.

다음 단계로 파이썬이 아닌 다른 프로그래밍 언어를 학습할 수도 있습니다. 제가 개인적으로 가장 좋아하는 언어 중 하나가 C 언어입니다. 파이썬에 비해 C 언어는 프로그램 실행 시 컴퓨터 내부에서 실제로 일어나는 일에 훨씬 더 가까이 다가갈 수 있습니다. C 언어를 배우고 싶다면 K. N. King의 〈C Programming: A Modern Approach, 2nd edition(W. W. Norton & Company, 2008)〉을 참고하세요. 이보다 더 좋은 책은 없습니다. 지금 시점의 여러분은 그 책을 읽고 이해할 수 있을 만한 위치에 도달했다고 생각합니다. 어쩌면 여러분은 작성하려는 프로그램 유형에 따라(또는 단순히 이러한 언어에 대해 들은 내용 때문에) C++, Java, Go 또는 Rust와 같은 언어의 학습을 고려 중일 수도 있을 것입니다.

만약 알고리즘 설계를 더욱 심도 있게 배우고 싶다면 9장의 끝에 있는 참고사항을 참조하세요.

어쩌면 여러분의 다음 단계는 여기서 벗어나 다른 일을 하기 위해 휴식을 갖는 것일 수도 있습니다. 다른 일을 한다면 컴퓨팅과 관련이 있을 수도 있고, 없을 수도 있는 다른 종류의 문제들을 해결해야 할 것입니다.

여러분의 행복한 문제 해결을 바랍니다!

부록
문제 크레딧

경진대회 프로그램을 통해 독자들이 배울 수 있는 기회를 주신 모든 분들이 들인 시간과 전문성에 감사드립니다. 이 책의 각 문제에 대해 그 저자와 문제의 출처를 최대한 밝히려고 노력했습니다. 문제들에 대한 추가 정보나 참조가 있다면 알려 주세요.

다음 표에서 사용되는 약어는 다음과 같습니다.

- **CCC** : Canadian Computing Competition(캐나다 컴퓨팅 경진대회)

- **CCO** : Canadian Computing Olympiad(캐나다 컴퓨팅 올림피아드)

- **COCI** : Croatian Open Competition in Informatics(크로아티아 인포메틱스 공개 경진대회)

- **DMOPC** : DMOJ Monthly Open Programming Competition(DMOJ 월간 공개 프로그래밍 경진대회)

- **ECOO** : Educational Computing Organization of Ontario Programming Contest
            (온타리오 컴퓨팅 교육 기구의 프로그래밍 경진대회)

- **Ural** : Ural School Programming Contest(Ural 지역 학교 프로그래밍 경진대회)

- **USACO** : USA Computing Olympiad(미국 컴퓨팅 올림피아드)

장 번호	문제	원명	경진대회/출제자
1	Word Count	Not a Wall of Text	2015 DMOPC/FatalEagle
1	Cone Volume	Core Drill	2014 DMOPC/FatalEagle
2	Winning Team	Winning Score	2019 CCC
2	Telemarketers	Telemarketer or Not?	2018 CCC
3	Three Cups	Trik	2006/2007 COCI
3	Occupied Spaces	Occupy Parking	2018 CCC
3	Data Plan	Tarifa	2016/2017 COCI
4	Slot Machines	Slot Machines	2000 CCC
4	Song Playlist	Do the Shuffle	2008 CCC
4	Secret Sentence	Kemija	2008/2009 COCI

5	Village Neighborhood	Voronoi Villages	2018 CCC
5	School Trip	Munch 'n' Brunch	2017 ECOO/Andrew Seidel Reyno Tilikaynen
5	Baker Bonus	Baker Brie	2017 ECOO/Andrew Seidel Reyno Tilikaynen
6	Card Game	Card Game	1999 CCC
6	Action Figures	Cleaning the Room	2019 Ural/Ivan Smirnov
7	Essay Formatting	Word Processor	2020 USACO/Nathan Pinsker
7	Farm Seeding	The Great Revegetation	2019 USACO/Dhruv Rohatgi Brian Dean
8	Email Addresses	Email	2019 ECOO/ Andrew Seidel Reyno Tilikaynen Tongbo Sui
8	Common Words	Common Words	1999 CCO
8	Cities and States	Cities and States	2016 USACO/Brian Dean
9	Lifeguards	Lifeguards	2018 USACO/Brian Dean
9	Ski Hills	Ski Course Design	2014 USACO/Brian Dean
9	Cow Baseball	Cow Baseball	2013 USACO/Brian Dean
10	• Longest Scarf	Lousy Christmas Presents	2020 DMOPC/Roger Fu
10	Ribbon Painting	Ribbon Colouring Fun	2017 DMOPC/Jiayi Zhang

CCC 및 CCO 문제는 워터루 대학교(University of Waterloo)의 수학 및 컴퓨팅 교육 센터(CEMC)가 소유하고 있습니다.

코딩 테스트로 시작하는
파이썬 프로그래밍

1판 1쇄 발행 2022년 4월 25일

저　자 | 다니엘 진가로
번　역 | 김성원
발행인 | 김길수
발행처 | 영진닷컴
주　소 | (우)08507 서울특별시 금천구 가산디지털1로 128
　　　　STX-V타워 4층 401호
등　록 | 2007. 4. 27. 제16-4189호

ISBN | 978-89-314-6601-0

YoungJin.com Y.
영진닷컴

영진닷컴
프로그래밍 도서

영진닷컴에서 출간된 프로그래밍 분야의 다양한 도서들을 소개합니다.
파이썬, 인공지능, 알고리즘, 안드로이드 앱 제작, 개발 관련 도서 등 초보자를 위한 입문서부터
활용도 높은 고급서까지 독자 여러분께 도움이 될만한 다양한 분야, 난이도의 도서들이 있습니다.

플러터 프로젝트

시모네 알레산드리아 저
520쪽 | 30,000원

Node.js 디자인 패턴 바이블

Mario Casciaro,
Luciano Mammino 저 | 648쪽
32,000원

한 권으로 배우는 Vue.js 3

김동혁 저 | 396쪽
26,000원

다재다능 코틀린 프로그래밍

벤컷 수브라마니암 저
488쪽 | 30,000원

김변수와 시작하는 코딩생활 with 파이썬

코뮤니티 운영진(휴몬랩) 저
376쪽 | 18,000원

유니티를 몰라도 만들 수 있는 유니티 2D 게임 제작

모리 요시나오 저 | 320쪽
22,000원

AWS로 시작하는 AI 서비스 with 파이썬

이노우에 켄이치 저 | 248쪽
22,000원

친절한 R with 스포츠 데이터

황규인 저 | 416쪽
26,000원

딥러닝을 위한 파이토치 입문

딥러닝호형 저 | 320쪽
25,000원

바닥부터 배우는 강화 학습

노승은 저 | 304쪽
22,000원

도커 실전 가이드

사쿠라이 요이치로,
무라사키 다이스케 저
352쪽 | 24,000원

단숨에 배우는 타입스크립트

야코프 페인, 안톤 모이세예프 저
536쪽 | 32,000원